日本憲法史叢書

7

穂積八束集

長尾龍一編

信山社

日本憲法史叢書

刊行の辞

大石　眞
高見勝利
長尾龍一

「五十年経たないと歴史の対象にならない」とは、国史学者黒板勝美の言葉だそうであるが、変転極まりなく、何事もたちまち忘却の彼方に去ってしまう現代においては、これはやや悠長に過ぎるものかも知れない。しかしついに、この基準からしても、日本国憲法は、一九九六年に公布半世紀、九七年に施行半世紀を迎えて、歴史の対象に仲間入りした。

思えば、日本憲法史という領域は、戦後憲法学の中で、冷遇された領域であった。というのは、旧憲法の歴史は、「八月革命」以前のアンシァン・レジームの世界にあって、実定憲法学者とは疎遠なものと感じられたし、日本国憲法制定史は、「押しつけ憲法論」と結びついて、もっぱら反憲法派の好む領域の観があったからである。実際、日本国憲法制定史について、本格的な研究の鍬を入れたのは、改憲を念頭において発足した政府の憲法調査会であった。

しかし、歴史学の世界では必ずしもそうではない。明治初期史の研究は、憲法制定・議会開設をめぐる政府と民権派の対立を主題とせざるをえず、明治後期史・大正史の研究は、憲法を制度的枠組とし、議会を舞台とする藩閥と政党の闘争と妥協の過程を主題とする。昭和前期史の研究は立憲体制の崩壊過程を対象とし、占領史は日本国憲法の制定過程を主題とする。政治思想史においても、伊藤博文・井上毅、穂積八束・美濃部達吉などが関心対象となる。

それに、昭和十年代の伊東巳代治資料、昭和三十年代の井上毅資料、そして日米の研究者による占領関係資料の発掘など、多様な資料が公開・発掘されて、研究者の知的好奇心を刺激し、解釈学者にも「立法者意思」への関心を向けさせる。

しかし、憲法史という地味な領域の研究成果の多くは、目立たぬ大学紀要・論文集などに掲載されて、研究者相互の目にさえなかなか触れがたい。本叢書は、このような業績を、学界や関心をもつ読者に広く紹介し、研究の新たな発展に資そうとするものである。

一九九七年七月

日本憲法史叢書　穂積八束集

目　次

目　次

Ⅰ 初期

1　國會議院ハ兩局ノ設立ヲ要ス

立憲帝政黨議綱領第四條ニ曰ク國會議院ハ兩局ノ設立ヲ要ストハ蓋シ社會ノ秩序ヲ紊サズシテ改進ヲ計畫スルコトヲ主義トスル漸進黨ノ士ガ他日我邦憲法欽定ノ期ニ際シ最モ緊要ノ條ナリトシテ切望スル條項タルヲ信ズ抑モ之ヲ古来萬邦ノ史籍ニ證シ之ヲ歐米諸大家ノ言論ニ徴スルニ坤輿ノ大ナル邦國ノ多キ百度其制ヲ同クセザルモ未ダ一局議院ノ制ヲ以テ完全ナル成績アルヲ看ズ實歴ニ富ムノ政事家博識ヲ以テ聞エタル碩儒ニシテ一局議院ヲ可トスルノ論ニ左袒スル者甚ダ希ナリ公論ノ歸スル所亦以テト知スベキノミ然ルニ反對論者ノ奇ヲ好ムヤ今ニ於テ囂々一局論ヲ主張シ衆庶ノ猶ホ知識ニ乏キヲ奇貨トシ輿論ヲ瞞著セントス故ニ兩局議院ノ設立ヲ要スルノ理由ヲ左ニ證明シテ以テ立憲ノ制度其宜ヲ得ルコトヲ冀望シ併セテ反對論者ノ妄ヲ辨ジ惑ヲ解ク所アランヲ欲ス

國會議院單複ノ利害ヲ充分ニ討究セント欲セバ其組織如何ニ論及スルニ非レバ詳悉スルコトヲ得ザルベシト雖モ我輩ハ簡短ニ之カ利害ヲ論述セントスルヲ以テ組織如何ニ説キ及スコトハ暫ク措キマヅ單ニ兩局ノ設立ヲ要スル理由ヲ略述セントス左レバ歐洲古今ノ史冊ヲ通覧スルニ議院ノ制或ハ一局或ハ二局三局四局ノ多キニ至ルアリ然レドモ二局以上ヲ要スルノ制度ハ中古中央歐洲諸邦ノ舊制ニシテ所謂代理議《デピチーシステム》政院ノ構成ナレバ近代ノ純粋ナル代議政体ト其趣ヲ異ニスル者ナルヲ以テ之ヲ適例トシテ

論及センハ未ダ其當ヲ得タリトイフ可カラズ代理議政ノ制廢レテ純乎タル代議政体ノ制度起立スルノ際ニ關シタル史記ヲ案ズルニ議院兩局ノ設立ヲ要セシハ實際事情已ムヲ得ザルニ出タルモノニシテ必シモ當時識者討議ノ末理論上之ヲ可ナリト決シタルニ原由スルニハ非ルナリ然レドモ彼ノ化醇哲學ノ大理ニ由レバ凡百ノ法律制度各生存ヲ競争スルノ際自然淘汰ノ大理ニ原キ適者ハ存シ不適者ハ亡ブ兩局議院制ノ猶今日ニ盛ンナル亦適者タルヲ證スルニ足ル左レバ兩局議院ノ當時ニ適シタルハ史上ニ明カナレバ冗長ノ辨ヲ爲サヾルベキモ羅馬東帝國瓦解ノ後各邦分立群雄割據武人ノ政トナリ降リテ封建ノ制稍〔漸?〕ク衰ルニ至リ主權者ノ政令大ニ國內ニ行ハレ民衆團結民政ノ精神茲ニ萌芽シ遂ニ立憲政體ノ設立ヲ促スニ至ル此時ニ於テヤ上ニ神聖ニシテ犯スベカラザルノ君主アリ次ニ貴族豪家ノ武門ノ餘威ト財産力トヲ以テ社會ノ上流ニ位スルアリ腕力ト金力ヲ并有スルガ故ニ泰然動カス可ラザルノ種族タリ加ルニ僧徒ノ驕慢ナル宗教ノ威力ヲ負ミ知識ヲ以テ民衆ニ臨ム衆庶ノ恃ム所ハ單ニ衆多ナルニ在ルノミ衆多ナリトイヘドモ國民ノ一部タルヲ免カレズ國ハ國民ノ國ニシテ貴族僧徒ノ國ニアラズマタ平民ノミノ私有ニモ非レバ貴族ト云ヒ平民トイフモ國民タルニ至リテハ即チ一ナリ故ニ敏捷ナル主權者ハ此二者ヲ調和シ共ニ國政ニ參與セシムルハ情勢已ムヲ得ザルノ數ナルヲ悟リ國會議院ヲ兩局ニ分チ二者ノ調和ヲ計度セリ若シ當時ニ在リテ議院ヲ一局トナシ之ヲ貴族ノミニ偏セシメバ貴族專權ノ世トナルカ然カセズシテ之レヲ衆民ノ意ニ任セバ彼ノ壓制中ノ最モ壓制ナル民衆多數壓制《オツプレシヨン、オブ、マジヨリチー》ノ爲ニ秩序ヲ紊リ國家ヲ亡ボスノ外ハアラザリシナラン此ヲ以テ推論セバ君主國ニシテ國安ヲ害セズ共ニ代議政体ノ慶ニ賴ランコトヲ欲セバ策ノ他ニ求ムベキナキハ古今事實ノ證明スル所タリ兩局議院ノ制文明諸邦ニ起ル豈ニ偶然ナランヤ看者之ヲ我邦ノ既往ニ顧ミ現狀ニ徵セバ或ハ其心ニ會得スル所アルベキ

ヲ信ズルナリ

兩局議院ノ設立豈ニ啻ニ貴族ノ爲ニ之ヲ要ストイフノミナランヤ米國ノ如キ佛國ノ如キ瑞士《スイス》ノ如キ民主國ニシテ最モ民位平等ヲ貴ブ邦ニ於テモ猶ホ兩局議院ノ制ニ據ル其組織宜キヲ得バ兩局制ガ民主自治ノ精神ニ適スル亦知ルベシ佛、西班牙《スペイン》、那伯西《ネープルス》ノ如キ嘗テ一局ノ制ヲ用ヒテ失敗ヲ取リシ事實ハ青史ニ歴々トシテ復タ掩フベカラズ余反對論者ノ爲メニ其一局議院ヲ主張スルノ淺識ナルヲ歎惜スル所以ナリ吾黨二局論者ハ早已ニ勝ヲ今日各邦ノ實際ニ占メタルモノト謂フ可キナリ然レドモ反對論者ノ剛愎ナル或ハ猶ホ自家ノ過チヲ改ムルニ吝ナランヲ懼ル、ヲ以テ余之ヲ泰西ノ碩學鴻儒ノ格論ニ徴證シテ以テ論者ノ迷蒙ヲ啓ラカントス

泰西ニ於テ國政學ノ諸大家中兩局主義ノ人最モ多シ而シテ其諸大家ノ論點ノ要旨タルモノヲ一々ニ列擧センモ限リアル紙上ニ於テ盡ス可キニ非レバ特ニ博學高識ヲ以テ世界ニ隱レ無キ獨乙國博士ブルンチユリー氏ノ說ク所ハ簡ニシテ且ツ悉クセル者タルヲ覺ルヲ以テ先ヅ其要ヲ抄シ延テ諸家ニ及バントス

國民參政代議ノ權ハ適宜ノ權衡ヲ量テ之ヲ與ヘザル可ラズ千七百八十九年ノ始メ佛國ノ政治家ミラボー言ヘルコトアリ「人民ノ種族品級ニ應ジテ參政權ヲ附與スベキハ猶ホ地圖ノ地形ニ於ケルガ如キ者カ其全部各部共ニ其原形ト同一ナルノ割合ヲ表セズバアル可ラズ」ト地圖ニ山川海陸都府村落ノ載セテ遺スナキガ如ク苟モ國民ノ原質ハ貴族平民ニ輕重適正ノ權衡ヲ失ハズシテ之ヲ立法院ニ代議參政セシメザル可ラザルナリ貴族ハ平民ノ爲ニ敵視セラルベカラズ平民ハ貴族ノ爲ニ壓抑セラル可カラズ兩者共ニ國民タレバ并立センコトコソ望マシケレ一部ノ利害ハ全部ノ利害ニ比對スルニ非レバ預メ知

ルベカラザルモノナルヲ以テ容易ニ兩者ノ輕重ヲ判スベカラザルナリ以上ノ原則ヲ根據トシ單複議院ノ制利害如何ヲ判セントス瑞典《スエーデン》フランキツシユ帝國及ヒ日耳曼《ゲルマン》諸邦ノ如キ兩局以上數局ノ制ヲ用ヒシコトアルモ實驗上過多ニシテ事務混亂ノ弊ヲ見ルノ外利ナキヲ以テ近世政事家論士ノ爭フ所ハ國會議院ヲ一局ニセンカ分チ兩局トセンカノ問題ニ在リ

玆ニ注意ヲ要スルハ邦國秩序已ニ破レ分裂ノ氣盛ナルノ時期ニ在リテハ或ハ一局議院ヲ要スルノコトアルニ在リ急激ノ叛亂革命等ノ事アルニ際シテハ政略上國權ヲ一主點ニ收拾シ之ガ勢力ヲ强大ニシテ之ガ適用ヲ快利ニスルヲ要スベケレバナリ夫ノ英國ノ如キ分權制度ヲ以テ顯著ナル國体ニ於テモ千六百四十九年英皇チヤーレス第一世暴虐ノタメニ亡セ給ヒシ後ハクロンウエル國權ノ将ニ分崩離析センコトヲ懼レ一局議院ヲ設ケテ之ヲ救濟セリ佛國ニ於テ千七百八十九年同九十五年及ヒ千八百四十八年ノ革命ニハ一局議院ノ制ニ則トリ西班牙ニテハ千八百十年ノ憲法ニテ一局議院ヲ設ケ日耳曼モ亦千八百四十八年ノ憲法ニテ同一ノ制ヲ取レリ然レドモ如此ハ國家存亡危急ノ際ニ於テ適用スベキ者ニシテ之ヲ平和無事ノ日ニ施スベキモノニ非ルナリ平和無事ノ時ニシテ一局議院ヲ設ケンニハ瑞西《スイス》諸州及ヒ日耳曼聯邦ノ諸小國ニシテ法律制度單簡ニシテ足ルノ社會ナルノミ大國ト同一視スベキニ非ルナリ

歐洲諸邦合計二局議院ノ制度ヲ奉ズル人民一億七千三百萬一局制ヲ奉ズルモノ僅ニ九百萬ニ過ギズ而シテ瑞西ハ其最大ナルモノナリ

單院ノ制ハ國民一致國權重大ヲ致サンニハ最モ適當セリト雖ドモ其弊害亦甚シキアリ國民一致ヲ害スル甚シカラザル以上ハ兩院制ヲ可トス諸レヲ史上沿革ノ跡ニ據テ證スルニ中古日耳曼種族《トライブ》中早ク已ニ貴族《フユールスト》ト平民ノ別アリ今日ニ及ブ又現時其制度宜キヲ得テ社會ノ秩序大ニ具ハルノ英國及ビ北米聯邦

モ亦二局ノ制ニ則ル者也二局ノ利タルヤ睹易キノミ二局ノ一局ニ優ルハ四眼ノ兩眼ニ優ルガ如シ特ニ同一ノ物ヲ各種異様ノ點ヨリ觀望センニハ前者ノ後者ニ優サル一層著シ即チ一議案ヲシテ兩局ヲ通過セシメ二局各其地位ヲ異ニスルノ點ヨリ審査複議ヲ盡サシムルハ猶ホ四眼ノ兩眼ニ優サルト同一般ナリ其利タル言ヲ待タザルナリ（是二ッ）立法行政二部ノ別ニ因テ之ヲ論ゼンニ行政ハ一時ノ急ヲ濟シ臨機ニ處分ヲ要スルモノアリ立法ノ事ハ則チ然ラズ重且大ナル事件ニシテ前途永遠ヲ期スルノ業ナレバ急遽ノ議決ヲ要セズ否之ヲ望マザルナリ故ニ議院ヲシテ兩局ナラシメバ自カラ議事輕卒ニ失スルノ虞ナク制法急激ニ流レズ一局議院ノ如ク立法全體ノ勢力ヲ多數黨中ノ僅々タル有力者ノ掌握ニ歸シテ之ヲ濫用妄施セシムルノ憂ヒ無カラン米國ニ名アル法律家ストリー氏ノ論旨ニ據レバ曰ク民政國ニ憂慮スル所ノ者ハ多數政黨ノ有力ナル政事家數輩ニテ全議院ヲ左右スルヲ得ルガ故ニ私情ヲ恣ニシ私利ヲ貪リ全國衆民ヲ壓スルニ在リ唯之ヲ救フハ不羈獨立ニシテ愛國ニ熱心ナル實着ノ上院ヲ設クルノ外ナシト（是二ッ）貴族議院ト民選議院トヲ兩立セシムルハ民主々義ニ伴フ所ノ激烈ナル政變ヲ豫防シ威權ヲ濫用スルノ弊源ヲ杜絶スルノ益アリテコソ貴族院ハ真正ノ自由ヲ護持スル最大有力者ナリト謂フ可シ何トナレバ少數者ノ權理ヲ保護スルノ金城湯池タレバナリ（是三ッ）立憲帝政國ニシテ國君ニ對スル唯一ノ民衆代議院ノミナラシメバ君民間ノ猜疑爭闘已ム時ナクシテ恰カモ鐵槌《ハンマル》ノ鐵砧《アンビル》ニ於ケルガ如クナラン而シテ國安ハ其間ニ撃碎セラレントス若シ議院ヲ兩局ニ分ツトキハ國君其二中間ニ在テ兩者ノ調和ヲ計畫スルヲ得ベシ國家一致并ニ王室ノ稜威ト安寧ヲ保維センニハ兩局議院ノ組織其當ヲ得テ倫次整備セルノ制ニ據ルニ若クハナシ（是四ッ）以上ノ考證ハ以テ政事家ノ議決ヲ要スルニ充分ナリト信ズレドモ之ヲ國家學ノ根理ニ徵スレバ兩局ヲ要スルノ理由一層根抵ヲ堅牢ニシテ抜クベカラザラシム

ルヲ覺ルナリツク〳〵國家變遷ノ跡ニ驗スルニ開進ノ傾嚮ハ民衆爲政ノ分立スルニ在リテ君主國ニテハ著ク貴族平民ノ階級ヲ表出ス中世ニ在テハ貴族ヲ重シトシ近世ニ於テハ民衆ヲ重シトス然リトイヘドモ二者亦各其用ヲ異ニスルノミ貴族ハ資格ヲ以テ立チ民衆ハ數量ヲ以テ立ツ甲ハ其數小ナリト雖ドモ國家ノ康寧ニ關スル大ナリ乙ハ其數衆多ナルヲ以テ輿論ノ歸向スル所ト人民ノ利益トヲ表ス兩者并ヒ立テ始メテ完全ノ効用ヲ顯スヲ得是ニ由テ之ヲ觀レバ議院ヲ兩局ニ分ツハ其効用ヲ全カラシムル者ナリ上ニ君主アリ次ニ貴族アリ下ニ民衆アリ上下交モ相待テ以テ國家ノ康福ヲ保維スルヲ得ベキナリ

獨逸國ノ碩學シミツト氏ガ國會議院二局制ヲ辨護シタルノ論中ブルンチユリー氏ノ闕ヲ補フニ足ルアルヲ覺ユル者アリ之ヲ左ニ引證セン

（一）兩局制ノ可否ハ之ヲ適用スベキノ國土大小如何ニ由テ變セザルヲ得ズ而シテ氏ガ討究ノ結局ハ曰ク小國ニテハ一院ヲ以テ便ナリトス可キモ大中ノ邦國ニテハ兩院制ニ非ザレバ不可ナルヲ證明スルニ在リ（二）若シ國會議院ヲシテ一局ナラシメバ國會議員ハ世論ノ喝采ヲ博シ自己ノ地位ヲ固クセン爲メ或ハ世論ノ傾向ニ乘ジ私意ヲ逞クセンガ爲メ或ハ自己政黨ノ利ヲノミ謀ランガ爲ニ世論ニ媚フルガ故ニ實際ニ於テ制法ハ議院外ノ世論ニ左右セラルルノ懼レアリ（三）主權者ハ主權者タル固有ノ性質トシテ代議士院ノ議決ヲ制可シ或ハ制可セザルノ大權ヲ有スベキナリ然レドモ代議士院ノ議決ヲ拒絶スル事ハ縱令其當ヲ得タリトモ世論ニ關スル甚ダ大ニシテ之ヲ數フレバ主權者即チ不制可權ノ所在ヲシテ怨府タラシムルノ憂ヘアリ今上院ヲ設ケ下院ノ議決ニシテ國家ニ不利ナル者ヲ否決セシムルヲ得バ主權者ガ不制可權ヲ行フヲ要セザルガ故ニ尊嚴ヲ全クシツヽ代議士院ノ急激ナルヲ防グコトヲ得可シ

右ニ略論セル所ハ高名ナル獨逸博士ノ說ニ根據スル者ナルヲ以テ反對論者ノ偏見ナル或ハ此專制政治ノ下ニ在リ壓制ノ空氣ヲ呼吸スル所ノ國人ノ論ナルノミト故ニ彼レ反對論者ヲシテ口ヲ箝シテ言ナカラシメンガ爲メニ圓球上自由ノ精神最モ旺ンナリト聞エタル米國有名ノ政學博士リーブル氏モ亦兩局主義ヲ奉スルノ論士タルヲ證セントス氏ガ自由自治論中兩局議院篇ニ於テ兩局主義ヲ辨護スルノ要點ハ左ノ如シ

（一）國會議院ヲ設ケ代議ノ政ヲ行フノ要ハ主權者ガ大政ヲ專斷シ法制ノ急激輕躁ニ流ル、ノ弊ヲ矯正スルニ在リ然ラバ議院ヲ分テ二局ト爲ストキハ其目的ヲ達スルニ就テ一層便ナルヲ得ベシ（二）一局議院ヲ主張スル者ハ佛國ニ多シトス是他無シ佛國人民ガ政治上主眼トスル所ハ常ニ勢力一致《ユニテー、オブ、パウア》ニ在リ然レドモ中央集權ハ吾黨自治ヲ主義トスル者ノ厭フ所ナリ佛國ノ政事家ラマルチン氏ガ一局論ヲ主張スルノ要旨ハ徹頭徹尾中央集權ニ便利ナルヲ欲スルニ在リ故ニ同氏ノ論ハ移シテ以テ吾黨ノ論旨ヲシテ堅確ナラシムル者タリ（三）アングリヤン民種ハ稟性自由ヲ愛重シ自治ニ熱心ナルハ輿論ノ認許スル所タリ回顧スルニ英國米國ヲ始メトシ同民種移住植民シテ代議ノ制度ヲ建ルヤ到ル處トシテ兩局主義ニ則ラザルハ無シ亦以テ兩局議院制ノ眞正ノ自由純然タル自治ニ適スルヲ知ルニ足レリ（四）一局議院ノ實際ニ行ハレ難キハ千八百四十八年佛國ノ實際ヲ見テ知ル可キナリ此時ニ際シ一局議院ヲ設ケタリシモ實際其困難ナルヲ以テ參事院ヲ設ケテ之ニ當ラシメタリ猶ホ古昔雅典《アテネ》ニテ國民會《エクレシヤ》ニ對シ顧問院《ブオール》ヲ設ケシガ如シ

既ニ獨逸亞米理加ノ博士ガ說ク所ノ要點ヲ載セタリ請フ英國二三ノ碩學ガ辨論ノ主眼トスル所ヲ極メテ簡短ニ陳ベ我輩ガ論旨ヲ固クシ併セテ反對者流ノ猛省スル所アランヲ望マントス夫ノ化醇《エボリユーション》學ノ

大理ヲ恢張シ政治世界ニ適用シ兼テ理財ノ才ニ富ムヲ以テ雷名ヲ轟シタル英國經濟雜誌ノ記者バセホツト氏ガ椽筆ヲ揮ヒテ大英國ノ國體ニテハ皇室ヲ尊奉シ貴族ヲシテ政務ニ參セシムルノ須要ナルヲ論セシ文中英國々會ニテ上院ヲ設クルノ肝要ヲ説ケリ其主眼トスル所ハ左ノ三項ニ在ルヲ覺エタリ

（第一）君主國ノ國體トシテ君上ノ威儀ヲ尊嚴ニシ貴族ノ品位ヲ保持セシムルハ英國ノ如ク萬機輿論ニ從フ政體ニ於テスラ猶ホ須要トス（氏ハ斯ノ事ノ實際上太甚ダ便利ナルヲ暢説セリ煩ヲ憚リテ之ヲ略ス）而シテ之ヲ保持センニハ上院ノ設ケアル宜キヲ得タル者アリ（第二）上院ヲ要スルノ理由ハ代議士院ノ壓制ヲ防ギ過激ノ法制ヲ阻遏シテ國家ノ安寧ヲ保維スルニ在リ此事ハブルンチユリー氏ガ既ニ論ジタル所ナレバ玆ニ贅セズ（第三）上院ニ座スル貴族ハ地位獨立自重自嚴ニシテ富豪ナレバ利ノ爲メニ志ヲ奪ハル丶コト少ナク且ツ下院ノ議員ノ如ク言論ニ因テ地位ヲ失フノ懼レモ少ナケレバ法律議案ノ利害得失ヲ熟慮審査スルヲ以テ其議決自然公平ヲ得ルニ幾カラン

國政法理ノ學ニ於テハ最モ信據スベキ所多キ英國ノ碩儒ベンサム氏ガ所論ニ就テ推究セバ兩局制ノ利トスル所ハ（一）議事ノ精熟ヲ得ルニ在リ兩局各其議事ノ則ヲ確守シ一院ニ於テ議シ了ルノ後他院ニ於テ再ビ之レヲ熟慮審議スルヲ以テ一時ノ情ニ制セラル丶ノ憂ヒ少ナク其ノ議決自カラ穩當公正ヲ得ルニ幾カラン（二）兩局互ニ相對峙シテ權限ヲ超越シ專恣ノ所爲アルヲ牽制ス（三）貴族ト平民ト分レテ政事ニ參セシムルヲ得ルニ在リ若シ兩者ヲシテ同一ノ方法ヲ以テ之レヲ一局ニ招集シ代議ノ任ニ當ラシメバ則チ選擧ノ際若クハ議決ノ際財産アリ名望アルノ貴族ハ種々ノ手段ヲ以テ自ラ其地位ヲ固クセントスルヲ以テ平民ハ之ト競爭スルコト能ハズ公平鈞一ナル代議制ノ眞趣ニ背クニ至ラン是兩局ヲ分ツヲ可トスル所以ナリ

英國ノ憲法史家メー氏ハ曰ク英國上院ハ立法體ノ一部トシテ輿論真正ノ傾向ト勢力トヲ推測スルニ大ナル便益ヲ有スルモノタリ諸議案ノ先ヅ下院ノ討議ニ付セラル、ヤ議論百出湧クガ如シ上院ハ其間ニ於テ人心ノ趣ク所ニ注意シ他日下院ノ議決シタル所ノ上院ニ来ルニ際シ公衆ノ欲スル所ニシテ國家ニ利アリトセバ直チニ之ヲ採用シ不利ナリトセバ民衆ノ激動ヲ招カズ國安ニ不利ナラザルノ修成ヲ為シ或ハ上院ノ討議ニ因テ全ク公衆ヲ感化シ下院ノ議決ヲ廢案スルコトモアルベシ左レバ上院ハ恰モ下院議案覆審院ノ如ク下議院及ビ公衆ガ充分ニ討議セル論點ノ最モ有力ナルモノヲ收攬シテ之レヲ世論ニ訴ルノ要アリ云々

又英ノ憲法史家クリーシー氏ハ曰ク予已ニ我ガ(英)國會ノ元素如何ヲ論セリ以テ國會兩院ニ分カレ一ハ貴族僧侶官ヨリ成リ一ハ衆民ヨリ成ル其利弊得喪如何ノ問題ニ移ラントス我國會ノ結構一局ニ偏セズ多局ニ亙ラズ兩院ヲ以テ搆成セラレタルハ憲法史上極リ無キノ利用ヲ見ル所ナリ中世ノ伊太利諸邦近世ノ佛國西班牙等ノ如キハ一局主義ニ偏シ暴激ノ政ヲ為スニ至リシニ我輩ハ兩局主義ニ則トリ其惨劇ヲ演スルノ禍ヲ免カレシハ實ニ幸福ト申スベキ事ナリ所謂兩局議院制《バイカメラル、システム》ナル者ノ利用ハ米國ノ碩學ケント、ストリー及ビリーブルノ諸氏モ亦論究スル所ナリ云々

我輩ガ繁ヲ厭ハズ憲法史家ノ言論ヲ提出シ來レルモノハ微意ノ存スル所アリテ然ルナリ政治上ノ事ハ當時ノ實際ニ適シ利用其當ヲ得ルヲ以テ正鵠トス蓋シ輕ク一己ノ妄想ヲ以テ之ヲ断決ス可カラザル者タリ而シテ廣ク之ヲ世論ニ徴スルニ理論ニ偏シ一己ノ思想ヲ恃ミ輕卒ニ之ヲ實際ニ施用セントスルハ未ダ嘗テ史ヲ讀マザルノ人ナリ苟モ古今ノ史冊ニ渉獵セルノ論士ニシテ其言急激ニ流ル、者蓋シ鮮シ一局主義ノ論者ニシテ各國憲法史ヲ討究スルニ就テ少ク力ヲ用フル所アラバ自家ノ謬見ナルヲ知ル

亦太タ難キニアラザル可キナリ若シ我邦變遷ノ程度ヲモ反省セズシテ漫ニ急躁過激ノ論ヲナシ世論ヲ瞞着セントナラバ其國家ヲ誤ル是ヨリ甚キハ無シ反對論者ヲ希クハ兒童ニ説クニ利刀ノ用ヲ以テスル勿レ

　以上列記スル所ノ諸論ヲ推究セバ民主國体ニテモ猶ホ二局院ノ制ヲ便トス況ンヤ君主國ニ於テヲヤ況ンヤ我邦今日ノ形勢ニ於テヲヤ兩局ノ設立已ム能ハザルモノナルベシ彌兒《ミル》氏曰ク代議政體ノ宿弊ハ多數黨ノ專制ナリト是吾人ノ最モ恐ル、所タリ一局議院ハ多數黨ガ小數黨ヲ壓スルニハ太ダ便利ナルノ法律ナルベキモ須ク記スベシ多數黨ノ利ハ必シモ國家ノ利ナラズ國家ハ多數黨ノ玩弄ニ供ス可キモノニ非ザルコトヲ此ヲ以テ我輩漸進ノ主義ニ則リ社會ノ改良ヲ計畫セント欲スル者ハ他日我國憲欽定ノ日ニ方リテヤ國會議院ハ兩局ノ設立ヲ可トスルノ　大詔アラセ賜ハンコト上ミハ　皇室ノ御爲メ下モハ衆庶ノ爲メニ熱望シ已マザルノ主點ナリ嗚呼國憲ハ國家ノ頭腦ナリ國憲ニシテ若シ其當ヲ失セバ大綱壞亂恰モ瘋癲セル人ノ如クナラン十七世紀ニ於テ英國ノ狂癲セル議院ヲ一局ニシ十九世紀ニ於テ佛國ノ狂亂セル兩局ヲ廢シテ一局トス狂暴ノ論客ニ非レバ今日ニシテ一局ヲ主張スルナカル可シコロムウェル自ラ言ヘルコトアリ「國民(英)已ニ秩序ヲ紊亂スルノ虐政ニ倦メリ云々國會議院ノ專制ヲ撿束センガ爲ニ貴族院或ハ其他ノ撿制法ヲ設クルハ今ニ於テ其實益ヲ見ル所ナリ」激烈彼レガ如キモ當時ノ實際ヲ省ミテ大ニ曉悟スル然ルモノニ非ルナキヲ得ンヤ今ヤ政黨ノ軋轢漸ク盛リニシテ政治海ノ風波穏カナラザルノ期ニ際シテハ假令自ラ政黨ノ爭鬪ニ關スルヲ屑トセザルノ人タリトモ苟モ國民タル以上ハ國家ノ安危ニ關スルノ大ナル國憲制定ノ若キニ至リテハ其大體ニ於テ確然タル定見ナカルベカラズ看者ヲシテ真正ニ國ヲ愛スル人ナラシメバ必ズヤ我輩ト倶ニ二局議院ノ主義ヲ守ルノ人タルヲ

信ズル也

（『東京日日新聞』一八八二年四月十九日〜二十一日）

2　憲法制定權ノ所在ヲ論ズ

憲法トハ主權者ガ主權ヲ施用スルノ原則ニシテ主權者アラザレバ之ヲ制定スルヲ得ベカラザルナリ君主國ニテハ主權者ガ憲法ノ制定ヲ國民ニ諮詢スルヲ便ナリトセバ之ヲ諮詢スルコトモ或ハコレアリトイヘドモ是固ヨリ主權者ノ便宜ニシテ然カセザレバ憲法ノ憲法タル効用無シトイフニ非ルナリ君主民主ノ別アリトモ未ダ主權者ナキノ國ハアラズ成文不文ノ差アリト雖ドモ復タ未ダ憲法無キノ國ハアラズ然リ而シテ現今文明國ニ於テ政治上物議ノ起ルアルハ主權其物ヲ爭フヨリ寧ロ主權施用ノ原則即チ憲法改良如何ノ爭ニ根スル最モ多シ主權者タルモノ時勢ヲ熟察シ之レニ應ジテ主權施用ノ原則ヲ變通セバ其地位ヲ全クスル難キニアラズ

左ニ略述スル所ハ國家學ノ一大原則ニシテ苟モ此學ニ注意セル者ハ其理ヲ解スル容易ナル可キヲ信ス推シテ我邦方今ノ實況ヲ觀察スルニ亦大ニ憂フベキモノアリ何トナレバ政治ノ事ヲ以テ自ラ任ズル者往々前ニ述ルガ如クナル單簡ニシテ看易キノ原理ヲ顧ミズシテ憲法ノ何タルヲ誤解スレバナリ其誤解ニシテ啻ニ學術上ノ辭義如何ニノミ止ラシメバ猶ホ未ダ甚キ害アラザル可キモ誤解ヨリシテ演繹スル所ノ激論ハ實ニ懼ル可キ者アルナリ故ニ我輩之ヲ嘿々ニ附スルニ忍ビズ其甚ダ恐ルベキ所以ヲ述ベントス其ノ懼ルベキモノトハ何ゾヤ曰ク我輩國民ハ憲法制定ニ參スルノ權理アリ(一)曰ク憲法ハ主權

者ヨリモ重シ(二)トイフノ二個ノ謬見ナリ

國民ハ憲法制定ニ參スルノ權理アリトイフ言ヲ換テ云ヘバ人民一般ニ承諾スル所ニ非ザレバ憲法タルヲ得ズトノ意ナルベシ論者ヲシテ我邦ノ憲法ヲ制定セラレントナラバ我ガ聖明ナル　天皇陛下ハ之ヲ人民ニ諮詢アラセ給フ上ニテ裁定アラセ給ハンコトコソ望マシケレト主權者ニ向ヒテ請願スルモノナラシメバ其所見ノ當否ハ暫ク之ヲ措キ論理上ニ於テ間然スベキ無シ然ルニ若シ我輩ハ憲法制定ニ於テ諮詢セラル可キ權理アルガ故ニ憲法ハ國約ニアラザレバ之ヲ奉ズル能ハズトマデニ極論セシメバ此忌諱ニ觸ルヽノ言タルノミナラズ憲法ハ主權者ノ制定スル所ナリトイヘル原則ニ背クノ激論ナリ強テ我レ憲法制定ニ參スルノ權理アリトイハシメバ是レ主權我ニ在リト主張スルノ大言ニシテ民主國ニ於テハ之ヲ吐ク可キモ君主國ニ於テハ許ス可ラザルノ言タルヤ明カナリ我輩ハ帝國臣民ノ分トシテ憲法制定ニ就テ諮詢ヲ辱クスルノ榮アランコトヲ希フニ止ル可キヲ信ズ

權理トハ何ゾ法律ヲ以テ保護セラレタル私利ニ外ナラズ(博士イヤリング氏ノ定議ニ由ル)今若シ我輩ガ主權者ニ對シ我ヲシテ憲法制定ニ參與セシメザルガ故ニ損害サレタル滿足ヲ得ント訴フルノ法廷アラシメバ則チ可ナリ其法廷無キ以上ハ所謂權理無キコト明カナリ我ガ　聖天子ハ憲法ハ朕親裁スベシト宣ハセ給ヘル上ハ臣子ノ分トシテイカデ之ヲ爭ヒ奉ルベキ假令論者ノ希望ニ滿タザルコトアラシムルモ其ハ私見ニ止リ遵奉如何ニ於テ何ノ異ナルアルベキヤ

我輩ガ國家學上自ラ明カナルノ理ヲ故ラニ此ニ喋々スル所以ノ者ハ日本ノ臣民タル者ヲシテ此原則ヲ確認セシメズハ實ニ由々敷大事ヲ惹起サンモ計ル可カラザレバナリ假ニ人民ハ憲法制定ニ參與スルノ權理アリトイフ言ヲシテ真理ナラシメバ之ガ制定ニ參スルノ權理アラバマタ其意ニ任セテ何時ニテ

モ之ヲ變更シ或ハ之ヲ廢止スルヲ得ベキハ理ノ當然ナレバ他日其等ノ事ニ論及スルアランモ亦測リ難シ果シテ然ラバ今日制定セル憲法モ明日マタ多數政黨ノ意ニ任セテ之ヲ變改シ廢止スルヲ得ベシ憲法ハ自他政黨ノ勝ヲ政論上ニ得ル毎ニ之ヲ變改スルヲ得ベキナリ若シ此等ノ假定ヲシテ真ナラシメバ之ヲ實施スルニ至ランコト亦怪ムニ足ラズ佛國革命ノ際憲法ノ變更常ナカリシモ亦前條述ルガ如キノ邪説ノ結果ナリシヤ明カナリ思テ茲ニ至ル未ダ嘗テ悚然トシテ深ク恐レズバアラズ

憲法ハ主權者ヨリモ重シトイフノ誤解ハ一層普通ナルモノ、如キヲ覺ユ是歐米近代ノ政治家ガ舊來ノ專壓ヲ厭フノ餘リ人民ヲシテ憲法ノ重キコトヲ確認セシメンガタメニスルノ方便ニ用ヰル激語ニシテ彼輩トイヘドモ猶ホ國家學上許スベカラザルノ言語タルヲ知ル然ルヲ我ガ學士論客ノ歐米人ヲ妄信スルノ甚シキ此激語ニ嗾セラレ真面目ニ此謬誤ノ言論ヲ再演スルニ至ル我輩之ヲ辨セザルヲ得ズ若シ我輩ノ記憶ニシテ誤リナカラシメバ彼ノ朝野新聞ノ記者スラ猶ホ此病ヲ免カレザリキ彼ノ記者ガ立憲帝政黨ノ綱領議ヲ評スルノ論説ハ最モ新見創解ノ論理ニシテ最ト面白ク覺エシモノ多カリケルガ就中記者ガ帝政黨ハ我主權ハ　聖天子獨リ總攬シ給フ所タリトイヒツ、其ノ之ヲ施用スルハ憲法ノ制ニ依ルトイヒシハ自家撞着ナリト嘖々論ジタリシハ最モ新發明ノ説ナルヲ感嗟セリ此論ヤ或ハ憲法ノ性質ヲ誤認シタルニ根スルモノニ非ルナカランカ若シ憲法ハ主權者ヨリモ重シトシ主權者ハ之ニ服從セザルベカラズトイフ言ヲシテ真ナラシメバ甚シキ自家撞着ナリ朝野記者ヨ請フ憲法也者ハ主權者ノ制定スル所タルヲ記憶セヨ如此解センニハ矛楯スル所安ニカ在ル制限ニ自他ノ別アリ自ラ憲法ヲ制定シ自ラ主權ノ施行ヲ制限スルモ或ハ全ク成文ノ憲法ヲ制定セザルモ主權者ガ不羈獨立無制限タルノ資格ニ於テ隨意ナルベキナリ朝野記者ガ強テ制限ス可カラズトイフモ亦制限ナルゾカシ自家撞着ノ語ハ愼ミ

テ朝野記者ノ机下ニ還呈セン記者ニシテ豈ニ此誤解ヲナスノ理アランヤ蓋シ植字者ガ新發明ノ誤植ニテモアルベキカヲ疑フナリ

否々憲法ハ主權者ノ制定スル所ナレバ臣民トシテ憲法ヲ以テ主權者ヲ羈束スル能ハズ唯我輩ガ切ニ希フ所ハ憲法制定ノ上ニハ之ヲ確守アラセ給ハンコトヲ主權者ノ徳義上ニ訴ルニ止リ即チ願望ノ言ニシテ命令ニアラザルナリ立憲帝政黨同志ガ憲法制定ニ向テ要スル所モ亦斯意ニ外ナラザルベキヲ信ズルナリ已ニ我邦主權ノ所在ヲ確定セバ臣民ノ分トシテ憲法制定ニ參與スルノ權理モ無ク亦憲法ヲ以テ主權者ヲ羈束スベキノ權理モ無キハ動カス可カラザルノ論結タルヤ瞭然トシテ分明ナリ此主義ニ反對スル意見ヲ懐クノ論者果シテ如何トナス

（『東京日日新聞』一八八二年四月二十六日）

II 国家・天皇・憲法

1　憲法ノ精神

國家―主權―團體

國家主權ハ萬世一系ノ皇位ニ在ル之ヲ我千古ノ國體トス統治權ノ作用ヲ大權立法及司法ニ分派シ大權ノ行動ハ國務大臣ノ補弼ニ待チ立法ハ帝國議會ノ協贊ニ由リ司法ハ獨立ノ裁判所ヲシテ之ヲ行ハシメ機關ヲ分チテ相混同セス統治ノ全權ハ即チ之ヲ皇位ニ總攬シテ統一ヲ保持ス之ヲ我明治立憲ノ政體トス、斯ノ國體政體ノ大義ヲ明白ニシ政治百般ノ行動ヲシテ斯ノ根軸ニ輾轉シ斯ノ軌轍ニ由ラシムルコトハ吾人立憲ノ新政ニ浴スル國民ノ責務ニシテ宜シク範ヲ後世ニ貽スヘキ所ナリ、顧フニ憲法ノ制定ハ國初以來ノ大變革ニ屬シ而シテ歳ヲ經ル僅ニ十年國民ハ未タ新制ノ下ニ慣熟セス動モスレハ政機ノ運用ニ於テ尚圓滿ヲ失フコト少シトセス或ハ國體政體ノ分界ヲ辯明セス濫リニ歴史ト國體トヲ異ニスル外國ノ事例ニ比類シテ疑ヲ我國家體制ノ基礎ニ容レ、或ハ立憲ノ精神ヲ誤解シ機關分立ノ機能ヲ濫用シテ政權爭奪ノ煩累ヲ招ク、今ニシテ大憲ノ義理ヲ明白ニシ國民ヲシテ適從スル所ヲ知ラシムルニアラサレハ立憲ノ大制ハ其美果ヲ永遠ニ收ムルコト能ハスシテ却テ國政ヲ紛亂スルノ媒介タルノ虞アラントス、蓋明義雜誌ノ起ル所以亦茲ニ在ランカ、不肖淺劣ヲ顧ミス雜誌編纂者ノ需ニ應シ今茲ニ號ヲ連テ通俗ニ憲法ノ精神ヲ略説セントスルモ亦此ノ擧ヲ美ナリトスルノ微志ニ出タルナリ。

㈠　國家ハ民衆ヲ綜合シテ成ル而モ機械的ノ合衆ニ非ス永遠公同ノ生命ト目的トヲ有スル獨立自存ノ團體ニシテ吾人ハ現在一時ノ組織分子タル者ナリ。個人一時ノ利害ト生存トノ外ニ永遠ニ亘リ社會ニ公同ナル團體的目的ト生命トアルコトヲ自覺シ國民ハ國家ノ分子トシテ國家的生存目的ニ貢獻スルノ公同心ヲ國家的觀念ノ啓發トス。我民族ハ同祖ノ血類ニシテ我萬世一系ノ皇位ハ卽チ民族ノ始祖タル天祖ノ靈位タルコトヲ追想シ、神聖ナル皇位ヲ崇拜シ其威靈ノ下ニ同族親和ノ團結ヲ成シ以テ千古ノ歷史ノ成果ヲ擁護シ日新ノ國運ヲ伸張セント欲ス是レ我愛國ノ精神タリ。家ヲ成シ國ヲ建テ社會ヲ結フ皆愛國ノ心公同ノ精神ニ原由セサルハナシ、之ヲ否認シ個人單獨ノ一時ノ利害ヲ人生畢終ノ目的トスル所謂個人主義ヲ唱道スル者ハ家國ノ存在ヲ否認スル者ナリ。例ヘハ我固有ノ民俗ハ血族公同ノ精神ニ由リテ成ル、故ニ我民法ハ尙家制ヲ其基礎トスルコトヲ失ハス歐洲個人主義ノ民法ハ旣ニ成典ノ上ニ家制ヲ否認ス其主義ヲ貫徹スルニ於テ論理ノ然ラシムル所毫モ怪ムニ足ラサルナリ。今一步ヲ進メ極端ナル個人主義ヲ國家社會ノ團結ノ上ニ貫徹セント欲スルニ於テハ論理ノ趨勢驅テ國家政府ヲ否認スル虛無黨ナリ社會ノ組織ヲ破壞セントスル社會黨トナル亦已ヲ得サルナリ、民衆相依リテ國家ヲ成ス土石ノ堆積シテ山ヲ成スカ如キニ非ス個獨ノ生命ノ外ニ國家ハ生命アルコトヲ自覺シ分子トシテ永遠公同ノ生存ニ貢獻スルノ體制タリ。家國ノ建設憲法ノ制定皆此ノ公同心ノ基礎ニ於テス、國民ニ此ノ愛國公同ノ精神アルコトヲ前提トシテ建設セラレタル國家憲法ヲ解說スルニ個人自主ノ偏理ヲ以テシ之ヲ個獨一時ノ私益ヲ經營スルノ設備ナリト爲スニ至リテハ（是レ功利派ノ主義）國家ヲ說キテ國家ヲ否認スル者ニシテ國家ヲ談スルノ基礎トスルニ足ラサルヤ明カナリ。特ニ況ンヤ立憲政體ニ於テオヤ。文化ノ未タ進步セサル社會公同ノ自覺未タ啓發セサルニ當リテハ專制ノ權威ニ由リ民衆ヲ統一シ以テ國民的公同自覺ノ結合ニ代フ亦已ヲ得サルナリ。然ルニ所謂立憲ノ制ハ專制ノ權威ニ依ラス專ラ國民的公同自覺ノ精神ニ倚頼シテ以テ國權ノ運用ヲ民衆ノ趨向ニ問ハントス今若國家的公同心ニ乏シキノ民衆ニ向テ專制ノ制ヲ棄テ之ニ立憲自由ノ制ヲ委スルコトアラハ國家社會ヲ破壞スルノ虞ナキヲ保セス。地大ニテ民疎、加フルニ人種ノ軋轢アリ貧富ノ懸隔アリ文化ノ未タ洽ネカラサル露大帝國ノ如キ容易ニ西歐立憲ノ制ニ移ルコトヲ欲セサルモノハ蓋亦國家ノ進運ヲ公同心ニ乏シキ民衆ノ紛争ニ委スルノ危惧アルニ由ルナランカ、公同心ナケレハ立憲制ナシ。立憲ノ形式アリト雖必ヤ事實ニ於テ豪傑的又ハ黨派的專制タルコトヲ免レサルハ古昔羅馬ノ共和政以來近世佛國ノ變亂ニ至ル史跡歷然之ヲ掩フヘカラス、今我國新ニ立憲ノ制ニ則ル其效用ヲ全ウセント欲セハ先ツ國民ヲシテ國家的公同自覺ノ精神ヲ啓發セシメ憲法ノ運用ヲ國民的公同心ノ根軸ニ於テスルコトヲ期セサルヘカラス。是レ吾人ノ執ル所ノ主義ニシテ政機ヲ把持スル者憲法ヲ解説スル者瞬間モ之ヲ忘ルヘカラサル所ナリ。

(二)　國家ハ民衆ヲ綜合シテ成ル、之ヲ綜合スル者ハ唯一最高ノ主權ナリ。國體ハ主權ノ所在ニ由リテ分カル。之ヲ分ツ者ハ各國ノ歷史ナリ。平等ノ人平等ノ權ヲ行フ何ソ國家ノ是レ在ラン、上ニ統治ノ權力アリ下ニ完全ナル服從アリ以テ國家ノ體制ヲ成ス。主權ナケレハ國家ナシ主權ハ國家ノ生命タリ之ヲ危ウスル者ハ國家ノ生命ヲ危ウスル者ナリ。歐洲十八世紀ノ末ニ唱道セラレタル天賦人權各人平等ノ論ハ封建階級ノ時弊ヲ一洗スルニ於テ效績アリシト同時ニ國家主權ノ觀念ヲ薄弱ナラシムルノ流毒ヲ當世紀ノ始ニ貽シタリ。彼ノ平等論ハ事實ニ於テ既ニ違ヘリ。社會ニ强弱智愚貧富ノ差等アルハ寧ロ天賦ノ自然ニ屬ス。又論理ニ於テ不可ナリ權力ハ權力ヲ以テスルニ非サレハ之ヲ制スルヲ得ス貧弱ナル者カ天賦自然ニ發生スル社會的ノ腕力智力財力ノ專横壓抑ヲ免レ之ト平等ノ地位ニ立タント欲スルニハ主權ノ保護ノ下ニ完全ナル服從ヲ甘ンスルノ外ナシ、社會ノ平等ハ强大ナル主權ノ下ニ於テノミ存ス。老幼貧愚其所ヲ得テ强暴ノ呑噬ヲ免ルルモノ果シテ何ノ賜ソ。封建ノ世主權衰ヘテ社會ニ階級ヲ生シ、中央集權ノ國漸ク國民平等ノ勢ヲ成セルハ史跡ヲ待タスシテ明カナリ然ルニ人權平等ヲ説キ以テ國家主權ノ基礎ヲ動搖セントスルハ事實ニ反シ論理ニ背ク狂暴亦甚シト云フヘシ。

國家主權ハ神聖ニシテ侵スヘカラス無限ニシテ圓滿ナリ。主權ト謂フトキハ最高絶大ノ力タルコトヲ意味ス、若之ヲ侵犯シ制限シ分割シ得ヘクンハ是レ既ニ主權ニ非サルナリ。主權ハ國内ニ於テ對等ノ權力在ルコトヲ認メス、是ヲ以テ彼ヲ制限スルハ對等若ハ優等ノ力ニ非サレハ能ハス、主權ノ限定スヘカラサル論理ノ最明白ナル者ナリ。然ルニ民權自由ノ説一タヒ革新ノ風潮ニ乘シテ世論ヲ誘惑セシヨリ或ハ謬テ君權民權共ニ對等ノ權力トシ是ヲ以テ彼ヲ制限スルヲ立憲制ノ本領ナリト爲ス者アリ。或ハ本末ヲ顚倒シ憲法ヲ以テ主權ヲ限定スルモノナリト爲スアリ、共ニ法理ニ於テ認容シ能ハサル誤解ノ最明白ナルモノタルニ拘ハラス今尚愚ニシテ悟ラサル者アリ又其非理ヲ知テ尚一時ノ權謀ノ爲ニ之ヲ唱導スル者アルハ實ニ痛恨ニ堪ヘサル所ナリ。國運ノ伸張ト社會ノ統一トハ强大ナル國權ノ存在ニ係ルコトハ政策ノ上ニ明白ナルノミナラス憲法ヲ擁護シテ其紛更ヲ制裁スルハ憲法ヲ制定シタル唯一最高ノ統治主權ニ待タサルヘカラサルハ亦法理瞭然疑ノ容ルヘキナシ。今ヤ我國ニ於テ民主ノ論ヲ唱フル者ナシ又有ルヘキ道理ナシ而モ尚曖昧ノ邪説ヲ傳播シ巧ニ世人ヲ眩惑スル者其跡ヲ絶タサルハ國家前途ノ爲ニ甚恐懼スヘキ所ナリ。蓋世論ノ國法政治ノ識ニ乏シキ國體ト政體ノ明白ナル區別ヲ辨識セサルカ故ニ西歐ノ立憲政體ヲ移植シタルカ爲ニ我千古ノ國體亦隨テ動搖變更ヲ免レサルモノト爲スノ誤解或ハ世人ヲシテ耳ヲ此ノ邪説ニ傾ケシムルノ誘因タルナキヲ得ンヤ。乞フ試ニ之ヲ略説セン。

抑モ國體ハ主權ノ所在ニ由リテ異ナリ政體ハ國權運用ノ形式ニ於テ分カル、故ニ國體同ウシテ政體異ナル者アリ政體同ウシテ國體異ナル者アルハ歴史ニ現在ニ歴々示摘ヲ待タスシテ知ルヘキナリ。民主ニシテ專制ナル古昔ノ羅馬近代ノ佛國ノ如キアリ、立憲ニシテ君主ナル我國ノ如キ中央歐洲諸國ノ如キアリ。專制ノ政體ハ必シモ君主國體ニ伴ハス立憲ノ政體ハ必シモ民主國體ニ伴ハサルコト言ヲ待タサルナリ。此ノ明々白々タル論理ト實例トアルニ拘ハラス世論ハ尙立憲政治ノ體制ト君主主權ノ國體トハ全然相容ルル能ハサルカノ如キ疑ヲ懷キ立權制ノ下ニ君主主權ヲ說ク者アルヲ見テハ卽チ驚愕シ非立憲的ノ横議ト爲ス嗚呼世論ノ迂ニシテ惑ヘル一ニ玆ニ到レルカ之ヲ啓發セントスル識者ノ任務モ亦難哉。主權君位ニ在ルヲ君主國體トシ主權ハ民衆ノ把持スル所トナル之ヲ民主國體トス。主權ハ其本性ニ於テ分割ヲ許サス治者被治者ノ區別アルコトハ實ニ國家ノ本領タリ、故ニ主權ノ所在ヲ曖昧ニシ君民之ヲ共有スト爲スカ如キハ謂フヘクシテ事實無キ所論理ノ認容セサル所ナリ。通俗ニ所謂君民同權ノ國ハ敬禮典儀ノ上ニ君主ノ虚位ヲ設クルモ事實ト法理トニ於テハ既ニ民主ノ國體タル者ニシテ君主ニ非ス民主ニ非サル中間曖昧ノ國體アルコトナシ。之ヲ例セハ白耳義《ベルギー》王國ノ如キ國民ハ自ラ先ツ憲法ヲ制定シ其條章ニ於テ主權ハ國民ニ存在スルコトヲ特筆大書シ而シテ外國ノ王族ヲ迎ヘテ國民ニ對シ宣誓ヲ促シ之ヲ立テ君位ニ置ケリ、內外ノ典儀ニ於テ君主ニ對スルノ敬禮ヲ與フルニ吝ナラサルト同時ニ何人モ政治上法理上白耳義國王ヲ以テ主權者ナリト爲スコトナシ其民主國體タルコトハ其憲典ノ宣言スル所タレハナリ。獨逸皇帝ハ近代ノ明主、其威烈世界ヲ振動シ列邦ノ君主ヲシテ其鼻息ヲ窺ハシムルニ足ル而モ尙獨逸國ノ主權者タルコト能ハス獨逸ハ帝國ト稱シ皇帝ト呼フモ其憲法ハ聯邦組織ニシテ聯邦合衆ノ主權ハ其聯邦會議ニ存シ帝位ニ在ラサルコト彼ノ政治界學術界ニ於テ定論一致スル所タリ。之ニ反シ普漏亞《プロシャ》以下獨逸諸大邦ハ英佛白ノ立憲政體ヲ模範トシ其最進歩セル結果ヲ採用シタルニ拘ハラス頑トシテ民主ノ思想ヲ認容セス普國王ハ天ノ保祐ニ依リテ民衆ニ君臨スルコト尚専制ノ古昔ニ異ナラスシテ彼ノ英白ノ君主ノ如キ多數政黨ノ保祐ニ依リテ僅ニ其虚位ヲ有ツ者ト立國ノ精神ヲ同ウセス蓋等シク王ト稱シ帝ト呼フモ國體ハ之カ爲ニ必シモ君主的ナラス專制ヲ更メテ立憲ノ政體ニ移ルモ主權ノ所在ニシテ動搖セサルトキハ國體ハ之カ爲ニ變更セサルコト知ルヘキナリ。按スルニ國體ハ歴史ノ成果タリ主權ノ所在ハ法制紙上ノ改削ヲ以テ之ヲ移動シ得ヘキモノニアラス政體ハ憲法ノ規定タリ國權行使ノ形式ハ憲法ノ改削ヲ以テ之ヲ變更スルコトヲ妨ケス而シテ憲法ヲ制定スルハ主權其者ノ行動ニ屬スルカ故ニ憲法ヲ改削シテ主權ノ所在ヲ變更スト謂フハ論理ニ於テ不能ノコトニ屬ス。主權ノ所在ヲ變更シ國體ヲ改定スルノ憲法ノ制定ハ實ハ國家立法ノ行動ニ非ス。舊國家ヲ亡ホシ新國家ヲ建設スルノ歴史的大革命タリ。豈我憲法ノ制定テ以テ之ト同一視シテ論スヘケンヤ。明治維新以來封建分裂ノ弊ヲ改メテ中央統一ノ制ニ移リ再ヒ專制ノ政體ヲ更メテ立憲ノ美制ニ則ル一ニ皆政權運用ノ形式ヲ改更シタルニ止リ毫末モ我數千年ノ歴史ノ成果タル國體ノ基礎ヲ動搖セサルコト辯說ヲ待タスシテ明カナリ此ノ大義ヲ明白ニシテ將來或ハ復タ免ルヘカラサル制度ノ變更ニ對シ我千古ノ歴史ノ成果タル國體ノ基礎ヲ動搖スルコトナキノ典範ヲ後世ニ貽スハ明治忠良ノ臣民ノ責務トスヘキ所ナリ。

(三) 國體ハ歴史ノ成果タリ國體論ハ利害ノ辯ニ非ス事實ノ叙述ナリ。建國史跡ノ異同ヲ顧ミス濫ニ内外ヲ比類シ彼ヲ以テ我ヲ論スルハ抑亦時弊ノ一ニ屬ス。之ヲ分疏シテ彼我ノ特質ヲ發揮スルハ實ニ方今ノ急務タリ。邦人ノ通弊ハ歴史ニ疎ニシテ理論ニ奔リ易ク好テ歐洲ノ政治ヲ談スル者多クハ彼ノ國體史ニ通セス歐洲今日ノ政體ヲ以テ近世理論ノ製作ニ係ル者ト誤解シ動モスレハ其理論ヲ移シテ以テ我千古ノ歴史ノ成果ヲ動カスヲ得ヘシト爲ス謬レルノ甚シキ者ナリ我建國ハ血族團結ノ基礎ニ成立シ祖先崇拜ノ信仰ニ由リテ統一ス。父母ヲ同ウスル者カ相依リテ家ヲ成ス是レ社會ノ原始ナリ、其思想ヲ推擴シ祖先ヲ同ウスル民族カ始祖ノ神位ヲ崇拜シ其威靈ノ下ニ相依リ相倚リテ血族的團結ヲ成ス是レ我民族的建國ノ基礎タリ。父母ヲ敬愛シ子孫ヲ保護スルノ天賦ノ至情ハ之ヲ遠ク其父母ニ溯リ汎ク其子孫ノ子孫ニ及ホシ以テ血族同和ノ國家ヲ成ス。家ニ於ケル天賦ノ元首ハ父母タルカ如ク國ニ於ケル天賦ノ主權者ハ民族ノ同始祖タリ。我萬世一系ノ皇位ハ我民族ノ始祖タル天祖ノ靈位ニシテ其直系ノ皇統此ノ位ニ卽キ天祖ノ威靈ヲ代表シテ天祖ノ慈愛セル其子孫ニ君臨ス。皇位ハ神聖ナリ天祖ノ神位ナレハナリ主權ハ侵スヘカラス天祖ノ威靈ナレハナリ。而シテ家國主權ノ存在ハ祖先カ其子孫ヲ愛護スルノ威力ニシテ君父一人ノ私ニアラス。是レ我建國ノ基礎ニシテ國體ノ精華タリ。歐洲ノ建國ハ古「ゲルマン」ノ部落ニ原由ス。部落《フォルク》ハ平等共和ノ小團體ナリ。昔者「インドゲルマン」民族カ祖先ノ郷土ヲ去リ西亞東歐ヨリ水草ヲ逐ヒ進テ中歐ニ移植スルヤ地利ニ從ヒ到ル所ニ獨立ノ小部落ヲ成シ分裂孤立シテ既ニ民族ノ綜合統一ヲ缺ク。部落ハ小獨立國家ニシテ平等共和ノ團體タリ君主ナク貴族ナシ唯民會アルノミ。民會ハ武器ヲ携フル能力アル國民男子ノ總會ニシテ春秋二回新月又ハ滿月ヲ期シテ原野ニ集合シテ以テ國事ヲ決ス。國民皆兵民會ハ卽チ軍隊ニシテ原野ノ總會ハ卽チ春秋觀兵ノ定式タリ。兵政未タ分カレス其議スル所ノ國事ハ卽チ宣戰媾和ノ事其會スル所ノ議員ハ卽チ民兵ナリ。平時ニ將帥ヲ置カス事アレハ則チ將帥ヲ選擧ス是レ「フュールスト」ナリ。戰止ムトキハ卒伍ニ歸シ復タ政權ヲ有セス、君臣ナク貴賤ナシ平等共和ノ純白ナル者ナリ。然レトモ戰爭ノ頻繁ナルニ隨ヒ、或ハ平時ニモ尚將帥ヲ置キ後世變シテ終身ノ職トナリ遂ニ世襲ノ地位トナリ君主制度ノ基礎ヲ為シタリ。羅馬ノ盛世ニ當リテハ發達セル「ゲルマン」部落ハ既ニ君主ヲ戴キテ强固ナル抵抗力ヲ有シタルコトハタシトス、セーザルノ記録ノ證明スル所ナリ。羅馬ノ衰フルニ際シテハ欧洲ノ大勢一變シテ民族的組織ノ體制ヲ執ヲ延テ「フランク」王國ノ盛世トナリ再ヒ分裂シテ豪族割據ノ封建制トナリ遂ニ封建ノ諸侯自立シテ王ト稱シ近代欧洲列邦ノ建國ヲナシタルコトハ今茲ニ叙述セス。之ヲ要スルニ國家主權ハ共和ノ民衆ニアルコト彼ノ團體ノ基礎ニシテ君主ヲ以テ主權者ト為スハ國家ノ紛亂ニ乘シ英雄豪族ノ腕力ヲ以テ民衆ヲ壓制シタル偶然ノ時弊タルニ過キス。故ニ近世文化ノ發達ト共ニ民衆ハ古昔共和ノ純白ナル團體ヲ回顧シ祖先ノ遺範ニ則リ民主ノ團體ニ復古セントス。彼ニ在リテハ其建國ノ精神ヲ貫徹シ君主豪族ノ壓制ヲ免レントス寔ニ所由アルナリ。モンテスキューカ立憲政體ハ「ゲルマン」民族ノ森林ノ中ニ在リト唱ヘルソーカ瑞西山間ニ遺跡セル「ゲルマン」自由共和ノ部落組織ヲ敷延シテ一世ヲ風靡スルノ模範ヲ示シタル皆欧洲建國ノ原由ニ溯リ其精華ヲ發揮セル者ナリ。宜ナル哉欧洲ノ國家思想ノ靡然トシテ民主共和ノ主義ニ傾キ君主皇帝ノ名稱ヲ存スルモ國體ノ主旨ト政治ノ實行トハ多ク既ニ民主ノ主義ニ移ルヤ彼我既ニ歴史ノ淵源ヲ異ニス何ソ其成果ヲ一ニスルヲ得ン彼ノ民主主義ヲ固執スル我ノ君主主義ヲ擁護スル共ニ皆建國ノ精神ヲ發揮シ國粹ヲ萬世ニ維持セント欲スルモノニシテ歴史ノ成果ヲ愛惜スル所由ニ外ナラサルナリ、吾人ノ祖先ハ上世漢土ノ文物ヲ崇拝シ之ヲ入ルヽニ急ナリシニ拘ハラス建國ノ基礎ヲ維持シ得テ鞏固ナリ、今泰西ノ文化ヲ模範トシ國運ノ伸張ヲ計ルニ當リ毫末モ國體ノ觀念ヲ動搖スルカ如キコトアラシメハ吾人何ノ顔アリテカ地下ノ祖先ニ見ユルヲ得ン。希クハ國家永遠ノ進運ヲ千古ノ國體ノ根軸ニ於テ開展シ範ヲ後世ニ貽スコトヲ為サン。

立憲政體―專制―大權ノ特立

㈣　政體ハ國權運用ノ形式ニ於テ分カル。立法司法行政ノ作用ヲ混同シ單獨ノ機關之ヲ專斷スルハ所謂專制ノ政體ニシテ獨裁スル者ノ唯一ノ君主タリ少數ノ貴族タリ多數ノ民會タルニ問ハサル所ナリ。往昔ノ羅馬共和國中世ノ伊太利貴族政體現今ノ露西亞帝政ノ如キ此ノ類ニ屬ス。三權ノ作用ヲ分劃シ各特立ノ機關ヲ設ケ權域ヲ判明ニシテ相侵スコトヲ許サス以テ專制ノ弊ヲ避ケントス。是レ所謂立憲政體ニシテ國體ノ君主タリ民主タルハ問ハサル所ナリ。歐米諸邦及我憲法モ亦此ノ類ニ屬ス立憲制ノ本領ハ實ニ所謂三權分立ノ思想ニ在リ其利弊モ共ニ亦茲ニ存ス。三權ヲ分立シテ專制ノ專恣ヲ防クハ其利トスル所タルト同時ニ統治機關ノ軋轢ヲ招キ國政ヲ澁滯セシムルハ其弊タル東西共ニ其歎ヲ同ウスル所ナリ、案スルニ三權分立ノ思想ハ其由來スル所頗ル古シ遠ク「アリストートル」ノ三權論ニ淵源シ英ノ「ロック」之ヲ祖述シ佛ノ「モンテスキュー」之ヲ英國ノ政治ニ對照シテ唱導ス。偶々民衆カ暴君汚吏ノ壓制ニ困ムノ時弊ニ投合シ全歐ノ歡迎スル所トナリ遂ニ現今立憲制ノ根據ヲ爲シタルナリ。蓋「モンテスキュー」ノ三權分立論ハ事實ニ於テ誤レリ英國ハ議院專制ノ政體ニシテ三權對峙ノ國ニ非ス亦國法ノ理論ニ於テ謬レリ主權ハ分割スヘカラス國家ノ國家タルハ主權ノ統一ニ在リ之ヲ分割シ獨立平等ノ三權相對峙スルモノト爲スハ法理ノ許ササル所タリ。故ニ方今國家法理ヲ談スルモノハ之ヲ陳腐ノ誤解ト爲シ復タ顧ミス。然レトモ此ノ三權分立論カ歷史上立憲制ヲ建設シタルノ動機タリシコトハ何人モ之ヲ疑ハス。要スルニ國權ヲ分割シテ獨立對峙セシムルハ事實ニ於テ法理ニ於テ之ヲ許ササル所タルト同時ニ立法司法行政ノ作用ヲ分派シ國會政府裁判所ノ權域ヲ憲法ノ上ニ明劃スルコトハ實ニ立憲制ノ以テ專制ノ政體ニ異ナル所タルハ亦明白ナリ。若シ此ノ主旨ヲ沒シ其分界ヲ紛更スルコトアラシメハ所謂立憲制ノ主義ハ何ニ由リテカ立ツコトヲ得ン。政府大臣カ其政策施政ノ本領ヲ踰ヘ國會ヲ蔑視シ其權限ヲ蹂躪スルカ如キ或ハ國會カ其立法豫算ノ憲法上ノ權域ヲ踰ヘ政策施政ノ中心タラント欲スルカ如キ共ニ立憲制ノ主旨ニ反シ憲法ヲ紛更スルノ非行タルヲ免レス。論者或ハ立憲政體ノ本領ヲ以テ單ニ國會ノ開設ニ在リト爲シ國會ノ權力ニ偏重スルヲ以テ立憲制ノ主義ナリト認ムルアリ果シテ此ノ如クンハ論者ハ羅馬ノ共和民政「ゲルマン」ノ部落民會ヲ以テ立憲政體ト爲スカ。其誤解タル辯白ヲ待タスシテ明カナリ。立憲政體ノ精神ハ國權統一ノ主義ヲ損スルコトナクシテ而シテ三權ノ運用ヲ分派セント欲ス之ヲ總攬シテ統一ヲ失ハサルモノハ國ノ主權者ニ在リテ存ス。三權ハ分離シ易ク、統治ノ機關ハ軋轢ヲ免レス。之ヲ統一シ之ヲ調和スルハ主權者ノ職司ニシテ其權力大ナルニ非サレハ之ヲ全ウスルコトヲ得ス。是レ特ニ立憲政體ニ於テ國家元首ノ地位ヲ鞏固ニシ其權力ヲ强大ナラシムルノ必要アル所由ナリ。我憲法ノ制定セラルルヤ歐洲立憲ノ制ヲ採ルコトヲ躊躇セサリシト同時ニ君主大權ノ基礎ヲ鞏固ニシ其廣大ナル範圍ヲ明劃シ以テ統治機關ノ權域ノ上ニ超然タラシメタルハ之ニ倚リテ以テ立憲制ノ弊所ヲ救ハント欲スルノ精神ニ出テタルモノニシテ其用意周密ナリト云フヘシ。論者或ハ之ヲ案セス大權ノ强大ナルヲ以テ立憲ノ美果ヲ收ムルノ所由ニ非サルヲ疑フアリ。是レ理論ニ於テ謬レルノミナラス政治ノ實跡ヲ辨識セサルノ譏ヲ免レス。國權ハ歸一スルニ非サレハ內外ニ對シ政治ノ中樞タルコト能ハス立憲制ノ弊所ハ三權分立シテ其ノ歸一ヲ失ヒ機關軋轢シテ政務ヲ澁滯シ國權ヲ內外ニ對シテ薄弱ナラシムルニ在リ。故ニ西歐ノ諸邦或ハ名ハ三權分立ト謂フモ實ハ其主旨ニ反シ一機關一權力ニ偏重シテ僅ニ國權ノ分裂ヲ防キ政治ノ紛爭ヲ裁斷スルノ形勢アルヲ免レス。三權ノ上ニ超然トシテ、强大ナル統一調和ノ機關ナキトキハ其軋轢ノ結果トシテ權力或ハ政府ニ偏重スル獨逸帝國ノ如キアリ或ハ議院ニ偏重スル英佛白ノ如キアリ必スヤ事實ニ於テ偏重アルヲ免レサルハ政治ノ常勢ナリ。而シテ偏重スレハ三權分立ノ主義ハ即チ亦亡フ。三權分立ノ精神亡フレハ立憲政體ハ即チ亦亡ヒン。西歐ノ諸邦君權ノ强大ナルヲ壓〔厭〕ヒ之ヲ殺キ或ハ君位ヲ廢シ以テ純乎タル三權特立ヲ全ウセントス而シテ政治ノ情勢ハ終ニ議院專制ノ政體ニ陷ル吾人ノ目擊スル所ナリ。抑立憲政體ハ專制ノ政體ニ反抗シ之ヲ矯正スルカ爲ニ生シタリ。而シテ權力ノ偏重ヲ抑制シ立憲ノ主義ヲ全ウスル者ハ鞏固ナル元首ノ大權ニ在リ。我憲法カ君主ノ大權ヲ統治諸機關ノ權域ノ上ニ置キ其衝突ヲ防止シ其歸一ヲ謀ル寔ニ所由アルナリ。立憲政體ノ精神ハ此ノ鞏固ニシテ超然タル大權ノ存在ニ由リテ始テ之ヲ全ウスルコトヲ得ヘシ。今若元首大權ノ獨立ト自由トヲ遮障スルカ如キコトアラシメハ政治ノ常勢トシテ權力偏重シ或ハ政府大臣ノ專制トナリ或ハ國會議院ノ專制トナルコトヲ免レサル瞭然タリ。是レ專制ヲ厭フテ立憲制ニ移リ而シテ再ヒ專制ノ政ニ陷ルモノニシテ西歐諸邦既ニ其弊ニ堪ヘサラントス豈我國ニ於テ復タ其轍ヲ同ウスヘケンヤ

㈤　中世ニ於テ專制ト謂フハ多ク君主ノ專制ヲ指稱シタリ。近時專制ノ政體ヲ談スル者ハ之ヲ分チテ大臣專制（ミニステリヱルデスポチスムス）及議院專制（パーリアメンタリスムス）ノ二種ト爲セリ。蓋西歐ノ諸國ニ於テハ君主ハ既ニ事實上政權ヲ失フ者多キカ故ニ人亦君主專制ヲ說カサルナリ。而シテ獨墺諸國及北米合衆國ハ議院專制ヲ許サス又大臣專制ヲ許サス以テ三權並立シテ相侵ササルノ主旨ヲ全ウセリ。米國ノ專制政治ヲ免ルル所以ハ國務大臣ヲ選擇スルノ自由ハ大統領ノ特權ニ存シ議院政黨ノ手ニ在ラサルニ根由スルコト英ノ公法家ブライスノ如キ獨ノ公法家「フォンホルスト」ノ如キ皆齊シク唱導スル所ナリ。米國ノ内閣ハ必シモ議院多數ノ政客ト其政見黨派ヲ同ウセス故ニ一ノ專恣ハ他

ノ権勢ヲ以テ之ヲ抑制スルコトヲ得。而シテ大統領ハ二者ノ上ニ在リ權力ノ平均ト機關ノ調和トヲ計ル。如此ハ英佛白政治ニ於テ之ヲ見ルコトヲ得サル所ナリ。特ニ英ノ如キニ至リテハ大臣ハ必ス下院ノ多數政黨ノ黨派ニ屬セサルヲ得ス上院ハ下院ノ政見ヲ拒絶スルノ權能ヲ失シ遂ニ君主大臣上院及下院ノ少數黨派ハ無用ノ長物タルノ觀ナキヲ得ス。何カ故ニ英人ハ君主及上院ヲ存置スルカ怪ムヘキニ堪ヘタリ、蓋議院專制ノ政ヲ行ハント欲スルトキハ君位及上院ヲ廢止スルノ便ナルニ若クハナシ然ルニ之ヲ存置シテ尚多數政黨專制ヲ行ハント欲スルハ論理ニ於テ貫徹セサル所アリ、英國ニ於テ近時上院廢止ノ議アル蓋シ茲ニ由ルナラン「シヱイヱ」ノ論法ヲ以テ之ヲ云ヘハ君主及上院カ下院ノ多數ニ反抗スレハ憲法違反ナリ、若二者ハ反抗スルノ權能ナシトセハ無用ノ贅物タリ。故ニ政黨内閣議院專制ノ主義ヨリ之ヲ看ルトキハ之ヲ存置スルノ理由ナキナリ。議院專制ト立憲政體トノ利害ハ必シモ今茲ニ斷言セス。然レトモ立憲政體ノ下ニ在リテ議院專制ヲ主張スルハ憲法變更ノ横議タルヲ免レサルハ論理ノ明白ナル者ニシテ是レ憲法上ノ議論ニアラス憲法改正ノ議會タルコトヲ忘ルヘカラサルナリ。

立憲政體ハ至難ノ政體ナリ何トナレハ性質上無限ニシテ抑制シ得ヘカラサル國權ノ行使ヲ機關ノ分派ニ依リ相控制セシメ以テ專制ヲ防カントス。實ニ至難ノ政體タリ。唯吾人ハ久シク專制ノ弊ニ懲リ之ヲ免レントスルノ急ナルカ爲ニ此至難ナル政體ニ依リテ以テ國權ノ歸一ト政權相互ノ控制トヲ全ウセントス。然ルニ今之ヲ變更シテ或ハ大臣專制若クハ議院專制ノ勢ヲ助長スルカ如キコトアラハ何ニ由リテカ憲法ノ美果ヲ收ムルヲ得ン、所謂政黨内閣議院專制ノ主義ハ君主モ政府モ上院モ下院少數政黨モ共ニ下院多數政黨ノ權力ノ下ニ屈從スヘシト爲スノ制度ニシテ立憲ノ主義ト氷炭相容レス。此論理ト事實トハ明白ニシテ辯論ヲ待タス暫ク其可否ヲ斷言セサルトスルモ憲法ノ精神ニ背反スルハ何人モ斷言シテ疑ハサル所ナラン。専制ノ政體ヲ利ナリトスヘキ點ハ其専制者ノ君主タリ大臣タリ議院タルヲ問ハス國家機關ノ軋轢ヲ生セス内外ニ對シ政治ノ敏活ニシテ澁滯ナキニ在リ。然レトモ政權ヲ一人ノ専制ニ委スルハ甚危惧スヘキ所ニシテ動モスレハ専恣ノ弊ニ流ル。故ニ吾人ハ立憲ノ制ヲ採リタルナリ。立憲制ハ其性質上國家機關ノ間ニ衝突紛爭アルコトヲ免レサルハ明白ナルト同時ニ一機關一權力ノ専横ヲ防止スルニ足ル。吾人ハ此利弊アルコトヲ知リテ立憲ノ制ニ則レリ。今ニシテ僅カニ機關ノ衝突ト國政ノ澁滯トアルヲ見テ狼狽措ク能ハス専制政體ノ實ニ復セントス何ソ其輕卒ナルヤ。政府ト國會ト相軋轢衝突スルトキハ國勢ノ圓滑ヲ缺クコトハ言ハスシテ明カナリ然レトモ立憲制ノ妙所ハ亦茲ニ存ス。之ヲ厭ヒ國會ノ民選ヲ改メテ官選トシ又ハ議院多數政派ノ委員總代ヲ以テ内閣ヲ組織スルトキハ或ハ此軋轢ヲ避クルコトヲ得ン但立憲制ハ即チ亡ヒンノミ。近時ノ國法學家ハ此種ノ體制ニ對シテハ立憲君主政體ノ名稱ヲ用ヰス英白伊ノ如キ政體ハ立憲制ニ非ス議院制ナリト說ク者亦此ノ理由ニ出ルナリ。政府内閣ハ議院ヨリ組織スヘシト云フハ議院ハ政府ノ官選ニ由リテ組織スヘシト云フト同シク共ニ非立憲的ノ行動タル論說ヲ待タサルナリ。大臣専制ハ議院専制共ニ立憲ノ主義ト相容レサル所タルノ大義ハ之ヲ明白ニシテ以テ世上ノ惑ヲ說カサルヘカラサルナリ

㈥　大權ノ特立ハ我憲法ノ特色ニシテ之ニ由リテ以テ立憲制ノ弊所タル機關ノ軋轢ヲ調和シ國權ノ歸一ヲ保持スル所タリ。大權ハ統治機關ノ權域ノ上ニ在リ君主ノ親裁專行スル所ニシテ其重要ナル者ハ之ヲ大憲ノ條章ニ列記シ明ニ統治機關ノ干渉ノ外ニ特立スルコトヲ宣言ス、若大權ノ特立ヲ失フコトアラハ立憲君主政體ハ變シテ大臣專制若ハ議院專制ト爲ラン、之ヲ擁護スルハ實ニ立憲君主政體ヲ擁護スル者ナリ。西歐ノ諸國或ハ君主大權ノ名アリテ既ニ其實ヲ失フ者多シ彼ノ君主ノ大權ト云フモ

實ハ大臣ノ權力タリ而シテ其大臣ノ權力ト云フモ實ハ議院ノ權力タリ何トナレハ君主ハ大臣ヲ任免スルノ自由ヲ有セス而シテ大臣ノ進退ハ議院多數ノ向背ニ由ル（議院政黨內閣制）ト爲スカ故ナリ。君主大權ノ行使ハ大臣ノ輔弼副署ヲ要シ而シテ大臣ノ進退ハ議院ノ向背ニ由リ君主ノ自由選擇ニ在ラス何ソ大權特立ノ是レアラン、大權ノ特立ヲ擁護スル者ハ先ツ大臣任免ノ大權ヲ統治機關ノ干渉ノ外ニ擁護セサルヘカラサルハ茲ニ由ルナリ。一度立憲制ニ則ルトキハ議院ト政府トノ軋轢ハ免ルルコトヲ得サルハ明白ニシテ此制度ノ特質妙所亦茲ニ存ス之ヲ調和シ政權ノ歸一ヲ全ウスルハ特立セル君主大權ノ天職タリ而シテ君主制ニ非サル國體ニ於テモ尙此ノ制アルモノハ立憲制度ノ運用ノ上ニ必要ナルコトヲ證明スルモノナリ。例セハ米國大統領ノ特權ノ如シ米國ノ內閣大臣ハ大統領ノ信任ニ由リテノミ進退シ議院ノ信任ニ由リテ進退セス故ニ大統領ノ特權ハ國會ノ權力ノ外ニ特立シ政策ノ施行ニ於テ其干渉ヲ免ルルコトヲ得ルナリ。英白ノ君主ハ既ニ大臣任免ノ權ヲ失フ故ニ其實權ハ遠ク北米共和ノ統領ニ及ハサルハ言ヲ待タス全然虛器ヲ擁スルニ過キサルナリ。獨墺ニ於テ英白ノ憲法ヲ模範トシタルニ拘ハラス名實共ニ君主ノ大權ヲ保持シ議院若クハ大臣ノ專制ヲ免ルルモノハ實ニ大臣ヲ任免スルノ實權君主ノ手ニ在ルカ故ナリ。嘗テビスマルクノ威權ヲ振フヤ人以テ大臣專制ノ甚シキ者ト爲シ議院內閣制ノ獨逸ニ起ラサルハ豪傑ノ專橫ニ出ルモノト誤解シタリ。今ヤビスマルクナシ溫厚ノ老吏相繼テ首相ノ地位ニ立ツ而モ尙議院政黨ノ爲ニ犯サルルコトナシ何トナレハ大臣ヲ進退スルノ大權普國君主ノ實力ニ存スルカ故ナリ。普國ノ議院ハビスマルクヲ彈劾スルコト幾回ナルヲ知ラス六年ノ久シキ連載豫算ヲ否決シテ彼ノ糧道ヲ絕ツ而モビスマルクハ頑トシテ動カス其專橫ヲ知ルヘキナリ。然レトモ此ノ鐵血宰相ハ青年君主ノ信任稍薄キヲ見テハ其職ヲ退キテ顧ミス。一ハ以テ大臣ノ進退ハ君主ニノミ之レ由ルヘク議院ノ議決ヲ以テ之レヲ動カスハ大權ヲ侵犯スルノ不法タルコトヲ明カニシ一ハ以テ君主ノ信任ノ存否ハ其理由ヲ問フヘキノ限ニアラス青年片言ノ微モ亦國家柱石ノ大臣ヲ進退スルニ足ルノ義理ヲ表白シタルハ實ニ立憲大臣カ其君主ノ大權ヲ擁護スルノ好範ヲ後世ニ貽シタル者ト云フヘシ。普國ニ議院内閣制ノ起ラサルハ一ニ鐵血宰相其人ノ威力ノ壓制ニ在リト爲シ普國ヲ以テ大臣專制ノ國ナリト爲シタルノ疑團ハ既ニ政治史ノ上ニ氷解セラレ皆君主大權ノ自由ニシテ特立セルニ根由スルコトヲ明カニシ得タリ。ビスマルク其人ト雖君主ノ信任ノ厚キニ由ルニ非サレハ議院ニ對シ獨立ヲ維持シ得ス專橫ヲ遂行シ得サルコトヲ證明シタルト同時ニビスマルク其人ニ非サルモ君主ノ信任アルトキハ能ク議院ノ專恣ニ對シテ獨立シ其政策ヲ自由ニ施行スルヲ得ヘキコトヲ表白シタリ。佛白ハ大革命ノ餘波ヲ受ケ流弊既ニ深ク浸潤シテ今其過ヲ改ムル甚タ難シ獨墺ハ後ニ立憲ノ制ニ則ル故ニ其過ヲ再セザラレンコトヲ期ス。今新ニ此ノ制ヲ採ルノ國ニ於テ豈此ノ沿革經歷ニ鑑ミル所ナクシテ可ナランヤ。若ビスマルクヲシテ私心アラシメハ其功績資望智計ヲ以テ自ラ議院政黨中ノ人ト爲リ議員多數ノ信任ニ由リ名ヲ政黨内閣ニ藉リ專制ノ政ヲ行フニ於テ何カ在ラン。此ノ易キヲ捨テ彼ノ難キニ就キ更ニ世論囂々ノ逆流ニ立チ君主信任ノ大義ヲ固守シタルモノハ寔ニ所由アリシナリ。ビスマルクニシテ國政ヲ採ル其君主信任ノ名ニ於テスルモ議院政黨ノ名ニ於テスルモ普國民ハ歡テ之ヲ迎ヘタリシナラン然レトモ彼ニシテ名ヲ多數政黨ノ應援ニ藉ランカ其餘弊ハ彼死セルノ今日普國内閣組織ハ各政黨ノ爭奪ノ爲ニ紛亂ヲ極メタリシナランコトハ疑ヲ容レス。衆愚ニ媚ヒ多數ノ政友ニ肘制セラルルノ政黨大臣ヲシテ自己永遠ノ計畫ヲ紛更セシムルコトナク政務熟達ノ後進ヲシテ國運伸張ノ遠圖ヲ繼續セシメ得タルハビスマルクノ以テ老帝ニ忠誠ニ國家ニ誠實ナル所ニシテ彼レ頑翁カ議院世論ノ反抗ニ對峙シ君主大權ノ一義ヲ愛惜シテ讓ラス之ヲ死守擁護シタルモノハ實ニ遠慮アリト云フヘキナリ。蓋立憲制ハ至難ノ政體タリ政府ト議院トカ一致スルニ非サレハ何事ヲモ爲シ能ハス相衝突スレハ國政ヲ澁滯ス然レトモ其衝突ヲ避ケ政治ノ敏活ヲ欲スルカ爲ニ政府內閣ハ必ス議院多數政黨ヨリ組織スヘシト主張スルハ猶二者ノ衝突ヲ避クルカ爲ニ議院ハ民選ヲ改メテ官選ト爲スヘシト主張スルト同一ニシテ是レ寧ロ政府若ハ議院ヲ廢止シ專制ニ復セントスルノ主義タルニ外ナラス唯君主大權ノ制ヲシテ名實其效用ヲ全ウセシメハ以テ大臣ヲ進退スヘク以テ議院ヲ解散スヘク一機關ノ專制ニ委セスシテ以テ國政ヲ調和スルコトヲ得ン。我憲法ノ特ニ重キヲ大權ニ置キタルモノ蓋茲ニ出ツ。之ヲ擁護シテ政權紛爭ノ外ニ超然タラシムルハ實ニ立憲ノ精神ヲ擁護スル所以ナリ。

國會―立法權―國務大臣

(七)　國會ノ制度ハ由來古シ。民會ヲ以テ國家組織ノ中心ト爲スハ既ニ古代朦昧ノ史跡ニ多ク見ル所ニシテ君主專制ノ制ハ發達セル社會ニ於テ始メテ其基礎ヲ成シタリ、國會ノ存在ヲ以テ立憲政體ノ特色ナリト爲スハ甚謬レリ。又國會ノ權力ヲ以テ君主ヲ抑制スルコトヲ以テ現時ノ制度ノ特質ナリト爲ス亦謬レリ。皇帝ノ權力ヲ失スル帝國議會ノ專橫ナル中世ノ獨逸帝國ノ如キハ少ナシ然モ何人モ之ヲ立憲政體ト稱スル者ナシ。蓋立憲政體ノ本領ハ三權分立ノ精神ニ則リ國會ヲ以テ立法權ヲ行使スルノ機關タラシムルコトニ在リ、國會在リト雖立法ニ參與スルノ權能ナキトキハ立憲ノ體制ヲ成サヽルト同時ニ其權力强大ニシテ立法司法行政ニ通シ國家最高ノ權力ノ中心トナルコトアラハ亦立憲政體ノ主義ニ反ス。分業ハ社會百般ノ啓發ノ動機タルト同シク政治亦其機關ヲ分チ其職司ヲ專ニシ各其權域ヲ判明ニシ相侵スコトナキニ由リテ秩序ヲ全ウス。憲法ノ精神ハ玆ニ在リ。若國會ノ權力ノ强大ナルコトヲ欲シ大權及司法ノ範圍ヲ侵蝕スルカ如キアラハ立憲制ニ於ケル國會ノ地位ヲ知ラサル者ト云フヘシ。國會ハ國民ヲ代表ス、代表ト謂フハ民人各個ノ委託ヲ受ケ其權利ヲ代理行使スト爲スノ意ニアラス、國會ハ國民社會ノ反影タルヘキヲ形容シテ謂ヘルナリ。歐洲古代ノ國會ハ民衆ノ總會ナリ、貧富貴賤ノ階級ナキ小部落ニ於テハ單純ナル民衆總會ヲ以テ社會ヲ代表シ得タリシト雖中世ノ歐洲ハ劃然タル階級制ノ國家ナリシカ故ニ國會ハ社會階級ノ代表會トナレリ。近世ノ國家ハ中央集權ノ勢ヲ成シ漸ク階級制度ヲ破リ國民同等ノ社會ニ傾向スト雖未タ變遷過度ノ時期ニ在リ、故ニ國會ノ構成ハ半ハ階級代表タルカ如ク半ハ國民代表タルカ如シ是レ現今社會ノ眞相ヲ反影スルモノニシテ國會ハ國民社會ノ縮寫タルヘシト云フノ本領ニ基クナラン、社會其物ノ本質ニ於テ貴賤ノ階級ヲ認メ貧富智愚ノ懸隔甚シキノ時代ニ在リテ絕對的ノ普通選擧ニ由リ一院制度ヲ以テ國會ヲ構成セシムルトキハ社會ノ眞影ヲ寫スコト能ハサル明白ナリ。玆ヲ以テ諸邦多ク兩院制度ニ則リ各院其組織選擧ノ方法ヲ異ニスル已ヲ得サルナリ。近時或ハ上院廢止ノ說ヲ爲シタル者アリ然レトモ上院ヲ廢止セント欲セハ先ツ制度上事實上貴族的階級ヲ社會ヨリ排除セサルヘカラス、之ヲ排除シ事實ニ於テ民衆平等ノ社會ヲ組織シ得レハ卽チ可ナラン然ラサレハ上院ヲ廢止スルコトハ偶以テ社會ノ代表タル國會ノ本領ヲ失フノ所由タラン。下院ノ組織ハ國民ノ公選ニ由ル。選擧ノ方法ハ實ニ方今學者ノ至難トスル問題タリ。我國及歐洲ニ多ク行ハル、選擧制度ハ未タ國民社會ノ眞相ヲ寫スノ理想ニ適合セサル說ヲ待タス學者カ小數代表制ト名ケテ唱道スル各種ノ考案モ成效シタル者ナシ。蓋現今ノ選擧制度ハ其前提ニ於テ過テリ。此錯雜セル社會ヲ單純ナル個人ノ集合體ナリト誤認シ國家社會ヲ構成スル要素ハ各種ノ利益共同ノ小團體ニ在リ層ヲ累ネテ一國ヲ成セルモノタルコトヲ知ラサルハ實ニ其過ノ大ナルモノナリ。個人ヲ看テ社會的各種ノ利益團體ヲ看ス、故ニ選擧區ヲ分ツニ漫然地理的區劃ニ依ルノ外利益共同ノ社會的層脈ヲ尋ネテ之ヲ選擧團體ト爲スノ制ヲ採ラサルナリ。然ノミナラス此貧富智愚貴賤ノ階級層列多キ社會ニ對シ個人同等ノ假想ヲ前提トシ單純ニ投票ノ數量ノ多少ヲ以テ國民社會ノ代表ヲ得ント欲ス何ソ社會ノ事實ト合一スルヲ得ン。近時所謂少數代表又ハ比例代表ト云フノ各種ノ考案ハ既ニ十ヲ以テ數フルノ多キニ達スト雖モ皆其前提ニ於テ過テリ。少數政黨ヲ代表セシムルコトハ或ハ得ヘシ社會少數者ノ利益ヲ代表セシムルコトハ卽チ能ハサルナリ。比例代表ニ熱心ナルモーリス・ベルヌハ國會ハ國民ヲ縮寫セル影像ナラサルヘカラスト云ヘリ寔ニ其言ノ如シ、然レトモベルヌ輩ノ主張スル比例代表ハ個人ヲ看テ利益團體ヲ看ス。又政黨ヲ看テ社會ヲ看ス。事實不同等ナル社會ヲ各人同等同權ナリト假定シテ立案スルカ故ニ其目的ヲ達シ能ハサルナリ。現時ノ思想ハ個人的權利ノ代表又ハ政黨代表ヲ基礎トスルト雖將來ノ國會組織ハ必スヤ社會的各局部ノ利益ノ代表タルニ傾向シ以テ其效用ヲ全ウスルヲ得ン。國會ヲ國民代表ノ制度トシテハ今尙變遷ノ中途ニ在リ當世紀ノ初ニ於ケル個人平等ノ主義ニ在リテハ之ヲ個人的參政權ノ代表ナリト認メタリ故ニ選擧權ニ資格ノ制限ヲ置カス選擧ノ執行ニ區劃ヲ設ケス絕對的普通選擧ヲ以テ全國ニ通シテ多數ノ投票ヲ得タル者ヲ以テ國會ヲ組織スルコトヲ理想ト爲シタリ。近時行ハルヽ政黨政治ノ主義ニ於テハ國會ヲ以テ政黨ノ代表ナリト認ムルカ故ニ所謂少數代表又ハ比例代表ノ制トナリ選擧區劃ヲ設ケ或ハ候補者ノ制ヲ採リ且投票ヲ計算シテ當選ヲ定ムルニ付キ各種ノ機械的考察ヲ試ミ以テ各派ノ少數政黨ヲ代表セシムルコトヲ勉ム。然レトモ國會ノ本領ハ國民ヲ個人トシテノ代表ニ非ス國民ヲ社會團體トシテノ代表タルコトニ在ルカ故ニ將來ノ機運ハ必ス國會ヲ以テ社會代表ト爲スノ主義ニ傾向スヘキコト知ルヘキナリ。方今ノ政黨代表ハ個人的代表主義ヨリ社會的代表主義ニ變遷スルノ過渡ノ現象タルコトヲ忘ルヘカラス。社會ハ各種ノ利益團體ノ累積シテ大公同團結ヲ成セル者ニシテ個人孤獨ヲ以テ直接單純ノ分子ト爲スニ非ス又政黨ヲ以テ其構成分子ト爲スニモアラサルカ故ニ大勢ノ歸スル所ハ個人代表ニ非ス政黨代表ニ非ス社會代表ノ制ニ在ルコトヲ疑ハス。今ヤ我國新ニ選擧法ヲ改正ス而モ所謂少數代表ノ制ニ類似スルノ改正タルニ止レリ假令其豫期スルノ成效ヲ見ルトスルモ未タ之ヲ以テ國民社會ノ代表タルノ實ヲ全ウスルコト難カラン。國會ヲシテ其本領ヲ全ウセシムルニハ將來尚根本ニ於テ選擧ノ制度ヲ改革スルノ覺悟アルコトヲ要スルナリ。

(八)　君主ハ國會ノ協贊ヲ以テ立法權ヲ行フ之ヲ立憲君主制度ノ特質トス。立法ノ權ハ主權者タル君主ニ在リ國會ハ憲法上ノ規定ニ由リ立法權ノ行使ニ參與ス立法權ノ主體タルニハアラサルナリ。西歐諸邦ノ制或ハ國會ヲ以テ立法權ノ主體ト爲シ又ハ君主ト國會ト之ヲ共有スト爲スアリ此ノ如キハ君主主權ノ國體ニ非サルナリ。各國其沿革ト憲法トニ由リ其制ヲ異ニスル固ヨリ之ヲ怪ムニ足ラス唯彼ヲ以テ我ヲ論スヘカラサルノミ。立法權ノ觀念ニ就キテハ特ニ彼我ノ區別ヲ明白ニシ以テ我憲法ヲ誤解スルノ弊ヲ防クヘキ要點少シトセス。立法權ト憲法改正ノ權トヲ區別シ以テ法律ノ上ニ置クコト是レ我憲法ノ特色ノ一ナリ。西歐ノ理論ト實行トハ立法權萬能ノ主義ヲ以テ立憲制ノ本義トスルカ故ニ法律ヲ國家最高ノ意思ト爲シ憲法ト法律トヲ區別セス、或ハ名稱形式ニ於テ其區別アルモ其實行ニ於テハ屢法律ヲ以テ憲法ヲ變更シ之ヲ怪マス(普國)何トナレハ立法權ヲ以テ最高ノ權力ト爲スノ觀念ヲ有スルカ故ナリ。我憲法ハ斷シテ其理論ヲ排斥シ立法權ハ憲法ノ規定ノ下ニ行動スルモノニシテ法律ハ憲法ヲ變更スルノ力ナシトス憲法改正ノ發議ハ之ヲ君主ノ大權ニ留保シ議會ノ權限ニ存セシメス法律ヲ以テ之ヲ紛更スルコトヲ許サヽルハ我憲法ノ大義タリ。立憲制ノ模範タル英國ニ於テハ違憲ノ法律ト謂フコトナシ法律ハ國家最高ノ力ナレハナリ我ニ在リテハ憲法ヲ以テ最高ノ力トナス故ニ法律ヲ以テ之ヲ變更スルヲ許サヽルナリ立法事項ト大權事項トヲ分チ各其畛域ヲ明劃シ相侵スコトヲ得サラシム是亦我憲法ノ特色ナリ。法律ヲ以テスルニ非サレハ之ヲ規定スルコトヲ得サル事項ヲ憲法上ノ立法事項トス憲法第二章ニ列記スル所ノ如キ是レナリ。大權ヲ以テスルニ非サレハ之レヲ規定スルコトヲ得サル事項ヲ憲法上ノ大權事項トス憲法第一章ニ列記スル所ノ如キ是レナリ。立法權ハ大權事項ヲ規定スルコトヲ許サス大權ハ立法事項ヲ規定スルコトヲ許サス大權ト立法權トハ憲法ノ下ニ各固有ノ權域ヲ專有シ相侵サス兩々併存シテ輕重ナシ憲法ハ二者ノ上ニ在リテ權力ノ濫用ヲ防止ス之ヲ我憲法ノ本領トス。西歐ノ立憲制ハ所謂立法權萬能ノ主義ニ則ルカ故ニ立法權ヲ以テ大權ヲ紛更スルコトヲ妨ケス、君主ノ特權トシテ憲法ニ掲クル事項ト雖法律ヲ以テ之ヲ伸縮變更スルコトヲ憚ラス、彼ノ立法範圍ハ無限ナリ我ノ立法範圍ハ大權ノ範圍ノ外ニ於テノミ自由ナリ。此區別ヲ混同シテ立法權濫用ノ弊ヲ招クコト勿レ。法律ト命令トハ共ニ主權者タル君主ノ意思ニシテ其淵源ヲ同ウスルコト是レ亦我立憲ヲ主者トスル所ナリ。西歐ノ理論ハ法律ト命令トノ分岐スル所由ヲ民意君意ノ區別ニ歸ス。法律ハ國民ノ意思ナリ命令ハ君主ノ意思ナリト謂フノ理論ハ既ニルソー、ヘーゲル輩ノ哲學家大ニ之ヲ唱道シ近ク立憲制ニ則リ國會ヲシテ法律ヲ議セシムルノ政體ト投合シ一時世論ヲ風靡シタリ、然レトモ國民ヲ以テ立法ノ淵源ナリト爲スハ民主國體ニ於テ云フヘク君主國ノ認容スル所ニ非サルナリ。法律ハ主權者ノ意思ナリ。君主ヲ以テ主權者ト爲スノ國體ニ於テハ法律ハ命令ト共ニ君主ニ淵源スルコト爭フヘカラス、我憲法ニ於ケル法令ノ區別ハ之ヲ制定スルノ手續ノ差異ニ基キ其源泉ヲ異ニスルニ由ラサル明白ナリ。民主國體ニ伴フノ理論ヲ以テ我憲法ヲ誤解スルコト勿レ。

(九)　國務各大臣ハ天皇ヲ輔弼シ其責ニ任ス大臣ノ輔弼ハ專制ノ君主亦之ニ依ル所タリ、唯君主ノ大權ハ必ス國務大臣ノ輔弼ニ依リ之ヲ經由シテ行使スルコトヲ憲法上ノ要件ト爲ス所是レ立憲制ノ特質ナリ輔弼ト云ヒ副署ト云フハ讀テ字ノ如ク君主ノ聰明ヲ啓キ君主ノ法令ニ署名スルノ義ニ外ナラス、之ヲ解シテ同意承諾ノ義ト爲スハ謬ナリ、大臣ハ意見ヲ奉ルノ自由アリテ君命ヲ拒否スルノ權ナシ。若シ君主ト大臣ト意見ヲ異ニスルコトアラハ大臣ハ君主ノ命スル所ニ適從スヘキコト名分ニ於テ法理ニ於テ明白ナリ、而シテ實際ニ於テハ君主ト大臣トハ常ニ政策意見ヲ同ウシ相牴觸軋轢スルコトナキモノハ上君主ニ大臣ヲ進退スルノ大權アリ下大臣ニ其骸骨ヲ乞フノ自由アルカ故ニ流通ノ途自ラ存スルニ由ルナリ。我憲法ハ大權ノ行使ハ必ス大臣ノ輔弼ニ依ルコトヲ要件トシタルト同時ニ大臣ヲ進退スルノ權ヲ君主ノ親裁ノ專斷ニ任スルカ故ニ大權ノ大權タル所以ヲ失ハサルナリ、彼ノ英國ニ所謂議院政黨內閣制ハ國務大臣ノ進退ハ下院多數政黨ノ向背ニ因リテ決スヘキコトヲ憲法上ノ要件ト爲スノ制度ニシテ我大權內閣ノ制ト全ク相容レス。所謂議院內閣制ハ大臣ヲ進退スルノ權力ヲ君主ヨリ奪ヒ之ヲ議院ニ移スカ故ニ君主ノ大權ハ事實大臣ノ權トナリ又一轉シテ議院ノ權ニ歸ス。政黨內閣制ハ政黨專制ノ政體タルコト明白ニシテ立憲全體ノ大義ニ反スルハ論ヲ待タサルナリ。世人或ハ議院政黨內閣制ヲ辯護シ其政府國會トノ軋轢ヲ避ケ國務ヲ敏活ナラシムルノ利アルヲ云フ、然レトモ立憲制ノ本旨ハ三權分立ノ精神ニ存シ國家機關ノ間ニ軋轢ノ弊アルヲ免レサルモ尙一機關ノ專制ノ弊ヲ避ケントト欲スルニ根由ス。立憲制ト專制政體トノ終局ノ利害ハ吾人之ヲ斷言スル能ハス唯所謂議院內閣ノ制ハ我立憲ノ大義ニ反スルコトハ斷言シテ憚ラサルナリ。君主專制ハ機關ノ衝突ヲ避ケ政務ノ敏活ヲ致スニ於テ甚適當トス唯政權濫用ノ弊アルヲ如何セン、今立憲制ノ主旨ニ反シ政黨專制ノ政ニ復シ再ヒ政權濫用ノ端ヲ啓カントスルハ歎スヘキノ至ナリ、加之政黨内閣ノ制ハ之ヲ實行スルニ於テ甚難シ宜シク先ツ憲法ヲ改正シテ大權特立ノ制ヲ廢シ君主ノ實權ヲ殺キ上院ヲ廢シテ一院制度ヲ採リ選擧法ヲ改正シテ少數政黨ノ代表ヲ抑壓シ所謂政黨候補者制度ヲ設ケ議院ヲシテ純然タル大政黨代表ノ機關タラシメ以テ圓滿ナル議院内閣制ニ則ルコトヲ得ヘシ。上ニ特立セル君主ノ大權アリ外ニ貴族代表ノ上院アリ内ニ少數政黨ノ代表アルノ議院ニ於テ僅ニ一院一時ノ多數ヲ有スト雖未タ以テ永遠ニ所謂政黨内閣制ヲ實行スル能ハサルハ明白ナリ。大臣ヲ任免スルハ君主ノ大權ニ屬ス之ヲ政黨ノ中ニ選フ亦固ヨリ大權ノ自由ニ存スル言ヲ待タス、但西歐ニ所謂議院政黨内閣制度ハ我憲法ノ容レサル所ナリ。我國務大臣ハ君主ノ信任ニ由ルノ外議院ノ決議ニ由リテ進退セス議院ニ對シテ獨立ノ地位ニ在リ一院一時ノ多數政黨ニ隷屬スル者ニ非サルナリ。

（『明義』第一巻第一～三号、一九〇〇年四～六月）

2　國　家

國　家　國家ハ一定ノ民族、一定ノ領土ニ據リ、獨立ノ主權ヲ以テ之ヲ統治スルノ團體ナリ。

團　體　人ノ相依リテ合同ノ生存ヲ全ウスル之ヲ團體ト謂フ。合同生存ハ人ノ天性ナリ、個獨ノ人絶對ニ孤立セハ其ノ類卽チ亡ヒンノミ、故ニ家ヲ成シ、部落ヲ成シ、國ヲ成シ、以テ其ノ合同ノ生存ヲ全ウスルナリ。合同ノ生存ヲ全ウスルハ卽チ個獨ノ生存ヲ全ウスルノ所以タリ。個人ノ生存ハ團體ノ生存ニ同化スルニ由リテ保全セラレ、團體ノ生存ハ個人ノ生存ニ同化スルニ由リテ保全セラル。蓋團體組織ハ人類生存ノ要件ヲ爲ス者ナリ。

血統團體　團體ノ存立ハ歷史ノ事實ナリ。父母子孫相依リテ家ヲ成スハ人類自然ノ通性ナリ、恐ラクハ此レ團體元始ノ形式ニシテ社會組織ノ單位ナラン。此ノ原形ニ依リ、此ノ單位ヲ重ネ、家ヲ聯ネテ部落ヲ成シ、部落ヲ聯ネテ國ヲ成セルハ史蹟ノ之ヲ明徵スル所ナリ。蓋人類ノ親、同血ノ親ニ歸ス、血緣相近キ者先ツ依リテ團結ヲ爲スハ勢ノ自然ナリ。蒙昧ノ世其ノ結合ノ範圍甚小ナリ、同血ノ親其ノ限界尙狹ク一家族ノ圍障ヲ離レテハ四面皆相鬪フノ敵タレハナリ。文化ノ漸ク行ハルルニ至リテハ其ノ結合ノ範圍稍々大ナリ、同祖ノ自覺稍々廣ケレハナリ。遂ニ其ノ遠祖ヲ同ウスルノ子孫、民族トシテ團結シ國家ヲ成スニ至ル。蓋同血ノ親、能ク同化シテ鞏固ナルノ家國ノ制ヲ爲シ、以テ歷史ノ上ニ生存シテ今ニ至レルハ、血統團體組織ノ、能ク社會進化ノ理則ニ合ヒ、適者殘存ノ要件ヲ全ウシタルヲ證明スルモノナリ。

按スルニ、人間、本、同類、世界ヲ通シテ一國一家ヲ爲スハ想像ノ及フ能ハサル所タルニハ非ス。然レトモ歴史ハ未タ此ノ理想ノ境域ニ達セス今ノ大勢ハ尙民族建國ノ世ニ屬スルナリ。而シテ民族ノ別、本、絶對ノ圍障ナシ、稍々近キ者稍々遠キ者ト分カルルノミ。故ニ異種ノ民、境遇ニ由リテ混シテ一族ヲ爲シ、同種ノ民、事情ニ由リテ分カレテ別國ヲ爲ス、固ヨリ絶對ノ範圍アルニ非サルハ亦歴史ノ證明スル所ナリ。唯、今ノ社會進化ノ程度ニ於テハ、尙未タ民族的結合ヲ以テ立國ノ本位トスルヲ生存競爭ニ適合スルモノトスルノ大勢アルノミ。抑々民族ト謂フ觀念ハ固ヨリ人類絶對ノ區別ニ非ス、血統稍々近キ者其ノ居ヲ同ウシ相交通スルニ由リテ體格、人情、言語、風俗ノ相同化シテ以テ他境ノ人ニ異ナルノ彩樣アルヲ謂フナリ。故ニ國ヲ同ウスル久シケレハ異種ノ民混シテ同化シ、國ヲ異ニスル久シケレハ同種ノ民分カレテ異族ヲ爲ス。民族ノ發展ト國家ノ存立トハ因ヲ爲シ果ヲ爲シ、以テ同化スルノ趨勢アルモノナリ。古來達觀ノ人、民族異同ノ狹隘ノ念ヲ斥ケ、之ヲ人間同類ノ本ニ歸シ、家國ノ藩障ヲ撤去シ、世界ヲ包合シテ一團ト爲スノ教義ヲ唱ヘタルコト少カラス、其ノ效果ハ宗教トシテ稍々見ルヘキモノアルモ政治トシテ未タ成功シタルコトナキナリ。蓋今ノ人類ノ生存競爭ノ程度ニ於テハ、未タ民族ノ異同ヲ棄テ、國境ヲ撤シ、世界一家ヲ爲スヲ許ササルモノアルニ由ルナリ。今ノ世界的生存競爭ノ中ニ在リテハ、吾人ハ尙民族的國家組織ノ城壁ニ依ラサルヘカラサルハ明カナリ。世ノ社會主義ヲ鼓吹スル者、動モスレハ民族結合ノ鞏固ナル觀念ヲ指シテ狹隘ニシテ非人類的ナリトナシ、家國組織ヲ視テ蠻風ノ遺物ナリトナシ、以テ愛國ノ念ヲ輕侮シ、無政府ノ天國ヲ夢ミル者アリ、今ノ世ニ在リテ之ヲ謂フハ民族ノ自殺ナリ、戒メサルヘケンヤ。

平等團體權力團體　團體ハ群衆ノ謂ニ非ス。群衆ハ個個ノ人、個個ノ目的ヲ以テ、個個ノ行動ヲ取ル者ノ、偶然時ト所トヲ同ウシテ存在スルニ外ナラス。團體トハ統一アルノ組織ヲ謂フ、蓋目的ヲ同ウスルニ於テ統一アリ、行動ヲ共ニスルニ於テ組織アルナリ。而シテ之ヲ統一シ之ヲ組織スルノ形式體様ニ視テ更ニ之ヲ二種ニ分ツコトヲ得ヘシ。其ノ團結ハ各人平等ノ權ヲ以テスルノ自由意思ノ投合ニ成ル者アリ、假リニ之ヲ平等團體ト謂ハン。又其ノ團結ハ强大ノ權力ノ在ルアリ、衆多ノ之ニ服從スルニ由リテ成ル者アリ、假リニ之ヲ權力團體ト謂ハン。家ト謂ヒ國ト謂フハ此ノ權力團體ノ類ニ屬スルナリ。

按スルニ、團體ノ團體タルハ目的ノ統一ト行動ノ一致トニ在リ、絶對孤立ノ人、偶然時ト所トヲ同ウシテ併立スルモ團體ヲ成ササルハ言ヲ俟タサルナリ。人類ハ實ハ絶對孤立シテハ生存シ能ハサル者タリ、故ニ社會生活ハ人ノ天性トス。既ニ社會生活ト謂フトキハ、目的ノ相同シキ所アリ、行動ノ相通スル所アルヲ意味ス。而シテ社會變遷ノ或程度ニ達スルトキハ、其ノ目的ノ統一ト其ノ行動ノ一致トカ社會生活ノ至重至大ノ要件ト見做サレ、個人個個ノ目的及行動ノ外ニ、更ニ其ノ上ニ超越シテ、夫レ自身ニ客觀的ニ存立スル者ト見做サルニ於テ、始テ獨立團體ノ觀念アルナリ。法ハ此ノ發達セル社會的合同生活ノ體様ニ觀テ、團體ハ單純ナル群衆ニ非ス、團體トシテ個人ノ上ニ超越獨立スルノ自主ノ本體ヲ爲ス者ナリト觀念スルナリ。實體ヨリ見レハ單純ナル社會生活ト茲ニ謂フ團體トハ絶對ノ分別アルニ非ス、發達ノ程度ノ等差ナリ、團體ハ社會生活ノ最濃密ナル者ナリ。團體ノ團體タルノ所由タル目的ノ統一ト行動ノ一致トハ其ノ分子タル各個人ノ自由平等ナル約束ニ由リテ成立シ且ツ維持セラルルモノト觀念セラルルトキハ卽チ平等團體タリ。其ノ目的ノ統一ト行動ノ一致トハ其ノ分子タル各個人相互ノ自由意思ノ約束ニ根由セス、社會的ニ優越强大ナルノ權力ノ强制ノ作用ニ成リ、且ツ之ニ由リテ維持セラルルモノト觀念セラルルトキハ卽チ權力團體タリ。所謂平等團體ニ於テハ分子ト團體トノ關係ハ分子相互ノ平等自由ノ關係ニ分解セラル。所謂權力團體ニ於テハ分子ト團體トノ關係ハ分子相互ノ對等ノ關係ニ非スシテ團體ノ優勝ナル權力ニ從屬スルノ關係タリ。平等團體ニハ治者被治者ノ別ナシ、權力團體ニハ卽チ之アリ、一ハ平等關係ニ成リ、一ハ權力關係ニ成ル、二者ノ別ヲ謂フハ此ノ點ニ存スルナリ。

目的ノ統一ト行動ノ一致トハ團體ノ本領タリ。而シテ其ノ目的行動ノ種類、分量、範圍ノ如何ニ由リテ亦團體ヲ類別スルコトヲ得。祭祀、宗敎ノ爲ニスルアリ、學術、技藝、慈善、營利ノ爲ニスルアリ、又政治ノ爲ニスルアリ固ヨリ其ノ種ニ於テ限定アルコトナシ。今茲ニ國家ノ何タルヲ辯明スルノ爲ニハ政治團體ト非政治團體トノ別ヲ明白ニスルコトヲ要スルナリ。

政治團體　政治トハ權力ヲ以テ社會ヲ支配スルノ謂ナリ。社會ヲ支配スルトハ安寧福利ノ保持ノ爲ニ社會百般ノ事物ヲ總括的ニ支配スルノ意ニシテ、其ノ支配ノ範圍ハ先天的ニ或特種ノ事物ニ限定セラレサル所是レ其ノ本領タリ、而シテ支配スルトハ權力ヲ以テ之ヲ指揮シ料理スルノ義タルハ言ヲ俟タサルナリ。權力ノ指導ノ觀念ナク、自然力ニ由リ社會自ラ社會ノ秩序ヲ全ウスルヲ得ハ卽チ政治ノ觀念ナカラン。又權力ノ指導ノ觀念アルモ其ノ目的ノ社會特種ノ事物關係ニ限定セラルルトキトハ卽チ政治ノ觀念ナカラン、宗敎ノ首長カ敎權ヲ以テ信徒ニ臨ムカ如キハ宗敎團體ニシテ政治團體トハ謂ハサルナリ。此レニ由リテ之ヲ觀レハ、蓋政治團體ト非政治團體トノ區別ノ標準ハ、社會ノ百般ノ事物關係ヲ總括的ニ支配スルノ目的ト、其ノ目的ノ特定ノ事物關係ニ限定セラルルトノ點ニ求ムヘキニ似タリ。政治團體ハ其ノ目的ノ列擧限定スヘカラスシテ包括的ナルコト自然人ノ目的ノ包括的ニシテ列擧限定スヘカラサルカ如シ、一言以テ之ヲ掩ヘハ生存ヲ欲スルノミ。是レ其ノ特色タル所ナリ。

按スルニ、前ニ謂フ平等團體ト權力團體トノ別ハ人ノ團體ニ從屬スルノ關係ニ視テ之ヲ爲セルナリ。玆ニ謂フ政治團體ト非政治團體トノ別ハ團體存立ノ目的ニ視テ之ヲ爲セルナリ。團體存立ノ目的カ社會生活ノ或方面ニ限ラルルニ非スシテ總括的ニ社會百般ノ事物ヲ通シテ之ヲ支配スルニ在ルトキハ之ヲ政治團體ト謂フナリ。社會百般ノ事物ヲ支配スルトハ社會ノ平和ト幸福トヲ保全スルコトヲ目的トスルノ義ニ外ナラスシテ、此ノ目的ノ爲ニ權力ノ行動スルヲ指稱シテ政治ト謂ヘルナリ。而シテ社會ノ平和ト幸福トヲ保全スルハ卽チ社會團體ノ生存ヲ欲スルナリ。家國ノ制ハ政治團體ニ屬ス、其ノ存在目的ハ社會的生活ノ全面ニ通スルモノニシテ其ノ生活ノ一方面ニ限ルニ非サレハナリ。

國家ハ群衆ニ非ス團體ナリ、其ノ體樣ヲ以テ謂ヘハ權力團體ナリ、其ノ目的ヲ以テ謂ヘハ政治團體ナリ、而シテ其ノ構成要素ヲ分析スレハ一定ノ民族、一定ノ土地ニ據リ、獨立ノ主權ヲ以テ之ヲ統治スル者トス。

民　族　國家ハ一定ノ民族ヲ其ノ存立ノ基礎トス。一國ハ必シモ限定セラレタル一個ノ民族ヲ以テ成ルト謂フニハ非ス、方今ノ國家組織ハ民族組織ノ根軸ノ上ニ存立スルコトヲ其ノ特色トスルノ義ナリ。民族トハ祖先ヲ同ウスルノ人民ノ義ナリ。人間、本、同類、民族ノ別ハ固ヨリ絶對ノモノニ非ス、血統ノ幹枝ノ遠近ノ差ニ視テ其ノ或程度ニ於テ分カルル所ヲ指スノミ。故ニ其ノ分界線ハ常ニ推移シテ固定セス古今其ノ觀念ノ廣狹ヲ異ニシ、大民族ハ能ク異種ノ人ヲ混シ其ノ子孫ヲ同化シ其ノ民族範圍ヲ愈々大ナラシムルコトアルナリ。蓋民族ノ觀念ハ同祖ノ自覺ニ生ス、此ノ自覺ハ歷史ノ成果タリ。同種ノ人、此ノ自覺ナキカ爲ニ史上ニ一民族ヲ爲サス、異種ノ人、此ノ自覺アルカ爲ニ史上ニ同民族ヲ爲スコトアルヘシ。人類ノ歷史ハ此ノ意義ニ於ケル民族盛衰ノ事跡ナリ、其ノ立國ノ基礎亦個人的ニ非ス、人類的ニ非ス、民族的ナリ。國家ノ觀念ハ本、民族ノ觀念ニ出テ今尚之ヲ建國ノ基礎トスルハ事實ノ明徵スル所ナリ。

按スルニ、民族ノ觀念ナクシテ國家ノ觀念アルカ。空想ヲ以テ謂ヘハ卽チ之アラン、學者多ク國家ヲ定義シテ單純ニ人間ノ群衆ナリト謂フハ或ハ其ノ意ナラン。蓋此ノ意義ヨリスレハ、民族ノ別ヲ無視シ人類ヲ統一スルノ世界的國家ハ國家觀念ノ最高理想トスル所ナラン。然レトモ是レ歷史上傳來セル國家ノ觀念ヲ曲ケテ之ヲ別種ノ組織ニ轉用スルモノタルヲ免レサラントス。世界的ナラハ國家的ナラス、國家的ナラハ世界的ナラス。抑々世界人類ヲ綜合シテ一國一家ヲ爲スト謂フハ形容ノ文辭ノミ、實ハ國家ノ否認タリ、歷史上國ト謂ヒ家ト謂フノ觀念ハ世界的ナラス人類的ナラス部分的ナルニ於テ卽チ其ノ意義ヲ有スルモノナリ。今日ノ社會變遷ノ程度ニ於ケル國家ノ觀念ハ單純ナル個人多數ノ偶然ノ群衆ニ在ラス仍民族分立ノ觀念ノ上ニ存在スル者ナリ。

民族ノ別必シモ國家ノ別ニハ非ス、民族ノ別ハ素ヨリ絶對ノモノニ非サレハナリ。故ニ一民族分レテ數國ヲ爲シ、一國ハ數多ノ民族ヲ包含スルコトアリ。古ノ異種ノ人今ハ同化シテ一民族ヲ爲シ、今ノ同種ノ人後ニ分化シテ別種ノ民族ヲ爲スコトモアラン。此ノ同化ト分化トハ常ニ行ハレツツアルカ故ニ、一國一時ニ付キテ謂ヘハ此ノ混淆變遷ノ機運ニ際スル者多ク、純白ナル者ハ少シ、然レトモ要スルニ民族ヲ同ウスルニ由リテ國ヲ爲シ、國ヲ同ウスルニ由リテ同化シテ民族ヲ爲スハ、歴史ノ明徵スル立國ノ通則タリ。今ノ大國ハ多數異種ノ人民ヲ包含スル者アリ、然レトモ多クハ先ツ一定ノ民族其ノ立國ノ基礎タリ中心タルモノニシテ、他ハ之ニ附隨セル者タリ、必シモ始ヨリ各民族ノ平等對峙ノ聯合タルニハ非サルニ似タリ。

民族ト謂フ語固ヨリ血統團體ヲ指稱ス、而シテ血統同シキ者相依リテ共同生活ヲ爲ストキハ、自ラ其ノ體軀、言語、風俗、習慣等ニ於テ相一致スル所ヲ發揮シ他ニ異ナルノ特徵ヲ顯著ニスルモノナリ。故ニ轉シテ此ノ特徵ノ異同ヨリ視テ民族ノ異同ヲ謂フコトモアリ。然レトモ是レ其ノ末ノミ、民族ノ民族タルノ本義ハ同祖ノ民タルノ點ニ存スルナリ。但シ同祖ト謂フモ異種ト謂フモ絶對ノ別アルニ非ス、血統ノ或起點ヨリ視テ其ノ始祖ノ異同ヲ謂フノミ。其ノ始祖ト見ルノ起點ハ歴史上常ニ移動スルコトアルヲ免レス。異種ナリト思惟セシノ人、其ノ眼界ノ推擴セラレタルカ爲ニ同祖タルコトヲ自覺シ、若ハ其ノ始祖タルノ起點ヲ更ニ一歩遡及シテ其ノ源流ノ相通スルコトヲ追想シ、同化シテ大民族ヲ爲スハ、史上其ノ例乏シカラス。抑々民族ノ異同ヲ謂フハ其ノ當時ニ於ケル民族自身ノ自覺ヲ指スノミ絶對永遠ノ種別アルノ義ニハ非サルナリ。今ノ學者多ク國家ヲ定義シテ單純ニ人間ノ群衆ナリト謂ヒ、民族ノ團結ト謂ハス、文字トシテ或ハ無難ナラン。然レトモ是レ國家ノ觀念ヲ薄弱ニシ其ノ歴史的意義ト社會的效用トヲ埋沒スルノ遺憾ナキ能ハサルナリ。蓋國家ノ制ハ人類ノ綜合統一ニ傾向スルニ於テ最モ必要ナルノ一段階タリ、歴史上人類ノ政治的發展ハ此ノ形體ニ於テセリ。想像ヲ以テスレハ或ハ此ノ特種ノ段階ナク個人孤立一躍シテ世界統一ヲ爲スノ時代ノ來ルコトモアラン。唯、今ノ世界ハ國家時代ナリ、今ノ國家ハ民族時代ナリ。予ハ此ノ現今ノ社會變遷ノ程度ニ於テ之ヲ觀念スルノミ。

領　土　國家ハ一定ノ領土ヲ其ノ存立ノ基礎トス。領土トハ民族ノ據リテ以テ國ヲ成スノ土地ニシテ、他ノ權力ノ侵犯ヲ防キ、自己ノ專ラ之ヲ占有スル者ノ義ナリ。凡ソ民族ノ生ヲ營ム常ニ必土地ノ上ニ於テスルハ論ナシ、但シ一定ノ土地ヲ民族ノ安宅トシ、他ノ權力ノ侵犯ヲ排斥シテ之ヲ防衞スルニ於テ始メテ領土ノ觀念アルナリ。蓋權力ノ支配ハ土地ニ關係ナク唯人身ノ上ニノミ行ハルルコトモアルヘシ、此ノ場合ニハ未タ領土ノ觀念ナキナリ。今ノ國家思想ハ國ヲ統治スルノ權力ハ一定ノ人民及一定ノ土地ノ上ニ行ハレ、總テ他ノ權力ノ之ヲ侵犯スルコトヲ絶對ニ排斥スルコトニ在リ。領土ナケレハ國家ナシ。民族ハ土着シテ國ヲ成シ、國家ハ領土ヲ有スルニ由リテ能ク民族ノ獨立ヲ防衞ス。民族團體ハ一定ノ土地ニ固着シテ離ルヘカラサルノ關係ヲ有スルニ於テ國家タルノ自覺アルモノナリ。

按スルニ、古未開ノ世、民族ハ一定ノ土地ヲ占領シテ生活ノ本據トスルコトナク、又ハ土地廣ク人少ナクシテ之ヲ爭フ者ナキニ由リ專占シテ之ヲ領土トスルノ觀念ノ起ラサルコトモアリ。民、耕作ノ利ヲ知ルニ及ヒテ其ノ土地ニ固着スルノ念漸ク深ク、外敵ノ侵犯ニ對シ之ヲ防衞スルニ於テ之ヲ愛惜スルノ情愈々加フ。遂ニ一定ノ疆域ト一定ノ民族トハ相合シテ離ルヘカラサルノ關係ヲ生スルニ至リテ始メテ國家ノ思想アルナリ。領土ノ語、本、或ハ土地ノ所有權ノ義ト混シテ起レリ。然レトモ今ノ領土ノ観念ハ土地ヲ所有スルノ權利ノ観念ニ非ス、之ヲ以テ國家自身ノ構成要素トスルノ義タリ。故ニ領土ナケレハ國家ナシト謂フ。國家ニ領土アルハ人ニ住宅アルノ意ト同シカラス、住宅ノ有無ハ人ノ人タルニ關セス、領土ノ有無ハ國家ノ國家タルニ關スルナリ。領土ハ國家ノ體軀ナリ、國家カ領土ヲ有スト謂フモ外物ヲ占用スルノ意ニ非ス人カ身體ヲ有スルノ意ニ於テ之ヲ謂フナリ。國家ノ構成要素ヲ思想ノ上ニ分割シテ謂ヘハ、主權ハ一定ノ土地ノ上ニ絶對ニ行ハル、故ニ主權ニ對シテ之ヲ領土ト謂フナリ、實ハ之ヲ國家ノ領土ト謂フ或ハ失當ナラン、國家カ外物ヲ領有スルノ意義ト相混スルノ虞アレハナリ。領土トハ主權ニ對スルノ成語タリ、既ニ人民、土地、主權ヲ以テ構成セラレタルノ國家カ、更ニ其ノ權力ヲ他ノ土地ノ上ニ行フコトト混同スヘカラス。譬ヘハ人ノ精神ト身體トヲ思想ノ上ニ於テ分割シテ視レハ、精神ハ身體ヲ支配スルト謂フヲ妨ケサルモ、實ハ精神ト身體トハ一體ヲ爲シテ始メテ人タルモノニシテ、人カ外物ヲ支配スルコトト異ナルカ如キナリ。一國ハ或ル土地ヲ其ノ附庸トシテ其ノ權力ノ下ニ置クコトアリ。又一國ノ權力ハ他國ノ土地ノ上ニ行ハルルコトモアルヘシ。國權ノ及フ所必シモ領土ナラス、領土ノ領土タルハ國家ノ構成要素ヲ成スニ在ルナリ。領土ハ國家ノ體軀ナルカ故ニ絶對ニ其ノ主權ノ下ニ在ルナリ。學者或ハ領土ヲ解シテ單純ニ國權ノ及フ土地ナリト定義シ、其ノ國家構成ノ要素タルコトヲ顧ミス、之ヲ國家ノ所有物ナルカ如ク觀ルアリ。此レ正當ノ解ニ非ス。國ニ領土アルハ人ニ所有物アルノ理ト同シカラス、寧人ニ其ノ身體アルノ義ト同シ。身體ハ卽チ人ナリ。領土ハ卽チ國ナリ、人カ身體ヲ有スト謂フノ意義ト人カ物ヲ所有スト謂フノ意義ト同シカラサル所アルカ如ク、國カ領土ヲ有スト謂フノ意義ト國權ノ或ル土地ニ及フト謂フノ意義トハ必シモ常ニ相同シカラサルナリ。

主　權　國家ハ獨立ノ主權ヲ其ノ存立ノ基礎トス。主權トハ國ヲ統治スルノ權力ニシテ、其ノ本質ニ於テ、唯一、最高、無限ニシテ獨立ナル者ヲ謂フ。凡ソ團體ノ團體タルハ目的ノ一致ト行動ノ一致トノ存在ニ在リ。此ノ一致ハ團體ヲ成ス各個人ノ對等自由ナル意思ノ投合ニノミ由リテ保持セラルルモノトモ視ルヲ得ヘシ。然レトモ單純ニ各個人對等ノ自由意思ノ投合ニ成ル者ハ亦各人自由ノ意思ヲ以テ之ヲ反覆スルコトヲ得ヘク、隨ヒテ其ノ一致ノ保持ハ頗ル薄弱ナリ。若團體自身ニ絶大ノ權ヲ有シ、能ク各個人ノ意思ノ自由ヲ節制シ此ノ一致ヲ保持スルコトヲ得ハ、其ノ結合ハ强固ニシテ生存競爭ノ中ニ立チ最適者トシテ永ク繁榮セン。國家ノ成リ主權ノ起ル此ノ社會進化ノ結果タルノミ。主權ハ國ヲ統治スルノ權力ナリ。統治トハ權力ヲ統ヘ國土人民ヲ治ムルノ謂ニシテ國家ノ目的ヲ遂行スルノ義ニ外ナラス。國家ハ國家トシテ其ノ生ヲ欲ス、個人ノ其ノ生ヲ欲スルカ如キナリ。個人ノ生存ハ其ノ意思ニ依リテ之ヲ主張ス、國家ノ生存ハ其ノ權力ニ依リテ之ヲ主張ス。國ノ主權ハ國ノ生存ヲ主張スルノ權力タリ。國ノ生存ハ其ノ生存ヲ主張スルノ權力ニ由リテ代表セラル、主權ナケレハ國家ナシ、主權ハ國ノ生命ナリ。

主權ノ要素　主權ハ獨立ナリ、自立自主ノ權力ニシテ國家之ヲ固有ス、他ノ權力ニ依リテ存立スル者ニ非サルヲ謂フ。主權ハ唯一ナリ、國家ノ意思ハ一アリテ二ナキヲ謂フ。主權ハ最高ナリ、他ノ權力ノ下ニ立タス又國内ニ於ケル權力ノ之ニ對敵スヘキ者ナキヲ謂フ。主權ハ無限ナリ、法上ノ動作ニ付キ其ノ權能ニ絶對ノ限定アルコトナキヲ謂フ。若此ノ要素ノ一ヲ缺カハ主權ハ卽チ主權タルコト能ハサルナリ。主權ハ神聖ニシテ侵スヘカラス、之ヲ侵スハ卽チ國家ノ生命ヲ侵シ其ノ存立ヲ滅ホスモノナレハナリ。人民ハ絶對ニ之ニ服從スヘクシテ敢テ違フコトヲ許サス。下ニ絶對ノ服從ナクンハ何ソ上ニ絶對ノ權力アルコトヲ得ン、國家主權ハ國家團體ヲ保護スルノ權力タリ、保護ハ權力服從ノ關係ヲ意味ス。其ノ完全ナル保護ハ各人ノ完全ナル服從ニ由リテノミ存立スルコトヲ得ヘキナリ。

按スルニ、國家ニ主權アル猶人體ニ精神アルカ如キナリ、二者固ヨリ分離スヘカラス、唯思想ノ上ニ之ヲ分離シテ精神ハ身體ヲ支配スト謂ヒ、主權ハ國家ヲ統治スト謂フノミ、之ヲ誤解シテ權力ハ外ニ存シ國家ニ對シテ行動スルモノトナスコト勿レ。抑モ主權ハ國家ノ生命タリ、主權ノ未タ發達セサルノ共同生活ノ狀態ハ之ヲ國家ト謂フヘカラサルト同時ニ、既ニ獨立ノ主權ヲ失ヘルノ國家ハ、歴史ノ因襲ニヨリ仍國家ノ稱呼アルモ、是レ其ノ遺骸ノミ、法理ニ謂フ國家ニハ非サルナリ。主權アラハ卽チ國家アリ、國家アラハ卽チ主權アリ、二者ノ分離スヘカラサル此ノ如キノミ、或ハ曰フ、國家ニ權力アルコトハ必要ナレトモ其ノ權力ハ必シモ國家最高ノ權力(主權)タルコトヲ要セス、他ノ權力ノ下ニ立ツモ亦國家タルコトヲ失ハスト。此ノ論非ナリ。國家ハ唯一最高ニシテ獨立自由ナルノ權力ヲ具有スルニ於テ國家タリ。史上錯雜ノ成例ヲ以テ謂ヘハ附庸國アリ、半獨立國アリ、保護國アリ、聯邦制度アリ。此ノ類ノ者ヲ漫然一概ニ指稱シテ國家ト謂フハ外交ノ辭禮タルニ過キス、或ハ國家タルノ本質ヲ失ヘル者アリ、或ハ仍之ヲ存スル者アリ。對等ノ約束ニ由リ甲國ノ權力ノ乙國ニ及フコトハ、仍乙國主權ノ自由ノ承諾ニ出ツルモノト見ルコトヲ得ヘキナリ。此ノ場合ニハ法理上仍乙國ノ主權ノ存立ヲ否認スヘキニハ非ス、ヨシ既ニ獨立ノ實ヲ失ヘルニ近キモノアルモ法理上之ヲ國家ト視ルヲ妨ケサルナリ。然ラスシテ、其ノ國法ノ理論上、自己固有ノ權力ヲ失ヒ、若ハ自己固有ノ權力ノ上ニ更ニ高級ナル權力ノ存スルアリ其ノ强制ヲ受クルコトヲ自認スル者ハ、ヨシ事實上他ノ獨立國ト對等ノ實力ヲ具有スルモ之ヲ法理上國家ト謂フヘカラサルナリ。歷史ノ因襲ト外交ノ辭禮トハ國家ノ遺骸ヲ指シテ仍國家ト稱スルコト頗ル多シ、或ル者ノ論ハ恐ラクハ此レ等ノ成例ニ泥ミテ之ヲ法理ノ說明ノ上ニ救ハントスルノ曲解ニ出テタルナラン、呼稱ノ爲ニ法理ヲ紛ルヘカラサルナリ。

國家ノ單一不分　國家ハ一ニシテ分ツヘカラス、合同シテ併存スヘカラス。一國ノ分カレテ數國トナリ、又ハ數國ノ合シテ一國ヲ爲スハ、舊國ノ亡ヒテ更ニ別國ノ新立スルモノナリ。國ヲ爲スノ土地人民ハ或ハ分割シ或ハ合併スルコトヲ妨ケス、國家其ノ者ハ國家トシテ分割合併セラレ得ヘキモノニ非サルナリ。國家ハ單一不分ノ特質ヲ有ス、蓋國家ノ生命タル主權ノ單一不分ナルノ特質ニ出ツルモノナリ。

按スルニ、今ノ國法學者ノ通說トシテ國家ヲ種別シ、單一國家、合同國家、聯邦制度等ノ目ヲ立ツ。此ノ種目類別ハ國家成立ノ歷史上ノ變遷ヲ指示スルニ於テ用ヲ爲スニ過キス、之ヲ視テ抽象的ニ謂フ國家ノ觀念其ノ者ニ多樣多種アルモノト爲スハ蓋誤解ナリ。國家ニ多種ナシ唯一アルノミ。法理ノ解トシテハ、予ハ、領土アリ臣民アリ唯一最高ノ主權ヲ以テ之ヲ統治スル者ヲ國家ト謂フ、必シモ歷史上、政治上、若ハ外交上、國家ノ呼稱アル者ヲ網羅綜合シテ之ニ共通スルノ字義ヲ求メント欲スルニハ非サルナリ。此ノ如キハ辭書ノ解ナリ、國家ナル語ノ通常ノ用例ヲ穿鑿スルニ於テハ必要ノ事ニ屬ス、法理上ノ觀念ハ之ニ拘ラス別ニ之ヲ定義スルヲ要スルナリ。蓋學者ハ汎ク政治團體ヲ通稱シテ國家ト謂フモノノ如シ。予ハ政治團體ノ特殊ナル者ヲ指示シテ國家ト謂フ、卽チ主權團體ナリ。主權ヲ有セサルノ政治團體ハ獨立セス、必ス高級團體ノ一部ヲ爲ス、故ニ法理ノ分析上、二者ヲ區別シテ主權團體ヲ國家ト觀念シ、以テ似テ非ナル者ト、之ヲ分ツコトヲ便トスルナリ。此ノ觀念ヨリスレハ國家ハ皆常ニ單一國家タリ、殊ニ國家ヲ分チテ其ノ單數ニ成ル者ト複數ニ成ル者トノ別ヲ爲スヘキモノニ非サルナリ。數國合同シテ一國ヲ成セリト謂フハ其ノ成立ノ歷史ノ事實ノミ、既ニ一國ヲ成サハ卽チ一國タルノミ。民族ノ通性トシテ歷史ハ之ヲ棄ツルコト難ク、單純ニ舊國ヲ解散シテ新國ノ下ニ立ツハ政治ノ情勢ノ之ヲ許ササルコトアルハ免レサル所タリ。故ニ武力ノ征服ニ由ルノ場合ノ外ハ、國各々其ノ歷史上ノ體面ヲ留保スルニ非サレハ容易ニ他ノ權力ノ下ニ立ツコトヲ肯セサルハ勢ノ然ラシムル所トス。是レ近世ノ歷史ニ於テ、平和ノ合意ニ由リ、小國ノ合同シテ大國組織ニ移ルニハ多ク合同國家若ハ聯邦ノ形式ニ則ル所以ナリ、今ノ所謂合同國若ハ聯邦制ナル者ハ小國組織ヨリ大國組織ニ移ルノ過渡ノ政治的現象タリ。墺國ト匈國トノ合同ノ如キ、獨逸各邦若ハ米國各州ノ聯合ノ如キ、政治上外交上仍之ヲ各國家ト視ルコトヲ妨ケサルヘキモ、法理ノ觀察ニ於テハ各々獨立シテ主權團體ヲ爲ス者トハ謂フヘカラス、合同聯邦ノ一團卽チ單一不分ノ國家ヲ爲ス者ト視ルヘキナリ。獨逸各邦若ハ米國各州ヲ法理上國家ト視ルトキハ獨逸帝國若ハ北米合衆國ハ之ヲ國家ト視ルヲ得サルヘシ。一國家ノ內部ニ更ニ數個ノ國家アリト謂フノ見解ヲ主持スルハ法理ノ分析トシテ國家ノ觀念ヲ薄弱不定ナラシメ推理ノ純白ヲ失フノ譏ヲ免レサラントス。獨逸ノ國法學者ノ、勉メテ國家ノ觀念ニハ主權ノ觀念アルコトヲ要セス最高ノ主權ヲ有セサルモ仍國家タルヲ妨ケスト論辯スルモノハ、蓋一ハ其ノ國ノ政治的情勢ニ顧ミ、新帝國ノ建設アルニ拘ハラス仍歴史アリ實力アル舊來ノ國家組織ノ體面ヲ支持セント欲スルノ情ニ出テ、一ハ國家ト謂フ文字ノ舊來錯雜ノ用例アルニ拘ハリテ之ヲ救ハントスルニ外ナラサルカ如シ。其ノ祖國ニ忠實ナルハ之ヲ諒スヘシ、其ノ現在ノ政治的情勢ニ投合スルハ亦察スヘシ。然レトモ之ヲ純白ニ、抽象的ニ、公法ノ法理ヲ分析シ結構スルノ學問的觀念ナリトシテハ、主權ヲ具有スル政治團體ト、主權ヲ具有セサル政治團體トヲ玉石混同シ、一ニ之ヲ國家トシ敢テ特別アルコトヲ認メサルハ理ノ當レルモノト謂フヘカラサルナリ。之ヲ國家ト呼稱スルト否トハ予深ク拘ハラス、唯、予ハ他ニ適當ノ用語ナキカ爲ニ、主權ヲ具有スル政治團體ヲ指シテ國家ト謂ヒ、之ヲ主權ヲ具有サセル者ト別ツノミ。獨逸國法ノ論我カ國ニ入リテヨリ其ノ勢力頗ル大ナリ、故ニ我カ學者ニシテ主權ハ國家ノ國家タルノ要件ナリヤ否ヲ疑フ者多シ。予ハ答ヘン、歐洲語ノ國家ト謂フ用例ニハ必シモ主權團體ヲ意味セス、但シ主權團體ト非主權團體トヲ混同シテ國家ト謂フハ公法ノ研究說明ノ上ニ不便ナリ、故ニ予ハ我カ用語トシテ、國家ナル語ハ、公法ノ說明ノ上ニ於テ、主權團體ヲ指示スルニ限リ之ヲ用ヒント欲スルノミト。若國家ノ語ニシテ多義ナラハ予ハ之ヲ避ケ之ヲ主權團體ト謂フノ簡明ナルニ若カサルヲ思フナリ。

國家自主ノ生存　國家ハ自主ノ生存ヲ有ス。自主ノ生存トハ自己ノ生存ノ爲ニ生存スルノ義ニシテ、他ノ目的ノ爲ニ他力ニ由リテ設備セラルルノ機關ニ非サルヲ謂ヘルナリ。之ヲ社會變遷ノ跡ニ顧ルモ、之ヲ吾人日常ノ觀念ニ驗スルモ、國家團體ハ國家團體トシテノ獨立自主ノ活動ヲ爲ス、個人孤獨ノ一時ノ生命目的ノ外ニ、國家トシテノ永遠ノ生命目的ノ存在アルヲ否ム能ハサルナリ。蓋人ハ相依リテ團體ヲ爲シ、個人一時ノ生存ニ超越シテ、更ニ之ヨリモ高等永遠ナルノ團體生存ヲ爲スノ天則アルモノノ如シ。個人ヲ本位トシテ見ルノ利害ノ念ノ外ニ、社會進化ノ理勢ニ驅ラレ、寧無意識ノ間ニ、團體生存ノ發達スルハ人類ノ本性ニ基ツクノ自然ノ狀態ナリト謂フヘキナリ。顧フニ人類ノ今ノ進化ノ程度ニ於テハ民族ノ發展ハ仍國家組織ノ形體ニ依ル。國家團體其ノ者ヲ自主獨立ノ生存ノ主體トシ、個人ハ相依リテ國家自主ノ發展ヲ支持スルコトニ由リテ各個ノ生存ヲ完成スルコトヲ得ルノ時期ニ在ルナリ。此ノ故ニ國家ハ自主ノ生存ノ主體タリト謂フ。

按スルニ、國家ヲ以テ自主ノ生存ノ主體ナリト觀念スルコトハ深遠ナル推理ノ成果ニ非ス、猶人ニ自主ノ生存アルコトヲ觀念スルト同クシテ、各人日常ノ直覺タルノミ、人ノ平常ノ認識動作皆此ノ前提ニ歸一スルナリ。若之ヲ否認センカ社會ノ百事總テ其ノ觀念ヲ顚倒セン。各人ニ自主ノ生存アルコトト、國家ニ自主ノ生存アルコトトハ、共ニ其ノ日常活動ノ事實ニ於テ之ヲ視ルノミ、他ニ證明アルコトナシ。是レ事實ノ證明ノ最的確ナル者ナリ。學者或ハ國家ハ人ノ爲ニ存シ人ハ國家ノ爲ニ存スルニハ非サルコトヲ謂フ。然レトモ人ノ爲ニ存スト謂フコトヲ、現在特定ノ個人ヲ指スモノトスレハ、史上ノ事實ニ反シ吾人日常ノ直覺ニ違フ、若亦之ヲ汎ク人類生存ノ完成ノ爲ニスルモノト解スレハ、國家ハ人ノ爲ニ存スト謂フコトト、國家ハ國家トシテ自主ノ生存アルコトトハ矛盾スルノ觀念ニハ非ス、蓋民族ハ國家ト謂フノ自主ノ團體ヲ爲スコトニ由リテ其ノ永遠圓滿ノ生存ヲ完ウスルモノナレハナリ。極端ナル個人主義ノ主張スル所ハ、國家トシテノ永遠公同ノ生存ノ爲ニ、現在特定ノ個人ノ利害ヲ犧牲ニスルコトヲ非理ナリトス。是レ國家ニ自主ノ生存アルコトヲ否定スル者ナリ、延テ國家主權其ノ者ヲ否定スルノ所謂無政府主義ニ陷ルハ當然ノ結果トス。此ノ如キハ單ニ理論ノ誤謬ト謂フノミナラス實ニ社會ノ秩序ヲ紛亂スルノ大罪タルヲ免レサルヘキナリ。

國家ハ自主ノ生存ヲ有スト謂フトキハ卽チ國家ニ獨立ニシテ永遠ナル生命アルコトヲ意味スルモノナリ。生命トハ何ソ、卽チ自主ノ生存ナリ、生命ノ存在ハ其ノ生ヲ欲スルノ自主ノ活動ニ由リテ表識セラルルモノナレハナリ。而シテ其ノ所謂生命ハ本來ノ性質ニ於テ獨立永遠タリ。凡ソ物生命ヲ有スト謂ヘハ自ラ生ヲ欲スルカ爲ニ存スルモノニシテ、又其ノ生ヲ欲スルニ於テ一定ノ期限アルコトナキヲ意味ス、獨立永遠ハ生命ノ本性タルナリ。人生百年古來稀ナリ、國家興廢ノ常ナラサルモ亦歷史ノ明徵スル所ナリ、然レトモ生命ナル者ニ始ヨリ當然一定ノ期間アルコトハ其ノ本來ノ觀念ニ反ス。生命ハ獨立ニシテ永遠ヲ期スルニ於テ生命タリ、國家ニ生命アリト謂ヘハ獨立永遠ノ自主ノ本體タルコトヲ意味スルモノナリ。

國家ノ意思　國家ニ意思アルカ、曰ク有リ、國家ノ意思ハ卽チ主權ナリ。凡ソ意思ノ存在ハ生ヲ欲スルノ自主ノ活動ノ外部ニ顯表スルヲ視テ之ヲ認識スルニ外ナラス。國家ハ其ノ生ヲ欲スルニ於テ最活潑ナル自主的動作ヲ表呈ス、人類ノ歷史ハ全ク此ノ一事ノ記錄ニ係ルト謂フモ或ハ過言ニ非サルヘシ。人ニ意思ノ存在スルコトノ證明ハ全然移シテ以テ國家ニ意思ノ存在スルコトヲ證明シ得テ餘アリ、國家ニ意思ノ存在スルコトハ之ヲ疑フヘキ所ナキナリ。而シテ國家ノ意思ノ外物ニ觸レテ自主的動作ヲナスノ體樣ヲ指稱シテ國家ノ權力ト謂フ。權力ハ意思ナリ、意思ノ發動ヲ指シテ權力ト稱スルノミ、二者其ノ觀念ヲ同ウス、故ニ國家ノ意思ハ卽チ主權ナリト謂フナリ。

按スルニ、國家ニ意思アルコトハ事實トシテ之ヲ否定スヘカラス、問題ハ唯國家ノ意思ナル者ハ如何ニシテ存立スルカノ點ニ在リ。之ニ答フルハ國體ノ論ニシテ之ヲ後章ニ讓ル。抑々國家ニ意思アルコトヲ疑フ者多キハ蓋意思ト謂フ觀念ヲ自然肉體ニ具有スル自然意思ノコトノミ解スルニ由ルナラン。此ノ前提ヨリスレハ國家ハ血肉ノ個體ニ非ス、固ヨリ自然意思ヲ具備セサルナリ。然レトモ意思ノ觀念ヲ肉體ヨリ抽象シテ見ルトキハ生ヲ欲スルノ自覺タルニ過キス。國家ニ國家タルノ自覺ナケレハ則チ已ム、若其ノ自覺アラハ卽チ意思アルモノト謂フヘキナリ。或ハ謂フ國家ニ意思ナシ人ノ意思ヲ以テ其ノ意思ト爲スト。ヨシ人ノ意思ニ成ルモ、之ヲ其ノ(國家自身ノ)意思トスルコトアラハ卽チ國家ニ意思アルナリ。若國家ニ本來自主ノ生存ナクンハ何ソ人ノ意思ヲ以テ自己ノ意思ト爲スコトヲセン、人ノ意思ヲ以テ自己ノ意思トスルコト卽チ國家意思ノ動作タルニ外ナラサルナリ。且ツ人ノ意思ヲ以テ國家ノ意思ト爲スト謂フハ然ク機械的ニ之ヲ解スヘキモノニ非ス。國家團體ノ構成分子タル自然人ノ自然意思ノ分離配合ノ状態ニ由リ、團體其ノ者ノ意思ノ發動スルヲ指示スルノミ。無形ニ謂フ人ノ意思ナル者カ人體構成ノ或ル體様ニ由リテ發動スルモノト假定スルモ、之ヲ其ノ人ノ意思ニ非スト謂フヘキノ理ナキカ如キナリ。人體ノ構成ハ法理ノ問題ニ非ス、故ニ人ニ意思アリト謂フハ事實トシテ之ヲ觀ルノ外其ノ以上ニ溯ルコトヲ爲サス、國家團體ノ構成ハ法理ノ問題ニ上ル、個人ヲ分子トシテ其ノ以上ニ複雜ナル組織ヲ有スレハナリ。此ノ見地ヨリシテ國家ノ意思ハ之ヲ探源シテ更ニ之ヲ其ノ成立要素ニ分析スルノ要アルモ(是レ卽チ國體ノ論)、之カ爲ニ國家トシテノ意思ノ存在ヲ否定スヘキノ理アルコトナキ寔ニ明白ノ事ニ屬ス。學者ノ惑フモノアルヲ看ル、故ニ之ヲ辯ス。

國家ノ目的　國家ノ目的ハ其ノ生存ヲ全ウスルニ在リ。其ノ目的ハ事物ヲ列擧限定シテ之ヲ指示シ得ヘキモノニ非ス、人ノ目的ハ其ノ生存ヲ全ウスルニ在リト謂フノ外、事物ヲ列擧限定シテ之ヲ指示スルコト能ハサルニ同シキノミ。古來學者カ力ヲ極メ國家ノ目的ヲ事物ニ付キテ限定センコトヲ試ミルノ總テノ穿鑿ハ、予之ヲ全然無用ノ勞ナリト信ス。人ノ生存目的ハ其ノ生存ニ在ルカ如ク、國ノ生存目的ハ其ノ生存ニ在ルニ外ナラス。其ノ生存ヲ全ウセンカ爲ニハ常ニ其ノ周圍ノ事情ト相戰フテ止マス、國家行動ノ實質ト範圍トハ常ニ之ヲ伴フテ變遷ス、豈一定ノ事物ヲ限リ之ヲ指示スルコトヲ得ヘキモノナランヤ。抑々國家生存ノ目的ヲ其ノ生存其ノ者以外ニ尋ネント欲スルカ如キハ未タ生存ノ何タルヲ解セサルモノト謂フヘキナリ。

按スルニ、古今ノ學者國家ノ事ヲ論スレハ卽チ先ツ國家ノ目的ヲ討究ス、其ノ論多ク高尚深遠ニシテ詳密周到ナリ。予ハ一切之ヲ無用ノ勞ト曰フ、敢テ奇矯ノ言ヲ爲シ以テ世ニ衒フニハ非ス、常識ニ訴ヘテ其ノ然ル所以ヲ信スルノミ。世ノ哲學者流ハ何ノ爲ニ生存スルカト謂フヲ以テ人生ノ最大疑問トス。予ハ生存ヲ欲スルカ爲ニ生存スルノミト答ヘンノミ、是レ常識ノ解ニシテ亦眞理ノ存スル所タリ。蓋學者多ク一種ノ豫斷アリ、生存其ノ者ハ手段ニシテ、目的ハ仍生存其ノ者ノ外ニ在ルモノト前提スルカ如シ。此ノ豫斷ト前提ハ果シテ何ノ所ヨリ來ルカ。個個ノ人ニ付、個個ノ場合ニ於テハ、其ノ一事ノ具體的動作ハ或ル特定ノ事物ヲ欲スルニ出ツルナルヘシ。然レトモ此ノ個個ノ動作ノ目的ハ、同一ノ人ニ於ケルモ、個個ノ場合ニ各々異ナルナリ、而シテ此ノ個個ノ動作ニ對スル個個ノ目的ハ一ニ生存ヲ全ウスルノ終局ノ目的ニ歸宿スルモノナリ。人ノ衣食ヲ欲スルハ生存ヲ欲スルナリ、生存ハ手段ニシテ衣食ハ目的ナリト謂フコトヲ得サルヘシ。人ハ何ノ爲ニ生存スルカト謂フノ疑問ハ抑々始ヨリ無意義ナリ、寧問題ハ如何ニシテ生存ヲ全ウシ得ヘキカニ在ラン。國家ニ付キテモ亦同シ。古今ノ學者萬口一致シテ國家ハ何ノ爲ニ存在スルカノ問題ヲ絶叫シ、全力ヲ盡シテ國家ノ目的ナル者ヲ討究シ、之ヲ特種ノ社會的事物ノ關係ニ求メントス。曰ク、個人ノ安全、曰ク、最大數ノ最大ノ福利、曰ク、社會ノ秩序、曰ク、法ノ維持、曰ク、立法、行政、司法、曰ク、何、曰ク、何、實ニ枚擧スルニ遑アラス、討究愈々精細ニ入リテ其ノ目的愈々限界ヲ見サルカ如シ。蓋其ノ限界ヲ定ムルコト能ハサル所、卽チ國家ノ生存目的ハ其ノ生存ニ在リテ他アラサルコトヲ反證スルモノナリ。抑々生存ハ國家ノ目的ニシテ手段ニ非ス、生存センカ爲ニ活動スルノミ。學者ハ其ノ前提ヲ顚倒シ、國家ハ何事カ生存以外ノ事ヲ爲スヲ以テ目的トシテ、生存ハ唯其ノ手段タルモノナリト豫斷スルカ故ニ、生存スルカ爲ニ生存スル者ト視テハ之ヲ諒解シ能ハサルカ如シ。予ハ之ヲ何等理由ナキノ無用ノ煩悶ナリト斷言スルコトヲ憚ラス、法則ヲ定メ、戰鬪力ヲ備ヘ、社會ノ秩序ヲ維持シ、百般ノ經世濟民ノ事ヲ爲スハ國家ノ生存繁榮ヲ保持セントスルノ手段タルノミ、終局ノ目的ハ卽チ生存ヲ全ウスルニ外ナラス、此ノ理明白疑フヘキナシ。

念フニ、古今學者ノ討究スル所謂國家ノ目的ハ、國家ヲ自主ノ本位トシテノ目的ノ謂ニ非ラスシテ、人カ自己ノ機關トシテ國家ヲ設備スルノ目的ヲ指スモノノ如シ。彼ノ所謂國家ノ目的ハ國家自身ノ目的ノ意義ニ非ス、寧人ノ目的ノ謂ナリ。國家自身ニ自主ノ目的アルコトハ始ヨリ之ヲ否認シ、國家ハ個人ノ目的ヲ達スルノ手段タルコトヲ豫斷シテ之ヲ前提トシ、而シテ人カ之ヲ何ノ用ニ供スルノ手段機關トシテ設備シタルカヲ問フモノニ似タリ。既ニ國家ハ自主ノ生存ヲ有セサルモノト前提スレハ、國家ハ何ノ爲ニ設備セラレタルカヲ穿鑿スルハ固ヨリ緊要ノ事ニ屬ス。是レ國家ノ目的ヲ問フニ非ス、人ノ目的ヲ問フナリ、人カ國家ヲ設備スルノ目的ヲ問フモノナリ、而シテ此レ同時ニ國家夫レ自身カ目的ヲ有スルコトヲ否定スルモノトス。此ノ類ノ論ハ予ノ茲ニ謂フ所ト根柢ヨリ其ノ觀念ヲ異ニスルハ言ハスシテ明カナラン。例セハ、一派ノ説ニ、國家ノ目的ハ治安ノ一事ニ在リ民生ニ干渉シ福利ヲ增進スルカ如キハ其ノ目的ニ非スト謂フノ類ハ、吾人カ國家ナル機關ヲ設備セルノ目的ヲ論スルモノニシテ、國家ハ個人ノ爲ニ存スル手段タルコトヲ前提トスルニ出ツルニ外ナラサルナリ。國家ヲ自主ノ本體ト視テ謂フ所ノ其ノ目的ト、之ヲ個人ノ器具ト視テ謂フ所ノ其ノ目的トハ、語同クシテ意義全ク異ナルナリ。此ノ間ノ根柢ノ異同ハ之ヲ忘ルヘカラサルナリ。蓋特定ノ人カ其ノ自由ノ意思ニ依リ、特殊ノ目的ノ爲ニ結社スルコトト、人カ國家ヲ成スコトトハ其ノ趣ヲ異ニスルハ甚明瞭ナル所トス。其ノ所謂結社ノ目的ハ結社夫レ自身ノ目的ニ非ス結社スル者ノ各自ノ目的ノ謂ナリ。國家ハ國家トシテ自立ス、人ノ自由意思ニ拘ハリテ設備セラレタルニ非ス、人ハ當然ニ其ノ分子ヲ爲ス、自由ノ合意認諾ニ由リテ社員タルニハ非サルナリ。此ノ故ニ結社ニハ社員各自ノ目的ノ外ニ結社夫レ自身ノ目的アルコトナキモ、國家ニハ其ノ構成分子タル各人ノ目的ノ外ニ、國家トシテノ自主ノ目的アルナリ。此ノ義亦之ヲ混同スヘカラサルナリ。

國家ノ人格　國家ハ法律上ノ觀念ニ於テ人格ヲ具有ス。人格トハ法ノ認メテ保護スル自主ノ生存ノ主體タルノ謂ナリ。肉體個人ニ人格アルコトト、國家ニ人格アルコトトハ、其ノ理毫モ異ナル所ナシ、二者共ニ事實トシテ自主ノ生存アリ且ツ法上ノ認知保護アレハナリ。之ヲ法ノ上ニ認ムルトハ國家自認ノ義ナリ。國家ノ諸般ノ法上ノ活動ハ國家自身ノ自主ノ生存ヲ前提トスルモノト視ルニ非サレハ之ヲ解スヘカラス、故ニ之ヲ其ノ源ニ溯及歸納シテ國家ハ人格ヲ自認スルモノト推定スルナリ。既ニ人格ヲ具有スト謂フトキハ、公法ノ上ニ於テモ、私法ノ上ニ於テモ、人格者トシテ百般ノ法律關係ノ主體タルコトヲ意味スルハ亦言ヲ待タサルナリ。

按スルニ、人格ノ解、學説由來甚謬レリ。自然人ノ肉體其ノ者ト、法上ニ謂フ人格トヲ混同シ人ニ權利義務ノ能力アルハ肉體ニ腕力アルト同シク、天賦ノ事實ナリト觀念シ、法理ノ問題トシテ深ク之ヲ分析スルコトヲ爲ササリシナリ。偶々近世法上、無形團體ノ自主ノ活動ヲ爲スノ事實アルニ遭遇シテハ之ヲ解スルノ所以ヲ知ラス、漫ニ之ヲ法ノ擬制ナリト謂フ、法ハ事實ヲ曲ケテ之ヲ肉體人ト看做スモノトスルノ意ナリ。故ニ之ヲ法人又ハ無形人ト稱シ、之ヲ本來ノ肉體人格ノ變體タル一種ノ畸形兒ナリト爲セルナリ。人格ニ法上ト非法上トノ差ナク、固ヨリ有形無形ノ別ナシ。人間ハ肉體アルカ故ニ人格アルニ非ス、自主ノ生存アルカ故ナリ、自主ノ生存アルカ故ニ必ス人格アルニ非ス、法ノ認メテ之ヲ保護スルカ故ナリ。人間ニシテ人格ナキ古代法ノ奴隷ノ如キアリ、人間ニ非スシテ人格アル近世法ノ社團ノ如キアリ、人格ハ抽象的ノ法上ノ觀念タルヲ知ルヘキナリ。故ニ予ハ人格ヲ解シテ法ノ認メテ保護スル自主ノ生存ナリト謂フ。自主ノ生存ハ社會的ノ事實ナリ、此ノ事實ナクンハ人格ナカラン、此ノ事實アルモ法ノ認知保護ナクンハ亦人格ナカラン、此ノ二要素ヲ具有スルニ於テ初メテ人格アルナリ。國家ニ法上ノ人格アルヲ謂フハ唯此ノ意義ニ於テスルノミ、學者或ハ國家人格ヲ人體ニ比類シテ説キ、神祕靈妙ノ理義アルカ如ク謂フハ予ノ採ラサル所ナリ。又今ノ通説ハ、人格ヲ定義シテ權利義務ノ主體ナリト解ス、而シテ權利義務ノ本性ヲ定義スルニハ亦人格ノ觀念ヲ前提トシテ之ニ據ル、論法循環終ニ歸スル所ヲ知ラス。且ツ權利義務ハ人格ノ法上ノ活動ニ生ス、本末差アリ之ヲ顚倒シテ末ヲ以テ本ヲ解スルハ謬レルノ甚シキナリ。今ノ通説ハ國家ヲ法人ナリト解ス。予ハ特ニ之ヲ法人ト謂ハス單ニ人格ヲ有スト謂フ。理ニ於テ同シカランモ精神ニ於テ或ハ異ナル所アルナリ。若國家ニ人格アルハ人ニ人格アルト其ノ理同シトセハ卽チ可ナリ、然ラスシテ人ハ自然人格ヲ有シ國家ハ法人格ヲ有スルノ別アルノ意ナランニハ、是レ予ノ謂フ所ト正ニ相反スルナリ。然ノミナラス法人ト謂フノ語、通俗ノ用例極メテ亂雜ナリ、或ハ社團ノ享有スル法上ノ人格ヲ指シ、或ハ之ヲ移シテ人格ヲ享有スル社團其ノ者ヲ指スコトモアリ。學者或ハ殊更ニ此ノ兩端曖昧ノ意義アルニ乘シ、國家ハ法人ナリト謂フノ外形無難ナル定義ヲ掲ケテ、竊ニ國家ハ民主共和ノ社團タルモノナルコトヲ暗示セントスルアリ、其ノ猾惡ムヘキナリ。國家ニ人格アルコトハ時ノ古今ヲ問ハス國體ノ君主制タリ共和制タルニ關セサルナリ、然ルニ或ハ近世進歩セル國家ノ特質ハ法人タルニ在リト説キ、舊來ノ君主國ニ對シ一種異ナルノ法人國ナル者存立スルカノ如キ誤解アラシムルハ妄ナリト謂フヘキナリ。又今ノ學説ニ謂フ社團法人ノ思想ハ專ラ現在多數ノ相互ノ結社タルコトニ聯繫シ、現在一時、平面ニ擴張スルノ意味ノ外、過去ニ溯リ未來ニ延長スルノ直系永遠ノ團體タルノ精神ニ成レルモノニ非ス、又各人自由ノ約諾ニ由リテ終始スルモノニシテ、天賦ノ連鎖ニ成ルノ民族建國ノ類ト其ノ源由ヲ異ニスルナリ。故ニ國家ヲ社團法人ナリト謂フハ理ニ於テ妨ケナキカ如キモ、今ノ學説上特殊ノ聯想之ニ懸ルカ爲ニ誤解ヲ招クノ虞ナシトセス、警メサルヘカラサルナリ。又國家ヲ公法人ナリト説ク者多シ。然レトモ何ヲ公法人ト謂フカノ見解ハ一致セス。若人格ニ公私ノ二種アリ、國家ハ公法上ノ人格ヲ有スルモノト爲スノ意ナランニハ事甚謬レリ。

人格ニ二種ナシ、國家モ個人モ、共ニ公法ノ上ニモ、私法ノ上ニモ、同時ニ人格者タリ、豈特ニ公法上ニノミ人格ヲ有スル者アランヤ。彼ノ、國家ト國庫トヲ法律關係ノ上ニ分割シ、國庫ハ私法人ニシテ國家ハ無人格又ハ公法人ナリト觀念スルハ、學説由來久シト雖、事或ハ個人ノ身體ト財嚢トヲ分離シ、人格ノ二様ヲ謂フモノニ似テ予ハ之ヲ取ラサルナリ。之ヲ要スルニ國家ニ人格アリト謂フハ法律關係ノ主體ナリト觀念スルコトニ歸ス。然レトモ有力ナル學者ハ絶對ニ此ノ主體説ヲ否認シ國家ハ法律關係ノ客體ナリト謂ヒ、又ハ法律關係其ノ者ナリト謂フ。國家ハ統治ノ目的物ナリト觀念スル是レ客體説ナリ、國家ハ契約ナリト觀念スル是レ關係説ナリ。抑々國ト謂フ語、本、專ラ地域ヲ指スコトニ用ヒ、後ニ土地人民ヲ包括シテ指稱スルコトトナリ、又今ノ學問上ノ用語トシテハ、土地、人民、主權ヲ以テ成ルノ團體ヲ指稱スルコトトモナレリ。蓋國家ハ統治ノ目的物ニシテ統治ノ主體ニハ非スト爲スノ客體説ハ、專ラ土地人民ヲ指シテ國家ト謂ヘルニハ非サルカ。果シテ然ラハ是レ言語ノ用法ノ差異タルノミ、觀念ノ相反スルニハ非サルナリ。彼ノ法律關係説ニ至リテハ根柢ノ觀念全ク人格説ト相反ス。吾人ハ國家ニ自主ノ生存アリト謂フ、彼ハ絶對ニ之ヲ否認シ、國家ハ人ト人トノ會社契約ニシテ獨立自主ノ權力ノ主體タルニハ非スト爲スナリ。此ノ民約説ハ由來頗ル古ク且ツ廣ク行ハレタレトモ、歴史ノ事實ノ之ヲ證明スルモノナク、又事全ク吾人日常ノ直覺ニ反ス、蓋此ノ説ハ根柢ヨリ吾人ト立脚ノ基礎ヲ異ニスルモノトス、今一言ヲ以テ其ノ長短ヲ批議スルコト難キナリ。

國家ノ社會的及法理的兩面ノ觀念　之ヲ綜合シテ謂ヘハ、國家ハ其ノ社會的及其ノ法理的ノ兩面ヨリ之ヲ觀察スルコトヲ得ヘシ。社會具體ノ現象トシテハ、一定ノ民族、一定ノ領土ニ據リ主權ヲ以テ之ヲ統治スルノ團體タリ。法理抽象ノ觀念トシテハ、自主ノ目的アリ、獨立ノ意思アリ、主權ヲ具有スルノ人格主體タリ。今ノ人類ノ文化ノ程度ニ於テハ、國家組織ヲ以テ人類發展ノ本位トス、個人ハ之ニ同化スルコトニ由リ其ノ生存ヲ全ウシ、民族ハ此ノ組織ヲ有スルニ由リテ繁榮スルナリ。國家ノ觀念ヲ捨テ、國家ノ組織ヲ解キ、人類ヲ綜合シテ平等共和ノ一團ト爲スハ尙夢想ノ空望ニ屬ス。今ノ世界ハ國家時代ナリ、民族ノ發展ハ唯鞏固ナル國家組織ヲ有スルニ於テノミ之ヲ全ウスルコトヲ得ヘキナリ。

按スルニ、國家ヲ社會進化ノ一現象トシテ視レハ土地、人民、主權ヲ以テ成ルノ團體タリ、而シテ此ノ團體ノ法ノ關係ノ上ニ於ケルノ地位ハ、自主獨立ノ人格者タルコトニ在リ。此ノ二樣ノ觀察ハ固ヨリ牴牾スル所ナキ論ナルノミ。有形ノ團體ト無形ノ人格トハ之ヲ思想ノ上ニ分離スヘク混同スヘカラスト雖亦之ヲ獨立シテ存在スルノ別物ト看做スコトヲ許サス。團體カ人格ヲ具有スルナリ、團體ノ基礎ナケレハ人格アルコトナシ、團體ニ人格アルハ卽チ團體トシテノ法上ノ存在ヲ表明スルモノナリ。

人ハ共同生活ニ由リテ其ノ生ヲ遂ク。故ニ人類ノ發展ハ常ニ團體ノ形式ニ於テスルモノナリ。而シテ其ノ團體ノ種類形式ハ一ナラス。古ハ家族、氏族、若ハ部落等ノ團體形式ヲ以テ發展ノ本位トシタルカ如ク、今ハ國家ト謂フノ組織ヲ以テ團體ノ最高等ニシテ最完全ナル者トスルカ如シ。是レ蓋人類ノ生存競爭ノ大勢ニ驅ラレ、幾多ノ變遷ヲ經テ、遂ニ此ノ域ニ到達シタルモノニシテ、今ノ世界ノ事情ニ於テハ此レヲ以テ民族ノ生存發達ニ最適合スルノ團體組織ト爲スモノナリ。個人主義又ハ社會主義ヲ唱フル者、今ノ豺狼相食ムノ世界ニ立チ、人類ヲ綜合スルノ平等共和ノ永久ノ統一ヲ夢ミテ、國家組織ノ解散ヲ想フカ如キハ、卽チ民族ノ自殺タランノミ。所謂個人主義ノ極端ナル者ハ所謂社會主義トナリ、社會主義ノ極端ナル者ハ所謂無政府主義トナリ、國家國權ノ組織ニ反對スルアルカ如キハ實ニ國ノ賊ナリ、社會ノ公敵ナリ、國家觀念ノ薄弱ハ必ス民族ノ衰亡ヲ招ク、事理ノ示ス所歴史ノ證明スル所タリ、豈懼レテ愼マサルヘケンヤ。

（『憲法提要』（一九一〇年）より）

3 皇　位

皇　位　大日本帝國ハ萬世一系ノ天皇之ヲ統治ス（憲法第一條）。大日本國皇位ハ祖宗ノ皇統ニシテ男系ノ男子之ヲ繼承ス（皇室典範第一條）。寶祚ノ隆ハ天壤ト與ニ窮ナシ。

皇位ハ天皇ノ御位ナリ、天皇ハ國ヲ統治スルノ主權者ナリ、皇位ハ國家主權ノ在ル所ナリ、之ヲ我カ立國ノ本體トス。

皇位ハ天祖ノ靈位ニシテ子孫相承ケテ之ニ居ル。皇位ニ在ル人ヲ天皇トス。天皇ハ天祖ニ代リ、天位ニ居リ、國ヲ統治スルノ天職ヲ行フ者ナリ。萬世一系ノ皇位ハ神聖ナリ天祖ノ靈位ナレハナリ、統治主權ハ侵スヘカラス天祖ノ威稜ナレハナリ。

立國ノ大本　抑々血類相依ルハ人ノ至情ナリ、之ヲ連鎖綜合スルハ共同ノ始祖ナリ。父母ヲ同ウスルニ由リテ家ヲ成シ、祖先ヲ同ウスルニ由リテ民族ヲ成ス。子孫ハ共同ノ始祖ヲ崇拜シ其ノ保護ノ權力ニ服從スルコトニ由リテ家國平和ノ團體ヲ爲ス者ナリ。故ニ、家ニ於ケル天賦ノ首長ハ父祖ナリ、國ニ於ケル天賦ノ首長ハ民族ノ始祖ナリ。蓋我カ皇室ハ斯ノ民族始祖ノ正統ノ連綿タル者ナリ。我カ民族ハ其ノ始祖ヲ專ラ此ノ一系ニ懸ケテ連想シ、萬世一系ノ皇位ヲ以テ始祖ノ靈位ノ延長トシ、之ヲ觀ルコト在ルカ如クス、皇位ヲ神聖ナリトシテ崇拜スルハ茲ニ出ツルナリ。故ニ皇室ハ民族ノ宗室タリ、皇室ノ祖先ハ民族ノ祖先ノ祖先タリ、皇位ヲ崇拜シ其ノ權力ニ服從スルハ卽チ民族カ其ノ始祖ヲ崇拜シ、其ノ威靈ニ賴リ其ノ生ヲ全ウセントスル者ナリ。蓋子孫カ父母ヲ敬愛シ其ノ權力ノ下ニ慈愛ノ保護ヲ享クルノ至情ハ、之ヲ其ノ父母ノ父母ニ推シ、祖先ノ祖先ニ及ホシ、家ヲ成シ國ヲ成シタルナリ。我カ家國ノ制ハ一ニ此ノ祖先崇拜ノ大義ニ基ツク。此ノ大義ハ實ニ我カ民族ノ特性ニ出テ我カ國體ノ淵源ヲ爲ス、立國ノ大本ハ正ニ此ニ在ルナリ。

按スルニ、國體ハ主權ノ在ル所ニ由リテ分カル。我カ民族ノ國ヲ建ツル之ヲ萬世一系ノ皇統ニ懸ケ、相依リテ終始ス、我カ皇位ハ國家ノ根軸ニシテ主權ノ淵源タリ。此レ我カ民族一致ノ確信ニシテ、千古ニ溯リ萬世ニ亘リ變ル事ナシ、之ヲ君主國體ノ最純白ニシテ最鞏固ナル者トス。

我カ家國ノ制ハ一ニ祖先崇拜ノ大義ニ基ツク。皇位ノ民族ニ臨ム、此ノ大義ヲ外ニシテハ其ノ神聖侵スヘカラサルノ所由ヲ見ル能ハサルナリ。抑々子孫カ父母ノ權力ノ下ニ慈愛ノ保護ヲ享ケ平和ノ一團ヲ成スハ卽チ家國ノ萠芽ナリ。平等對峙ノ關係アリ、權力服從ノ關係アリ、主權ノ歸一スル所アリ、複雜ナル社會組織ノ要素ハ既ニ此ノ原始的親族團ノ中ニ具ハレルナリ。家國ノ制ハ之ヲ現在ニ視テ過去ニ溯リ將來ニ推シ此ノ觀念ヲ擴張敷衍シタル者ニ過キサルナリ。家國ハ本ト二義ナラス、一家ハ一國ヲ成シ、一國ハ一家ヲ成ス、共ニ父祖ヲ崇拜シ其ノ威靈ノ保護ノ下ニ子孫相依リテ和親敬愛ノ公同ノ生ヲ全ウスルナリ。家ニ於ケル家長ノ位ハ卽チ祖先ノ威靈ノ在マス所、現世ノ家父代リテ其ノ位ニ居リ、其ノ子孫ヲ保護ス、家族ノ家長ノ權ニ服スルハ祖先ノ威靈ニ服スルナリ。國ニ於ケル皇位ハ卽チ天祖ノ威靈ノ在マス所、現世ノ天皇ハ天祖ニ代リ天位ニ居リ、天祖ノ慈愛セル民族子孫ヲ統治ス、民族ノ大權ニ服從スルハ天祖ノ威靈ニ服スルナリ。國ハ家ノ大ナル者、家ハ國ノ小ナル者、之ヲ我カ民族建國ノ大本トス、國體ノ淵源茲ニ在ルナリ。

抑々社會團體ハ權力ノ關係ヲ經トシ、平等ノ關係ヲ緯トシ、之ヲ組織スルニ非サレハ人ノ合同生存ヲ全ウスル能ハサルノ理ハ其ノ形體ノ大小ニ通シテ同シ。家ハ此ノ要素ヲ具備スルニ於テ社會組織ノ天賦ノ模範ヲ示ス者ナリ。家ハ人ノ至情ニ成ル、父子ノ敬愛ハ敬愛ノ至切ニシテ純白ナル者ナリ、父子ノ智力腕力ノ差等ハ其ノ差等ノ最顯著ナル者ナリ。父母ノ至切ナル慈愛ト優越ナル智力腕力トハ兒孫ニ對スルノ保護ノ權力トナリ、兒孫ノ潔白無我ノ敬愛ト信賴トハ父祖ニ對スルノ崇拜服從トナリ、子孫相依リテ父祖ノ慈愛ノ保護權ノ下ニ、和親敬愛ノ一團ヲ成ス之ヲ家トス。民族ト謂フモ家族ノ大ナル者ナリ、國ト謂フモ家ノ大ナル者ナリ、皆其ノ基礎ヲ家制ニ置ク。蓋、此ノ家族制、民族制ノ永ク且ツ廣ク跡ヲ史上ニ貽セルモノハ、之ヲ社會進化ノ理則ニ照シ、人類ノ生存繁榮ニ最適合スルノ要件タルコトヲ事實ノ上ニ證明スルナリ。統一ノ權力ナク、個人獨立シテ服從ノ義ヲ知ラサルノ群衆ハ歷史ノ上ニ敗レテ存留セサルナリ。團結ノ鞏固ナラス主權ノ尊嚴ナラサルノ國體ハ、內病外患ノ憂多ク、生存ノ競爭ニ於テ劣者タルヲ免レサルナリ。而シテ血統相通スルニ由ルノ團結ハ團結ノ天賦ニシテ最鞏固ナル者ナリ、父祖ノ慈愛保護ノ權力ハ權力ノ天賦ニシテ最神聖ナル者ナリ。此ノ最鞏固ナル結合ト此ノ最神聖ナル權力トヲ兼有スル者ハ祖先ヲ崇拜シ其ノ威靈ノ保護ノ下ニ子孫相依ルノ血統團體ナリ。我カ民族ノ國ヲ立ツル、則ヲ此ニ取ル、正ニ社會進化ノ理法ニ合フ、國體ノ鞏固ニシテ國運ノ隆盛ナル寔ニ所由アルナリ。

統治ノ大権　國ヲ統治スルノ權力ノ成立ハ歴史ノ事實ナリ、民族之ヲ自覺シ之ニ信頼シ、以テ其ノ團體生存ヲ託スルニ於テ愈々明確鞏固ナリ、國體ハ歴史ノ成果ニシテ民族ノ確信ニ存立スト謂フハ此ノ義ニ外ナラス。我カ建國ノ歴史ト民族ノ確信トハ我カ萬世一系ノ皇位ヲ以テ統治主權ノ本體ト爲ス。千古ニ溯リ、萬世ニ亘リ、大義變ハラス、主權ノ所在、日月明白ニシテ、國體ノ鞏固泰山動クコトナシ。

統治ハ大位ニ居リ大權ヲ統ヘテ國土及臣民ヲ治ムルナリ、古語天皇ヲ「スメラミコト」ト謂ヒ、大權ヲ行使スルヲ「國ヲ知ロシメスス」ト謂フ、蓋權力ヲ統ヘテ公事ヲ知ルノ意ニシテ、土地人民ヲ私有スルノ義ニ非ス、今ノ統治ト謂フ正ニ此ノ義ニ合一ス。昔皇孫、天祖ノ勅ヲ奉シ、降テ此ノ國ヲ統治ス、蓋天祖ニ代リ天祖ノ民ヲ撫育スルナリ。故ニ統治ハ祖宗ニ奉スルノ天職ニシテ、祖宗ノ命ヲ受ケ民族ノ公事ヲ知ルモノトス、一人一家ノ私事ニ非サルコト由來深遠ナリ、歴世相承ケ此ノ大義ヲ失ハス、立國ノ精神茲ニ顯ハル。

統治ノ事實ハ保護ナリ、統治ノ形式ハ權力ナリ。權力ナケレハ保護ナシ、保護ト謂フトキハ權力ニ依ルノ保全ヲ意味ス、統治權ハ國土人民ヲ保全スルノ權力ナリ。天皇國ヲ統治スト謂フトキハ、君主ノ天職ハ國土人民ヲ保護スルニ在ルヲ揭明スルト同時ニ、亦其ノ權力ハ天皇ノ身位ニ在ルノ義ヲ明白ニスルナリ。蓋民族ノ生存繁榮ハ最高ノ權、能ク之ヲ保護スルニ由ル、猶一家ノ保全ノ家長權ニ懸ルカ如キナリ。法ニ謂フ權力ハ腕力ニ非ス意思ノ力ナリ、意思ノ法上ノ强弱ニ出ツ。抑々君父ノ權之ヲ其ノ個人ノ肉體ニ伴フノ力量トスレハ必シモ衆人ノ敵ニ非ス、唯、社會信念ニ於テ之ヲ神聖ナリトシ、服従スヘク侵スヘカラスト為スニ於テ、家國ニ於ケル優越強大ノ保護ノ權力ヲ成ス者ナリ。此ノ社會信念ハ秩序保持ノ源由ニシテ、家國存立ノ基礎タリ、故ニ法ハ此ノ事實ヲ認メ之ヲ保護スルナリ。茲ニ於テ社會ノ公認ニ成ルノ優越強大ノ力、能ク存立シ、民族保全ノ用ヲ爲ス、是レ卽チ國家統治ノ權力ナリ。我カ建國ハ萬世一系ノ皇位ヲ以テ此ノ社會信念ノ懸ル所トシ、皇位ニ在ル人ノ意思ヲ以テ國ヲ統治スルノ權力トスル者ナリ。

按スルニ、國體ハ主權ノ所在ニ由リテ定マル、主權ノ所在ハ歷史ノ成果ニシテ、民族ノ確信ニ出ツ、若、歷史ノ成果分明ナラス、民族ノ確信一致セサルアラハ、卽チ主權ノ所在ノ不明ナルモノニシテ國體ノ脆弱ナルモノタラン。國家ノ大變ハ國民カ其ノ國體ニ付確乎タル信念ヲ缺クヨリ大ナルハナシ。我カ國體ノ萬邦ニ卓越スルハ、此ノ歷史ノ成果ノ明白ニシテ、此ノ民族ノ確信ノ鞏固ナル、炳乎トシテ日星ノ如ク儼然トシテ泰山ノ如キニ在リ、此ノ千古ノ國體ヲ萬世ニ擁護セハ國運天地ト與ニ久カラン。

天皇ハ古語ニ謂フ「スメラミコト」ナリ、統治ハ「國ヲ知ロシメス」ナリ。天皇ハ國ノ統治者ニシテ之ヲ私有スル者ニ非サルノ義、千古既ニ明徵アリ、今立憲ノ制ニ則ルカ為ニ新ニ此ノ義ヲ取レルニハ非サルナリ。今ノ歐洲諸邦ノ國ヲ建ツル、中世綱紀頽廢ノ時ニ在リ、其ノ邦國ハ群雄割據、土地人民ヲ掠奪私有スルニ成ル。邦土ハ收穫ノ田地ニシテ人民ハ耕作ノ奴隷タリ、政治ハ國土ヲ財產トシテノ管理タリ、本、民族ノ保護ノ爲ニ其ノ公事ヲ知ルノ天職ノ觀念ニ出タルニハ非サルナリ。而シテ民生ヲ枯シテ王家ノ私福ヲ張ルノ極ハ遂ニ激烈ナル反動ヲ招キ、權力遂ニ下民ニ移リ國體ハ爲ニ破壞セリ。故ニ彼ニ在リテハ國家統治ノ權ト土地所有ノ權トノ分界ヲ明カニシ、君主ノ權力ハ國ヲ統治スルカ爲ニ存シ、邦土ヲ私有スルカ爲ニ存スルニ非サルノ義ヲ明ニシタルハ、立憲政體ニ則ルニ由リテ始テ得タルノ美果トシテ之ヲ尊重スルナリ。我ニ在リテハ、此ノ大義ハ千古建國ノ昔ニ確立シ、百世變ルコトナシ、今立憲ノ制ニ則ルニ於テ更ニ損益消長スル所ナキナリ、之ヲ建國ノ美風ト謂フヘシ、之ヲ立憲ノ果實ト謂フハ歷史ヲ侮辱スルノ誹ヲ免レサルヘキナリ。

統治ノ實質ハ保護ナリ、統治ノ形式ハ權力ナリ、權力ナケレハ保護ナシ、保護ト謂フトキハ既ニ權力ノ存在ヲ意味ス。天皇國ヲ統治スト謂フトキハ君主ノ天職ハ國土民族ヲ保護スルニ在ルヲ掲明スルト同時ニ、亦其ノ權力ハ天皇ノ身位ニ在ルノ義ヲ明白ニスル者ナリ。蓋權力ハ意思ノ強弱ノ差等ニ出ツ。自然人ノ自然意思、本、強弱ノ差等甚顯著ナラス、唯、社會ノ公認ニ由リテ成ル意思ノ法上ノ力ニ至リテハ、其ノ懸隔極テ大ナリ、一人令シテ萬人之ニ從フモノ此レニ因ル。意思ノ法上ノ力ハ卽チ社會ノ公認ニ成ル、然レトモ社會ハ一人一己ノ私欲ノ爲ニ此ノ絶大ノ權力ノ偏重ヲ認容スル者ニ非ス、社會保全ノ用ヲ爲スニ於テ其ノ存立ヲ認容シ、之ヲ永遠ニ遺傳シ、久キヲ經テ愈々鞏固ヲ加フルノミ。是レ社會保全ニ適スル者ハ殘存スルノ常則ニ從フモノニシテ、家國主權ノ成ル此レニ由ル。國體ハ歷史ノ成果ニシテ民族ノ確信ニ出ツト謂フモ亦此ノ義ニ外ナラサルナリ。我カ千古ノ歷史ト民族ノ確信トハ萬世一系ノ皇位ヲ以テ此ノ社會保全ノ絶大ノ權力ノ本位トシ、之ヲ民族祖先ノ威靈ニ懸ケ、億兆仰望ノ前ニ、神聖侵スヘカラサルノ主權タルノ理義ヲ明白ニシタリ。是レ固ヨリ無稽ノ迷信ニ非ス、荒唐ノ虛構ニ非ス、社會進化ノ必要ノ爲ニ、社會進化ノ理則ニ從ヒテ遺傳セルノ歷史ノ成績ナリ。社會進化ノ理則ニ従フ、之ヲ自然ト謂フ、我カ國體ハ我カ民族特性ノ自然ニ成リ、無意不言ノ中ニ存立ス、理論ノ云議、利害ノ比較ノ外ニ超越シテ、儼然覬覦スヘカラサルノ基礎在ルハ此レニ由ルナリ。

皇位ノ法理観念　法理ノ形容ヲ以テ解説スレハ、我カ國體ハ皇位ニ在ル自然人ノ自然意思ヲ以テ國家ノ法律意思トスル者ナリ。國家主權ノ存在ハ社會的ノ事實ナリ、此ノ事實ナケレハ卽チ國家ナキナリ。權力ハ意思ナリ、意思ヲ離レテハ權力ナシ、意思ヲ動機トセサルノ力ハ自然力ナリ、風ノ動キ水ノ流ルルカ如シ。意思ハ人ヲ離レテハ存立セス、人ヲ離レタルノ意思ハ體ニ離レタルノ影ノ如シ。之ヲ観念シテ國家ノ意思ト謂ヒ權力ト謂フハ法理ノ抽象ノミ、其ノ本體ハ必ス自然人ノ自然意思ニ歸屬スルナリ。所謂國家ノ人格ハ法律人格ナリ、所謂國家ノ意思ハ法律意思ナリ、法理ノ結構ノ上ニ存立スル者ノ謂ナリ。然レトモ法理ハ空中ニ樓閣ヲ建ツルコトヲ得ス、自然人ノ自然意思ノ上ニ於テノミ、能ク國家ノ法律意思ヲ構成スルコトヲ得ルナリ。其ノ構成ノ如何ハ卽チ國體問題ナリ。我カ建國ハ萬世一系ノ皇位ヲ以テ國家法律意思ノ本位トシ、皇位ニ在ル自然人ノ自然意思ニ懸ケテ之ヲ現實ニスル者ナリ。

按スルニ、社會生活ハ家ノ小ナル、國ノ大ナルニ拘ハラス、個人平等ノ關係ノ外ニ、團體ト個人トノ間ニ權力服従ノ關係ノ分化シテ存立スルニ非サレハ其ノ秩序ヲ全ウスルコト能ハサルハ、事實ニ於テ、理法ニ於テ、其明白ノ事ニ屬ス。權力服従ハ意思ノ作用ナリ、草木ノ烈風ニ靡クカ如キニハ非ス、意思ナケレハ權力ナシ、團體ニ權力アルヲ謂フハ卽チ意思アルヲ謂フナリ。意思ヲ離レテハ權力ナク、人ヲ離レテハ意思ナシ、團體ノ權力ト謂フモ遂ニ自然人ノ自然意思ニ歸屬スルナリ。優越强大ノ權力ノ成立ハ社會保全ノ要件タリ、而モ自然人ヲ離レタルノ絶對ノ權力ハ之ヲ想像スルコトヲ得ス。故ニ法ハ特定ノ自然意思ヲ收用シテ團體ノ法律意思トシ之ニ絶大ノ威力ヲ認ムルナリ。

抑々團體ニ生存アルハ意思アルノ證ナリ、然レトモ其ノ意思ハ自然意思ヲ素質トスルノ法ノ構成ニ出ツ、故ニ之ヲ法律意思ト謂フ。法律意思ナルカ故ニ之ヲ法律上ノ擬制ニシテ實在ナキ者ト誤解スルコト勿レ。國家意思ノ存在ハ國家自身ノ存在ト倶ニ社會事實ノ最現實ナル者ナリ、之ヲ否認スルハ國家ノ存立ヲ否認スルナリ、而シテ之ヲ法律意思ト謂ヒ、以テ肉身ニ固有スルノ自然意思ト分ツハ、法理ノ言説ノ便ノ爲ニスルノミ、二者豈虚實ノ別アランヤ。我カ建國ノ本體ハ萬世一系ノ天皇國ヲ統治スルコトニ在リ、法理ノ形容ヲ以テ之ヲ解説スレハ、我カ國體ハ皇位ニ在ル自然人ノ自然意思ヲ以テ國家ノ法律意思トスル者ナリ。此ノ國體ノ本義ハ歴史ノ事實之ヲ徴證シ法理ノ解釋之ヲ明白ニス、疑義ノ容ルヘキ所ナシ。

皇位ト國家トノ合體　此ノ故ニ、我カ國體トシテ、皇位ト國家トハ法理上合同一體ヲ成シ分離スヘカラサルナリ。皇位ノ外ニ國家ナク、國家ノ外ニ皇位ナシ。皇位ニ在ル自然人ノ自然意思ヲ以テ國家ノ法律人格ニ屬スル法律意思トスルハ、卽チ皇位ヲ以テ國家ノ本體トスルノ觀念ナリ。天皇ノ意思卽チ國家ノ權力ヲ成ス。國家ヲ具體ノ團結ト視レハ皇位ハ國ノ元首ニシテ四肢百骸ヲ支配スルノ主腦タリ、之ヲ無形ノ權力主體ト視レハ皇位卽チ國家タリ。皇位ト國家トヲ分離スレハ、是レ主腦ヲ失フノ肢骸ニシテ、實體ニ離レタルノ虚影タラン。天子ニ家ナシ國ヲ以テ家ト爲ス、國家ノ義此ニ生ス、國ニ主アリ初テ家ヲ爲ス、故ニ之ヲ國家ト謂フ、無主ノ國何ソ之ヲ國家ト謂ハン。蓋皇位ト國家トノ合一同體ヲ爲スハ我カ歴史ノ由來タルノミナラス亦我カ國體法理ノ必然ノ解タリ、之ヲ君主國體ノ純白ナル者トス。

按スルニ、皇位ト國家ト合同一體ヲ爲スハ我カ立國ノ本義ニシテ、之ヲ歴史ニ徴シ、之ヲ法理ニ照シ、明白疑ヲ容ルヘキ餘地ナシ、我カ憲法ノ根軸ハ正ニ此レニ存スルナリ。然ルニモ拘ハラス、世論ノ、予ノ憲法解釋ニ反對シテ之ヲ攻撃スルハ、主トシテ此ノ國體觀念ノ一點ニ集注スルモノノ如シ、怪ムヘキノ至ナリ。學理ノ討議ハ敢テ之ヲ辭セス、唯、予カ嘗テ君主ハ國家ナリト謂ヒシノ故ヲ以テ、歴史ノ根據ヲ顧ミス、法理ノ證明ヲ聞カス、漫然之ヲ罵倒シ去ラントスルニ至リテハ、學理ノ談トシテ固ヨリ齒牙ニ懸クルニ足ラスト雖、獨、其ノ間一種言フヘカラサルノ風潮アリ、陰微ノ中ニ此ノ攻撃ノ動機ヲ爲スモノアルハ實ニ長大息ノ至ナリ。或ハ云フ、皇位ト國家トノ同體ヲ謂フハ專制昔日ノ暴政ナリ、立憲ノ美果ハ國家ヲ皇位ヨリ分離シタルニ在リト、是レ憲法ノ制定ハ主權ヲ皇位ノ外ニ移シ、君主ヲ貶シテ最高ノ官吏ト爲シタルモノトスルノ見解ニ出ツルナリ。此ノ民主主義ノ革命思想ハ、暗黙ノ間、巧ニ一種ノ法理論ト提携シ、國家主權説又ハ君主機關説等ノ名稱假裝ノ下ニ、窃ニ我カ國體ノ基礎ヲ動搖セントト試ミル者アルニ至レリ、其ノ論巧妙ナルカ如キモ、本、積極的ノ根柢アルニ非ス、唯、皇位主權ヲ否認セントスルノ一事ニ歸スルノミ。是レ固ヨリ全然歴史ニ反シ、憲法ニ戻ル、狂暴ノ甚シキ者トス、之ヲ大憲ノ明文ノ前ニ言フハ國體ヲ侮辱スルノ罪ヲ免レサルヘキナリ。抑々虚心ヲ以テスレハ、君父一人ノ權力、能ク衆多ヲ統治スルハ耳目ノ慣ルル所ニシテ、家國ノ命令ハ卽チ君父ノ意思ナルコト常識ノ之ヲ解スルニ易キ所ナリ。然ルニ、學者却テ此ノ常識ノ解ヲ斥ケ、好テ奇矯ノ言説ヲ弄シ、家國ヲ統治スルノ權力ヲ强テ絶對ニ君父ノ身位ヨリ分離シ、之ヲ抽象無形ノ存在ト爲サント欲ス。此ノ如キノ空中ノ樓閣ハ常識ノ之ヲ想像スルヲ難シトスル所ニシテ、學者ハ曲ケテ之ヲ信セント欲ス、是レ虛心平氣ノ解ニ非ス、一種ノ風潮ノ爲ニ翻弄セラルルナリ、立國ノ大義ヲ愆ルニ近シ戒シメサルヘケンヤ。（歐洲近時ノ民權主義ノ政論ハ佛國王「ルイ」第十四カ「朕ハ國家ナリ」ト曰ヘルヲ暴君ノ暴言ナリトシ、之ヲ引キテ專制政體ノ極弊ヲ表白スルノ慣用語ト爲シ、之ヲ罵倒スルノ習ヲ爲セリ。予ハ未タ其ノ何ノ所由ニ出ルカヲ知ラサルナリ。史ニ依レハ佛國嘗テ地方ニ暴動アリ、土地人民爲ニ大ニ損害ヲ受ク、「ルイ」卽チ陸軍大臣「ルーポア」ヲ召シ其ノ狀況ヲ問フ、大臣曰ク「是レ王室ノ損害ヲ爲サス、國家ノ損害ナリ、乞フ、陛下意ヲ安セヨ」ト、王赫トシテ怒リテ曰ク、「朕卽チ國家ナリ、焉ソ朕ノ損害ニ非スト謂ハン」ト、「ルイ」ノ政、專制ハ卽チ專制ナリト雖國家ヲ以テ自ラ任ス、仍天職ヲ知ル者ト謂フヘシ。普國王「フリードリヒ」第二ハ近代ノ賢王ナリ、嘗テ「朕ハ國家ノ公僕ナリ」ト曰ヘルヲ以テ、人賞賛シテ明君ノ儀表トス。學者「ルイ」ノ此ノ言ヲ惡ム蛇蝎ノ如ク、「フリードリヒ」ノ此ノ言ヲ尊フ金玉ノ如シ、二者其ノ歸趣ヲ一ニス、然ルニ其ノ好惡此ノ如シ、何ノ意タルヲ解スル能ハサルナリ。我カ仁德帝ノ「民ノ富メルハ朕ノ富メルナリ」ト宣リ給ヒシ事、其ノ聖德敢テ之ヲ彼ニ比スルニ非サルモ、歸趣ハ稍々相似タル所アリ。蓋學者ノ「ルイ」ノ一言ヲ忌ムハ君主國體其ノ者ヲ忌ムナリ、民主國ノ人民ニシテ之ヲ云フハ可ナリ、我カ臣民ノ其ノ顰ニ倣フハ干犯ノ罪ヲ免レサラントス愼マサルヘケンヤ、世上仍此ノ誤解アリ故ニ附記ス）

天子ニ家ナシ、國ヲ以テ家ト爲ス、故ニ之ヲ國家ト謂フ、旣ニ國家ト謂フトキハ國ヲ以テ君主ニ配合スルノ義タル古來明徵アリ知ルヘキナリ。蓋、國家ト主權トノ合同ハ、何人モ之ヲ否マサルヘシ、而シテ我カ建國ノ本體ハ皇位ト主權トノ合同ニ在リ、故ニ皇位ト國家トハ合一シテ同體ヲ爲スト謂フナリ。所謂君主機關説ハ皇位ハ國家主權ノ機關タルコト猶帝國議會ノ、機關タルカ如シトスルナリ。所謂國家主權説ハ主權ハ國家ニ在リ皇位ニ在ラストスルナリ。二者共ニ國家主權ハ皇位ノ外ニ存立スル者トス、其ノ謂フ所ノ絶對孤立ノ主權ハ如何ニシテ成レルカ。抑々權力ハ意思ナリ、意思ハ人ニ存ス、人ヲ離レタルノ絶對ノ意思ハ之ヲ想像スルコト能ハサルナリ。主權人民ニ在リト謂フハ尙解スヘシ、君主ニ在ラス、人民ニ在ラス、國家其ノ者ニ在リト謂フハ、巧ナルカ如キモ言語ノ翻弄タルニ過キス、何ノ實質ノ意義ヲモ爲ササルナリ。念フニ國家、國權ハ社會的ノ構成ナリ、社會的ノ構成トハ其ノ本源ノ歸スル所自然人ノ自然意思ニ在ルヲ謂フ。自然人ニ自然意思ノ具備スルハ天賦ノ事實ニシテ社會構成ノ單位タリ、其ノ以上ニ溯ルハ心理生理ノ學ニ屬ス、茲ニ問フ所ニ非サルナリ。國家ニ權力アルハ是レ複雜ナル社會組織ノ成果タリ、故ニ之ヲ分析シ之ヲ探源シテ之ヲ其ノ構成ノ單位ニ歸納スルハ國體法理ノ本領トスル所ナリ。然ルニ、漫然國家主權ハ國家ニ在リトノミ謂ヒテ、之ヲ探源シテ自然人ノ自然意思ニ分析歸納スルコトヲ避クルハ一種ノ風潮ノ爲ニ、故意ニ之ヲ曖昧ニ付スル者ト視ルノ外ハ、之ヲ學理ノ論トシテ更ニ解スヘカラサルナリ。恐ラクハ歐洲民權ノ説ニ憚リ、我カ主權ノ我カ皇位ニ在ルノ大義ヲ明言スルヲ敢テセス、亦之ヲ民主共和ノ國體タリト斷言スルノ勇ナク、唯、曖昧ノ論ヲ事トスルモノナラン、我カ學者ノ彼ニ心醉スル陋ナリト謂フヘシ。蓋、我カ大憲ノ明文、天皇ハ國ヲ統治スト曰フ、猶意思ハ人身ヲ支配スト謂フカ如シ、意思ヲ離レテハ人ナク、人ヲ離レテハ意思ナシ。我カ國體ノ觀念ハ皇位ヲ離レテハ國家ナク、國家ヲ離レテハ皇位ナシ、山川草木依然トシテ在リ、人類ノ之ニ居ルコトアリトスルモ、皇位亡フレハ我カ國家ハ卽チ亡ヒンノミ。大日本帝國ノ生存ハ萬世一系ノ皇位ニ懸ル、憲法第一條ノ明文之ヲ掲ケテ日月ノ如シ、國體之ニ由リテ固ク、國運之ニ由リテ久シ。

神聖不可侵

天皇ハ神聖ニシテ侵スヘカラス（憲法第三條）。

按スルニ、天皇ノ身位ハ卽チ天祖ノ靈位ナリ、統治ノ主權ハ卽チ天祖ノ稜威ナリ、天縱惟神、萬世相承ケ一系易ラス、至神至聖、仰クヘク犯スヘカラス、民族ノ之ヲ崇拜スル其ノ始祖ノ在スカ如シ、國體ノ尊嚴正ニ此ニ存ス、蓋憲法第三條ハ此ノ固有ノ大義ヲ掲ケ之ヲ永遠ニ昭カニスル者ナリ。抑々天子ニ公私ノ別ナシ、神聖不可侵ノ性格ハ絶對ニ其ノ一身ニ存ス、官吏ノ其ノ公職ニ付、特別ノ保護榮典ヲ享有スルカ如キニハ非サルナリ。故ニ天皇ノ身位ニ關シ公私ノ別ヲ立テ、憲法ノ保護ハ專ラ其ノ公ノ資格ニ關シ、私ノ資格ニ於テハ臣民ト同シク法律ニ服從スル者ナリト說クアルハ我カ國體ノ法理ニ合ハサルナリ。之ヲ憲法ノ保護ト謂フ本旨ヲ誤ルニ近シ、保護ハ服從ヲ意味ス、至尊自ラ皇位ノ神聖ヲ憲法ノ上ニ宣言ス、憲法何ソ皇位ヲ保護スルノ優越ノ力タルコトカアラン。但シ法律ニ服從スル者ニ非スト謂フノ義ヲ誤解シ、法律ニ依ルコト能ハスト爲スコト勿レ、君主自ラ法ヲ設ケ自ラ之ニ依ル、何ノ神聖ヲ干瀆スルコトカアラン、其ノ不可侵ヲ謂フハ、他力ノ以テ之ヲ干犯スルコトヲ禁スルノ意タル言ヲ俟タサルナリ。或者ハ亦外國ノ學說ヲ援キ之ヲ解シテ憲法ハ天皇ノ身位ノ尊嚴ニ顧ミ、特ニ明文ヲ掲ケテ、法律ノ責問ニ答フルノ義務ヲ免除シタルモノナリト爲ス。或ハ亦所謂大臣責任ノ制ヲ此ノ條ニ懸ケ、君主ハ神聖ニシテ侵スヘカラス、故ニ、大臣代リテ君主ノ責ヲ其ノ身ニ負フモノナリト說ク。此レ等ノ說、我ニ在リテハ法文ニ根據ナク、國體ニ戾リ、論理ニ矛盾ス。外國ノ國體或ハ法律ヲ以テ君民共ニ服從スヘキノ最高ノ力トス、故ニ君位ノ威嚴ヲ保ツカ爲ニ法律ノ責問ヲ免レシメンニハ、憲法ヲ以テ此ノ特殊ノ恩典ヲ付與スルコトヲ要ストスルナリ。我カ國體ニ於テハ、憲法法律ハ君主ノ命スル所ニシテ臣民ノ服從スヘキ所トス、憲法法律ハ君主ノ責問スルノ力ナキ固ヨリ言ヲ俟タス、憲法ノ明文ヲ以テ其ノ責問ヲ免除スト謂フハ本末ヲ顚倒スルノ妄言ニ屬スルナリ。又凡ソ責任ト謂フトキハ自己ノ行爲ニ付キ自ラ制裁ヲ受クルノ義タリ、若、他人ノ行爲ニ付、他人ニ代リテ責ニ任スヘキ場合ナランニハ、特ニ法章ニ其ノ明言アルコトヲ要ス、今憲法ニ此ノ明示ナシ、何ソ大臣ハ君主ニ代リテ責ニ任スト解スルヲ得ン。君主ハ神聖ニシテ侵スヘカラス、法律ハ固ヨリ君主ヲ責問スルノ力ナシ、故ニ、理ニ於テ何人モ之ヲ責問スルノ權ナク、何人モ君主ニ代リテ責問ヲ受クルノ要ナカルヘシ、然ルニ、今、君主ノ行爲ハ大臣代リテ責ニ任スヘシトセハ是レ卽チ君主ノ行爲ヲ責問スルノ事ニ歸ス、之ヲ論理ノ矛盾ト謂ハスシテ何ソヤ。此ノ類ノ說、概ネ歐洲學說ノ附會ニ屬ス、援テ我ニ擬スル者アルハ遺憾ノ至ナリ。蓋、今ノ歐洲諸邦ノ憲典ニ於テ君主ハ神聖ニシテ侵スヘカラスト揭明スルハ、實ハ昔日ノ遺習ニ出テ、彼ニ在リテハ法理上何等積極的ノ意義アルコトナシ、彼ノ法令ノ上諭ニ「天帝ノ保祐ニ因ル某國王」ト謂フノ例文アルト其ノ趣ヲ同ウスルナリ。歐洲ニ在リテハ神權ノ觀念既ニ地ヲ拂ヒ、君主ヲ貶シテ最高ノ官吏ト爲ス、其ノ所謂君位ハ、實ハ共和國ノ大統領ノ地位ト異ナルコトナシ、而モ仍、憲典ノ明文ハ其ノ神聖ニシテ侵スヘカラサルヲ云フ。此ノ類ノ法文ハ之ヲ歷史ノ遺物トシテ視ルヘキナリ。然ルニ彼ノ學者ハ既ニ積極的ノ意義ヲ失ヘルノ法文ヲ附會シテ、之ヲ消極的ノ免責ノ意義ニ解ス、却テ其ノ本來ノ精神ヲ失フナリ。此ノ憲法ノ明文ハ我ニ在リテ初メテ其ノ積極ノ眞義ヲ發揮ス、其ノ解、讀ミテ字ノ如シ、奚ソ迂曲ノ說ヲ爲スコトヲ須ヒン、是レ國體ノ相異ニ出ツルナリ、解釋ノ是非ニ非サルナリ。

皇位及憲法　皇位ハ權力ノ本源ニシテ百法ノ出ツル所ナリ。憲法ハ天皇之ヲ創定ス、皇位ハ憲法ニ依リテ存立スルニハ非サルナリ。憲法ハ國家ノ法律意思ヲ成立セシムル者ニ非ス、國家ノ法律意思既ニ存シ、憲法ハ之ニ由リテ成レルナリ。憲法ハ天皇ノ詔命タリ、固ヨリ君民ノ契約ニ非ス、唯詔命タリ、故ニ尊ク、故ニ重シ、協約ニ非サルヲ以テ其ノ效力輕シト謂フヘカラサルナリ。而シテ天皇ハ統治權ヲ總攬シ、憲法ノ條規ニ依リ之ヲ行フ、是レ君主自ラ法ヲ設ケ之ニ依リ之ヲ行フノ義ニシテ、固ヨリ他力ノ强制ニ係ルモノニ非サルハ論ナシ。統治權ノ憲法ニ依ルノ行動トシテハ、或ハ憲法上ノ機關ノ參與ヲ要件トスルコトアリ、然レトモ其ノ參與ヲ要件トスルハ、本、君主ノ意思ノ自由ニ出ツ、何ソ之ヲ以テ他力ノ君主ヲ制限束縛スルモノト謂フコトヲ得ン。皇位主權ノ圓滿ト自由トハ憲法ノ制定ノ爲ニ毫末モ損益スル所ナキナリ。

按スルニ、我カ憲法ハ欽定ニ出ツ、國約ニ由ルニ非ス、皇位ト憲法トノ本末主從ノ解更ニ多言ヲ要セサルナリ。唯、或國ニ於テハ憲法ヲ以テ君民ノ契約トス、或ハ更ニ一歩ヲ進メ、憲法ハ專ラ民會ノ制定スル所ニ係リ、後ニ君主ヲ迎ヘテ之ニ服從スルコトヲ誓言セシメ、之ニ統治ノ任務ヲ委託スルコト猶官制ニ依リ官吏ヲ任命スルカ如キ者モアリ。憲法ハ君主ノ上ニ在リテ之ヲ制限束縛スル者ナリト謂フノ觀念ハ、蓋此ノ類ノ政體ニ出テタルナリ。我カ憲法ハ天皇ノ詔命ナリ、固ヨリ君民對等ノ協約ニ非ス、何ソ君主ニ對スル他力ノ束縛ヲ意味スルコトカアラン。或ハ云フ、憲法ノ發布ハ、本、君主自由ノ意思ニ出ツ、但シ將來之ヲ變更スルニハ議會ノ協賛ヲ要ス、君主意思ノ自由ニ存スト謂フヘカラサルナリト。固ヨリ然リ、然レトモ、此ノ憲法改正ノ規定亦此ノ欽定憲法ノ條規ノ一タルコトヲ忘ルヘカラス。是レ皆一ニ欽定憲法ノ效力ニ係ル、他ノ對等ノ權力ニ對シ、其ノ承諾ヲ得ルニ非サレハ之ヲ變更セサルコトヲ合意シタルノ契約ノ效力アルコトナシ、隨ヒテ法理上、憲法ノ制定廢止ハ一ニ皆皇位主權ノ自由ノ專斷ニ出ツルコトヲ得ルモノトス、之ヲ阻絶スルノ權力ハ絶テアルコトナキナリ。抑々同シク憲法ト謂フ、名ハ一ニシテ物ハ卽チ二アリ、君主ノ詔命タルト、君民ノ契約タルトハ、其ノ性質效力ニ於テ固ヨリ劃然タルノ差異アリ、敢テ必シモ輕重アリト謂フニ非サルモ、契約ハ契約ヲ以テ變更シ、詔命ハ詔命ヲ以テ變更スルノ差アルヲ否ム能ハサルナリ、學者往々之ヲ察セス、一ヲ以テ他ヲ推シ、法理ヲ混同スルノ弊アリ愼マサルヘケンヤ。

國家ノ意思ハ君主ノ意思ナリ、國家ノ權力ハ君主ノ權力ナリ、國家ノ意思、權力ハ憲法ニ由リテ始テ構成セラルルニ非サルハ亦論ナシ。或ハ謂フ、立憲ノ制ニ則ルトキハ最早單純ニ君主一人一個ノ意思、權力ヲ以テ國家ノ意思、權力ト爲スモノニ非ス、議會ノ立法ニ於ケル、裁判所ノ司法ニ於ケル、大臣ノ行政ニ於ケル、皆君主一人ノ意思、權力ノ外ニ、統治機關ヲ成ス者ノ意思、權力ヲ憲法ノ上ニ配合シ以テ始テ國家ノ意思權力ヲ爲スモノナリト。此ノ論、憲法成典以下ニ於ケル統治權行動ノ解トシテ趣味ナキニ非ス、然レトモ、國家其ノ者ノ意思、權力ノ問題ハ、現行憲法以上ニ超越スルノ根本ノ大義ニ係ル、其ノ法章ニ依リテ之ヲ斷スヘキニ非サルナリ。抑々憲法ヲ制定シ、機關ノ參與ヲ爲政ノ要件トシタルノ、意思、權力ノ本體ハ果シテ何ノ所ニ存スルト爲スカ。議會、裁判所、若ハ國務大臣ノ大政ニ參與スルハ、本、君主ノ自由意思ニ成ルノ現行ノ法制ナリ、他日之ヲ廢止、變更スルモ、國家意思權力ノ圓滿ヲ失ハサルヘシ、國家意思權力ノ圓滿ヲ失ハスシテ之ヲ廢止、變更スルコトヲ得ヘキ所以ハ、卽チ其ノ者ノ本來國家意思權力ノ構成要素ニ非サルヲ證明スルモノナリ。而シテ、別ニ憲法ヲ廢止、變更スルモ之ヲ廢滅除去スルコトヲ得サルノ意思、權力ノ、超然トシテ其ノ外ニ存スルアリ、是レ卽チ君主ノ意思、權力ナリ。故ニ君主ノ意思、權力ヲ以テ國家ノ意思、權力トスルナリ、若、憲法ノ廢止、變更ヲ以テ之ヲ廢滅除去スルコトヲ得ルモノトセハ自家撞着ノ無意義ノ事タラン、此ノ如キハ憲法ノ廢止ニ非ス、國家ノ自滅ナランノミ。

君主機關說　皇位ト國家トハ合シテ一體ヲ爲ス、其ノ合一スル所以ハ天皇ノ意思卽チ國家意思ヲ爲スコトニ存ス、略シテ之ヲ言ヘハ天皇卽チ國家タリ。世上ニ皇位ヲ以テ國家ノ機關ナリト爲スノ說アリ、廣ク行ハル、此ノ說或ハ誤解ヲ招キ易シ。機關ト謂フ語、用例甚多樣ナリ、隨ヒテ其ノ意義不明ナリ。之ヲ解シテ國權ヲ以テ設備シタルノ官府ノ義ナリトセハ、皇位ヲ以テ國家ノ機關ナリト爲スノ不當ナル辯ヲ待タサルナリ。若亦機關トハ組織體夫レ自身ノ內部ノ構成ヲ指スモノトセハ、機關ト本體トハ別物ニ非ス、機關卽チ本體ナリ、皇位ト國家ト同體ヲ爲スノ義ト稍々相近シ。然レトモ所謂君主機關說ナル者ハ本、君主主權ノ說ニ反抗シテ起レリ、故ニ此ノ說ノ前提根據ハ、國家ト其ノ機關トハ本來別物ニシテ、旣ニ完全ニ存立スルノ國家カ、統治ノ用ノ爲ニ、之ヲ設備スル者ト爲スニ在リトスルニ非サレハ、此ノ說ノ存在ノ理由ヲ諒スル能ハサルナリ。是レ君主ヲ以テ國家最高ノ官吏トスルモノニシテ固ヨリ我カ國體ト合ハサルナリ。

按スルニ、若、多数ヲ以テ決スヘシトセハ、我カ學者ノ通說ハ所謂君主機關說ナルコト論ナシ、予ノ國體論ハ之ヲ唱フル既ニ三十年、(明治十四五年ノ頃、學友渡邊安積氏ト共ニ、東京日日新聞紙上ヲ假リ、毎日新聞其ノ他諸新聞紙ト盛ニ主權論ヲ鬪ハシタル以來、雜誌ニ、著書ニ、講演ニ、一日モ此ノ大義ヲ唱フルヲ怠リタルコトナシ)而モ世ノ風潮ト合ハス、後進ノ熱誠ヲ以テ之ヲ繼續スル者ナシ、今ハ孤城落日ノ歎アルナリ。抑々君主ヲ以テ國家ノ機關ナリト說クハ、西歐ノ國體ニ視テ當然ノ事ニ屬ス、彼ノ國法ノ大家(佛ノ「バットビー」)カ、「立憲國ノ君主ハ世襲ノ大統領ナリ、共和國ノ大統領ハ有期ノ立憲君主ナリ」ト曰ヘルハ、予以テ至言ト爲ス。蓋西歐ノ諸邦稱シテ君主國ノ謂フ者モ、其ノ國體ノ法理ニ至リテハ共和國ト異ナルコトナシ、皆同ク國權ハ國民ニ出ツルノ義ニ則ルナリ。(白耳義ノ憲法ヲ模範ト稱ス)我カ國維新ノ後、國會ヲ開キ立憲ノ制ニ則ラントス、人心一意彼ニ倣フニ急ニシテ未タ國體ト政體トノ別ヲ辯スルノ遑ナシ、立憲ノ政體ニ依ラント欲シテ遂ニ民主ノ論ニ傾ケルナリ。故ニ、急進ノ徒ハ民主ノ論ヲ唱ヘ以テ憲政ヲ促シ、保守ノ者ハ國體ノ危害ヲ恐レテ之ヲ遮ラントス、此ノ時ニ當リ、君主主權ノ固有ノ國體ヲ動搖スルコトナクシテ、能ク立憲法治ノ新政體ニ則ランコトヲ說クモ、衆人ノ耳目ニ入ラサリシハ宜ナリト謂フヘシ。偶々獨逸ノ學者、君主ハ國家ノ機關ナリト謂フノ曖昧模糊ノ說ヲ爲スニ遭ヒ、學者以テ巧妙ナリトシ、欣テ之ヲ迎ヘ、之ニ依リテ始メテ君主國體ト立憲政體トヲ調和シ得タリト爲シタリ。抑々國體ノ君主タリ民主タルハ政體ノ如何ニ關セス、今新ニ立憲ノ制ニ則ラントスルカ爲ニ、我カ千古固有ノ國體觀念ヲ動搖スルノ要アルヲ看サルナリ、然ルニ學者自ラ求メテ二者ハ兩立セサルモノナリト臆斷シ、而シテ亦强テ調和ノ逃路ヲ開カントシ、遂ニ曖昧ノ論ヲ爲スニ至ル、所謂君主機關說ノ如キハ、我ニ在リテハ非理ニアラサレハ卽チ無用ノ論タルナリ。凡ソ法理ノ解ハ明確純白、截然疑義ヲ遺ス餘地ナキヲ尊フ。所謂君主機關說ノ行ハルルハ機關ト謂フ語ノ意義、多樣曖昧模糊タルノ所ニ於テ却テ其ノ妙味ヲ有シ人心ヲ釣ルニ足ルモノアルニ由ルナリ。此ノ如キノ說ハ法理ノ純ナル者ニ非ス、故ニ採ラス。

皇位及主權ノ體用　皇位ヲ以テ統治主權ノ本體ナリト爲ストキハ、其ノ權力ノ體ト用トハ、兼テ天皇ノ身位ニ在ルノ義タル知ルヘキナリ。或ハ謂フ、主權ノ本體ハ國家ニシテ皇位ニ非ラス、皇位ハ唯之ヲ行用スルノ主體タルノミト。此ノ解ハ歷史ニ反シ憲法ニ戾ルノミナラス、論理ノ許ササル所ナリ。抑々權力ハ行動スルニ於テ權力タリ、權力ナケレハ行動ナク、行動ナケレハ權力ナシ、權力行動スト謂ヘハ、權力ト行動ト別樣ノ觀念アルノ如ク聞ユレトモ、實ハ是レ言語ノ形容ノミ、權力ト謂ヘハ行動必ス之ニ伴フ、行動セサルノ權力ハ動カサル風ノ如シ、動カサルニ非ス風ナキナリ。今主權其ノ者ノ主體ト主權ノ行動ノ主體トヲ分チ、國家ハ主權ノ本體タレトモ之ヲ行用スルノ主體ニ非ス、君主ハ權力行使ノ主體ナレトモ權力ノ主體ニ非スト謂フハ、論理ノ許ササル所ニシテ想像ノ及ハサル所ナリ。又或ハ謂フ、立憲ノ君主ハ「統シテ治セス」ト、蓋君主ハ國家元首ノ虛位ニ居ルモ權力行使ノ能力ナシ、權力ハ國會、政府、裁判所ニ在リ、君位ハ唯、此ノ憲法機關ノ統一ヲ儀表スルノ裝飾タルニ過キストスルナリ。此ノ論、名分ヲ紛リ、事實ニ戾リ、憲典ノ明文ニ反ス、固ヨリ齒牙ニ懸クルニ足ラサルナリ。總テ此ノ類ノ强辯ハ本、立憲國ト純正圓滿ナル君位主權トハ兩立スルコトヲ得サルモノトスルノ一種無用ノ懸念ニ驅ラレ、且ツ民主ノ思想ヲ迎合スルノ陋ニ出ツルナリ。我カ大憲ノ明文ハ、天皇ハ帝國ヲ統治スト云ヒ、又天皇ハ統治權ヲ總攬シ之ヲ行フト云フ、疑義ヲ遺スノ餘地ナシ、而モ尙此ノ明文ノ前ニ於テ此等ノ說ヲ爲スアルハ憲法ヲ侮辱スルモノト謂フヘキナリ。

按スルニ、我カ國體ハ大憲ノ文字ト國民ノ常識トノ上ニ明白ナリ、然ルニ世論ヲ指導スヘキノ學者ノ間ニ一種言フヘカラサルノ風潮アリ、特ニ國體ノ根本ニ向フテ曖昧ノ辯ヲ爲シ、之ヲ不明ノ中ニ沒セントス、實ニ歎息ニ堪ヘス。天皇ハ帝國ヲ統治ス、天皇ハ統治權ヲ總攬シ之ヲ行フ、大憲ノ明文之ヲ揭ケテ疑義ヲ斷ツ、帝國主權ノ本體ト行用トハ一ニ皇位ニ在ルニ非スシテ何ソヤ。然ルニ學者ハ好テ異ヲ立テ、奇ヲ衒ヒ、牽强附會ノ辭ヲ爲シ、國民ノ千古ノ確信ニ向ヒテ動搖ヲ試ミントス、固ヨリ大勢ニ損益スル所ナシト雖、其ノ國體ヲ侮辱スルノ罪ハ之ヲ鳴ラシテ筆誅セサルヘカラサルモノアルナリ。抑々歐洲ノ建國或ハ主權ハ國民ニ在リト爲ス、故ニ其ノ或ハ王ト謂ヒ、皇帝ト稱スル者ハ、主權ヲ有スルニ非スシテ主權ノ任用スル國家最高ノ公吏タリト解スルハ、理ニ於テ之ヲ肯セサルヲ得ス。獨、我カ學者ノ我カ國體ヲ論スル、之ヲ民主ノ國ト斷言スルニ非スシテ而カモ其ノ君位ヲ論スルハ民主國體ノ法理ニ倣ハントス、故ニ主權ハ皇位ニ在ルカ如ク無キカ如ク、之ヲ雲霧朦朧ノ間ニ置ク、是レ論理ノ支離滅裂シテ立ツ能ハサル所以ナリ。君主ヲ以テ國家機關ナリトスルノ說ノ如キ、又君主ハ統シテ治セストスルノ說ノ如キ、又君主ハ統治權ノ行使者ナレトモ權力ノ本體ニ非ストスルノ說ノ如キ、皆此ノ類ニ屬ス。大憲ノ明文ト民族ノ確信トハ此ノ類ノ解ヲ認容スル者ニ非サルナリ。

我カ國體ノ本領　天皇ノ身位ニ具スルノ統治ノ權力ハ固有ニシテ絕對ナリ、圓滿ニシテ無限ナリ、一アリテ二ナク、永久ニシテ斷續ナシ。他ノ權力ヨリ傳來シテ其ノ下ニ立ツ者ニ非ス、法令ノ出ツル所ニシテ法令ニ由リテ成立スルニ非ス、故ニ固有ニシテ絕對ナリト謂フ。個個ノ權力ノ集合ニ非ス、唯一概括ノ全權ニシテ、及ハサル所ナク能ハサル所ナシ、故ニ圓滿ニシテ無限ナリト謂フ。主權ハ國家ノ生命ナリ、其ノ一アリテ二ナキハ、國家ノ生命ノ一アリテ二ナキナリ、其ノ永久ニシテ斷續ナキハ、國家ノ生命ノ永久ニシテ斷續ナキナリ。帝國ノ存在ハ皇位ノ存在ニ懸カル、皇位ノ存在ハ萬世一系ノ皇統ニ懸カル。萬世一系ノ皇統ハ天皇ノ身位ニ於テ之ヲ代表ス。天皇ノ身位ニ具スルノ權力ハ卽チ皇位ニ屬スルノ權力ニシテ、帝國ヲ統治スルノ主權タリ。主權ハ國ノ生命ナリ、萬世一系ノ皇位ハ大日本帝國ノ生命ノ懸カル所タリ、皇位ト帝國トハ其ノ存亡ヲ同ウス、之ヲ我カ國體ノ本領トス。

按スルニ、國家主權ノ固有圓滿ニシテ絕對無限ナルハ、國家ノ本性ニ於テ當然ノ事ニ屬ス、然ラサレハ獨立ノ國家ヲ爲ササルナリ。我カ皇位ニ屬スルノ統治ノ權力ハ卽チ此ノ國家主權ナリ、主權ノ國家ト離ルヘカラサルノ所由ハ卽チ我カ帝國ノ我カ皇位ト離ルヘカラサルノ所由タリ。國ニ主權アルハ人ニ生命意思アルカ如シ、其ノ生存ト活動トハ此ニ本源スルナリ。主權ノ國ヲ統治スルハ意思ノ四肢ヲ支配スルカ如シ、其ノ本性ニ於テ固有絕對ニシテ圓滿無限ナリ。故ニ、外間ノ故障ノ之ヲ遮蔽スルアルノ外ハ、常ニ身體ニ充滿シテ及ハサル所ナク能ハサル所ナシ。其ノ意思ヲ節制スト謂フハ意思自身ノ欲スル所ニ依リ自ラ制スルナリ、法ヲ以テ主權ヲ節制スト謂フモ、亦主權ノ自ラ欲スル所ニ於テ行動スルナリ。憲法ヲ以テ統治權行動ノ形式ヲ定ムルハ、自己ノ意思ヲ以テ自己ノ意思ヲ節制スルモノニシテ、自己ノ欲スル所ニ隨フノ自由ノ活動タルヲ失ハス。憲法ヲ以テ主權ノ所在ヲ變更スルト謂フハ、意思ヲ以テ意思ノ所在ヲ變更スルノ謂ニシテ、理ニ於テ不能ノ事ニ屬ス。意思ハ人ト倶ニ生レタリ、皇位ハ帝國ト倶ニ生レタリ、國體ハ法令ノ作爲ニ非ス、皇位ト帝國トノ合一同化ハ、歷史ノ成果ニシテ建國ノ基礎ヲ爲シ、憲法ノ上ニ超然タル者ナリ。

（『憲法提要』（一九一〇年）より）

4 辯解

余ノ帝國憲法法理ノ講義一タヒ世ニ出テヽ反對論四方ニ起リ噭々トシテ余ノ辯解ヲ促ス者ノ如シ雖然余ハ故意ニ奇ヲ好ミ異說ヲ立ツル者ニアラス方今精明ナル旗幟ヲ歐洲ノ藝苑ニ樹立シ夙ニ公法學ヲ以テ名聲ヲ博スル先輩諸氏ノ說ヲ參酌シ以テ我帝國憲法ニ照シ法理ノ確然動カス可サル者アルヲ信シ秋毫モ忌憚スルコトナクシテ論斷セリ斯クノ如ク余ノ說ハ夙ニ識者ノ唱導スル所ニシテ決シテ自家一個ノ私見ニアラス故ニ少シク近世ノ公法學ニ通スル者ハ余ノ說ノ杜撰ナラサルヲ首肯スルナラン余ハ恐ル彼ノ噭々タル反對說ヲ反駁シ事々シク辯解ノ勞ヲ執ルハ却テ識者ヨリ大人氣ナシトノ嗤笑ヲ受ケンコトヲ是レ余ノ今日迄敢テ辯解セサリシ所以ナリ雖然今日ハ幸ヒ餘暇アル故ニ簡短ニ余ノ說ノ要領ヲ述フヘシ

抑モ帝國憲法ハ國家ヲ以テ統御ノ主體トセリ而シテ統御ノ主體ハ主權者ナリ故ニ主權者ハ卽國家ナリ主權（卽チ天皇ノ權）ヲ制限スルト云フコトハ政治上ニテ云フコトニシテ決シテ法律上ニテ云フヘキ事ニアラス法律上制限ト云フ言葉ハ主權者アリテ人ノ行爲ヲ束縛シ制裁ヲ附シテ强行スルニアラサレハ用ユ可ラス法ト云フ者ハ廣ク云ヘハ主權者ノ命令ナリ命令トハ一人ヨリ他人ニ對シテ云フヘキ言葉ニシテ自分カ自分ニ命令ヲ下スト云フコトハ法理ノ認容セサル所ナリ故ニ主權者カ主權者自身ニ向テ

命令ヲ下シ其行爲ヲ束縛スルト云フコトハ理ニ於テアル可ラサルコトナリ之レヲシモアリトスレハ取モ直サス主權ヲ制限スルコトニナリテ其主權ハ最早主權タルノ能力ヲ失ヒタル者ナリ豈不都合ナラスヤ之ヲ要スルニ天皇ハ統御ノ主體ナリ統御ノ主體ハ國家ナリ故ニ天皇ハ卽チ國家ナリ然リ而シテ天皇ノ大權ハ決シテ此憲法ニ依テ制限サレタル者ニアラス何ントナレハ此憲法ハ天皇ノ命令ニシテ命令トハ主權者カ主權者自身ニ向テナス者ニアラサレハナリ

此二點カ主トシテ反對說ノ中心タル者ノ如シ乍併統御ノ主體カ國家ナル以上ハ到底余ノ說ハ確然トシテ動カサルヘシ若シ統御ノ主體カ國家ニアラサレハ余ノ說ハ破滅スヘケレトモ此憲法ノ明文カ斯ク解スルコトヲ許サヽルヲ奈何セン

政治上ヨリ之ヲ論スレハ天皇陛下ト雖此憲法ノ條規ニヨラスシテ恣ニ專權ノ政ヲ擧ケサセラルルコトノナキハ憲法發布勅語ヲ見テ明白ナリ然リト雖政治上ノ議論ト法理上ノ議論トハ決シテ混淆ス可ラサル者ナリ法理上ノ議論ハ先ツ一ノ原則ヲ假定シ其原則ヲ敷衍シ何處マテモ其原則ヲ押シ通シテ說明シ得ラルレハ可ナリ法理ヲ談スルニ方リテ勅文等ニ拘泥ス可ラス勅文ハ政治ノ主義ヲ發表スル者ナレハ一々法理ニ符合ス可ラス又此憲法ハ固ヨリ法理學者ノ爲ニ拵エシ者ニモアラス法學教科書トシテ拵エシ者ニモアラサル故ニ徹頭徹尾一言一句皆法理ニ必要ナル事ノミヲ規定セサル可ラスト云フコトモナシ法理上ニテハ既ニ明白ナル事モ政治上ノ必要ヨリシテ重複シタルコトモアリ兎ニ角政治談ト法理論ト混淆ス可ラサルコトハ余ノ反對論者ニ忠告シタキ一點ナリ且又憲法ト雖改正ノ手續コソ違ヘ法理上ノ性質ハ他ノ官制ヲ定メタル法規ト寸毫ノ差異アルコトナシ蓋シ反對論者ノ如キ憲法ヲ一種特別ニ貴重ナル法律ト考ヘ其レニハ主權者ノ權ヲ制限スルカ如キ特別ナル性質ノ存スルナラント誤信シテ斯

ク嗷々タルニ非サルナカランカ反對論者ハ動モスレハ曰ク憲法ハ主權者ノ行爲ヲ制限ス主權者若シ憲法ニ背戾スレハ革命ト云フ制裁アリ云々ト噫是レ何ト言ソ革命ナト、云フ言葉ハ抑モ法理上ニテ言フヘキ者ニアラス法理上ニテ制裁ト云ヘハ必ス主權者ヨリ出タル者ナラサル可ラス革命ナト、云フ言葉ヲ楯ニ取テ法理ヲ談セントスルハ迷誤モ亦甚シト謂フヘシ法理上ヨリミレハ革命ノ如キハ夫ノ迅雷烈風トカ天變地妖トカ云フ如キ者ト一般ナリ

方今公法學ニ二派アリ一ヲ有機的國家理論（organische Staatslehre）ト云フ此ノ學派ハブルンチュリーナト初ニ之ヲ唱ヘシュルツェニ至リ大ニ之ヲ傳説セリ此學派ハ國家ヲ機關視スル者ニシテ政治學社會學等ト公法上ノ法理トヲ折衷參酌シタル者ナリ然リ而シテ他ノ一派ハ十年來ニ勢力ヲ得ツ、アル者ナリ此派ヲ法人的國家理論（Persönlichkeitstheorie）ト云フ此學派ハ前説ヲ駁シテ曰ク國家ノ無機ナルヤ等ノ議論ハ法律上ニ於テナスヘキコトニアラス法律上ニテ所謂國家トハ權利義務ヲ有シウル無形人ヲ指スノミト而シテ此學派ニテ勢力アルハゲルベルラバンド等ノ鴻儒ナリゲルベルハ此學派ニ大功アル人ナレトモ尙ホ前學派ノ說ニ讓ル所アリシニ荷蘭人ノクリーケント云フ人（壯ニシテ死セリ）一小冊子ヲ著述シ明白ニ前學派ノ非ヲ法理上ヨリ辯駁セリ余ハ此人ヤラバンドノ硏究法等ヲ採用シテ我憲法法理ヲ講述セリラバンド氏ハ有名ナル碩學ニシテ其硏究法等ハ尤モ採ル可キ者ナレトモ稍々僻說アリ

（「帝國憲法ノ法理」『國家學會雜誌』第三巻（一八八九年）より）

5　生存競争

生存競争ノ結果トシテ適者ハ存シ適セサル者ハ亡ヒ以テ生存ノ完成ヲ期ス。是レ生物進化ノ理法ニシテ亦人生ノ天則タリ。個人獨立ノ力ハ合衆團結ノ力ニ敵スル能ハス。故ニ孤立スル者ハ亡ヒ社會ヲ成ス者ハ存ス、社團結合ノ力ノ强固ナル者ハ存シ其ノ薄弱ナル者ハ亡ス。團體ヲ結合スルハ分子ノ公同心ノ啓發ニ由ル同化ナリ。奉公ノ精神ハ社會ノ分子カ社會ニ同化セント欲スルノ公同心ノ發動ニシテ分子ヲ社會ノ中點ニ團結スルノ力ナリ。結合ハ之ニ由リテ固ク社會ハ之ニ由リテ生存競爭ノ間ニ適者トシテ其ノ存在ヲ久ウスルコトヲ得ヘシ。

個人相互ノ生存競爭ニ於テハ能ク社會ニ同化シ其ノ保護ヲ享クル者ハ其ノ生ヲ全ウス。社會ハ人ノ生存競爭ノ成果タリ。社會ヲ成スニ適スルノ人ハ存シ適セサル人ハ亡フ。社會ヲ成スニ適スト謂フハ公同心ノ啓發セルノ義ナリ。公同ノ心奉公ノ精神ハ個獨ノ利害ヲ顧ミス專ラ他愛ノ爲ニスルガ如クニシテ實ハ個人ノ生存ヲ防護スルノ道タリ。公ニ奉スルハ私ヲ全ウスル所由ニシテ社會ト個人トノ生存ハ合一シテ離ルヘカラサルノ原理ニ歸因スルナリ。社會相互ノ生存競爭ニ於テハ能ク分子ヲ結合同化シ其ノ組織ヲ堅固ニ爲シ得タル者ハ其ノ生ヲ全ウス。社會ノ强盛ナル主力ハ分子ノ結合同化ノ成果タリ。其ノ分子ヲ同化スルニ適スルノ社會ハ存シ適セサル社會ハ亡ス。奉公ノ精神ハ同化ノ美果タリ。

奉公ノ大義ハ個人的ノ美徳ナルト同時ニ亦社會ヲシテ生存ニ適セシムルノ欠クヘカラサルノ要件タリ。

生存ノ目的ハ平和ナリ、生存ノ手段ハ戰爭ナリ。戰ハ和ヲ期ス、和ハ戰鬪力ノ平調ナリ。物ハ平ヲ得サレハ則チ動ク。人身ノ内部ノ狀態カ之ヲ圍繞スル外部ノ狀態ニ觸レ之ト平調ヲ保持セント欲スルノ動作ハ卽チ其ノ生活ナリ。人ノ生活ハ人カ常ニ外部ノ勢力ト相戰フニ於テ維持セラル。人ノ社會的生命ハ社會ヲ圍繞スル外部ノ力ト相戰フノ間ニ存在ス。人及社會ハ天然人爲ノ勢力ト相鬪フニ由リテ生存スル者ニシテ其ノ外部ノ勢力ニ平調スルノ活動ヲ失フトキハ則チ生命亡フ。奉公ノ精神ハ社會ノ分子カ社會ノ外部ノ勢力ニ對抗シ其ノ生存ヲ維持セント欲スルノ内部ノ生活力タリ、奉公ノ精神ハ秩序ヲ主持スルノ平和心タルト同時ニ義勇尚武ノ氣象ニ代表セラルル所以ナリ。我カ天祖武ヲ以テ國ヲ建ツル誠ニ所由アルナリ。而シテ國ノ戰鬪力ハ兵ニアラス財ニアラス義勇尚武ナル國民奉公ノ精神ニ在リ。内以テ覬覦ノ隙ヲ塞キ外以テ萬國ノ侮ヲ防ク神州ノ獨立此ニ由リテ全タシ。

道徳ハ社會的ナリ、人生其ノ物カ社會的ナレハナリ。祖先ノ崇拜、臣子ノ忠孝、夫婦ノ和睦、朋友ノ信愛、家國ノ奉公、悉皆個人ヲシテ社會的團結ニ適合セシムルノ要件タラサルハナシ。道徳ノ道徳タルハ人生ヲ完成スルノ要件タルカ故ナリ。宇宙萬物ヲ統律スル適者生存ノ規則ニ依リ生存ヲ競爭スルノ武器ヲ名ケテ道徳ト謂フナリ。而シテ道徳ハ社會的適者タル資格要件ヲ示スカ故ニ亦個人的完成ノ道タル所以ナリ、個人ハ社會ニ於テ其ノ生ヲ全ウスル者ナレハナリ。宗教、道徳、法律ノ用ハ個人ヲシテ社會的適者タラシムルノ要件ヲ指示スルニ在リ。各人ヲシテ其ノ人生完成ノ要件タルコトヲ理解シ外部ノ制裁ナクシテ生存ノ要件ナルカ故ニ之ニ遵由セシムルハ民衆各〻發達セル知能ヲ具スルニアラサレハ爲シ能ハス。故ニ凡俗ヲ教化スルニハ宗教、道徳、法律ノ教義トナリ、神ノ怪力、聖人ノ遺訓、君主ノ權力等ニ依リテ制裁ヲ加ヘ民衆ヲ驅テ社會的生存ノ要件ヲ充タサシメントト欲スルナリ。人ハ信向ト智識トニ由リテ動作ス。我カ固有ノ國民道德ハ社會生存ノ理則ニ適合シ、祖先崇拜ノ千古ノ信向ニ由リテ既ニ固ク、生存競爭ノ激烈ヲ加フルニ遭遇シテ愈其ノ作用ヲ覺悟ス。家國ノ公ニ奉スルハ祖先ノ遺訓ニシテ子孫ヲ保全スル所以タリ。人ト社會トノ存續完成ハ玆ニ在ルコト愈明カナリ。

（『國民教育愛國心』（一八九七年）より）

6　憲法制定ノ由來

學生諸君ニ對スル告別辭

謹テ親愛スル我カ法科大學ノ學生諸君ニ告別ス。小生ノ憲法講座ヲ去ルハ、健康保全ノ爲ニ已ヲ得サルニ出ツルナリ。顧フニ、初メ業ヲ大學ニ受ケ、後ニ職ヲ大學ニ奉ス、前後三十餘年、恩ヲ受クル徒ニ大ニシテ報效何ノ記スヘキナキニ、今中途ニシテ卒爾之ヲ去ル、遺憾奚ソ堪ヘン。小生モト志ヲ學問ニ寄ス、他事ニ意ナシ、終身職ヲ最高ノ學府ニ奉スルコトヲ得ハ幸何ソ之ニ若カン。而モ大學ハ學者ノ養老院ニハ非ス、授業ニ用ナク又ハ之ニ堪ヘサル者ハ碩學鴻儒ト雖居ルニ所ナキハ官制ノ示ス所ナリ、況ンヤ碩學鴻儒ニ非サル者ニ於テオヤ。小生ノ去ル已ヲ得サルナリ、豈敢テ大學ニ背カンヤ、先輩同僚濟々多士アリ、大學ノ事固ヨリ患フルニ足ラサルモ、小生ノ之ヲ去ルノ苦衷ハ諸君幸ニ諒セラレンコトヲ希フ。

小生乏ヲ憲法講座ノ重職ニ承ケ、諸君ト倶ニ大憲ノ法理ヲ講究スルコトヲ得タルハ、一身ノ光榮トシテ永ク記念セン、不幸ニシテ爾後再ヒ一堂ニ相見ルノ期ナカラントス。卽チ此ノ雜誌ヲ主宰セラルルノ山田大學教授ハ、小生ニ諸君ニ對スルノ告別ノ一言ヲ述ヘンコトヲ勸メラル。告別ノ意ハ長キモ其ノ辭ハ多キヲ要セス、雜誌ニ載スルノ材料ト爲スニ足ラサル旨ヲ以テ答ヘシニ、此ノ際我カ憲法制定ノ由來スル所ヲ語リ諸君ニ告クルハ機宜ニ適スヘキヲ以テ强テ求メラル。小生後輩固ヨリ之ニ關シ何等人ニ異ナルノ見聞アルコトナシ、又嘗テ公職ニ在リシノ故ヲ以テ見聞セル所ハ斷篇片言ト雖之ヲ外間ニ洩スヘカラス、餘ス所何等特ニ玆ニ語ルヘキ者ナキナリ。然レトモ小生ハ常ニ我カ學者ニシテ我憲法ヲ視ル之ヲ一種ノ舶來品ノ如クニ取扱ヒ、濫リニ彼ヲ引キテ是ヲ論シ、我ノ之ヲ製作セルノ苦心ヲ顧ミル者ナキコトヲ歎ス。故ニ見聞尙久シカラサルノ青年學生諸君ニ對シテハ、一言小生ノ回顧ヲ述フル亦無用ナラサルヘシ。敢テ新奇人ニ示スニ足ルノ材料ヲ公ニスト謂フニハ非ス、尙多ク政府ノ祕事ニ屬シ之ヲ審ニスルヲ得サルハ遺憾ナリ。

抑々我カ立憲ノ第一着歩ハ維新ノ大業其ノ者ニ在リ。維新史ヲ讀ムニ非サレハ我カ憲法ハ之ヲ解スヘカラサルナリ。維新トハ何ソ、國體ノ自覺ナリ。千古ノ國體ハ萬世動カス、明治ノ大業ヲ以テスルモ之ニ加除スル所ナシ。維新ハ政體ノ維新ナリ、唯我カ固有ノ國體ノ自覺ニ基ツキ其ノ名實ヲ正サントスルノ政體ノ維新ナルノミ。明治維新ノ由リテ來ル所ハ國體論ニ在リ。彼ノ幕府ノ失政ト謂ヒ、開國攘夷ノ紛爭ト謂フカ如キハ、偶々火ニ注クニ油ヲ以テシタルノミ。大勢變遷ノ根本ノ理由ハ、一時ノ政策ノ外ニ、別ニ勤王精神ノ勃興ニ存シタリ。當時稱シテ勤王ノ論ト謂フ者ハ今吾人ノ謂フ國體ノ自覺ナリ。古昔ハ事極テ淳朴、我國體ハ無爲ニシテ成リ無識ニシテ之ニ依ル、憲法ナクシテ憲法アルモノ、實ニ我カ民性ノ美點トス。健全ナル人ハ健全ヲ知ラス、國體有リテ國體ノ論無キハ、我カ歴史ノ誇リトスルニ足ル。而モ危機アラハ論爭ヲ用ヰスシテ事定マル、和氣清麻呂還奏ノ一言能ク皇基ヲ萬世ニ鞏固ニシタル、楠木正成ノ孤忠能ク大義ヲ成敗ノ外ニ明カニシ臣節ヲ千載ノ下ニ儀表シタル、寔ニ民性ノ發揮スル所ナリ。後世暗黑、綱紐稍々弛ミ、武門權ヲ專ニシ天子ハ虛器ヲ擁スルニ近シ、然レトモ欝勃タル固有ノ國體精神ハ久シク壓迫ニ堪ユヘキニ非ス、卽チ水府ノ史論トナリ、卽チ國學ノ振興トナリ、志士大ニ四方ニ起ル、蓋千載ノ史跡ヲ明カニシ立國ノ體制ヲ顧ミルトキハ、失政ナシト雖幕府ノ僭越ハ之ヲ容ルスヘカラス、況ンヤ其ノ末期ノ失政アルニ於テオヤ、國論王政ノ復古ニ歸ス、固ヨリ其ノ所ナリ。蓋維新ノ宏業ハ勤王ノ論ニ出ツ、勤王ノ論ハ國史ノ回顧ニ出ツ、國史ノ回顧ハ卽チ國體ノ自覺ナリ、王政ノ維新ハ卽チ王政ノ復古タル所以實ニ茲ニ存スルナリ。

立憲ノ宏謨ハ維新ノ初既ニ決スル所ナリ、明治元年三月十四日天皇群臣ヲ率ヒ、祖宗ノ神靈ニ誓ヒ、大ニ國是ヲ定メ、之ヲ衆庶ニ宣シ給ヘリ、所謂五箇條ノ御誓文是レナリ。此ノ御誓文ハ實ニ明治維新第一ノ憲章ニシテ、後ノ帝國憲法ハ正ニ其ノ基礎ヲ茲ニ置ケリ、曰ク廣ク會議ヲ興シ萬機公論ニ決スヘシ、曰ク上下心ヲ一ニシテ盛ニ經綸ヲ行フヘシ、曰ク官歩一途庶民ニ至ル迄各々其ノ志ヲ遂ケ人心ヲシテ倦マサラシメン事ヲ要ス、曰ク舊來ノ陋習ヲ破リ天地ノ公道ニ基クヘシ、曰ク知識ヲ世界ニ求メ大ニ皇基ヲ振起スヘシト、聖謨何ソ雄壯宏大ナル、之ヲ拜誦スル感慨限リナキモノアルナリ。蓋我カ立憲ノ本旨ハ、上千古固有ノ國體ヲ宣明シ、下議院ヲ開キ萬機公論ニ詢ハントス、御誓文ハ此ノ國是ヲ宣明シテ甚明白ナリトス、之ヲ明治第一ノ憲法ト謂フヘキナリ。

立憲ノ宏謨ハ既ニ決シ、五事ノ御誓文ハ憲章粲然タリ。然レトモ當時尚兵馬倥偬直ニ大成ヲ望ムヘカラス、先ツ大寶ノ令制ヲ復シ、太政官ヲ以テ親政ノ所トシ、兼テ憲政ノ本旨ニ酌ミ以テ新ニ政體ヲ定ム、明治元年四月二十七日ノ政體書是レナリ。曰ク、大ニ斯國是ヲ定メ制度規律ヲ建ルハ御誓文ヲ以テ目的トス云々。曰ク、天下ノ權力總テ之ヲ太政官ニ歸ス、則政令二途ニ出ルノ患ナカラシム、太政官ノ權力ヲ分テ立法行政司法ノ三權トス、則偏重ノ患ナカラシムルナリ。曰ク、立法官ハ行政官ヲ兼ヌルヲ得ス、行政官ハ立法官ヲ兼スルヲ得ス云々。曰ク、各府各藩各縣皆貢士ヲ出シ議員トス、議事ノ制ヲ立ツルハ輿論公議ヲ執ル所以ナリ。曰ク、諸官四年ヲ以テ交代ス、公撰入札ノ法ヲ用フヘシ云々。曰ク、太政官分爲七官、議政官執立法之權、行政官執行法之權、刑法官執司法之權云々。是レ正ニ一部ノ憲法タリ、三權ヲ分立シテ議院ヲ開キ以テ權力ノ偏重專制ヲ防クノ事茲ニ具ハル、稱シテ立憲ノ政體ト謂フモノ内外ヲ通シテ此ノ外ニ出ツルコトナシ、二十年ノ後憲法ノ制定アリト雖其ノ本旨ニ於テマタ之ニ加フル所ナキナリ。蓋我カ立憲ノ本旨ハ三箇ノ主義ニ存ス。國體ヲ宣言シ大權總攬ノ義ヲ明カニスル其ノ一ナリ、權力ヲ分立セシメ以テ偏重專制ヲ防ク其ノ二ナリ、議院ヲ開キ公論ニ詢フ其ノ三ナリ。今ノ憲法ハ此ノ主義ヲ定ムルニ外ナラス、而シテ維新第一年ノ御誓文及此ノ政體書ハ此ノ主義ヲ確立シテ最嚴正ナリ、其ノ時勢ニ顧ミテ之ヲ考フレハ、卓越ノ見實ニ稱歎ノ至ナリ、後ノ立憲ニ獻替スル者、例ヲ歐米ニ引キ說ヲ萬卷ノ書ニ求ムルモ、終ニ此ノ外ニ出ツルコトヲ得サリシナリ。

憲章ヲ草定スルハ事尙易シ、權力ノ歸一ナクンハ何ソ之ヲ行フヲ得ン、而モ大勢ノ推移ハ漸ヲ以テセサルヘカラス。大權既ニ朝廷ニ復スルモ、封建積年ノ餘勢仍ホ各藩割據ヲ免レス、即チ薩長二藩先ツ議シテ其ノ封土ヲ納レントシ、肥土二藩モ亦其ノ議ニ應ス、茲ニ於テ四藩連署ノ封土奉還ノ建議アリ、以來列藩相踵キテ之ニ倣ヒ、遂ニ勅シテ諸藩版籍奉還ノ請ヲ聽ス、明治二年六月ナリ。而モ當時仍ホ藩諸侯ヲ以テ其ノ藩ノ知事トス、未タ因襲ノ勢ヲ破ルニ足ラス、後ニ明治四年ノ廢藩置縣ノ英斷アルニ由リテ大勢初テ玆ニ定マル。此ノ廢藩置縣ノ一擧、名ハ制度ノ改革ナリト雖實ハ大膽非常ノ決心ヲ以テ行ハル、歐洲風ノ流行語ヲ以テスレハ此レ雷電耳ヲ掩フニ遑アラサルノ「クーデタ」ノ壯擧ナリ。小生嘗テ親シク廟謨ニ參畫セルノ維新元老ノ苦心談ヲ聽キ其ノ干戈ヲ動カサスシテ之ヲ遂ケタルハ望外ノ大幸ナリシコトヲ知リ、又維新ノ大業ハ其ノ實此ノ一擧ニ於テ初テ成レルモノナルコトヲ知レリ。

封建ノ餘勢漸ク去リ大政玆ニ一ニ歸シ萬機親裁ニ出ツ、則チ明治元年ノ御誓文及之ニ伴フノ政體書ノ趣旨ヲ推シ、大ニ政體ヲ確立セントスルノ議政府ニ行ハル。明治五年以來左院ニ於テハ國憲制定ノ論議頗ル盛ナリ。左院ハ太政官ノ一局部ニシテ、主トシテ法制ノ事ヲ掌ル所トス、當時ノ大官之ニ當レリ。其ノ間、後藤氏江藤氏ノ議アリ、マタ民法編纂ノ事ヲ切論ス。明治六年ノ頃左院ハ國憲民法二件ノ編纂ヲ其ノ主要ナル職務トスルコトトナレリ。今其ノ帝室典範及國憲等ノ大綱ニ付キ案目ヲ立テタルモノヲ見ルニ、大概後ノ憲章ト其ノ大要ヲ同ウス、今ノ憲法編成ノ根據スル所由來久シキ知ルヘキナリ。當時法律ハ佛國ニ據ルノ論行ハル、故ニ國憲及民法ノ引例多ク佛國ニ依リ、又佛國ノ學者ヲ聘用シテ顧問トス。民間ノ論ハ頗ル急調ナリ、今ノ加藤弘之博士ノ立憲政體ニ關スル著書ヲ初トシ、津田、西、福澤等諸學者ノ西洋ノ國法ヲ論スル書既ニ久シク行ハレ、世論大ニ動ク、就中福澤氏ノ著書ハ其ノ影響スル所廣ク朝野ニ及ヒ勢力頗ル大ナリキ。木戸公ノ米國ニ使スルヤ、憲法ヲ立ツルニ付キ參考ノ書ヲ彼ノ政治家ニ問フ、彼レ答フルニ立憲ノ政體ハ本ト「モンテスキュー」ノ論ニ起由スルヲ以テス、公卽チ屬僚ニ命シテ之ヲ邦譯セシム、立憲政體ノ本旨ハ之ニ由リテ明カナリ、今傳ハル「萬法精理」是レナリ。然レトモ世上ハ福澤氏等ノ簡易ニシテ急進ナル歐米政談ヲ喜ヒ、論議動モスレハ輕躁ナラントス。

果然、明治七年ノ前參議板垣、副島、後藤、江藤氏等ノ民選議院設立ノ建白ハ突如トシテ現ハレ、當時人心ノ不平ニ投シ、世論沸クカ如シ。政府大ニ狼狽シ、論戰大ニ起ル、加藤弘之氏ノ國會開設尙早ノ説最聞ユ、其ノ他西周、津田眞道、西村茂樹等ノ宿儒大ニ之ヲ論ス。蓋板垣、副島、後藤、江藤等ノ諸参議ノ廟堂ヲ去リシハ別ニ理由アリ、其ノ表面ハ主トシテ征韓ノ論ニ係ル、其ノ裏面ノ事情ニ至リテハ數年ニ亙ルノ鬱積ノ事情アリ茲ニ至レリト謂フ、其ノ民選議院設立論ノ如キハ、當時英國留學ヨリ歸レルノ書生等ノ論ヲ聞キ急ニ動キタルモノニシテ、此ノ主義ノ爲ニ廟堂ニ進退セシニハ非サシリナリ。然レトモ勢茲ニ至リテハ奮起セサルヘカラス、諸氏ハ愛國公黨ヲ結ヒ大ニ世論ヲ煽動ス、我ニ在リテ公然ノ政黨ヲ見ル蓋此レヲ始トス。此ノ時西郷隆盛ハ維新ノ元勳ヲ以テ突然職ヲ放棄シテ故山ニ歸臥シ心平ナラサルカ如ク、又到ル處悲憤ノ徒アリ、天下ノ事マタ容易ナラサラントス、續テ岩倉右大臣要撃ノ變アリ、江藤等ノ佐賀ノ亂アリ、人心一時之カ爲ニ奪ハレ國會開設ノ建白ハ議行ハレスシテ止ミタリ。然レトモ板垣氏等ハ尙立志社ヲ高知ニ起シ大ニ民權ノ論ヲ張ル。

超テ八年一月世ノ謂フ大阪會議ナル者アリ、今ノ政客ノ口吻ヲ以テ云ヘハ是レ在朝ノ大臣在野ノ政黨領袖トノ立憲ノ方針ヲ非公式ニ妥協セルモノナリ。其ノ事情ヲ叙述スルハ一言ヲ以テスルコト難シ、其ノ形跡ヲ以テ云ヘハ、此ノ時大久保、伊藤ノ兩參議ハ東京ヨリ、木戸氏ハ山口ヨリ、板垣氏ハ高知ヨリ、皆各々大阪ニ集ル、井上氏大阪ニ在リテ諸氏ヲ迎フ、朝野ノ諸老相會シ倶ニ國運ノ危殆ヲ憂ヒ行掛リヲ捨テ同心協力以テ大政ヲ補翼センコトヲ約シタルモノノ如シ、板垣氏ノ論ハ急進ニ走ル、木戸氏ハ其ノ論固ヨリ立憲シテ國會ヲ開クニ在ルモ漸ヲ以テ進マントス、兩氏ノ相會スルヤ幸ニシテ意見ノ疎通ヲ見タリト謂フ。此ノ會合ノ申合セノ草案ナリトシテ傳フル者ヲ見ルニ、約束ノ第一ハ「我輩ハ立君定律ノ政體ヲ以テ定説ト爲スヘシ」トアリ、憲政ヲ大權ノ基礎ノ上ニ行ハントスルノ方針ハ茲ニ愈々固シト謂フヘシ。當時木戸氏自ラ筆ヲ執リテ席上畫定セラレタル改革案ノ圖アリ、左ノ如シト傳フ。

天皇陛下

内閣　太政大臣　左右大臣　参議

元老院	大審院	行政

是レ當時決セルノ政體ノ方針ヲ示スモノニシテ、其ノ年ノ四月十八日ノ元老院大審院設置ノ大詔ハ卽チ之ヲ言語ニ顯ハスニ近シ、輔弼ノアル所知ルヘキナリ。

大阪會議ノ結果ハ、木戸板垣ノ二氏モ再ヒ大久保伊藤ノ諸氏ト共ニ廟堂ニ立ツコトトナリ、其ノ年ノ三月此ノ諸氏ハ政體取調ノ命ヲ拜ス、案成リテ上奏ス、其ノ略ニ曰ク、方今各國ノ政體所謂君主、君民、人民ノ三治ヲ折衷シ以テ國俗時勢ニ適スルモノヲ採ルヘシ云々、天皇正院ニ御シテ萬機ヲ總ヘ、三大臣之ヲ輔弼ス云々、立法行政司法ノ三權並立シテ而シテ偏重ナキハ歐洲ノ良制、我カ政體モ亦當ニ之ヲ以テ準ト爲スヘシ云々、上下二院ヲ設ケ、貴族及勳勞學德アルモノヲ選ヒ上院議院ニ充テ立法院ニ擬シ、下院ハ卽チ地方官會議所ト爲シ、以テ民選議院ノ端ヲ開カント。廟議茲ニ決ス。聖上卽チ其ノ（八年）四月十四日ヲ以テ元老院大審院ヲ置クノ詔書ヲ發布セシメ給フ、其ノ文ニ曰ク、

朕卽位ノ初首トシテ群臣ヲ會シ五事ヲ以テ神明ニ誓ヒ國是ヲ定メ萬民保全ノ道ヲ求ム幸ニ祖宗ノ靈ト群臣ノ力トニ賴リ以テ今日ノ小康ヲ得タリ顧ニ中興日淺ク内治ノ事當ニ振作更張スヘキ者少シトセス朕今誓文ノ意ヲ擴充シ茲ニ元老院ヲ設ケ以テ立法ノ源ヲ廣メ大審院ヲ置キ以テ審判ノ權ヲ鞏クシ亦地方官ヲ召集シ以テ民情ヲ通シ公益ヲ圖リ漸次ニ國家立憲ノ政體ヲ立テ汝衆

庶ト倶ニ其ノ慶ニ頼ント欲ス汝衆庶或ハ舊ニ泥ミ故ニ慣ルルコト莫ク亦或ハ進ムニ輕ク爲スニ急ナルコト莫ク其レ能ク朕カ旨ヲ體シテ翼賛スル所アレ

此ノ大詔ハ曩ノ御誓文ニ次キテ立憲第二ノ着歩ヲ進メタルモノナリ。民選ノ議院ヲ開クハ尚早ト雖國是ハ既ニ久シク決定セリ、宜シク先ツ制度ヲ改革シテ其ノ準備ヲ全ウスヘシ。立法行政ノ權ヲ分チ司法ノ權ヲ獨立セシムルハ憲法ノ根本ナリ、玆ニ元老院ヲ設ケ他日ノ立法議院ノ地ヲ爲シ、大審院ヲ置キ裁判ノ權ヲ固ウス、又地方官ヲ召集シ民情ノ疎通ヲ謀リ且ツ他日ノ民選下院ヲ開クノ體ニ倣フ、憲法ノ典型ハ玆ニ備ハレリト謂フヘシ。當時守舊固陋ノ説アリ、急進輕躁ノ論アリ、危險謂フヘカラス、故ニ廣ク大政ノ方針ヲ宣布シ人心ノ向フ所ヲ定メ、深ク輕進ヲ戒ムルナリ。其ノ年ノ六月地方官會議ヲ開ク、四月十四日ノ大詔ニ依ルナリ。地方官會議ハ固ヨリ憲法ニ期スル民選議院ニ代ルノ意ニハ非ス、唯地方民情ヲ通シテ大政ニ資セントシ、又他日ノ議院ノ儀禮ヲ試ミ以テ其ノ運用ニ習ハントナリ。其ノ開會閉會ノ式、議事ノ法、大抵西洋普通ノ議院ノ例ニ倣フ、亦以テ政府ノ意ノ在ル所ヲ察スヘシ。

此ノ前後ヨリシテ新聞雜誌ノ政論頓ニ盛ニシテ縱横ノ論頗ル世上ニ喧シ、志士ト稱スル者慷慨急激ノ論ヲ擅ニシ、人心ヲ煽動シ事ヲ企テントスル亦少ナカラス、政府最其ノ制馭ニ困ム。此ノ徒概ネ歐米急進ノ學説ニ心醉シ直ニ以テ之ヲ我ニ行ハントス、民權自由ノ論甚盛ニシテ國會開設ノ要求頗ル急ナリ。其ノ間十年ノ西南ノ亂アリ、國家甚多事ナリ、亂定リテ後、不平ノ徒憤ヲ民權自由ノ論ニ洩ス者愈多キヲ加フ。政黨政社諸方ニ起リ、國會開設ヲ請願スル者踵ヲ接シテ東京ニ集ル、其ノ喧噪云フヘカラス、政府内部ニモ亦竊ニ之ニ應スル者アリ之ヲ一掃セスンハ政府ノ維持亦甚危カラントス。果然臺閣ノ上重臣ノ間意見截然二派ニ分レ大議論アリ、遂ニ聖裁ヲ煩ハシテ論漸進ノ主義ニ決シ、明治十四年十月十二日ノ勅諭ヲ發セラルルニ及ヒテ、急進ノ論者ハ袖ヲ聯ネテ政府ヲ去ル。廟議茲ニ初テ一定シ、立憲ノ方針ハ確實トナレリ。

明治十四年十月十二日ノ國會開設ノ勅諭ノ發布ハ我カ立憲史上最重大ナル關係ヲ有スルノ事件ナリ。是レ內ニ向テハ將ニ制定セントスルノ憲法ノ大綱目ヲ決定シ、外ニ向テハ明治二十三年ヲ以テ國會ヲ開クヘキコトヲ宣言シ、以テ朝野ノ紛議ヲ斷チタルモノナリ。其ノ成文ハ普ク世ノ知ル所茲ニ之ヲ省ク。抑々維新ノ大業ハ、中古紐ヲ解クノ乾綱ヲ振張シ、大政ノ統一ヲ總攬シ、又夙ニ立憲ノ政體ヲ建テ、後世繼クヘキノ業ヲ爲サンコトヲ期ス、故ニ政府ニ着々歩ヲ進メ敢テ怠ルコトナシ、然レトモ立國ノ體各宜ヲ殊ニス、非常ノ業實ニ輕擧ニ便ナラス、將ニ明治二十三年ヲ期シ國會ヲ開キ初志ヲ成サントス、今政府ニ命シ假スニ時日ヲ以テシ經畫ノ責ニ當ラシム、茲ニ謨訓ヲ明徵シ朝野臣民ニ公示ス、若シ仍ホ故サラニ躁急ヲ爭ヒ事變ヲ煽シ國安ヲ害スル者アラハ、處スルニ國典ヲ以テスヘシ、是レ蓋此ノ勅諭ノ要旨ノ存スル所ナリ。

此ノ勅諭ハ表面國會開設ノ時期ヲ定メタルニ過キサルカ如キモ、事ノ茲ニ到レルハ廟堂ノ上ニ於テ極テ激烈ナル意見ノ衝突アリ、諸種ノ事情モ其ノ間ニ纏綿シ、遂ニ一大破裂ヲ招キ、急進派ハ突然其ノ官ヲ罷免セラレ、二派截然朝野ニ分カレ由リテ政府ノ將來ニ執ルヘキ憲法制定ノ方針ハ漸クニシテ茲ニ確定シタルモノニシテ、我カ立憲史上最大危機ナリシナリ。故ニ之ヲ語ル最詳ナルコトヲ要ス、然レトモ如何セン事歲月ヲ經ル未タ久シカラス、之ニ關與セルノ人仍ホ存在ス、言フヲ憚ルモノナシトセス、當時外間ニ洩レタルノ事實ノ大要ヲ摘ムニ止メン。

初明治八年大久保氏ノ大阪會議ノ結果ヲ齎シテ歸京シ之ヲ岩倉公ニ告クルヤ、公木戸氏ノ立憲論ヲ懌ハサルモノノ如ク、内外ノ事情切迫シタルヲ以テ已ムヲ得ス四月十四日(八年)ノ詔書ノ發布アリト雖、尚前途ヲ危惧スル所アリシナリ。蓋前後ノ事情ニ照ラスニ岩倉公ノ意見ハ、我カ憲法ハ我カ固有ノ國體ニ觸レサル所ニ於テ之ヲ定ムヘシト謂フノミ、事ヲ愼ムナリ、立憲ノ事ニ異議アルニハ非サリシナリ。超テ明治九年九月六日勅旨ヲ元老院議長熾仁親王ニ下シテ憲法ヲ草按セシメ給フ。其ノ文ニ曰ク、

朕爰ニ我カ建國ノ體ニ基キ廣ク海外各國ノ成法ヲ斟酌シ以テ國憲ヲ定メントスソレ宜ク汝等之カ草案ヲ起創シ以聞セヨ朕將サニ之ヲ選ントス。

此ノ際熾仁親王ト岩倉右大臣トノ間ニ協定アリテ、按成ラハ上奏ノ前先ツ之ヲ岩倉公ニ内示スルノ約アリシト謂フ。此ノ草案ハ成リシト雖遂ニ採擇ニ及ハサリシナリ。明治十二三年ノ頃國會開設ノ議世上ニ喧シク、危激ノ論人心ヲ煽リ、形勢穩ナラス、廟議大ニ困ムモノノ如シ、聖上卽チ衆參議ノ意見ヲ徴シ給フ、山縣、黑田、山田、井上、伊藤ノ諸氏交々文書ヲ以テ詳細ノ意見ヲ上奏ス、其ノ論各差異アリト雖歸スル所左ノ二事ニ於テ一致セリ。將サニ制定セントスルノ憲法ハ我カ固有ノ國體ヲ基礎トシ君主ノ大權ヲ擁護シ之ヲ政治ノ中心トスルコト、及國會ヲ開クノ事ハ漸ヲ以テスヘク急速ヲ競ヒ大事ヲ謬ルコトナキヲ要スルコトノ二事ナリ。大隈參議獨リ未タ意見ヲ上ラス、蓋其ノ議他ノ諸參議ト合ハサルヲ思ヘハナリ。强テ徴ス、卽チ意見書ヲ奏上ス、其ノ論頗ル急進ナリ。其奏議ハ露骨ニ英國風ノ政黨政治ノ實況ヲ摸寫シ、直接ニ其ノ儘ヲ我カ憲法ノ條規ト爲サントシ、綱目ヲ立ツル頗ル詳細ナリ、且ツ急速ニ翌明治十五年ノ末ニ議員ヲ選擧セシメ十六年ヲ以テ國會ヲ開カントス。左大臣

熾仁親王大ニ駭キ、竊ニ三條岩倉兩大臣ト謀ル所アリ、議洩レ、衆參議皆大隈氏ノ急躁ヲ憂ヒ、閣議沸騰ス、伊藤參議ノ論最强硬ナリシト謂フ、岩倉右大臣ハ、初メ八年ノ詔書ノ發セラルルトキヨリ既ニ少シク危惧スル所アリ、茲ニ到リテ愈々國體保守、立憲漸進ノ方策ヲ決シ、大ニ廟議ヲ定ム。明治十四年十月十一日車駕東北ヨリ還幸アラセラル、卽夜大臣參議ヲ御前ニ召ス、衆議直ニ一決シ、翌十二日國會開設ノ勅諭ヲ發セラル、大隈參議ハ卽日官ヲ免セラレ、其ノ同志ノ政府ニ在ル者ヲ率ヰテ野ニ下ル。此ノ變啻ニ政府ノ分裂ト謂フノミナラス、將ニ則ラントスル所ノ憲法ハ大權ヲ中心トスルノ組織ヲ取ルヘク、議院ヲ中心トシ政權ヲ政黨ニ委付スルコトヲ許ササルノ主義方針ヲ確定セルニ於テ、我カ立憲史上ノ一大時期ヲ畫セルモノナリ。抑々立憲ノ宏猷ハ既ニ維新ノ初ヨリ決スル所アリ、而シテ其ノ主義方針ハ固ヨリ萬機大權ヲ中心トシ、傍ラ議院ヲ開キ公議輿論ニ詢フコトニ外ナラサリシニ、中途ヨリ英國ノ議院政治ノ例ニ倣ハントスルノ論ヲ生シ、民間急進ノ徒ハ憲政トハ英國風ノ政黨政治ノ事ナリト誤解シ、政府内部亦之ニ應スル者アリ、一時其ノ論勢力アリシナリ。此ノ事遂ニ十四年ノ政府ノ分裂ノ因トナリ、其ノ十月十二日ノ勅諭ヲ以テ政府ノ方針ヲ決定公表セシナリ。此レヨリ以降大隈氏ハ野ニ在リテ政黨ヲ立テ其ノ主義ヲ主張スルコトトナリ、政府ハ漸クニシテ方針ヲ一定シ、憲法編纂ノ事初テ細目ノ調査ニ入ルコトヲ得、着々其ノ歩ヲ進メタリ。

當時ノ論爭ノ主要點ハ、

第一、國會開設ノ時期如何ナリ。急進派ハ直ニ明治十六年ヲ以テ之ヲ開カントシ、漸進派ハ先ツ地方議會ヲ試ミ、漸ヲ以テ國會ヲ開クコトトシ、其ノ間徐ニ憲法ノ條章ヲ査定スルノ時日アラシムヘシトス。廟議遂ニ明治二十三年ヲ期トスルコトニ決ス。

第二、憲法ハ我カ固有ノ國體ノ基礎ヲ離ルヘカラストスルノ論ナリ。岩倉公ハ初ヨリ世風ノ西洋ニ心酔シ我ヲ忘ルルヲ憂フルモノノ如ク、既ニ其ノ明治二年正月二十五日ノ政體建定ノ建議ニ之ヲ切論セリ、後ノ山田參議大木參議等ノ憲法制定ノ意見書中亦深ク之ヲ論ス。是レ當然言フニ足ラサルカ如キモ、當時ノ形勢人心激變ノ際ニ於テ此ノ大義ヲ鞏固ニ主張シタルハ時宜ニ當レリト謂ハサルヲ得ス。

第三、憲法ハ欽定憲法タルヘキノ論ナリ。當時世論西洋ニ心酔シ、彼我ノ別ヲ忘レテ一意之ニ倣ハントスルノ傾向アリ、且ツ之ニ加フルニ政府ニ反抗シテ以テ壯トスルノ風アリ、民間ニ國約憲法ノ論起ル。福澤一派ノ交詢社ノ國約憲法案ナル者世上ニ流布シタリト覺ユ。又志士大阪ニ會シ過激ノ憲法案ヲ作リシトモ謂フ。政府ノ方針ハ初ヨリ欽定憲法ノ論ニシテ、國家ノ大典ハ一ニ大權ノ親裁專斷ニ由リテ之ヲ定メ、之ニ依リテ國會ヲ開クヘク、國會ヲ開キテ初テ憲法ヲ議定セシムヘキモノニ非ストスルナリ。此ノ點亦廟議一ノ異論者ナカリシカ如シ。

第四、將ニ定メントスルノ憲法ハ大權内閣ノ制ニ則ルヘキカ、又ハ英國風ノ議院政黨内閣ノ制ヲ取ルヘキカ、是レ最重要ノ問題ニシテ此ノ事國會開設期日ノ事ト共ニ廟議大破裂ノ原因タリ。大隈參議ノ論ハ「立憲ノ政ハ政黨ノ政ナリ」トシ、「立憲政體ノ妙所ハ其實ニ在リ其形ニ存セス、立法行政司法ノ三權ヲ分離シ人民ニ參政ノ權理ヲ附與スルハ是其形ナリ、議院最盛（最多數ノ意）政黨ノ領袖タル人物ヲ延〔起?〕用シテ之ヲ顯要ノ地位ニ置キ庶政ヲ一源ニ歸セシムル者其實ナリ」トシ、輔弼ノ大臣ハ議院ニ對シテ其ノ責ニ任スヘク議院ノ信任決議ニ由リテ進退スヘキコトヲ憲法ノ條規ト爲サントシ、詳細ニ憲法ノ綱目ヲ具シテ之ヲ主張シタリ。諸參議ノ意見ハ皆之ニ反ス。岩倉右大臣ハ深ク此ノ論ヲ憂惧シ、明ニ憲法ニ大臣以下文武重官ノ採擇任免ハ聖上ノ親裁ニ由ルヘク議院ノ左右スル所ニ任セサルノ旨ヲ揭ケントス、今ノ憲法第十條ノ規程ハ此ノ議ニ基ツクナリ。衆議ハ一致シ、憲政ノ根軸ハ之ヲ君主自由ノ大權ニ置カントス。大隈參議ハ議合ハスシテ退ク。岩倉右大臣郎チ三條有栖川兩大臣ト議シ、憲法起草ニ付キ其ノ大綱領ヲ定ム其ノ主要ナル綱目左ノ如シ。

綱　領

一　欽定憲法ノ體裁ヲ被用事。

一　漸進ノ主義ヲ失ハサル事。

一　帝室ノ繼嗣法ハ祖宗以來ノ模範ニ依リ、新ニ憲法ニ記載スルヲ要セサル事。

一　聖上親ラ陸海軍ヲ統率シ、外國ニ對シ宣戰講和シ、外國ト條約ヲ結ヒ、貨幣ヲ鑄造シ、勳位ヲ授與シ、恩赦ノ典ヲ行ハセラルル等ノ事。

一　聖上親ラ大臣以下文武ノ重臣ヲ採擇シ及進退セラルル事。

附內閣宰臣タル者ハ議院ノ內外ニ拘ハラサル事。

內閣ノ組織ハ議院ノ左右スル所ニ任セサルヘシ。

一　大臣執政ノ責任ハ、根本ノ大政ニ係ル者ヲ除ク外、主管ノ事務ニ付キ各自ノ責ニ歸シ、連帶責任ノ法ニ依ラサル事。

一　立法ノ權ヲ分タルル爲ニ、元老院、民選議院ヲ設ケラルル事。

一　元老院ハ特選議員ト華士族中ノ公選議員トヲ以テ組織スル事。

一　民選議院ノ選擧法ハ財產制限ヲ用フヘシ、但華士族ハ財產ニ拘ハラサルノ特許ヲ與フヘキ事。

一　凡ソ議案ハ政府ヨリ發スル事。

一　歳計豫算ニ付政府ト議院ト協同ヲ得スシテ、徴税期限前ニ議決ヲ終ラサル歟、又ハ議院自ラ退散スル歟、又ハ議院ノ集會定メタル員數ニ滿タスシテ決議ヲ得サルトキハ、政府ハ前年ノ豫算ニ依リ施行スルコトヲ得ル事。

一　一般ニ人民之權利各件（各國ノ憲法ニ參酌ス）。

此ノ綱領ヲ明カニスル爲ニ別ニ意見書三通ヲ副フ。其ノ意見書ノ第一ハ、初ニ英國風ノ議院政治ヲ叙スル頗ル詳ニシテ、「國王ハ一ニ議院多數ノ爲ニ制セラレ、政黨ノ贏輸ニ任シ、式ニ依リ成説ヲ宣下スルニ過キスシテ、一左一右宛モ風中ノ旗ノ如キノミ、故ニ名ハ行政權專ラ國王ニ屬スト雖、其實ハ行政長官必ス議院中政黨ノ首領ニ取ルヲ以テ、行政ノ實權ハ實ニ議院ノ政黨ノ把持中ニ在リ、名ハ國王ト議院ト主權ヲ分ツト稱スト雖、其ノ實ハ主權專ラ議院ニ在リテ國王ハ虚器ヲ擁スルノミ、英國ノ語ニ國王ハ國民ヲ統率スト雖自ラ國政ヲ理セスト云フ是ナリ、其實形宛モ我カ中古以來政治ノ實權武門ニ歸シタルト異ナルコト無シ」云々ト述へ、且ツ之ニ比對シテ、普魯西ノ如キハ大權名實共ニ國王ニ在ルコトヲ説キ、「今我カ國ニ於テ立憲ノ政ヲ起シ國會ヲ設立セント欲セハ、事誠ニ新創ニ係ル、是レ宜シク一進シテ英國ノ政黨政府ニ模倣シ、執政ノ進退却テ議院ノ多數ニ任スヘキカ、又ハ宜ク漸進ノ主義ニ本ツキ議院ニ付スルニ獨リ立法ノ權ノミヲ以テシ、行政長官ノ組織ハ專ラ天子ノ採擇ニ屬シ、以テ普國ノ現況ニ比擬スヘキカ、此二樣取捨ノ間ハ實ニ今日ノ廟謨以テ永遠ノ基本ヲ立テ百年ノ利害ヲ延クヘキ者ニシテ最要至重ノ問題ナリ」ト論シ、而シテ之ヲ一々我カ國情ニ充テテ考慮シ英國政黨政治ノ我ニ移スヘカラサル所由ヲ斷スル極テ明白ナリ。意見書ノ第二ハ、「内閣執政ヲシテ天子ノ選任ニ屬セシメ、國會ノ爲ニ左右セラレサラント欲セハ左ノ三項ヲ憲法ノ明文ニ掲クヘシ」ト云ヘリ。其ノ一ハ天子ハ大臣以下勅任諸官ヲ選任シ、及之ヲ進退スル事ナリ(現行憲法ノ第十條是レナリ)其ノ二ハ宰相ノ責任ヲ定メ其ノ連帶ノ場合ト各個分擔ノ場合トヲ分ツ事ナリ（現行憲法ノ第五十五條是レナリ)。其ノ三ハ歳計豫算ニ付テ政府ト國會ト協同セサルトキハ前年ノ豫算其效ヲ有スル事ナリ(現行憲法ノ第七十一條是レナリ)。「以上三項ヲ憲法ノ明文ニ掲クルハ漸進ノ主義ヲ維持シ永遠ニ國ノ洪福ヲ保ツカ爲ニ必要ナルモノト信ス」ト結ヘリ。意見書ノ第三ハ右第一第二ノ意見書ニ述フル所ト元老院ノ憲法草按トノ差ヲ掲ケ、且ツ大臣ノ進退及責任ニ付キ交詢社ニ於テ起草セル私擬憲法ノ條文ヲ引キテ之ヲ辯駁セリ。今ニシテ此ノ憲法綱領及之ニ伴フノ意見書ヲ讀ミ、之ヲ現行ノ成典ニ比シテ考フルトキハ、憲法ノ大綱ハ全ク此ノ時ニ於テ確定シタルモノト視ルコトヲ得ヘシ、是ヨリ以後憲法制定ノ歴史ハ流水ノ如ク滑カニ進ム。

明治十五年三月三日勅シテ參議伊藤博文ヲ歐洲ニ遣ハシ憲法及諸制度ヲ觀察研究セシメ給フ、其ノ勅旨ニ曰ク、

朕明治十四年十月十二日ノ詔旨ヲ履ミ立憲ノ政體ヲ大成スルノ規模ハ固ヨリ一定スル所アリト雖其ノ經營措畫ニ至テハ各國ノ政治ヲ斟酌シテ以テ采擇ニ備フルノ要用アルカ爲ニ今爾ヲシテ歐洲立憲ノ各國ニ至リ其ノ政府又ハ碩學ノ士ト相接シ其組織及實際ノ情形ニ至ルマテ觀察シテ餘蘊ナカラシメントス茲ニ爾ヲ以テ特派理事ノ任ニ當ラシメ爾カ萬里ノ行ヲ勞トセスシテ此重任ヲ負擔シ歸朝スルヲ期ス。

ト、而シテ同時ニ訓條凡三十目ヲ示シ給フ、皆皇室典範及憲法ノ綱領タルノ事項ナリ。明治十六年八月伊藤公歸朝ス、續テ翌十七年三月宮中ニ制度調査局ヲ置ク、伊藤公其ノ長官タリ、蓋主トシテ皇室典範及憲法ノ調査起草ノ爲ナリ。十八年十二月大ニ内閣官制ヲ改ム、是レ亦將ニ來ラントスルノ憲法ノ制定ニ視テ豫メ行政ノ組織ヲ備フルナリ。二十一年樞密院ヲ置キ、元勳錬達ノ人ヲ選ミ至高顧問トシテ重要ノ國務ヲ諮詢ス。其年皇室典範及帝國憲法ノ案成ル、卽チ之ヲ樞密院ノ議ニ付シ聖上親臨シテ其ノ審議ヲ聞コシメス。其ノ間、地方制度編纂委員ヲ置キ、山縣内務大臣ヲシテ其ノ長官タラシメ、督勵シテ地方自治ノ制ヲ定ム、是レ亦憲法施行ノ準備トシテ最重要ナルノ事項ナリシナリ。明治二十二年二月十一日紀元ノ佳節ヲ以テ皇室典範及帝國憲法ヲ制定シ、之ヲ祖宗ノ神靈ニ告ケ、憲法ハ之ヲ衆庶ニ向テ發布シ給フ、維新ノ宏業ハ玆ニ於テ大成セリト謂フヘシ。

憲法ノ制定ハ事固ヨリ終始全ク叡慮ニ出テ一ニ聖裁ニ成ル、其ノ輔弼ノ事亦維新以來ノ元勳重臣ノ協力ニ由ル、一人一己ノ其ノ功ヲ私スヘキ者アルコトナシ。傳フル所ニ依レハ前ニ岩倉公アリ、後ニ伊藤公アリ、輔弼ノ功勞最多シト謂フ。岩倉公ノ事、略前ニ述ヘタリ。伊藤公ノ歐洲ヨリ歸朝後ノ事蹟ハ歲月ヲ經ル未タ久シカラス、其ノ功績ハ世人ノ多ク知ル所タリ、故ニ省略ニ從フ。其ノ成案ノ如何ニ至リテハ事尚祕閣ノ密書ニ屬シ之ヲ外間ニ示スヘカラサルナリ。玆ニ一ノ記憶スヘキ人アリ、井上毅氏ハ當時官貴カラサレトモ夙ニ廟堂重臣ノ間ニ信用セラレ贊畫スル所少ナカラス。初ハ大久保公ニ信任セラレ、中頃岩倉公ヲ補佐ス、公ノ憲法意見書ノ類大抵井上太政官權大書記官旨ヲ承ケテ筆ヲ執リシモノノ如シ。後ニ伊藤公ノ憲法調査ヲ補助シ功アリシコトハ顯著ナリ。憲法ノ事小生敎ヲ此ノ人ニ受ケタルコト多シ、明哲ノ頭腦、該博ノ學識、莊重典雅ノ文章、此ノ法憲編成ノ時代ニ於テハ最其ノ用ヲ見タルナリ。人多ク氏ヲ知ラス、故ニ玆ニ一言ヲ加フ。

終ニ臨ミテ學生諸君ニ一言ス。凡ソ宇宙ノ事物一トシテ歴史ナキハナシ、路傍ノ石片モロアラハ開闢以來ノ來歴ヲ語ラン、況ンヤ一國ノ政體憲法ニ於テオヤ。然ルニ我カ學者ノ我カ憲法ヲ視ル、外國憲法ノ飜譯ヲ視ルカ如クス。一ニ彼ノ法制註釋ヲ直ニ以テ我ニ擬セントスルナリ。此ノ如クセハ、維新以來元勳重臣ノ慘澹タル苦心ヲ如何セントス。若今ノ學者ノ之ヲ解スルカ如クンハ、憲法ノ制定何ソ之ヲ苦マン、初ヨリ歐洲人ヲ雇ヒ草按セシムレハ卽チ可ナリ、大典ノ成ル豈此ノ如ク輕卒ナルモノナランヤ。諸君ハ業將ニ成リ國家ノ爲ニ大ニ盡ス所アラントス、事憲政ニ關シテハ、願クハ小生ノ婆心ヲ納レ、過去制定ノ歴史ニ顧ミ大ニ其ノ運用ヲ愼ム所アレ。敢テ一言ヲ呈シ告別ノ辭ト爲ス。

（『法學協會雜誌』第三十卷第九号（一九一二年九月））

III　諸々の発言

1　民法批判

一　民法出テ、忠孝亡フ

一利アレハ一害アリ私法家ハ個人平等ノ極端ニ渉リテ社會ノ秩序ヲ害シ易ク公法家ハ權力相關ニ偏重シテ世運啓發ニ伴フコトヲ怠ルハ各其專ラトスル所ニ於テ免レサルノ弊ナリ、唯此ノ二元素相調和シテ始メテ國家法制ノ美ヲ成スヘシト雖我邦維新以來社會ノ改新ヲ謀ルノ急ナルヨリ明治立憲ノ法度或ハ專ラ私法家ノ理論ニ偏傾シタル跡ナキニアラサルカ豈ニ後世史家ノ浩歎スル所ナラサルヲ知ランヤ

我國ハ祖先教ノ國ナリ家制ノ郷ナリ權力ト法トハ家ニ生レタリ、不羈自由ノ個人カ森林原野ニ敵對ノ衝突ニ由リテ生レタルニアラサルナリ氏族ト云ヒ國家ト云フモ家制ヲ推擴シタルモノニ過キス權力相關ヲ指摘スルノ呼稱ハ異ナリト雖皇室ノ孌臣ニ臨ミ、氏族首長ノ其族類ニ於ケル家父ノ家族ヲ制スル、皆其權力ノ種ヲ一ニス而シテ之ヲ統一シテ全カラシムルモノハ祖先教ノ國風ニシテ公私ノ法制習

慣之ニ由ルニアラサレハ解スヘカラサル者比々皆然リ、之ヲ要スルニ我固有ノ國俗法度ハ耶蘇教以前ノ歐羅巴ト酷相似タリ、然ルニ我法制家ハ専ラ標準ヲ耶蘇教以後ニ發達シタル歐洲ノ法理ニ採リ殆ント我ノ耶蘇教國ニアラサルコトヲ忘レタルニ似タルハ怪ムヘシ

耶蘇教以前ノ歐洲ノ文化ハ希臘羅馬ノ盛世之ヲ代表ス、當世ノ史料素ヨリ富贍ナリ之ヲ詳ニスル難キニアラス況ヤ如今法制史ノ大作クルチウスノ希臘ニ於ケルモムセン及イエリングノ羅馬ニ於ケルアリ専門ノ士ニアラサルモ之ヲ窺フニ易キノミ、古日耳曼ニ到リテハ僅ニタシタス、セーザルノ記傳ニ由ルト雖方今ワイツ以下古獨法制ヲ探究スル者少シトセス而シテ耶蘇教以前ノ古〔日〕耳曼ノ制度ハ期セスシテ希臘羅馬ト其跡ヲ同ウスルヲ發見スルトキハ耶蘇教ノ歐洲ニ入ラサリシ以前ハ汎ク印度日耳曼人類ニ通スルノ主想アリシコト知ルヘキナリ

歐洲固有ノ法制ハ祖先教ニ本源ス祖先ノ神靈ヲ崇拜スルハ其建國ノ基礎ナリ法制史ハ法ノ誕生ヲ家制ニ見、權力ノ源泉ヲ家父權ニ溯ル、然レトモ何カ故ニ家ハ一團ヲ爲シ何カ故ニ家父權ハ神聖ナリヤト問ハヽ之ヲ祖先教ノ國風ニ歸一セサルヘカラス祖先ノ肉體存セサルモ其ノ聖靈尚家ニ在リテ家ヲ守護ス、各家ノ神聖ナル一隅ニ常火ヲ點シテ家長之ニ奉祠ス、是レ所謂家神ナリ祖先ノ神靈ナリ、事細大ト無ク之ヲ神ニ告ク是レ幽界ノ家長ニシテ家長ハ顯世ニ於キテ祖先ノ靈ヲ代表ス家長權ノ神聖ニシテ犯スヘカラサルハ祖先ノ靈ノ神聖ニシテ犯スヘカラサルヲ以テナリ、家族ハ長幼男女ヲ問ハス一ニ其威力ニ服從シ一ニ其保護ニ頼ル、

一男一女情愛ニ由リテ其居ヲ同ウス之ヲ耶蘇教以後ノ家トス、我新民法亦此主義ニ依レリ之レ我國固有ノ家制ニアラサルナリ是レ歐洲固有ノ家制ニアラサルナリ、歐土ノ古法ハ祖先ノ祭祠ヲ同ウスル

者ヲ家族ト云フ、家神ハ其子孫ニアラサレハ之ヲ守護セス、各家ニ神火アリ之ヲ絶滅スルコトヲ忌ム家運ノ恒久ヲ顯スルナルヘシ、共ニ同一ノ神火ニ頼ル者ヲ家族ト云フ（古語家族トハ神火ヲ同ウスルト云義ナリ）後代或ハ家長權ノ及フ處ヲ家屬トシ必シモ血緣ノ因ノミニ限ラサルノ制アリ然レトモ民法家カ我國ニ行ハントスルカ如キ家トハ一男一女ノ自由契約（婚姻）ナリト云フノ冷淡ナル思想ハ絶テ古歐ニ無キ所ナリトス婚姻ニ由リテ始メテ家ヲ起スニアラス家祠ヲ永續センカ爲ニ婚姻ノ禮ヲ行フナリ、茲ヲ以テ古法ハ娶ラサルヲ禁シ、又子無キトキハ婦ヲ去ルコトヲ認メ、或ハ他姓ノ子ヲ養フテ家祠ノ斷絶ヲ防ク、皆古歐ノ家制ハ今ノ家制ト其主想ヲ異ニシ祖先教ニ本源スルコトヲ證スルモノナリ、之ヲ我國非耶蘇教ノ習俗ニ照應スルトキハ相似タル者アリ、歐洲ハ彼ノ宗教行ハレシヨリ獨尊ノ上帝ハ人類ノ敬ト愛トヲ專有シ子孫マタ祖先ノ拜スヘキヲ知ラス於是乎孝道衰フ、平等博愛ノ主義行ハレテ民俗血族ヲ疎ンス於是乎家制亡フ而シテ個人平等ノ社會ヲ成シ個人本位ノ法制ヲ以テ之ヲ維持セント欲ス、フユステル、ド、クーランジハ法制史ノ大家ナリ其古歐家制ヲ解説スルニ序シテ曰ク人カ「其父若ハ祖先ヲ崇敬《アドレ》スルト云フコトハ吾人ノ信シ難キ所ナリ然レトモ是レ事實ナリキ」ト嗚呼耶蘇教國ニ於キテ耶蘇教人ニ孝道ヲ説明スルノ難キ此ノ一言ヲ以テ證スヘシ、我國未タ他教ヲ以テ祖先教ヲ一洗シタルニアラサルナリ然ルニ民法ノ法文先ツ國教ヲ排斥シ家制ヲ破滅スルノ精神ニ成リ僅ニ「家」「戸主」等ノ文字ヲ看ルト雖却テ之カ爲メニ法理ノ不明ヲ招ク空文無キノ優レルニ若カサルナリ嗚呼極端個人本位ノ民法ヲ布キテ三千餘年ノ信仰ニ悖ラントス而シテ一方ニ於キテハ或ハ耶蘇教旨ノ我ニ行ハルヽヲ欣ハス强テ忠孝ノ國風ヲ保持セントス哲學家ハ巧妙ノ辯アルヘシト雖法政史家ノ眼中ニ於テハ孝道ハ祖先教家制ノ影ナリ法制先ツ其實體ヲ亡シ教育行政ハ其影ノ存センコトニ汲々タリ史家ハ其前後矛盾ヲ笑ナルヘシ。公法ハ權力相關ノ秩序ナリトハ予カ公法ノ講堂ニ出入セシ人ノ聞飽キタル説明ナリ、然レトモ公法ノ研究ハ期セスシテ復タ此原則ニ歸納セサルヲ得サルナリ佛人フラフノ近著亦權力相關ノ源泉ニ溯リ制度ノ變遷ヲ詳カニセントス諸家皆其本源ヲ古ノ家制ニ歸ス家ハ家父權之ヲ統治ス家父ハ家屬ニ對シ殆ント無限ノ威力アリ後世ノ羅馬法家之ヲ夫カ婦及子ニ對シテ天然ニ優レル實力ニ歸セントス、蓋誤解ナリ、家父ハ夫若ハ父タルノ身分ニ由リテ此權ヲ有スルニアラス權力ノ源泉ハ祖先ノ靈ニ在リ家ヲ守護スルノ家神ハ家屬ヲ制裁スルノ威アルヘク子孫ノ祖先ノ靈ニ服從スヘキハ之ヲ顯世ノ代表者ニ移スコトヲ得ヘシ、古代「パーチル」ノ語常ニ母ノ夫ヲ指スノミナラス汎ク有權者ヲ呼ヒタル例ナシトセス亦以テ家父權ハ法ノ源タルコト知ルヘク法ハ神聖ナリト云フ語ノ完全ナル意味ヲモ解スルヲ得ヘキナリ、耶蘇教ノ入リシヨリ家父權衰フ祖先ノ靈ハ子孫ヲ守護スルノ責ヲ免レ父子夫婦同シク唯一上帝ノ前ニ平等ナリ祖先及父ヲ崇敬スルハ神ヲ侮辱スル者ナリ、法ハ俗界ノ制何ソ神聖ト稱スルコトヲ得ン、博ク汝ノ隣人ヲ愛セ一視同仁ノ天帝ハ血縁ノ濃淡ヲ認メサルナリ、家制豈久シキヲ保タンヤ家制衰ヘテヨリ近代國制ノ基礎ヲ固ウスルニ到ルノ間歐洲ノ社會權力相關ノ中心ヲ失フコト久シ是レ法度弛廢シ豪族割據優者專恣ノ世トス僅ニ其社會ヲ救フタルモノハ耶蘇教ノ力多シトス「神聖ナル羅馬帝國」ハ實ニ宗教ノ力ニ頼リテ其主權ノ名分ヲ正シ人心ヲ維持スルコトヲ得タリ、若歐土ニシテ急激ノ祖先ノ教法ヲ棄テ耶蘇教ヲ入ルヽコトヲ拒ミシナラハ歐洲ノ社會ハ道徳法制其跡ヲ絶チシナラン後人ノ鑑ムヘキ所ナリ、耶蘇教ノ希望スル個人ヲ本位トシ世界ヲ合同スルハ歐土尚之ヲ實踐スル能ハス、家制ヲ脱シ族制ニ遷リ方今ハ國家ヲ以テ相依リ相携フノ根據トセリ家制主義既ニ及ハストスルモ國家主義ヲ以テ法制ノ本位ト爲スヘキナリ史家ハ一躍三千年來ノ家制ヲ看ルコト弊履ノ如ク雙手極端個人本位ノ法制ヲ迎ヘントスル我立法家ノ大膽ナルニ駭クナルヘシ、萬世一系ノ主權ハ天地ト共ニ久シ其由ル所或ハ祖先ノ教法家制ノ精神ニ渉ルナキカ、所謂君子國ノ美俗ハ祖先教ヲ撲滅シ又新教ヲ容レス唯學校ノ修身教課書ヲ以テノミ保維スルコトヲ得ルカ史學ノ一好試驗ナリ

（『法學新報』第五号（一八九一年八月））

二　法例ニ對スル意見

一　「法例」ノ範圍

「法例」トハ汎ク法令ノ効力ヲ規定スルノ主意ニ出テタル法律ナルカ。果シテ然ラハ從來行ハル、ノ公文式ヲ包括シ又法令ノ公布ノ形式法律及諸命令等ノ關係ヲ明言スヘシ。然ルニ此點ヨリ觀察スルトキハ法例ハ極メテ不備ナリト云ハサルヘカラス

「法例」ハ内外國法ノ交渉ヲ規定セント欲スルカ。是レ大ニ輕卒ノ立法ナリト云ハサルヲ得ス、近時國際私法ノ成例ヲ案スルニ其各國相互ノ交渉ヲ規定スル專ラ相互主義《レシプロシテ》ニ依レリ。彼我相通シテ同一ノ原則ヲ採ルニ於キテ始メテ實際ノ効用ヲ爲スヘキナリ

二 「法例」ノ法文

「法例」ノ用語不明ナルモノ多シ。例セハ「法律」ト云フ語ヲ案スルニ憲法ノ所謂「法律」ナルカ如キ場合アリ。又成文法令ヲ總稱スルカ如キ場合アリ。又或ハ法律トハ成文不文ヲ論セス國内ニ行ハル、法規ヲ汎稱スルニ似タル所アリ、法律ノ効力ヲ規定スルヲ主タル目的トスル「法例」ニ於キテ如此不明ノ用語アル修正ヲ要スルコト論ヲ待タス

「法例」ニ無用ノ原則ヲ掲ク。例セハ其第二條ニ「法律ハ既往ニ溯ルコトヲ得ス」ト云フカ如キ之ヲ立法者ニ對スル命令トスレハ素ヨリ不可ナリ。之ヲ法律註釋ノ原則トスルモ絶對的ニ之ヲ推測スルコトヲ得ス。此法文ハ不明瞭ニシテ寧ロ削除スヘキナリ

又其第十七條ニ「判事ハ法律云々」ト云フカ如キ無用ノ條項ヲ掲クルハ立法ノ體裁ヲ失ヘリ

三 「法例」ハ外國法律ヲ國内ニ適用セントス

是レ公法學者カ「法例」ニ對シテ遺憾トスルノ最ナルモノナリ。學者ノ局外地位ヨリシテコソ日本法律ト外國法律トヲ比對シテ論辯スルナレ。立法者トシテハ日本法律ノ外法律アルヘカラス。法律ト云ヘハ卽チ日本法律ナリ、然ルニ「法例」ハ外國ノ法律カ法律トシテ（事實トシテニアラス）我帝國ニ行ハレ裁判所ハ之ヲ適用スヘキコトヲ責務トセリ、之ヲ推論スルトキハ判事ハ法例第十七條ニ依リ法律ヲ知リ之ヲ適用スルノ義務アルカ故ニ日本法律ノミナラス外國法律ヲモ知ラサルヘカラスト云フヘキナリ、「法例」中外國ノ法律ニ従フト云ヒ又外國法ヲ適用スト云ヒ又我國法ヲ適用スルトキハ特ニ日本法ヲ適用スト書クカ如キ我帝國ニ外國法ノ治外効果ヲ認ムルモノナリ。盖シ草案者カ如此法文ヲ作

爲スルモノハ我國體ヲ省ミサルモノニシテ立法者タルノ精神ニ合ハサルナリ

四 「法例」ヲ直ニ實施スルコトヲ得ス

「法例」ヲ明年一月ヨリ斷行スルコトヲ主張スルハ言フ可クシテ行フ可カラサルナリ。其内外國民ノ權利ノ交涉ニ關シテハ現行條約ノ存スルアリ。若シ「法例」ヲ實施スルモ名アリテ實ナカルヘシ。果シテ何ノ爲メニ之ヲ急激ニ行ハントスルカ

(『法學新報』第一八号(一八九二年九月))

三 民法修正意見

一、民法第二条ニ曰ク「外國人ハ條約又ハ法令ニ禁止アル場合ヲ除ク外私權ヲ享有ス」此ノ法文ハ近世ノ國際私法ノ學説ニ合ヒ亦諸國ノ立法例ニ照スモ正當ナル規定ナルべシ然シ法典ニ學理ノ原則ヲ掲グル必要ナシ、唯學理ノ原則ニ矛盾セザル限ニ於テ我國ノ特別ノ狀況ニ照ラシ不都合ナキ規定ヲ為スベキ而已、今此第二條ヲ修正シテ「外國人ハ法令又ハ條約ノ許ス場合ニ於テ私權ヲ享有ス」ト爲スモ畢竟便宜ノ問題ニテ所謂學理ノ原則ナル者ニ矛盾スルトハ言ヒ難シ國際法學者ノ所謂內外平等主義ガ絶對的ノ原則ナラバ既ニ民法ニ於テ條約又ハ法令ヲ以テ外國人ノ權利ヲ制限スルコトヲ許スハ學理

ノ原則ニ反スル者ト言フベシ、故ニ民法修正案ヲ一概ニ國際ノ原理ニ反スト言フ非難ハ蓋シ五十歩ヲ以テ百歩ヲ笑フノ類ナリ、吾輩ハ國際私法ノ專門家ニ非ズ果シテ所謂萬國普通ノ學理原則ト言フ者如斯モノナルヤ否ヤ之ヲ知ラザルナリ、若シ外國人ト雖モ法律ノ認許ニ依ラズ天賦自然ニ我國内ニ於テ本國人同様ノ權利ヲ有スベキ者ナレバ民法第二條ハ始メヨリ不必要ナリ、若シ反對ノ論者ガ外國人ノ權利ハ國法ノ賜ニ非スト言フナラバ民法ノ規定ハ無用ナルノミナラズ彼ノ所謂學理原則ニ反スルモノナリ、吾輩ノ解スル所ハ然ラズ、外國人ハ此法律（即民法）ニ由リテ内國人ト同ジク權利ヲ有スルモノナリト解スルナリ、故ニ外國人ノ私權享有ハ國法ノ賜ニ非ズ天賦自然ノ固有權利ナリト云フ解釋ヲ基礎トスルモノトハ根本ヨリ觀念ヲ異ニスルナリ

若内外人平等主義ガ國法ノ如何ニ拘ハラズ天賦自然ノ法則ナラバ何ガ故ニ諸外國トノ間ニ於ケル條約ニ外國人ノ權利ヲ列記シ之レヲ擔保スルヲ必要トスルカ、之ヲ必要ナリトスル所以ハ外國人ハ他國ニ於テ當然ニ其本國人ト同一ノ權利ヲ有シ能ハザルガ故ニ特ニ權利ヲ享有センガ爲メニ條約ヲ締結スルナリ、外國人ノ權利ハ國法ノ許否ニ拘ハラズ當然ニ有スル者ニシテ國法ヲ以テ之ヲ許否スル權ナシト言フコトガ果シテ萬國普通ノ法ナラバ條約ヲ以テ其權利ヲ確ムルガ如キハ何ノ主意タルカ解スベカラザルコトナルベシ、既ニ我民法ニテ外國人ノ權利ノ享有ヲ明言ス外國人ノ權利ハ法律ニヨリテ生ズルコト言ハズシテ明カナリ、法律（民法）ノ認許スル場合ニ限リ私權ヲ享有スト言フ主義ハ既ニ民法其自身ノ明言スル所ナリ、然ルニ反對論者ハ民法第二條ヲ辯護スルカ爲メニ外國人ノ自然權ヲ原則トシテ立論シ而シテ議院ノ修正案ヲ非難スルハ其ノ論據前提トスル所ヲ誤ルモノナリ

按スルニ學者カ所謂内外平等主義ト云フハ立法政策ノ方針ヲ謂フ者ナリ、國法ト權利享有トノ關係

ヲ論スルニ非ス、本國ノ法律ヲ以テ可成私權ニ付キテハ自國人民同様ニ取扱フヘキコトヲ希望スルニ過キサルナリ外國人ハ當然ニ權利ヲ有スト言フニ非ス亦絶對的ニ内外平等ナリト言フニ非ス、故ニ國際私法學者ノ所謂内外平等主義ハ直接ニ民法ノ原案ニモ亦修正案ニモ衝突セサルナリ、條約又ハ法令ノ文字上禁止ノ場合ノミヲ列擧スルモ認許ノ場合ヲ示スモ條約及法令ノ體裁ノ便否ノ問題ニシテ外人ノ享有スル私權ノ多少ハ直接ニ之ニヨリテ關係セス、禁止ノ多少認許ノ多少ハ條約及法令ノ實質ノ問題ナリ此ノ明々タル事理ヲ辨セス所謂自然法論ヲ根據トシテ民法ノ成案ヲ辯護シ修正案ヲ駁撃スルハ吾人ノ了解シ能ハサル所ナリ

二、民法第二條ニ依レハ條約又ハ法令ニ禁止ナキモノハ外國人ハ私權ヲ享有ス、吾輩ハ此ノ法文ノ適用ニ付キ憂懼スル所ナキ能ハス、吾國ト諸外國トノ條約文ヲ看ルニ外國人カ種々ノ權利ヲ有スルコトヲ認許シタル場合ヲノミ掲ケ一々禁止ノ場合ヲ列擧セス、民法第二條ニ依レハ條約上明文ニテ禁止セサル事項ハ當然外國人ノ權利ト看做スヘキナリ、亦現行法令ニ於テ外國人ノ權利ヲ禁止シタル明文少シ、反對ノ明文ナキ限リハ皆内國人同様ノ權利ヲ有スルモノト看做スヘシ、然ルトキハ實際上條約ノ締結及立法ノ際ニ於テ豫期セサリシ意外ノ結果ヲ見ルノ畏レ或ハ之レ無シトセス條約ハ之レヲ締結シタル當事者ノ其當時ノ意志ニヨリテ解釋ス可キモノタリ、案スルニ吾外交ノ沿革上外國人ハ條約ニテ許サレタル權利ノミヲ有シ條約ニ明言シタル禁止ノ文字ナキモ條約規定以外ノコトハ外國人カ有スル權利ニ非サルコトハ沿革上認メラレタル所ナリ、排外主義亦ハ攘夷主義ト云フハ法理ニ反スルコトナリヤ否ヤハ學者ノ問題ニシテ假令學理ニ反スルモ吾國ノ外國人ニ對スル國法ノ主義ハ沿革上斯ノ如シ、此ノ沿革ニ伴ヒ締結シタル條約ハ此ノ事情ニ依リテ解釋スヘキナリ、此理由アルカ故ニ外國政府

ハ吾國ニ對シ瑣末ノ權利迄モ之ヲ條約上ニ列擧シ權利ヲ得ント欲セシナリ而シテ條約上特ニ認許セザル事項ハ吾政府ハ自國ノ都合ニテ或ハ權利ヲ與ヘ或ハ與ヘサルノ自由アリ、是レ蓋シ公平ナル條約ノ解釋ナリ、今民法ニテ其ノ主義ヲ翻シ條約ニ禁止ノ明文ナキコトハ外國人ノ權利ニアリト規定スルハ當初條約ヲ締結シタル精神ト異ナリ、條約上外國人ノ權利ヲ認ムルコトニ重キヲ置キ、之ヲ愼重シテ容易ニ爲サヽリシ注意ハ徒勞ニ歸スルカ如シ、是レ民法第二條ノ規定カ適用上憂慮セラルヽ所以ノ一ナリ

民法第二條ニ依レバ清國人朝鮮人ハ歐洲締盟國ノ人民ヨリモ多クノ權利ヲ有スルコトトナレリ、日清間及朝鮮ニ對スル條約等ヲ一讀スレバ明ナリ、假令ハ日清間ノ條約ニ於テハ日本人ノ支那ニ於ケル權利ノミ特ニ多ク列擧セラレ支那人カ日本ニテ有スル權利ハ之ヲ認許シタル條文モ、之レヲ禁止シタル條文モ極メテ少シ、故ニ民法ニヨリテ支那人ハ殆ント日本人ト同一ノ權利ヲ有スルコトヽナレリ、民法カ斯ノ如キ政策ヲ何カ故ニ可ナリト認メタルカ了解ニ苦ムナリ、兎ニ角條約締結ノ精神ハ、歐州締盟國人民ヨリモ多クノ權利ヲ支那人ニ與フル主意ニハアラザリシナリ、然シ民法ノ結果ハ別ニ説明ヲ俟タスシテ支那朝鮮人ハ歐洲人ヨリモ多クノ權利ヲ有スル結果トナルナリ

民法第二條ニ依レハ無條約國ノ人民ハ締盟國ノ人民ヨリモ一層完全ナル私權ヲ有シ殆ント本國人ト同一ノ地位ニアルナリ、法令ニ禁止アル場合ノ外ハ條約ニテ制限セラルヽコトナシ、故ニ條約ノ締結ハ殆ント彼ニ在リテ不利益ヲ來タスニ近シ、民法第二條ヲ虚心ニ通讀スレハ此ノ論結ニ歸スルカ如シ、況ンヤ民法ヲ辯護スル人（山田氏）ハ「民法ハ世界法ニシテ人類共通ノ規定ナリ」ト公言スル以上ハ是レ最モ其論者ノ希望スル所ナルヘシ、是レ或ハ眞理ナラン、然シ我國法ノ沿革上外國條約ハ外人ニ幾

分ノ權利ヲ賦與スル者ニシテ條約ニ依リテ外人カ權利ヲ得ル者ナリト認メ來レリ、無條約國人カ當然ニ有スル權利ヲ條約ニテ制限スルト言フ主義ニハアラサリシナリ、此主義ヲ變更スルモノハ民法ノ規定ナリ、之レ民法第二條ハ其儘ニ適用セラル丶ニ於テハ大ニ弊害ヲ看ルナルヘシト云フ畏レアル所以ノ一ナリ

民法第二條ニヨレハ法令ニテ禁止ノ明文ナキモノハ外國人ノ權利ニ屬スト謂ヘリ、現行ノ法令ハ前ニ述ヘタル條約締結ノ精神ニ基キ外國人ノ權利ハ條約ニ直接間接ニ認許シタルコトニ止マルト云フ原則ニテ成案トナリシモノニシテ特ニ外國人ニ許スヘカラサルコトヲ必シモ一々明言セサリシナリ、禁止ノ明言ナキカ故ニ外國人カ當然ニ日本人ト同一ノ權利ヲ有スト解釋スルコトヲ得ス、將來ノ法令ハ或ハ此點ヲ顧テ立案スルトスルモ現行ノ法令ニ於テハ此解釋ヲ許サヽルコト明ナリ、

此點ニ付テハ山田三良氏ノ民法修正案ヲ非難スル論說少シク了解ニ苦ム所アリ、同氏ハ其ノ論說ニ(東京日々新聞三十年二月七日)「且ツ吾國現行法令ニ於テモ特ニ帝國臣民タルコトヲ要シ亦ハ外國人ニ許與セサルコトヲ明言セサル以上ハ外國人ハ內國人ト同シク私權ヲ享有スル者ト解釋スルコトヲ得ルカ故ニ」(圏點ハ同氏自身ノ加ヘテ特筆シタル所ナリ)云々ト明言シ亦一方ニ於テハ同氏カ日獨條約ニ關スル論說中(日本新聞廿九年十一月十日)法令ノ規定ノ外國人ニ對スル關係ヲ論シ現行ノ特許意匠及商標等ノ法令ハ外國人ニ權利ヲ賦與スルモノニアラスト論シ「故ニ吾國家カ若我國法上ニ於テ外國人ニ特許等ノ特權ヲ許與セント欲セハ先ツ現行ノ特許條約ニ斯ノ如キ明文ヲ掲ケサル可ラス」(圏點同上)云々ト言ヘリ議論抵觸シテ其眞意ヲ知リ難シ、

三、民法第二條ハ外國人ノ私權ノコト而已ヲ規定セリ。學者ノ所謂內外平等主義ト云フモ私權ノ範

圍ニ於テ謂フナリ。蓋シ公權ハ外國人之ヲ享有スルコトヲ得ス私權ハ内外人平等ナルベシト云フ主意ナリ。權利ヲ公權私權ニ分ツコトハ法學ノ教科書ニ於テ學者カ種々ノ説明ヲ爲ス所ニシテ判然タル區別ヲ一定シ難キカ如シ。學術問題トシテハ公權私權ノ區別ニ付學者各説アルヘシ、而シテ國ノ行政司法ニ關シ實際ノ事件ヲ處置スルニ於テハ漠然私權ト云フノミニテハ其ノ種類明瞭ナラス。實際ノ法律文ニハ可成斯ノ如キ學術上一定セサル文字ヲ用ウルコトハ避クヘキナリ。我カ法令ニ於テ公權ト言フ文字ハ刑法等ニ見ユレトモ公權トハ何何ヲ云フト明言シテ其適用ヲ明ニセリ。公權ト云フ語ハ不明瞭ナリ、故ニ其字義ニ拘ハラス刑法ニ列記スル事項ニヨリテ解釋スルナリ。憲法ニモ公權私權ト云フ言ハナシ。故ニ民法第二條ノ適用トシテ公權ハ外國人之ヲ有セサルモ私權ハ日本臣民ト同一ニ之レヲ有スト規定スルモ實際上外國人カ享有スル權利ノ範圍不確定ナリ。條約又ハ法令ニテ反對ノ禁止文ナキ時ハ凡テノ權利ヲ有スト云ヘハ明瞭ナレトモ特ニ私權ヲ有スト規定スルカ故ニ何カ私權テアルカト云フコトカ實際ノ問題トナルナリ。學理論トシテハ私權ノ何タルノ説明ハ學者ニ一任シテ可ナレトモ民法ノ規定斯クノ如ク定メラル、以上ハ私權ト私權ニアラサル者トノ區別カ外國人ニ對シテハ實際問題ノ最モ重要ナル者トナルヘシ。故ニ我輩ハ實際論トシテ民法ノ辯護者ニ對シ先ツ私權ノ何タルヲ明ニ問ハント欲スルナリ。

或ハ之ニ答ヘテ言ハン公權私權ノ區別私權ノ何タルノ説明ヲ要スルハ民法第二條ニ於テ外國人關係ニノミ問フベキ所ニアラズ日本臣民ノ權利ノ享有ニ於テモ同ジト反駁スル人モアルベシ。是レ大ニ然ラザルナリ。元來法令ニ漠然定義ヲ示サズ公權私權ト言フ學術語ヲ用ウルハ可ナリヤ否ヤハ別問題トシテ、日本臣民ノ權利ノ享有ニ關シ縱令是等ノ文字ガ民法ニ用ヰラル、トモ臣民ハ公權私權ヲモ併セ有スルモノナルガ故ニ實際上之ヲ適用スルニ甚ダシキ不都合ヲ生セザルベシ。然レドモ外國人ハ私權ノミヲ有スルト制限シタル場合ニハ特ニ外國人ノ權利ノ範圍ヲ定ムルニ付テ何ガ私權ニテ何ガ私權ニアラザルカ實ニ重大ノ實際問題トナルナリ。故ニ特ニ反對論者ニ對シテ此ノ説明ヲ求メザル可ラザルナリ。

亦或ハ反駁スル人モアラン私權ノ何タルノ不明瞭ナルハ議院ノ修正案ニ於ケルモ同ジ何ゾ必シモ民法原案ニ付テノミ之レヲ言ハント反駁スル人モアルベシ。是レ修正案ノ精神ヲ了解セザルモノナリ。私權ノ何タル其公權トノ區別ハ實際問題トシテ極メテ明瞭ニ概括シ示シ難キガ故ニ修正案ハ條約法令ノ認許スル私權ヲ有スト云ヒテ禁止セザルモノハ之ヲ享有スト云フヲ避ケント欲スルナリ。積極的ニ法令ニテ認許スト云ヘハ各種ノ法令ニ於テ各々其ノ事物ニ付キ私權ニシテ許ス可キヤ否ヤヲ審査シ許スベキモノハ之レヲ許シ許スベカラザル事情ノモノハ之レヲ許サス。法令ノ明文上司法官行政官ニ於テモ亦一般人民外國人ニ於テモ確實ニ明瞭ニ外人ノ有スル權利ト有シ得ベカラザル所トヲ明カニ知ルヲ得ルナリ。實際上ノ困難ヲ避ケ事後ニ紛議ヲ起ス憂ナク、彼我ノ政府ノ論争ヲ絶チ得ルナリ。然ラスシテ民法原案ノ如ク廣ク規定スル時ハ双方ノ私權ノ解釋ニテ常ニ紛議ヲ免レザルベシ。假令バ我法令ニテハ私權ニアラスト認定シテ別ニ禁止ノ明文ヲ掲ゲザル事項ニ付キ彼ハ私權ナリト解釋シテ其權利ヲ行フタル後ニ於テ問題ハ私權ナリヤ否ヤト言フ點ニ歸スベシ。私權ノ定義問題ノ類ハ法理ノ研究問題トシテコソ學者ノ説明アルベシ、實際外交問題トシテ二三ノ專門家ノ議論ガ彼我ニ通用ス可シトモ思ハレス。之レ大ニ憂ヘラルヽ所ナリ、假令バ外國人ガ漁業又ハ農業ヲ營ムコトハ條約ニ禁止ノ明文ナシ（許シタル明文モナシ）又法令ニ之ヲ禁ジタル明文モナシ。故ニ民法第二條ニ依リ外國人ハ土地ノ所有權ヲ有セサルモ我國内ニ農業漁業ヲ營ム權利アルヘシ(條約ノ締結ノ精神ハ斯クノ如クナラザリシナリ)又沿海貿易ノ事ニ付キテモ別ニ法令ニテ特ニ禁止シタル明文ナシ、是等ノ場合ニ於テ若シ我政府ノ意志ガ之ヲ外國人ニ許サヽルニアリシナラハ民法ノ規定ニテ其ノ精神ヲ反覆セルモノト謂フ可シ、然ラサレハ外國人カ農業漁業等ニ着手シタル時ニ之レ公權ナリ、私權ニアラズト言ヒテ差止メ得ヘキカ甚タ疑フ可キナリ、是一例ヲ言フニ過キス營業ノ事警察ノ事種々ノ法令ニ於テ同様ノ疑甚多シ。

私權トハ民法々典ニ列擧スル各種ノ權利ナリト答フル者モアルヘシ。然シ民法學者モ一般ニ認ムルカ如ク所謂民法々典ハ私權ニ關スル普通法ニシテ人ノ私權ハ之レニ止マルト云フ性質ノモノニアラス。特別ノ法律命令ニテ種々ナル私權カ認メラルヽコトハ別ニ辯スルヲ俟タス。故ニ民法々典中ニノミ外國人ノ權利ニ付キ注意ヲ加ヘ禁止ノ明文ヲ掲クルトスルモ民法以外ノ法令ニ付テハ尚缺漏ノ場合多カル可キコト推察セラルヽナリ。況ヤ民法中ニ外國人ノ私權ヲ制限シタル法文ハ只一二アルノミ。民法上ニテハ殆ト内外人ノ區別ナシ、財産編ニ於テ此ノ區別ナキハ或ハ反對者ノ所謂民法ハ世界的ノ法律ナリト云フ主義ニ叶フヤモ計ラレス。然ルニ私權ノ最貴重ナル親族法ノ範圍ニ於テ之ヲ内外共通ノ法ト看做スニ至リテハ大ニ思慮ヲ要スルナリ。民法第二条ハ總則ニテ各篇ニ通スル原則ナリ、故ニ親族關係ニ於ケル權利モ別段禁止ノ明文ナケレハ外國人モ之ヲ享有スト解ス可キコト元ヨリ民法起草ノ精神タルヘシ、親族篇ハ未タ發布トナラス故ニ其條項ニ據リテ之ヲ論スルコトヲ得ス、併シ將來制定スヘキ親族法上ノ權利ノ事ニ關シテモ此民法第二條ハ大ニ注意ヲ要スルナリ

四、我輩ハ必シモ學理若クハ主義トシテ修正案カ原案ニ優レリト斷言スルニアラス。便宜問題ナリト爲スナリ何レノ規定カ我現在ノ國情ニ照ラシ最モ危險少ナキカト云フ實際ノ問題トシテ研究セント

欲スルニ過キサルナリ。世上ノ議論ハ一概ニ修正案ハ頑迷者流ノ攘夷論ナリ排外主義ナリト罵詈シ原案ハ近世ノ文明主義ナリト賞賛ス甚タ解スヘカラサルコトタリ。雙方ノ文案ヲ公平ニ讀下セハ主義ノ相違ニアラス規定ノ方法ノ爭議ナリ、果シテ排外主義ナリヤ又ハ文明主義ナリヤ二者何レノ規定ノ方法ニヨルモ之レヲ禁シ若シクハ之レヲ許ス各種ノ法律ノ如何ニ制定セラルルカニ依テ論スヘキ所タリ。原案ノ儘ニテ外人ノ權利ヲ禁止スル法律多ク發セラルレハ之レ排外主義ナリ、修正案ノ規定ニヨリ廣ク外人ノ權利ヲ明了ニ認許スレハ之レ文明ノ立法ナリ此ノ問題ニ付キ外交政略ヲ決スルノ論點ト爲スハ爲メニスル所アルノ外公平ナル觀察者ニハ其主意ヲ知ルニ苦シム所ナリ

（『法學新報』第七十一号（一八九七年二月））

四　法典實施及現行條約

學者ハ輕卒ニ時務ニ容喙スルコトヲ避ク。蓋當局ノ施政ヲ妨障スルコトヲ恐ルヽノミナラス學問ノ威嚴ニ關スレハナリ。然レトモ事社會ノ大勢ニ關スルニ於テハ時ニ忍テ世人ヲ警戒スル亦學者ノ任務タリ。曩ニ民法ノ公布セラルヽヤ其第二條ノ其危險ナルコトヲ憂懼シ之ニ對スル私見ヲ公ニシタリ。然ルニ少數ノ賛同ヲ得タルノ外世論ハ尚頑トシテ動カス當局者ハ斷然之ヲ實施スル將ニ數月ノ内ニ在ラントス。迂儒尚未タ悟ラス法典實施ノ期迫リテ憂慮愈切ナリ希ハ此ノ惑ヲ解クノ明論ヲ聞カン。

我政府ハ法典ヲ一年以上實施シタル後ニアラサレハ改正條約ヲ實施セサルコトヲ諸外國ト約シタリ新法典ハ現行條約ト手ヲ携ヘテ併行スヘキ者タリ。今突然現行條約及法令ノ上ニ新民法第二條ヲ施行セントス實ニ大激變ト謂ハサルヲ得サルナリ。安政以來條約ノ締結セラル丶ヤ彼ニ讓歩スル所ヲ示シ必シモ禁止スル所ヲ明言セス。法令亦疎ニシテ必シモ外人ノ權利ノ制限ヲ明文ニ掲ケス蓋當時ノ國是ニ於テ外國人ハ條約ニ許シタル權利ノミヲ有スルト認メタルカ故ニ法令及條約ヲ以テ禁止ノ場合ヲ列記スルコトヲ必要トセサリシナリ。此ノ疎雜ナル條約及法令ノ上ニ新民法第二條ヲ實施シ條約及法令ニ禁止ナキトキハ外國人ハ内國臣民ト同一ノ權利ヲ有スル者ト爲サントス是レ宜ク世論ノ反省スヘキ所タリ。

私法ノ實施ハ既得權ヲ生ス。故ニ古來民法ノ制定改廢ハ社會ノ大變革タリ今輕卒ニ民法第二條ヲ施行スルトキハ後日悔ユルコトアルモ之ヲ改削スルハ立法上外交上至難ノ事ニ屬ス。況ヤ法律ノ改削ハ議會ノ協賛ヲ要ス今ヤ國士召集ニ應シテ帝都ニ入リ大政ヲ翼賛セントスルノ日ニ於テ愼重ノ議ヲ加フルニ非サレハ其機去ラントス此議ノ緊急ナル言ヲ俟タサルナリ。未タ治外法權ヲ撤去スルコトヲ得スシテ早ク既ニ内外同權主義ヲ實行セントス世論ノ甘ンスル所ニシテ吾人ノ憂慮スル所タリ。平等主義善シ世界主義忍フヘシ唯識者ハ治外法權ノ屈辱ノ下ニ之ヲ唱フル者ヲ笑フ。

乞フ舊來ノ條約ヲ一讀セヨ。條約其物ハ左程惡シカラス、多クノ積弊ハ我當局者カ治外法權ト謂フ威赫的用語ニ眩惑シ我當然ノ權利ヲ主張シ得サリシ過失ノ成果タリ。條約文ニ治外法權ト謂フ文字看エス唯内外人各國籍ニ依リテ裁判所ヲ異ニスルノ規定アルノミ。然ルニ我當局者一度過テ外國人ハ我國法ヲ以テ規律スヘカラサル者ト爲シタルヨリ或場合ニ於テハ外國人ハ内國臣民ノ享有シ能ハサル特權ヲモ有シツヽアルナリ。一度彼ニ譲歩シタル權利ハ國際上彼ノ既得ノ權能ニ屬シ之ヲ如何トモスル能ハス。豈之ニ鑑ミテ後來ヲ戒メサルヘケンヤ。今平等主義ノ美名ノ爲ニ草卒ニ民法第二條ヲ實施スルトキハ外國人ハ自己ニ利アル場合ハ之ヲ援引シテ其權利ヲ主張スヘク不利ナルトキハ誤解セラレタル治外法權ノ虚赫ノ下ニ我法典ノ適用ヲ免レントス。世論ハ如何シテ民法第二條ト所謂治外法權ナル現行ノ慣行トヲ併行セシメントスルカ。是レ吾人ノ迷テ未タ解セサル所ナリ。私見ハ既ニ之ヲ公ニシテ詳ナリ、今茲ニ多言セス、唯法典實施ノ期旦夕ニ在ルニ際シ敢テ復タ婆心ヲ吐露スルノミ。

（『法學新報』第八十号（一八九七年十一月））

2　行政法

一　行政法大意

第一編　行政

第一章　行政行爲

第一節　行政

行政ハ大權及法律ノ範圍内ニ於テ國家ノ目的ヲ達スル者ナリ。憲法上ノ大權ハ天皇ノ親裁ニ専屬シ之ヲ行政府ノ職權ニ委セス。法律ハ官府及人民ノ上ニ一般ノ準則ヲ示ス者ニシテ行政府ハ之ニ依リテ之ヲ行フヘク之ヲ存廢スルノコトニ干與セス。故ニ行政ハ大權及法律ヲ施行シ又法律勅令ノ委任ニ因リ國權ノ維持ト公共ノ安寧福利トヲ保全スルコトヲ職司トスルナリ。

行政ハ官府ニ由リテ之ヲ行フ。官府ハ主權者カ之ニ一定ノ職權ヲ與ヘテ國務ヲ辨理セシムル者ナリ。若全能ノ君主名實共ニ百般ノ政務ヲ親裁處理シ官府ヲ設備スルコト無ケレハ則チ行政無シ。行政無キニ非ス法理ノ解説ニ於テ大權ト行政トヲ區別シ特ニ行政法理ヲ搆成スルノ要ナキナリ。茲ヲ以テ公法ノ上ニ行政ト謂フトキハ官府ノ職司ニ由リテ行ハルル政務タルコトヲ指示ス。

行政ハ官府ニ由リ臣民ニ對シテ發動スル國權ノ行使タリ、單ニ君上ニ對シ意見ヲ奉リ、立法ニ協賛シ、大政ニ補弼スルノ類ハ其ノ官府ノ職司ニ係ルモノト雖行政ノ範圍ニ屬セス。行政ト謂フトキハ自カラ國權ヲ外部ニ行使スルコトヲ意義トス。主權直接ノ行動ハ臣民ニ對スルモ行政ノ範圍ニ入ラス。官府ノ職司ニ由ルモ其ノ事國權ノ行使ニ係ラサレハ行政行爲ニ非ス。以テ行政ノ性質ヲ瞭知スヘキナリ。

行政ノ實質ハ國家ノ目的ニ隨ヒテ變遷ス。或ハ祭祀兵馬ヲ以テ至重ノ國務トシ（古ノ國家）、或ハ公安警察ヲ以テ國權ノ限界トシ（中世ノ警察國）、又或ハ民人ノ福利ヲ治國ノ大本ト爲ス（近世ノ福利國）。皆國體ト社會ノ啓發トニ從フ者ニシテ一律永遠ヲ期スヘカラサルハ論勿キナリ。故ニ大權及法律ハ時勢ノ宜ニ隨ヒ行政ニ向フテ大政ノ方針ヲ示シ、行政ハ之ニ準據シテ自由ノ活動ヲ爲ス者ナリ。現行ノ行政ノ範圍ハ實質上大別シテ左ノ五類ニ總括スルコトヲ得ヘシ。

第一、外務

第二、軍事

第三、財政
第四、内政
第五、司法
外務財政及軍事ハ主トシテ國權ノ獨立ト維持トヲ防衛シ、内政及司法ハ専ラ公共ノ安寧福利ト個人ノ自由權利トヲ保全ス。皆相待テ以テ國家ノ目的ヲ遂行スル者ナリ。

第二節　行政行爲

行政ハ其ノ性質ニ於テ國權カ人民ニ對スルノ行爲タリ。然レトモ行政行爲ノ形式ヲ點撿スレハ或ハ官府ニ訓示シテ其ノ目的ヲ達シ又或ハ直接ニ臣民ニ令シテ其ノ實ヲ擧ク。故ニ行政行爲ヲ分チ一ハ其ノ直接ノ效果ハ行政内部ニ止ル者一ハ外部ニ對シ國法上ノ關係ヲ生スル者トノ二種ヲ明カニスルコトヲ要ス。行政ノ行爲ニシテ其ノ直接ノ效果ガ行政内部ニ止マル者ハ監督及訓令ナリ。監督ハ行政ヲ統一シ職司ノ實行ヲ全ウスル者ニシテ上級ノ官府カ下級ノ官府ニ對シテ行フ所タリ。監督權ノ配置及範圍ハ官制ノ定ムル所ニシテ行政組織ノ篇ニ於テ之ヲ辨明ス。訓令ハ法令ノ解釋ヲ示シ事務ノ規程ヲ定ム。多ク監督ノ權ニ配シテ上官カ下官ニ命スル所タリ。訓令ノ効力ハ行政ノ内部ニ向テ執務ノ準則ヲ示スニ止マリ臣民ノ國法上ノ自由ト權利トヲ伸縮スル能ハサルヲ本則トス。然レトモ法令ヲ以テ自由ト權利トヲ保障セサル範圍ニ於テハ行政内部ノ訓令權ノ結果ハ間接ニ民衆ノ自由ニ干渉スルノ實アルヲ免レス。

行政ノ行爲ニシテ外部ニ向フテ發表シ臣民ニ對シテ直接ノ効力ヲ有スル者ハ規則及處分ナリ。

規則ハ一般ニ遵由スヘキ行爲ノ標準タリ。法規ヲ設定スルノ權能ヲ命令權ト稱ス。行政官府ハ大權若クハ法律ノ委任ニ由ルニ非サレハ法規ヲ設定スルコトヲ得ス。但シ其ノ委任ハ概括ナルモノト特別ナルモノトアルヘシ。例セハ官制ヲ以テ一般ニ命令權ノ範圍ヲ定メ又各種ノ法令ニ於テ特別ノ委任ヲ爲スカ如キナリ。行政ノ法規ハ法律勅令ヲ施行シ又公共ノ安全ト利益トヲ全ウスルカ爲ニ設定スルモノニシテ式ニ合ヒ法ニ依ル者ハ法律勅令ト等シク一般遵由ノ効力ヲ有ス。

處分ハ特定ノ人ニ對スル特定ノ行爲タリ、行政官府ハ法令ノ規定ヲ執行シ其ノ職權ヲ行使スルニ於テ常ニ個人ノ自由ノ範圍ニ接觸ス。行政處分ノ權ハ特ニ法律勅令ノ明示ノ委任ヲ待タスシテ行政官タル性質ニ伴フテ存立スル者ナリ。但シ法ニ違ヒ權限ヲ越ユルコトヲ得サルハ言ヲ待タス。

監督ト訓令トハ行政ノ内部ヲ規律シ、法規ト處分トハ行政ヲ實行ス。凡ソ百般ノ行政行爲皆此ノ簡單ナル形式ノ範圍ヲ出テス。而シテ此ノ分類ヲ明カニスル所以ハ各其ノ形式ニ隨ヒテ法力ヲ異ニシ國家ト個人トノ關係ニ於テ重要ナル効果ヲ遺スレハナリ。

第三節　行政規則

行政官府ノ發スル法令ヲ行政規則ト稱ス。凡ソ規則ヲ發布スルノ權ハ法律勅令ノ委任ニ由リテ生ス。官制ヲ以テ之ヲ定ムルヲ本則トシ、特別ノ委任若クハ制限ハ特ニ法令ヲ以テ之ヲ明示ス。

行政規則ハ法律勅令ヲ變更スルコトヲ得ス。又上級官府ノ命令ニ牴觸スルコトヲ許サス。違法、越權、若ハ公益ニ反スルノ命令ハ行政監督ノ權ニ依リテ取消スコトヲ得ヘシ。以テ行政ノ統一ヲ全ウスル所ナリ。

行政規則ノ實質ト其ノ効力ノ及フ範圍トハ之ヲ發布スル官府ノ職權ニ因リテ定マル。各其ノ所管ノ事務ト區域トニ依リテ之ヲ發布シ施行スル者ナリ。若官府ノ權限ニ付キ爭議アルトキハ上級監督廳之ヲ決ス。而シテ内閣ハ行政各部ニ對シ權限ヲ裁決スル最高ノ監督權ヲ有ス。

法令ヲ執行スルカ爲メニ設クル者ヲ施行規則ト云ヒ、公共ノ安寧秩序ヲ保全スルカ爲メニ設クル者ヲ警察規則ト云ヒ、各種ノ營造物ノ維持使用ノ爲メニ設クル者ヲ營造物規則ト云フ。是レ其ノ重要ナル者タリ。然レトモ凡テ行政ノ目的ノ爲メニ規則ヲ發布スルコトヲ得ルカ故ニ豫メ其ノ實質ヲ列序スル能ハサルナリ。

行政規則ハ之ヲ發布スル官府ニ因リテ名稱ヲ分ツヲ式トス。例セハ内閣ノ發スル者ヲ閣令ト云ヒ、各省大臣ノ發スルヲ省令ト云ヒ、知事ノ發スルヲ府縣令ト唱フルノ類ナリ。是レ其ノ法力ヲ示シ及フ所ノ効果ヲ明カニシ又監督ヲ行フニ便ニスル者タリ。

凡ソ行政規則ハ一般遵由ノ法力ヲ有シ行政監督權ノ作用ニ由ルノ外、臣民ハ之ニ對シ違法越權ヲ名トシ規則其ノ物ノ癈止變更ヲ爭訟スルコトヲ得ス。又裁判所ハ或ハ其ノ獨立ノ解釋ヲ以テ之ヲ違法ナリトシ適用ヲ拒ムノ場合アルヘキモ其ノ癈止變更ヲ宣告スル能ハサルナリ。

第四節　行政處分

國家ハ法則ヲ發布スルニ止リ拱手傍觀シテ統治ノ目的ヲ達シ得ヘキ者ニアラス。常ニ自ラ手ヲ下シテ法ヲ執行シ又公安公益ヲ保全スルコトヲ職トス。是レ行政機關ノ設備ヲ主要トスル所ニシテ規則制定ノ外ニ尚行政處分權ノ具ハル所由ナリ。

法規ヲ執行シ又之ニ矛盾セサル限ニ於テ公安公益ノ爲ニ特定ノ人ニ對スル特定ノ行爲ヲ爲ス之ヲ行政處分トス。行政官府カ法規ヲ發布スルハ性質上法律勅令ヲ補充スル者ナリ。故ニ法令ノ委任ニ因リテ之ヲ行フコトヲ本則トス。處分權ヲ行フハ行政機關設備其ノ物ノ主タル用タリ。故ニ既ニ一定ノ事項ヲ其ノ職司ト爲スト云フトキハ明言ヲ待タスシテ其ノ處分權ヲ認許スル者タルヘシ。

行政處分ハ法規ニ矛盾スルコトヲ得ス。同一ノ行政官府カ法規ヲ設クルノ權ト處分權トヲ併有スル場合ニ於テモ其ノ處分ハ其ノ法規ニ依遵セサルヘカラス。行政官ノ警察處分ハ其ノ自カラ發布スル警察規則ニ拘束セラレテ之レニ違フコトヲ得サルカ如キナリ。國家事變ノ場合ニ臨ム非常處分ノ如キハ憲法ニ依ル大權直接ノ行動ニシテ行政職權ノ行使ニアラス行政法理ノ範圍ノ外ニ存スルナリ。

行政處分ハ個人ニ對シ權能ヲ與ヘ、負擔ヲ命シ、行爲ノ自由ヲ制限ス。法規ノ執行ナルアリ職權ニ由ル便宜ノ裁量ナルアリ。

執行處分トハ特定ノ人ニ對シ法則ヲ適用スル行爲ナリ。個人ノ權能、負擔、若ハ自由ノ制限ノ程度ハ既ニ法則ニ由リテ定マレル場合ニ於テハ行政官ハ事ニ臨ミ人ニ對シ法規ヲ解釋シ事實ヲ認定シ之ヲ執行スルノ外、職權ヲ以テ其ノ本質ヲ便宜裁量スルノ餘地ヲ有セス。故ニ之ヲ法則ノ適用ト云フナリ。此ノ場合ニ於テハ個人ノ自由ノ範圍ハ行政處分權ノ外ニ於テ既ニ定マレリ。唯法則ノ解釋ト事實ノ認定トハ行政ノ職權ニ屬シ處分權ノ實用ヲ爲スモノナリ。

職權處分（便宜處分）ハ法令ノ範圍内ニ於テ職權ニ由リ公安公益ヲ按撿シテ行フ所ナリ。法令ハ行政官府ニ或ル政務ノ範圍ヲ其ノ職權ニ委任シ而シテ豫メ之ニ對スル個人ノ權利自由ヲ防障セサル場合ニ於テハ行政官ハ事ニ臨ミ人ニ對シ公安公益ノ爲メ必用ナル限度ヲ裁量シテ處分ス。是レ處分行爲ノ實質カ其ノ職權ニ由リテ定マルモノニシテ前者ト性質ヲ異ニスル所ナリ。

右二者ヲ形容シテ云ヘハ執行處分ノ場合ハ官府及ヒ個人ニ共通ナル法ノ制限アルカ故ニ共ニ之ニ依遵スルコトヲ要シ、一方ノ違法ノ行爲ハ對手ノ權利ヲ毀損スルノ結果アルヘシ。茲ヲ以テ執行處分ハ行政裁判ノ制度ニ依リテ之ヲ審判スルニ適ス。職權處分ノ場合ハ行政官府ノ職權ノ範圍ニ付キ法ノ制限アルノ外個人ノ爲メニ之ニ對比シテ侵スヘカラサルノ權利ヲ防障セス。故ニ若職權便宜ノ處分ニシテ職權ヲ濫用シ公益ニ反スル如キアラハ主トシテ行政監督ノ權ニ依リテ之ヲ匡正スルモノタリ。

行政處分ノ法力ハ其ノ事件ニ付其ノ人ニ對スルニ止マリ一般遵由ノ準則ヲ爲サス是レ法規ト異ナル所ナリ。司法裁判ノ判決ハ當事者カ法律上ノ權利トシテ裁判行爲ニ參與ス。當事者ノ參與無キトキハ判決ナキヲ本則トス。行政處分ハ官府カ職權ヲ以テ人民ニ臨ム所ニシテ當事者ノ參與ヲ條件トセス。是レ行政處分及司法判決ハ其ノ成立ノ形式ニ於テ同シカラサル所ナリ

行政處分ノ權ハ性質上强行ノ權ヲ含蓄ス。處分ハ國權ノ行使タリ。個人カ私權ヲ行使スルノ類ト同シカラス權力ニ依リテ直接强行スル者タリ。私權ノ行使ハ對手之ヲ爭フトキハ裁判判決ヲ仰クニ非サレハ强制スルコトヲ得ス。行政處分ハ被治者ノ意志ニ拘ラス。其ノ不服ナルモ之ヲ停止シ其ノ他强行ヲ妨止ス可キ理由ヲ成サス。國法ハ官府ノ職權ノ行使ヲ妨害スル者ヲ處罰スルナリ。

處分權ハ當然ニ强行力ヲ有スレトモ必シモ當然ニ處罰ノ權能ヲ兼有セス。法條ニ明文無キ者ハ之ヲ罰スルコトヲ得ス。凡ソ處罰ハ法規ヲ以テ一般ニ豫定スルヲ我カ行政法理トス。故ニ行政官府ハ其ノ處分ヲ强行スルコトヲ當然ノ職權トスレトモ處分ニ違反スル者ヲ罰スルハ直接强行ノ範圍ヲ超ユルモノニシテ法則ノ明文ニ依ルニ非サレハ之ヲ爲スコトヲ得ス。罰則ノ目的ハ處分ノ强行ヲ擔保スルニ在

ル場合多シトス然レトモ强行ト處罰トハ之ヲ混同スヘカラサルナリ。

第五節　監督及訓令

監督ハ行政ノ統一ヲ欲シ行政内部ヲ紀律スル者ナリ。天皇ハ政府ヲ監督ス。是レ大權ノ行使ニ係リ行政法理ヲ以テ論スルノ外ニ在リ。行政法ハ專ラ政府ノ内部ニ行ハルル監督權ノ作用ヲ明カニスルコトヲ要ス。而シテ監督權ノ配置ハ官制ニ依リテ之ヲ各別ニ説明スルヲ便トス。今茲ニ其ノ性質ト範圍トノ概略ヲ述フルニ止マルナリ。

行政機關ハ各主權者直接ノ委託ヲ受ケ獨立シテ職權ヲ專行シ主權者ノ親裁ノ訓令ノ外、機關相互ノ間ニ監督ノ權ヲ認メサルノ制度ハ古來其ノ例少シトセス。(封建藩治ノ分權制ノ如シ)然レトモ現今ノ通制ハ行政各部ニ上下ノ班次ヲ正シ、遞次監督セシメ之ヲ中央ノ主部ニ總理スルヲ以テ主義トス。大政一ニ歸シ機務敏速ヲ加フル所由ナリ。(中央集權ノ制)

監督權ハ官府ノ權限、行政行爲、事務成蹟、及官吏ノ身分ニ關シテ行ハル。

凡ソ官府ノ權限ハ其ノ所管ノ政務ヲ區畫スルモノニシテ之ニ超越スルコトヲ許サス。官府ノ發スル命令、處分ニシテ其ノ實質ハ合法ニシテ便宜ナリトスルモ其ノ權限ヲ犯ストキハ形式上不法ナリ。官府各自己ノ權限ヲ解釋スルノ自由ヲ有ス。然レトモ上級ノ官府官制ニ依リテ下級官府ノ權限ヲ審撿スルノ權アルトキハ監督ノ權ニ依リ之ヲ匡正スルコトヲ得ヘキナリ。

行政官府ハ其ノ所管ノ政務ニ付キ命令ヲ發シ處分ヲ行フ。而シテ法律勅令若ハ上級行政官府ノ命令ニ矛盾シ又公益ニ反スルコトヲ得ス。若違フトキハ監督權ノ作用ニ由リ之ヲ停止シ又ハ取消スコトヲ得ヘキナリ。

監督権ハ消極的ニ違法不正ノ行爲ヲ排除スルニ止マラス進テ職務ノ成効ヲ勵行ス。下級官府ハ上級官府ノ監督権ニ依リ事務ノ成蹟ノ報告ヲ要求セラルルトキハ之ヲ拒ムコトヲ得サルヘシ。

凡ソ官吏ハ臣民トシテ國法ニ服從スルノ外更ニ其ノ身分ニ伴フ特別ノ紀律ノ下ニ在ル者ナリ。官吏ノ服務規律ハ行政訓令ヲ以テ之ヲ定ム。而シテ之ヲ維持シ執行スルハ監督権ノ作用ニ依ルモノナリ。

訓令権ハ監督権ニ同シク上級官府カ下級官府ニ命スル所タリ。而シテ監督ハ専ラ事後ニ不法ヲ正シ成効ヲ審撿シ。訓令ハ豫メ法令ノ解釋ヲ與ヘ又行政ノ方針ヲ示ス者タリ。職権ニ因リ且ツ式ヲ具ヘタル上級官府ノ訓令ハ下級ノ官府自己ノ見解ヲ以テ之ヲ執行スルコトヲ拒ムコトヲ得ス。若行政官各獨立シテ法令ノ見解ヲ定メ又職権行使ノ方針ヲ執ルノ権ヲ有シ上官ノ訓令ヲ不法若ハ公益ニ反スト認定スルトキハ之ヲ執行スルコトヲ拒ムコトヲ得セシメハ法令ノ解釋ト行政ノ方針トヲ定ムルノ権力ハ最下級ノ執行官吏ニ歸スルノ結果トナルヘシ。是レ現行行政法理ノ許ササル所ナリ。

第二章　人格

第一節　公法上ノ人格

臣民ハ國家主権ノ前ニ絶對無限ニ服從スル者ニシテ國権ニ對抗シ得ヘキ私権力アルコトナシ。若此ノ権力アルトキハ此レ即チ臣民ニ非サルナリ。而シテ國権全能ノ目的ハ國家及個人ノ保全ニ在ルカ故ニ、國法ハマタ國家ノ目的ニ背カサル範圍ニ於テ個人ニ自主ノ權能ヲ認メ之ヲ保護ス。之ヲ國法上ニ人格ト謂フ。人類カ生物界ノ一種トシテ有スル自主ノ存在ハ或ハ天賦固有ナリト云フコトヲ得ヘシ。他ノ動物亦之ヲ有ス。人カ國家團體ノ分子トシテ有スル人格ハ國法ノ認知シ保護スルニ因ル者ニシテ國權ニ服從スルノ成果タリ之ニ對抗スル獨立ノ權力ニ非サルナリ。

人格ハ自主ノ權能ナリ。自主ハ自存目的ノ存在ニシテ權能ハ之ヲ實行スルノ力ナリ。人ハ國家主權ニ反抗スル先天既得ノ人格ナシ。然レトモ國權ノ下ニ立ツ官府人民相互ノ間ニ於テ之ヲ主張スルコトヲ得ヘキナリ、

學者行政法ヲ解シテ治者被治者ノ關係ヲ規定スル法則ナリト爲ス。或ハ其ノ定義精確ヲ欠クノ恐レナシトセサレトモ行政法ノ本質ハ實ニ茲ニ存スルナリ。若行政ハ物件ヲ處理スルニ止マリ人格ヲ認メサレハ行政法ハ國家カ官府ニ其ノ職司ヲ訓示スルノ規程タルニ止マリ外部ニ對シテハ行政ハ唯事實ノ現表ニシテ法理ノ問題ニ上ラス（專制政治）。而シテ今、行政行爲カ法理關係タル所以ハ官府ノ職權ノ行使ハ國法上侵スヘカラサル人格ニ對スレハナリ（法治國）。

人格ノ範圍ハ國法ニ由リテ定マル。國權ノ外ニ超然獨存スル者ニアラスシテ國法ノ變更ニ由リテ伸縮ス。故ニ豫メ其ノ限界ヲ列序スルコト難シ。若從來學者ノ說明シタルカ如ク人ハ同等ニシテ國權モ侵ス能ハサル一定ノ自由ノ範圍アルモノタラシメハ行政法理ノ解釋ハ甚容易ナルヘシ。然レトモ人格ハ國法ニ由リ常ニ變動シ又等差ヲ生シ得ヘキカ故ニ現行法理ヲ追フテ之ヲ解セサルヘカラス。是レ行政法ノ全體ヲ說明シタルノ後ニ非サレハ人格ノ實質ヲ知ル能ハサル所以ナリ。

人格ノ範圍ヲ單純ニ行爲ノ自由ナリト解スヘカラス。自由トハ國法ノ禁止セサル消極的ノ狀況ヲ謂

フモノニシテ自主目的ノ爲ニ存スルト否ラサルトハ問ハサルナリ。人格ヲ成ス者ハ個人自主ノ目的ノ爲メニ存在スル權能タリ。何ヲ人生自主ノ目的ト爲スカハ法理ノ解釋ヲ以テ決スル所ニ非ス。然レトモ國法ハ社會ノ現狀ニ依リ身體財產榮譽ノ權能ヲ以テ人格ヲ成ス重要ナル素質ト看做シ之ヲ認許シ之ヲ保全スル者ナリ。

行政行爲ヲ以テ人格ヲ毀損スルコトヲ許サス。是レ行政法理ヲ一貫スルノ原則タリ。凡ソ行政官府カ職權ニ因リ規則ヲ發シ處分ヲ行フニ當リ一方ニ於テハ法令ノ條規ヲ撿案シ之ニ違フコト無キヲ期シ、一方ニ於テハ國法ノ認知シ保障スル人格ヲ愼重シ其ノ範圍ヲ侵スコトヲ避ケサルヘカラス。法ニ違ヒ若ハ人格ヲ侵犯スルノ行政行爲ハ當事者ノ爭訟ヲ許シ監督若ハ裁判ニ依リテ之ヲ排除セシムルノ制度漸ク啓發ノ途ニ止リシハ立憲制ニ則ルノ美果ノ一ナリ。

第二節　公法上ノ權利

公法上ノ權利ハ法ニ依リ意志ヲ以テ人格ヲ主張スルニ由リテ發動ス。私法ハ主トシテ權利關係ヲ規律ス。故ニ權利ノ看念ヲ基礎トシ權利ノ歸屬スル所（權利ノ主體）ヲ人格ト稱ス。公法ハ主トシテ人格關係ヲ規律ス。故ニ人格ノ看念ヲ基礎トシ人格ノ發動スル所ヲ權利ト稱ス。

公權ハ人格權ナリ。人格ト權利トヲ同一物ナリト謂フニ非ス唯公法上ノ權利ノ實質ハ人格其ノ物ノ保全ニ在ルノ意ナリ。公權ハ人格ヲ防衛シ主張スルカ爲メニ存在ス。

國家カ個人ノ人格ヲ認メ之ヲ保護スルニ當リ國權ヲ以テ其ノ保全ヲ務ムルノ外、私人ノ意志ヲ以テ國法ノ保護ヲ請求スルヲ許サヽルコトアルヘシ。此ノ場合ニハ人格ノ安全アルヘキモ未タ權利ヲ成ササルナリ。私人ノ意志ニ因リ法ノ保護ヲ請求シ人格ヲ全ウシ得ヘキ場合ニ於テ之ヲ権利ト認ムヘキナリ。故ニ公権ハ人格自衛ノ権ナリ。

単純ナル自由ト安全トハ所謂法律ノ反射ナル場合多シ。例セハ國家ハ単ニ行政官府ノ職権ヲ限局シ又ハ公益公安ノ爲メニ一般ヲ警戒スルノ結果ハ人格ノ自由及安全ヲ成スノ類ナリ。是レ権利ニ非サルナリ。権利ト謂フトキハ自主目的ノ爲メニ存在シ又國法ニ倚頼シテ主張スルコトヲ得ルヲ要素トス。此ノ二者ヲ混同セサルコトヲ要ス。

人格ハ自主ノ権能ナリ。自由及権利ハ自主権能ノ實行タリ。近世ノ行政ハ人格ノ自由ヲ保護ス。既ニ著大ナル進歩ナリ。之ニ加フルニ公法上ノ権利ヲ認メ國権ノ濫用ニ對シ人格ノ獨立ヲ自衛スルノ途ヲ啓ク。是レ立憲行政ノ特色ニシテ所謂法治ノ理想ニ合フ者ナリ。

第三節　行政訴願

立憲政體ノ行政ハ國法ヲ以テ官府ノ権限及臣民ノ自由ノ範圍ヲ明晝ス。上ニハ超ユヘカラサルノ官府ノ権限アリ。下ニハ主張シ得ヘキ個人ノ人格アリ。茲ヲ以テ行政法ハ監督ノ権ヲ以テ下級官廳ノ職権ヲ警戒シ、又行政ノ處分ニ對シ人格ノ権利自由ヲ主張スルコトヲ許ス。是レ訴願及訴訟ノ法ノ具ハル所以ナリ。

行政廳ノ不當ノ處分ニ由リ人格ノ自由ヲ毀損セラレタリト爲ストキハ上級行政廳ニ訴願シテ裁決ヲ求ムルコトヲ得。之ヲ行政訴願ト謂フ。大権ノ行動若ハ立法行爲ニ對シテハ請願ノ自由(憲法第三十條)アリテ訴願ノ権ナシ。請願ハ法令ノ變更、施政ノ便否、凡ソ一般公共ノ利害ニ係ルコトヲ得。訴願ハ行政處分ニ對シ個人ノ利害ヲ訴フル者ナリ。

訴願ハ行政處分ニ對スト云フトキハ行政ノ法規ヲ訴フルコトヲ許サルルナリ。規則其ノ物ノ廢止變更ヲ求ムルコトヲ得ス。規則ノ適用ヲ受ケタル時ハ其ノ處分ヲ訴フルコトヲ得ヘシ。不當ノ處分ト謂フトキハ違法、越權、又ハ上官ノ訓令ニ戻リ公益ノ便宜ニ合ハサルノ場合ヲ汎稱ス。訴願ハ執行處分ニ對スルノミナラス又職權處分ニ對スルコトヲ得。是レ行政訴訟ト其ノ範圍ヲ異ニスル所ナリ。

人格ノ自由ハ國法ノ認許セル行爲ノ自由タリ。人格ノ自由ハ絶對的ニ行政權ニ對シテ保障セラレタル者ニ非ス。法ニ依リ若ハ公益ノ爲ニ常ニ行政處分ニ由リテ制限セラルルヲ免レス。然レトモ不當ノ處分ニ由リテ制限セラルルトキハ之ヲ訴願スルコトヲ許ス者ナリ。

訴願ハ處分ヲ爲シタル行政廳ニ對シ之ヲ其ノ上級行政廳ニ提起シ裁決ヲ乞フ者ナリ。先ツ處分ヲ爲シタル行政廳ヲ經由シテ、之ヲ其ノ直接上級行政廳ニ提起ス。而シテ尚其ノ裁決ニ不服ナルトキハ更ラニ其ノ上級行政廳ニ上訴スルコトヲ得ヘシ。遞次相進ミ各省大臣ノ裁決ヲ以テ終結トス。

現行法ノ訴願ト範圍及手續ハ行政組織ノ篇ニ於テ之ヲ詳ニ説明スヘシ。唯行政訴願ハ人格ヲ主張シテ行政權ニ對スル形式ノ一タルコトヲ示スニ止マルノミ

第四節　行政訴訟

行政廳ノ違法ノ處分ニ由リ權利ヲ毀損セラレタリトスル者ハ之ヲ裁判所ニ訴ヘテ處分ノ廢止變更ヲ請求スルコトヲ得。之ヲ行政訴訟ト謂フ。行政訴願ハ處分ノ不當ヲ行政廳相互ノ監督權ニ訴ヘテ利益ヲ全ウスルモノナリ。行政訴訟ハ處分ノ違法ヲ獨立ノ裁判所ニ訴ヘテ權利ノ侵犯ヲ排除スルモノナリ。

二者共ニ行政權ニ對シ人格ヲ防衛スルノ具タル者タリ。

行政訴訟ハ行政處分ニ對スルモノニシテ大權及法律ニ對スルコトヲ得ス。又處分ヲ訴フルモノニシテ行政ノ規則其ノ物ニ對抗スルヲ許ササルハ旣ニ訴願ノ場合ニ說明セル所ト異ナルコトナシ。

行政廳ノ職權ニ因ル便宜處分ハ法規ノ範圍內ニ於テ公益ヲ按撿シテ執行スルノ自由アルカ故ニ法令ノ規定ニ牴觸セサル限ハ之ニ對シテ訴訟ナシ、其ノ執行處分ハ直接ニ法則ノ條規ヲ個人ニ執行スルモノニシテ職權ノ裁量ヲ以テ伸縮スル餘地ナシ。故ニ行政官府ハ若其ノ適用ヲ誤リ不法ノ處分ヲ爲スコトアラハ個人ハ法規ニ倚賴シテ其ノ矯正ヲ請求スルコトヲ得ヘキナリ。

權利ハ人格ノ享有スル所ニシテ國法之ヲ保證ス。個人相互ノ間及行政官府ニ對シテ之ヲ主張スルコトヲ得ヘシ。國權ハ一般ニ其ノ安固ヲ保護スルノミナラス權利者カ其ノ侵害ヲ國權ニ訴ヘテ國法ノ保護ヲ請求スルコトヲ許ス。是レ私權及公權ノ訴訟ナリ。而シテ其ノ行政處分ニ對スル者ハ之ヲ行政訴訟トシ特ニ行政裁判所ヲ設ケテ之ヲ審判セシム。

行政裁判所ノ構成、權限、及行政訴訟ノ範圍ト手續トハ行政組織ノ篇ニ於テ詳細ニ之ヲ說明スヘシ。訴訟審判ノ制度ハ現行法令ノ解釋問題ニシテ時宜ニ由リ其ノ趣ヲ一ニセス。唯行政處分ニ對スル訴權ヲ認メ人格ヲ權利トシテ主張スルコトヲ許スハ近世立憲政體ノ啓發ニ係リ行政法ノ主義ノ分カルル所タリ。公法上ノ人格ト權利トヲ認メタルノ結果トシテ訴願及訴訟ノ權アルモノハ行政ノ主義相通シ法理ヲ全ウスル所以ナリ。學者之ヲ立憲法治ノ制ト稱ス。

（『行政法大意』（一八九六年）より）

二　官吏ノ職務上ノ過失ニ因ル賠償責任

行政法則ハ國家ト個人トノ自由權利ノ範圍ヲ區劃スル者ニシテ行政官ハ之ニ依リテ之ヲ行フヘク之ニ違反スルヲ許サヽルハ法治國ノ主旨タリ。今若行政官カ職務執行ニ際シ法ニ反シ權利ヲ侵害シ一個人ニ損害ヲ加フルコトアラハ之ニ對スル救濟ノ途ナカルヘカラサルナリ。然ラサレハ何ソ立憲法治ノ實アラン。而シテ世上官吏ノ賠償責任ヲ論スル者稍モスレハ立脚ノ地ヲ誤リ爲ニ其論結迂遠ニシテ實行ニ適セサルノ弊アリ。予敢テ此ノ數行ノ短文ヲ以テ此ノ問題ヲ分疏セント欲スルニアラス。正當ナル解釋ヲ爲スニハ正當ナル前提ニ依ラサルヘカラサルノ注意ヲ促スノミ。

官吏カ職務上ノ過失ニ因リ人民ニ損害ヲ加ヘタルトキハ賠償ノ責ナシト論スル者アリ。蓋是レ國家ノ責任ト官吏ノ責任トヲ混スル誤解ニ根由スルナラン。又之ニ反シ、官吏ノ職務上ノ不法行爲ヲ論スルニ直ニ民法ノ不法行爲ノ規則ヲ適用シ且ツ國家ト官吏トノ相互ノ關係ヲ直ニ雇主ト雇人トノ民法上ノ關係ニ歸シテ其責任ヲ說ク者アリ。蓋是亦官吏ノ行爲ハ國權ノ動作ニ係ルカ故ニ更ニ行政ノ特性ニ伴フノ別種ノ法理アルコトヲ知ラサルノ誤解タルヲ免レス。

官吏カ其職務ノ行使ニ際シ不法行爲ニ因リ損害ヲ加ヘタルニ由リテ生スル賠償ノ責任ハ私法的ノ賠償責任ナリ。私法的ト謂フハ民法ノ法章ノ規程カ直ニ之ニ適用セラルト云フノ義ニアラス其責任ノ實質カ權力關係ヲ爲サス私法的ナリト謂フナリ。故ニ特別ノ法理ナキ以上ハ私法ノ不法行爲ノ原則ノ適用ヲ受クト雖官吏ハ國權ノ行使ヲ任務トスルカ故ニ行政法理ノ影響ヲ受ケ其責任カ變體ヲ呈スルナリ。

官吏ノ責任ニ對スル特別ノ法理ハ責任ノ生スル原由ト免責ノ理由トニ關ス。官吏ノ人民ニ對スル責任ハ其行爲カ不法ニシテ權利ヲ侵害スト謂フノ單純ナル原由ニヨリテノミ生セス、單ニ職務違反ノ結果タルコトアリ。官吏ノ其職務違反ノ行爲カ國家ト個人トノ關係トシテ看察スルトキハ權利ノ侵害トナラス個人ノ國家ニ對シ權利ナキ場合ニ於テモ、官吏ハ國家ノ命スル其職務ニ違反シタルノ原由ニテ個人ニ對シ責任ヲ生スルコトアリ。是レ變體ノ一ナリ。之ニ反シ官吏ノ行爲カ國家ト個人トノ關係トシテ看察スレハ不法ノ行爲タリト雖、官吏ニ於テ職務違反ノ行爲ニアラサルトキハ其責任ヲ生セサルコトアリ。要スルニ第三者タル個人ニ對スル官吏ノ責任カ行爲ノ不法ト謂フノ原由ニ因ラス寧ロ職務ノ違反ト謂フノ結果タル所ニ注意スルヲ要ス。普通法ニ於ケル雇主及雇人ト第三者トノ關係ニ在リテハ雇人ニ於テ委任ニ反スル行爲アリトモ其行爲ノ結果カ第三者ト雇主トノ關係トシテ不法ニアラサルトキハ雇人ハ（雇主ニ對スルノ外）第三者ニ對シテ責任ヲ生セサルヘシ。官吏ノ場合ニ於テハ此ノ委任違反ノ結果カ直接ニ第三者ニ對スル責任トナル所特種ノ變形タル者ナリ。

官吏ハ國家ニ對シテ或行爲ヲ爲スヘキ義務ヲ有スル場合ニ之ヲ爲サヽルニ由リテ第三者タル人民ニ對シ直接ニ賠償ノ責任ヲ生スルコトアリ。普通民法ノ雇傭ノ關係ニ於テハ雇人カ主人ノ命シタル行爲ヲ爲サヽリシ場合ニ、若第三者カ其不作爲ニ由リ權利ノ侵害ヲ受ケタルトキハ雇人ニ對シテ要償ノ權ヲ生セス主人ニ對スルノ權トナルヘキナリ。官吏ハ國家ニ對スル義務ヲ怠リシニ因リテ第三者ニ對シテ直接ノ責任ヲ生スル所是レ亦普通民法ニ異ナル點ノ一タリ。公ノ營造物行政ノ範圍ニ於テ往々此例アルナリ。

威力ト錯誤トハ普通法ニ於テモ責任免除ノ理由トナルコトアルヘシ。然シ官吏ノ場合ニ於テハ其免責ノ原因タル範圍カ普通法ニ於ケルヨリモ遙ニ大ナリトス。是亦責任ノ特種ナル所ナリ。官吏ハ錯誤ニ由リテ個人ニ對スル責任ヲ免カル。錯誤トハ普通法ノ所謂錯誤ニアラス、獨乙行政法ニ所謂「アムトリヘル、イルツム」ナリ。職務規程ノ要スル形式ト手續キトヲ充タシ爲シタル行爲ハ事務繁劇ノ爲、知識ノ不足ノ爲、急迫ノ爲等ニ依リ其實質ニ過失アリタルト雖尚職務違反ト見做サレス。故ニ責任ヲ生セサルナリ。又上官ノ訓令ヲ執行スル場合ニ於テハ其執行手續及形式カ下官ノ職務規程ニ依準シタルトキハ其實質ノ不法ナリシニモ拘ハラス其責任ヲ免カル。普通法ニ於テハ in dubio abstine ノ原則ニ由リ委任者ノ命スル所ナリト雖受任者ニ於テ第三者ノ權利ヲ侵害スヘシト確信スルトキハ之ヲ爲サヽルノ權利アルヘシ。行政法ニ於テハ下官カ上官ノ命令ヲ審査シ拒否スルコトヲ許サス。故ニ命令ニ由リ免責ノ範圍カ大ナル所以ナリ。執行官吏ハ此ノ免責ノ特制アルカ故ニ敏活ニ行政ヲ執行スルコトヲ得ルナリ。

要スルニ免責ノ理由タル錯誤及命令ノ適用ノ範圍カ如此廣キカ故ニ普通私法ノ場合ニ於テハ責任ヲ生スヘキトキト雖官吏ノ職務上ノ過失ニ係ルトキハ責任ヲ生セサルコト多シトス。私法論者カ官吏ノ責任ヲ以テ通常私人ノ責任ト同一視シ又公法論者カ一概ニ官吏ノ職務上ノ過失ニ因ル賠償責任ヲ否認スルカ如キ、共ニ偏見ニ屬シ公正ヲ失フ。官吏ハ職務ノ執行ニ際シ實際賠償ヲ負擔スルコト少ナキハ其免責ノ理由ノ適用ノ場合多キカ故ノミ。法理上無責任ナルニ非ス。又如此ナラサレハ行政ハ敏活ニ行ハレサルナリ。國家ト官吏ト人民トノ關係ヲ雇主ト雇人ト第三者トノ關係トシテ其相互ノ責任ヲ論スルハ民法ノ規定アルヲ知テ別ニ公法上ノ原則アルヲ知ラサルノ學者ノ通弊タリ。敢テ一言シ以テ初學者ノ參顧ニ供ス。茲ニ論スル點ハ官吏カ人民ニ對スル責任ノ問題ナリ。官吏ノ國家ニ對スル關係、及國家ノ個人ニ對スル賠償責任ハ、更ニ別ノ問題ニ屬ス、或ハ次回ニ之ヲ説明スルコトアラン

（『法學新報』第七十三号（一八九七年四月））

3　国家社会主義志向

一　國家全能主義

予ハ寸暇ヲ得ル毎ニ國家全能ノ主義ヲ辯明スルコトヲ怠ラス何トナレハ立憲制度ノ誤解ハ國權ノ作用ヲ痲痺シ社會問題ノ地歩ヲ成スノ遠慮アレハナリ我國朝野ノ政理論ハ多クハ歐洲大陸ニ於イテ四五十年前（中央歐洲立憲制實施ノ際）ニ行ハレタルノ立憲說ト暗合シ權ノ作用ヲ檢束スルヲ以テ憲法ノ美果ト爲シ社會ノ自治ヲ以テ政策ノ上乘ヲ得タリトスルニ似タリ然レトモ歐洲ノ立憲制度ハ此ノ當初ノ希望ヲ滿タスコト能ハス憲章ノ墨痕未タ涸カサルニ政權濫用ノ弊ハ既ニ社會ノ最下層ヨリ憲法ノ敵ハ暴君汚吏ニアラスシテ社會ノ貧苦ナルコトヲ回顧スルトキハ所謂立憲制ノ前途ノ爲メニ憂懼ナキ能ハサルナリ幼稚ナル社會ハ自己眞正ノ需要ヲ悟ラサルカ故ニ漫ニ「國家ヨ我ニ自由ヲ與ヘヨ」ト呼ヘリ茲ヲ以テ立憲派ノ政理論ハ政權ヲ分配シテ其希望ニ副ハント欲スト雖社會眞正ノ需要ハ衣食ニ在ルヲ以テ民衆ハ早晩「君主ヨ國會ヨ我ニ一椀ノ飯ヲ與ヘヨ」ト云フノ聲ヲ發スルナルヘシ是レ主權ノ社會

ト關渉セムコトヲ促ス者ニシテ國家全能ノ力ヲ以テ之ニ當ルニアラサレハ恐ラクハ社會ノ平和ヲ維持スルコト難カラン

歐洲ノ立憲代議及地方自治ノ制度ハ終ニ社會優族政治ニ歸スルコトハ現今歐洲政治史諸大家ノ論證シテ疑ヲ容レサル所ナリ彼ノ立憲君主ハ憲法ニ由リテ其責任ヲ解キ國家ト同一體ヲ爲サス國家ノ生存榮枯ヲ以テ自己ノ生存榮枯ト爲サヽルナリ社會ノ最大部分ハ財產多カラサルノ科罰トシテ參政ノ權ヲ奪ハル獨リ國會ヲシテ我ハ國家ナリト云ハシメ人民總代ノ名ヲ犯サシム然レトモ國會ハ財產ノ團塊ナルカ故ニ社會下層ノ希望タル社會ノ貧苦ハ社會之ヲ負擔スヘシト云フノ主義ヲ採ルコト能ハス却テ政府ノ干涉政略ヲ非難シ政費ヲ節減シ以テ社會財產ノ負擔ヲ輕ウセント欲セリ自由主義ノ政理論ハ之ヲ立憲ノ妙所ト爲スト雖立憲制ノ社會ノ希望ニ副ハサルハ實ニ此ノ點ニ在リ民衆ハ政費節減ヲ欲スト云フハ机上ノ空理ノミ歷史ヲ案スルニ節儉ナル政府ハ多クハ民望ナシ古來仁君明主ト稱スル者ハ多クハ社會主義ノ臭氣アリ民ノ膏血ヲ絞リ其宮殿ヲ莊嚴ニシ其寵臣ヲ富マスノ君主ハ民ノ怨府タリト雖彼ノ普國歷代ノ君主ノ如ク自ラ處スル極メテ素朴節儉ニシテ而シテ過酷ノ稅ヲ收メ大土木ヲ起シ大工場ヲ設ケ民衆ヲ驅シテ殖產ノ業ニ使役スルトキハ人民ハ租稅ノ酷ナルヲ問ハスシテ却テ活潑ノ政策ヲ欣フ者ナリ唯社會ノ優族ハ之ヲ厭フ其理由知ルヘキノミ租稅ヲ負擔スル者ハ此輩ナレハナリ社會政策ノ爲メニ不利益ヲ蒙ムル資本家ハ此輩ナレハナリ玆ヲ以テ社會下層ノ利害ト國會ノ利害ト協和セス發シテ所謂社會問題トナルノ已ム能ハサル所由ナリ國家全能ノ主權獨リ君主ノ身ニ在リ能ク國會ヲ統御シ能ク社會ノ劣族ヲ保護スルノ權力ヲ把持スルニアラサレハ國家ノ災害實ニ不測ニ出ントス然ルニ立憲制ヲ談スル者或ハ容易ニ主權制限ノ說ヲ爲ス社會前途ノ爲メニ太タ憂フヘキナリ

歷史ヲ讀マサルノ人ハ幸福ナリ憲法ト國會トハ國家ノ百病ヲ醫スルノ全能力アリト確信シテ疑ハサルノ人ハ萬歲ヲ唱ヘテ餘憂ナカルヘキモ歐洲政治史ハ反對ノ事實ヲ顯呈スルヲ如何セム佛國ハ君主ヲ逐ヒ人民陛下ノ治世ト爲リテヨリ百年憲法ヲ更ムル幾回ナルヲ知ラス而シテ未タ堅固ノ政府ヲ組織シ得ス南歐諸邦ハ漸々君主制ニ復舊シ白耳義ノ如キ「スヰス」ノ如キ小國ノミ能ク民衆政治ヲ維持スルニ過キス獨逸帝國ハ國會ヲシテ專制ノ實力ヲ有セシメス全然ノ主權ハ能ク國會ヲ馭シ能ク社會ノ下層ト結托シテ帝國ノ威嚴ト平和ヲ保守ス英國ハ議院政治ノ祖國ト稱シ立憲派ノ誇稱シテ政治ノ模範ト爲スト雖英國立憲制ノ盛時ハ既ニ過去ノ談ト爲リ近年選擧權ヲ擴張スル每ニ政黨ニ支派ヲ生シ國會ニ新元素ヲ注射シ立法ノ事業ハ澁滯シテ社會ノ急ニ應スルコト能ハス國會ハ發議權《イニシャチーフ》ヲ放棄シテ政府ニ讓リ政治ノ批評者タルノ地位ニ傾ケリ茲ヲ以テ言語ヲ愼ムノ政治史大家ヲシテ立憲政體ハ英國ニ於テハ前途甚タ困難ナリト云ハシメ（メイン氏）又ハ英國ハ遠カラスシテ君主獨裁ノ昔日ニ復スルノ前兆アリト豫言セシムルニ至ル（グナイスト氏）アルベルト氏（ビクトリヤ女帝ノ配偶）カ英國自由主義ノ極點ニ達シタル當時ニ於キテ獨リ「立憲政體ハ今尙試驗中ナリ」ト云ヒテ容易ニ許サヽリシカハ英國學者ハ公ハ獨逸人ナレハ英國ノ政治ヲ解セサルハ怪シムニ足ラスト冷笑セシカ今ハ公ノ墓前ニ昔日ノ失言ヲ謝セサルヘカラサルノ勢トナレリ方今ノ立憲君主ハ「君臨スレトモ政治セス」ト云ヒテ社會劣族ノ多數國會ノ爲メニ壓制セラルヽヲ傍觀スルコト能ハス進ミテ國家ト同一體ヲ爲シ國家ノ生存榮枯ヲ自己ノ生存榮枯ト爲シ全能ノ主權ヲ把持シテ以テ社會劣族ノ天賦ノ保護者タルノ天職ヲ盡スノ決意ナカルヘカラス佛十四代ノルイハ「朕ハ國家ナリ」ト云ヒテ輕躁論者ノ非難ヲ招キタリ然レトモ從來仁君明主ハ「朕ハ國家ノ僕ナリ」（フリードリヒ大王ノ語）ト云ヒツヽ其實ハ朕ハ國家ナリト云フノ政策ヲ採レ

リ何トナレハ社會各層ノ利害ノ軋轢ハ社會ノ上ニ超然タル全能ノ主權アルニアラサレハ之ヲ調和スルコト能ハサレハナリ若シ彼ノ立憲派ノ說ヲ妄信シ國會ヲシテ國家トハ我ナリト謂ハシメハ治世ノ困難ハ終ニ救フヘカラサルニ到ラントス國會ハ討論シテ政治セス政務ノ責ト全能ノ主權ハ君主ニ在リ如斯ニシテ社會ノ貧苦ヲ負擔スルノ劣族モ亦神聖ナル君主ノ全能權ニ倚賴シテ社會優族ノ壓制ヲ免レ悲哀ナル境涯ヲ離レテ社會福利ノ分配ニ當ルコトヲ得ヘキナリ史家トライチケ曰ク「英國ノ社會ハ貴族的ナリ故ニ國會政治ヲ實行スルコトヲ得民衆的ノ社會ハ君主政治ニアラサレハ統治スルコトヲ得ス」ト是レ眞理ノ聲ナリ實驗ノ聲ナリ

（『國家學會雜誌』第四巻第三十九号（一八九〇年五月））

二　新法典及社會ノ權利

吾人ノ權利ヲ明確ニスル法典ノ制定ハ慶事ナリ法典編纂ニ伴フ餘弊ハ憂懼スヘキ者アルナリ編纂ト稱スルモ實ハ外國法ノ繼受タリ我三千年ノ社會ヲ維持シタル祖先ノ遺法ヲ如何セン一日成典ヲ施行セハ百年ノ既得權ヲ生ス私權法ノ改革ハ言フヘクシテ行ヒ難シ今幼稚ナル明治ノ法學ヲ以テ社會經濟ノ組織ヲ確定セントス此ノ日新ノ國運ヲ如何セン閃電窺フヘカラサル社會ノ變態ニ臨ミ流水日ニ新ナル學理ノ進化ヲ迎ヘ此ノ大法典ヲ作爲ス之ヲ提案スル者之ヲ議決スル者其責任ノ重且大ナルヲ知ルカ立

法ノ大本ハ之ニ由リテ決セラレ經濟ノ組織ハ之ニ由リテ定マル個人本位ノ羅馬法系ヲ繼受スルノ果實ハ社會貧富隔絶ノ勢ヲ助成シ此ノ貧富ノ大爭鬪ノ戰場ニ於テ法律ト權利トハ富者カ貧者ヲ殲滅スルノ武器タルコト定論タリ幼稚ナル人民ハ權利ノ何物タルヲ知ラサルカ故ニ漫然我ニ權利ヲ與ヘヨト呼フモ法ノ眞相ヲ解スル者ノ耳ニハ我ニ衣食ヲ與ヘヨト聞ユルナリ今其虛聲ニ應シテ權利ノ空名ヲ與フルモ其希望ヲ滿タス能ハサルナリ萬條ノ法典、精細ヲ極ムト雖モ只此ノ一片ノ眞理ヲ悟ラサレハ何ソ社會ノ福利ヲ全ウスルヲ得ン所有權何物ソ必スシモ先天ノ理法ニハ非ラサルナリ自己ノ衣食ニ供給スルニ要用ナル程度ニ於テ之ヲ享有セノムヘキモ之ヲ擴張シテ同胞ヲ饑餓セシムルモ亦國家ハ之ヲ神聖ナル權利トシ保護セサルヘカラサルカ立法者ハ貧民ノ爲ニ一點ノ淚ナキカ嗚呼我將來ノ民法ニ向テ社會的ノ要素ヲ注入セント試タル我輩ノ熱望ヲ排斥シタル者ハ必ス後ニ悔ユルコトアラン

試ニ念ヘ社會ノ富利ハ個人ノ富利ナリ天下此ヨリモ自明ナル道理ナシ社會全體カ其生活ヲ害セラレサル限度ニ於テ之ヲ個人ノ權利トシテ競爭占取ノ自由アラシムヘシ然ルニ其ノ限度ヲ超エテ尙神聖ナル權利トシテ國家ハ之ヲ保護セサルヘカラサルカ極端ナル個人本位ノ民法ノ權利ハ過失ナキ不幸ナル貧民ヲ餓死セシムルノ權利ナリ其義務ハ勤勞者カ坐食者ヲ養フノ義務ナリ專門ノ士ハ我輩ノ言語ヲ過激ナリトハ云ヒ能ハサルヘシ吾人ハ擎天架海ノ高論ヲ爲ス者ニ非ス彼レ「コムミユニスト」ノ類ノ如ク社會ノ大革命ヲ主張スル者ニ非ス學理ニモ實際ニモ着々行ハレツヽアル立法ノ精神ヲ維持スルニ外ナラサルナリ吾人ノ希望ハ羅馬法系ノ法理タル極端ナル個人主義ニ調和スルニ我固有ノ家族制ノ形式ニテ發達セル公同精神ヲ擴張シ家產ハ以テ先ツ家族ノ生活ヲ本旨トスルカ如ク社會ヲ社會トシテ少シク社會ノ富ノ分配ニ與ラシメ社會ト其ノ忠良ナル人民トノ間ニ相扶養スルノ責務アルノ精神ヲ認メヨ

ト乞フノミ極端ナル個人本位ノ民法ハ個人ハ完全萬能ノ權利ヲ殆ント無限ニ有セシメ社會其物ハ一寸ノ土地一錢ノ金ノ上ニ所有權能ヲ有セシメス是レ我新ニ繼受セル法典ノ主義ニシテ吾人ノ悲ム所ナリ家ニ家産ナシ唯父子夫妻各其ノ獨立ノ資財アルノミ社會ニ公産ナシ唯各人ノ私産アルノミ法典ハ權利ナキ者ハ餓死スヘシト命スルナリ家ハ其族類ヲ養フ資ナク社會ハ貧民ヲ救フノ義務ナシ如此ノ立法主義ヲ採リナカラ一身ヲ犧牲ニシテ家國ニ奉セヨト云フノ倫理ノ大本ヲ維持セントス我輩カ常ニ口ニスル所ノ民法ト倫理トノ一致セサルノ非難ハ果シテ空論ナルカ專門ノ先輩モ尙我言ヲ嘲笑ス況ンヤ滔々タル世人ヲヤ我輩ハ今强テ爭ハス公平ノ判ヲ後人ニ待ツ者ナリ忠孝ノ道固ヨリ利ニ由テ生セス愛國ノ念ハ金錢ヲ以テ買フヘカラス然レトモ家ハ人倫ノ宅ニシテ鄕社ハ公同心ノ養ハルル所タリ而シテ我祖先ノ遺法ハ家國ハ血脉ノ相通スル所タルト同時ニ亦共同經濟ノ主體タリ各人ノ生活ハ直接ニ家國ノ經濟ニ賴ル故ニ家制ハ鞏固ナリ奉公ノ精神ハ旺盛ナリ今ヤ羅馬法系ノ法理ヲ繼受シテ我古法タル公同經濟ノ原則ヲ一洗シテ個人獨立ノ經濟トシ尙倫理ハ國ノ精華トシテ保持セントス亦難哉

羅馬古法ノ羈絆ヲ脫シテ近世社會ノ形勢ヲ看ヨ個人的私權利ノ完全ナル保護ハ經濟ノ發達ヲ促シ福利ノ增進シタルコト大ナルニ拘ハラス其ノ增進シタル富ハ富人ノ富ニシテ社會ノ富ニアラス文明ノ中心タル歐洲ハ貧民ノ苦境タリ彼輩ノ祖先ノ社會ハ其資產多カラサルモ其分配ハ稍當ヲ得タリシナリ何トナレハ日耳曼法系ノ精神ハ公私ノ關係ニ於テ公同體ヲ其本位トナシタレハナリ家族ノ上ニ「ジッペ」アリ「フンデルト」ヨリ「フォルク」ニ至ル整然秩序ヲ失ハス中世ニ及ヒ悉ク古法ヲ維持スル能ハサルモ日耳曼法系ノ精神ハ「共同團體《ゲノッセンシャフト》」ニ存シ羅馬法繼受ノ後モ容易ニ滅亡セス遂ニ純粹ナル個人主義ノ羅馬法ヲ日耳曼風ニ感化シ異樣ナル所謂「近世法」ナル者社會ニ顯ハレタルナリ歐洲ノ民衆ハ其ノ

經歴ヲ覺知スルカ故ニ社會改良ノ企望ハ先ツ羅馬法系ノ法理ノ基本ニ向ヒ所有權ノ限界ニ付キ先ツ疑ヲ生シタルナリ所謂社會改良論ハ祖先ノ古法ニ復セントスルノ企望タリ第十四世紀ヨリ第十六世紀ニ到リ二百年ノ久ニ亙リ名義ニ於テ實際ニ於テ漸ク羅馬法ノ完全ナル繼受ヲ爲シ畢リタルノ大功績ハ民衆ノ怨聲四方ニ起ルノ果ヲ成シタリ個人本位ノ法理ハ今ヤ重圍ノ中ニ在リ其運命知ルヘカラサルナリ政治經濟ニ於ケル國家社會主義ト法理ニ於ケル「ヂルマニステン」ト相提携シテ鋭鋒ヲ羅馬法派《ローマニステン》ノ中堅ニ向クルトキハ其變動如何アルヘキヲ追想スレハ慄然トシテ個人本位ノ嚴正ニ失スル羅馬法理ノ爲ニ畏懼セサルヲ得サルナリ今ヤ我大法典成ル一語ヲ天下ノ法學生ニ寄ス此ノ浩翰ナル經典ノ前ニ目暈ミ神醉フテ其ノ奴隷トナル勿レ專門家ハ其術ヲ莊嚴ニスルカ爲ニ奇怪ナル用語ヲ鑄造シ造翰ナル成典ニ案排シ以テ愚人ヲ欺カントス其用語ノ奴隷トナリ其法理ヲ唯一ノ通理トナスコト勿レ予ハ確信ス法理ノ窮極ハコンモンセンスナリト自然法ト稱シ條理ト謂フモ皆コンモンセンスヲ煎シ詰メタル「エキス」ニ外ナラス故ニ先ツ爾ノ純良ナルコンモンセンスニ自信ヲ置ケ予ハ深ク畏ル法典ノ編纂ハ社會臨機ノ立法ヲ澁難ニシ學理日新ノ進歩ヲ沮滯スルコトヲ重テ法學生ニ寄語ス法典ノ形體ニ跼蹐スル勿レ法理ノ天地悠然別ニ法典ノ外ニ在ルアリ

（『法學新報』第六十号（一八九六年三月））

三　立憲政體ノ將來　附立法ノ方針及選擧法

私ハ是レト云ツテ御話スルコトモアリマセヌカ立憲政體ノ將來ノコト、ソレカラ近頃問題ニナツテ居リマス選擧法ナトノ關係ニ就テ世間ニモ注意シテ貰ヒタイト云フコトヲ御話シテ見ヤウト思フ政治家ト學者トハ各々見ル所カ違ヒマスカラシテ私共ハ實際ノ政治ノ事ニモ當リマセス、サウ云フコトニハ關係カ疎イコトカラ立憲政體ノ運用トカ之ニ關聯スル選擧法ノ利害得失等ニ付テハ少シ世上ノ人ノ見ル所ト違フノテアリマス從來歐羅巴テモ日本テモ立憲政體ハトウ云フ事カラ起ツタカト言ヒマスト實ハ極ク單純ナ哲學的ノ議論カ、一ノ原因トナリ又一ハ封建政治ノ餘波トシテ君主カ人民ヲ壓制シタト云フ時ノ弊害此ノ二ツカ原因トナツテ今日ノ立憲政體カ起ツタモノテアリマス哲學的ノ單純ナ理論ト云フノハ一言ニシテ申セハ人間ハ平等ナ者テアル自由ナ者テアル又平等ナル權利ヲ有サナケレハナラヌトカ斯ウ云フ單純ナル理想的ノコトカ學問ガ開ケルト共ニ人ノ頭ニ一般ニ行渡リマシテ昔ノ貴族平民ト云フ如キ階級的ノ制度ヲ破リ所謂民權ヲ主張スル若クハ自由ヲ崇フ或ハ平等ヲ望ムカト云フヤウナ聲カ高クナツテ來ル然シテ遂ニ佛蘭西ノ大革命ヲ惹起ス(ル)ヤウナコトトナツタノテアリマス然ルニ從來カラノ歷史ヲ見マシテモ單純ニ學者カ理論ヲ唱ヘタカラトテ一片ノ理論テ世ノ中カ左樣ニ動クモノテハナイ何レ學者ノ唱ヘル理論ハ時ノ勢ニ投合シテ其ノ風潮ニ乘リ合ハスカラシテ世上ヲ支配スルノテアル若シモ例ヘハルーソート云フ如キ人ノ單純ナ理論カルーソー一個人ノ考テアリマシタナラハ左様ナ影響ハ無カツタノテアリマス併シ丁度其時代ニハ佛蘭西テモ他ノ歐羅巴ノ國テモ國王ノ中央集權カ甚タシイモノテスカラ人民カ苛酷ナ政ニ苦ンテ居タ時代テアル何トカシテ壓制ヲ免レナケレハナラヌト云フ實際上ノ苦痛ヲ感シテ居ツタ時代タカラ恰度其ノ苦痛ヲ免ルル好キ口實トナリ機會トナツタノテアル、ソレテ佛蘭西ノ大革命卽チ舊天地ヲ覆シテ所謂立憲政體ノ基ヲ爲シタノハ其理論ト其時ノ政治ノ弊害トカ結ヒ着イテ働イタ結果テアル此ノ事ハ委シク申シマセヌカ有名ナ佛蘭西ノ歴史家ノテーム〔ヌ〕ト云フ人カ佛國革命歴史ニ最モ明瞭ニ論シテアリマス其ノ勢ニ依ツテ作リ爲サレタル所ノ立憲政體カ歐羅巴大陸諸國ニ行ハレ遂ニ今日ノ日本ニマテモ及ンテ來タノテアリマス

此ノ立憲政體ノ考ト云フモノカ今日ニ至ル迄モ世上ノ人ノ觀ル所テハ甚タ單純ナモノテアツテ人民ハ參政ノ權ヲ得ナケレハナラヌ人民ハ自由ヲ得ナケレハナラヌ政府ハ壓制ヲシテハナラヌ民權ヲ主張シナケレハナラヌ。唯權利トカ自由トカヲ主張シテサウシテ立憲政體トハ自由ト權利ヲ全ウスル目的テアルモノテアルカノ如ク誤解シテ來タノテアル是レハ歴史的ニ見、又學者的ニ見ルト云フト太タ淡白過キタ話テアツテ斯ウ云フモノテ決シテ人間ノ國家的發達ノ目的ハ達セラレルモノテハナイノテアリマス吾々ハ肉體ヲ具ヘタ動物テアル自由權利ハ大切テアリマスケレトモ虛心平氣ニ考ヘテ見マスルト幾ラ自由ヲ貫ツテモ幾ラ權利ヲ貫ツテモ腹カ空イテハ働ケナイ錢カ無ケレハ暮セナイ身體カ虛弱テハ何事モ出來ナイ詰ル所一個人トシテモ社會全體トシテモ歸スル所ハ人間社會ノ幸福ト云フハ實質的利益ヲ得ナケレハ成立タヌモノテアル權利自由ハ大層大切ノコトノヤウテアリマスケレトモ、ソレハカリテハ何ノ益ニモ立タヌ今ニ御覽ナサイ世ノ中ノ人ニ十分ナル權利ヲ與ヘ例ヘハ選擧權ヲ擴張シテ全國ノ人皆選擧權ヲ有スト云フヤウニスルト面倒臭イ警察タノト云フモノヲ成ルヘク省イテ運動ノ出

來ルヤウナ方法ヲ與ヘルト見テ、ソレハ一個人ニ於テモ社會ニ於テモ決シテ目的ヲ達シハシナイ世ノ中ノ人々ハ自分ノ最終ノ目的ヲ能ク了解シナイノテアリマスカラシテ唯口ニハ自由ヲ與ヘヨトカ言ヒマスケレトモ亓ハ必竟自分ノ目的ヲ解シ得ナイノテ眞正ニ其ノ望ム所其ノ欲スル所ハ我ニ米ヲ與ヘヨ我ニ暖キ衣服ヲ與ヘヨ錢ヲ吳レヨト云フノカ眞正ナル終局ノ目的テアル

政治家テモ學者テモ世上ノ人ノ呼ヒ聲ニ迷ハサレテハナリマセヌ彼等ハ權利カ欲シイ自由カ欲シイト言ヒマスケレトモ實ハ其欲スル所ハ財產、幸福ノ實益ニアルコトヲ了解シナケレハナラナイ是ハ當リ前ノコト、私ハ思フ併シ存外世間ノ政治家トカ論客トカ言フ人ハ重ク見テ居ラヌカラ將來ニ於テ此立憲政體ヲ運用シテ行クニ就テ思ヒ違ヒヲシテ困ルコトカアリハセヌカト懸念スルノテアリマス吾輩ノ見ル所テハ立憲政體モ既ニ我國ニ試ミテ今日マテハ結果ノ好イ發達ヲシテ居リマスケレトモ立憲政體ハ詰リ道具テアツテ鋤トカ鍬トカ云フ道具ニ止マツテ幾ラ揃ヘマシタ所カ目的ニハ前途遙カノコト、思フノテス然ルニ先刻モ申シタ通リニ誤解カアルタメニ立憲政體ノ完成ヲ期スルナト、大キナ事ヲ言フ人達カ何ヲ望ンテ居ルカト云ヘハ矢張政黨內閣ニシナケレハナラヌトカ又ハ政黨政治ニシナケレハナラヌトカ云フ外面ノミテ意味ノ無イコトヲ言フテ居ルノハ、マタマタ餘程幼稚ナ時代テアルト思フノテアリマス成程立憲政體ニナリマシタ以上ハ所謂政黨ト云フモノモ起ルノテアリマセウ、ケレトモ政黨ヲ組ンテ大多數ヲ占メテ、サウシテ政府ノ權力ヲ取リ遣リヲシテ見タ所テ決シテ其目的ヲ達セヌノテアリマス個人的ノ卑劣ナ話ヲシテ見レハ其樣ナ騷ニ乘シテ微々タル報酬テモ得ヤウトカ微々タル虛榮テモ貪ラウトカ云フナラハ、ソレハ又ソレタケノ目的ハアリマセウ大臣ニナリタイトカ知事ニナリタイトカ、サウ云フ目的モアリマセウ、ソンナ事ナラハ大キナ國家ノ問題トシテ政黨ヲ見ルニ

ハ足ラヌノテス政黨ニ重キヲ置テ見ル所以ハ何テアルカトイヘハ何カソレニ付テ社會全體ノ利害ニ關スルコトテナケレハ一向ニ局外者カ政黨ニ重キヲ措ク必要ハナイノテアル併シ敢テ日本ハカリヲ惡ク言フノテハアリマセヌカ歐羅巴テモ同シコトテアル學者ノ眼カラ見ルトキハ何ノ爲メニ政黨ナト、云フモノカアノ様ニ騷イテ居ルノカ解シ得ナイ寧ロソレヨリハ勞働者カ組合ヲ作ツテ資本家ニ迫ツテ賃銀ヲ上ケサセヤウトカ又ハ之ニ反對スルカ爲メニ資本家カ組合ヲ作ツテ勞働者ノ賃銀ヲ値切ツテ安クサセ聯合ノ勢ヲ以テ自己ノ利益ヲ計ルトカ斯ウ云フ黨派ト云フモノハ其趣意カ能ク分ル彼等ハ衣食ニ窮シ財産ヲ欲スルカ爲メニ其ノ目的ヲ達スルカ爲メニ團結シタリ運動シタリスルノテアリマスケレトモ權利トカ自由トカ云フ虚名ノミテ實際ニハ何ヲ欲スルヤラ他人ニモ自分ニモ分ラヌコトテ以テ多數カ寄リ集マツテ黨派トカ云フテ騷クノハ是ハトウモ實益ノ少ナイコトテアリマスカラ立憲政體ノ將來ニ於テハ私ハ永續シナイコトテアラウト思フ所謂經過時代ノ現象デアツテ歴史ノ進ミ行クニ從ツテ永クハ續カヌコト、思フ

然ラハ將來ニハトウナラウカト思ツテ見レハ政治的黨派カ盛ニナルヨリハ寧ロ社會的ノ黨派カ盛ニナルテアラウト思フ社會的黨派ト云フノハ社會的ノ實利實益ヲ欲スル所ノ聯合體テアル政治的黨派ト云フノハ所謂今日ノ政黨テ甲黨乙黨ト分レテ居リマスケレトモ其間ニトレ丈ノ主義方針カ違フカト云ヘハ何モ大シタコトハナイ何ヲ看板ニ掛ケテ騷クカト云ヘハ唯權利トカ自由トカノ虚名ニ過キナイ個様ナコトハマタ幼稚ノ爭テ到底永續スルモノテハナイト思ヒマス所カラ將來ニ於テハ政治的黨派カ一變ヲシテ社會的ノ黨派トナルテアラウ社會的黨トハ例ヘハ經濟問題ニ於テ云ヘハ今日ノ經濟組織テハ富ム者ハ益々富ミ貧ナル者ハ益々貧ニナツテ斯テハ吾々貧民ハ行立タヌニ依テ社會ノ組立ヲ幾分カ改

良シナケレハナラヌト云フ如キ方面カラ來ルノカ勢カアルタラウト思フ社會黨虛無黨ナトハ一種ノ極端ナル黨派テアリマシテ一概ニ人ノ財産ヲ集メテ平分シヤウトカ政府ヤ法律ト云フモノハ社會ヲ毒スルモノテアルカラ之ヲ打潰シテ仕舞ヘト云フ極端ノ論テ是レハ空想ノ一ツテ容易ニ行ハレヌコトテアリマスケレトモ、サシテ極端ナ事ヲ言ハストモ今日既ニ社會的ノ改良ヲ目的トスル黨派カ澤山ニ起リ社會ノ組織ト云フモノハ唯々財産ヤ經濟ノコトハカリテハアリマセヌ元ヨリ宗教ノ事モアリ道德ノコトモアリ教育ノコトモアリ種々ノ事カアリマスカ其中テ人間ノ免ルヘカラサル第一ノ主要ト云フモノハ經濟ニアルノテスカラ經濟上ノ問題ニ此形迹カ現ハレテ來ル順序ニナル因テ私ノ考ヘル所テハ久シキヲ出テスシテ立憲政體カ良イトカ惡ルイトカ云フコトハ人カ飽キテ來ル立憲政體ハ完全ナ政體テアル之ヲ得レハ吾々ハ滿足スルナト、云フヤウナ時代ハ既ニモウ過去ツタコト、ナツテ立憲政體テアラウカ君主專制テアラウカ其樣ナ名義ニハ少シモ構ハス自由テアラウカ壓制テアラウカ權利テモ束縛テモソンナ名義ニハ拘ラナイ十分ニ寬カニ衣食住カ出來、德義モ發達シ身體モ强壯ニナリ然シテ平和ニ濟ムコトヲ得レハ如何ニ壓制ナ政體テモ如何ニ束縛ナ法律テモ少シモ厭ハヌト云フ考ニ向ハサルヲ得ヌト思フノテス將來ノ立法ハ斯フ云フ方面ニ向ツテ來ルト私ハ斷言シテ宜シカラウト思フ將來ノ人民ハ吾々ヨリハ一層智惠カ附キ怜悧ニナル今ノ人民ニ對シテハ選擧權ヲ擴ケテ遣ルトカ憲法ヲ發布シテ遣ルトカ云フコトカ非常ナ恩惠ナヤウニ思ツテ、ソレテ滿足サセルヤウニ思ヒマスケレトモ將來ノ人ハナカ〳〵サウハ往カヌト思フ然ルニ此社會的ノ問題カ一番解釋ニ苦シイテス立派ナ憲法ヲ書イテ國會ヲ開イテ法律ノ上テ人民ニ權利ヲ與フルト云フ事ハ實ハ大事業テアリマスケレトモ、マタ〳〵言ハ、紙ト筆テ政府ノ威力カアレハ出來ルコトテアリマスケレトモ多數ノ人民カ飯カ喰ヘマセヌ寒クテ困リマスト云フ時ニ之ニ飯ヲ喰ハセ衣物ヲ着セルト云フコトハ憲法ヲ作ル手ヨリハ一段鋭イ腕カナケレハ救濟シテ行クコトハ出來ヌト思フ

餘計ナ話テハアリマスケレトモ近頃新聞紙ヤ世上ノ噂テモ亞米利加ニハ「トラスト」トカ云フモノカ行ハレル或ハ歐羅巴ニハ貧民救助ノ道カ開ケテ居ルトカ色々ナ社會的ノ話ヲ能ク致シマス此「トラスト」ト云フコトハ法律上ノ言葉トシテハ何テモナキコトテ唯々自分ノ權利ヲ人ニ依托シテ行ハシメルヤウナコトカラ起ツタノテアリマスカ唯今テハ其意味ヨリ離レテ大聯合ト云フコトニナツタ製造トカ資本トカ云フモノカ銘々競爭スルト品物ノ價値ヲ糶ツテ益廉價ニ賣ラナケレハナラナイカラ玆ニ安ク賣ルマイト云フ所カラ利益ヲ我カ仲間ニ得ヤウト云フノテアリマス又一方ニ於テハ「ストライキ」ト云フコトモ諸君ノ御聞及ヒノ事テアリマセウカ勞働者モナカ〳〵負ケテハ居ラナイ同盟シテ幾ラ以上ノ賃銀テナケレハ働カナイト云フテ百人ヤ千人カ働カナクテモ尙ホ他ニ澤山働ク者ノアル間ハ恐ルヽニ足ラナイカ大聯合ヲナシテ動カヌ時ニハ如何トモ致シヤウカナイ斯ノ如クニ經濟上ノ利益ノ競爭ノ問題ニナルト一日テモ社會ノ車カ廻ルノカ止ツタ時ニハ世ノ中ハ如何ニ苦シキ目ニ逢フカ知レナイ其以上ノ經濟的問題ニ就テ未タ大キナ困難カ起ラヌ中ニ着々豫防的ニ法律ナリ制度ナリヲ作ツテ社會ニ對シテ豫メ備ヘル所ノ立法方針カナクテハナラヌ併シトウモ未タ現今ノ明治社會テハ其所マテニ手カ及ヒ兼ヌルヤウテアル詰リ其ノ必要ナルヲ深ク感セヌカラテアリマセウ

私カ右樣ナオ話ヲスルノモ此ノ頃選擧法ノ改正ヲスルト云フヤウナ話カアリマスノテ矢張リ聯想シテ意見ヲ述ヘルノテアリマス昨年來政治家ノ議論モ聞キ新聞紙上ノ議論モ見マシタ併シ何ヲ論シテ居ルカト云ヘハ大選擧區カ宜シイトカ惡ルイトカ單記カヨイトカ連記カ宜イトカ少數ヲ代表シナケレハ

ナラナイトカ是等ノ問題ハ學問上カラ見ルト極ク表面ノ小サイ問題ト云フヨリ外思ハレナイ左様ナコトハ利害得失ニ就テ實ハ私共モ大シタ問題トハ思ハヌノテアリマス第一政黨ト云フモノカ立憲政體ヲ運用スルト云フコトヲ前定シテカラノ問題テアル大選擧區ニスレハ大政黨カ代表者ヲ得ラレル、カ又少數代表ト云フ方法ニ依レハ小サイ政黨モ幾分カ代表者ヲ出スコトカ出來ル今日所謂政治的ノ黨派ヲイツ迄モ立憲政體ノ基礎テアルト見テソレヲ土臺ニシテ割出シタ僅カナ範圍ニ於ケル利害得失ノ話ニ止ツテ居ル併シナカラ今オ話シタ通リニ政黨ナト、云フコトカ今日所謂政治的ノ單純ナル權利トカ權力トカノ爭奪タケノ目的ノ黨テアルノハ是ハ長イ間ノコトテハナイ詰ル所社會的ノ實利競爭ノ衝突ノ時代トナルニ極ツテ居ル其事ハ能ク考ヘヌト選擧法ナトヲ如何ニ改正シタカ宜イカト云フニ就テ左様ニ容易ク判斷ノ出來ルモノテハナイ法律ハ國會テ議サナケレハナラナイ、シテ見ルト社會ノ經濟的各階級ノ軋轢ト云フコトハ議會ノ上ニ現ハレテ來ナケレハナラナイ其ノ時ニ當ツテハ自由トカ權利トカ進歩主義トカ保守主義トカ云フ單純ナコトテ決シハシナイノテアル例ヘハ製造家ノ利益ニナル事ハ何處マテモ利益ナル法律ヲ作ルコトニ努ムルテアリマセウ土地ノ所有者ノ利益ニナルヤウナコトハ何處マテモ極端ニ地主カ押通ステアリマセウ又社會ノ中テモ資本ヲ持テ居ル者無資力テ働イテ居ル者種々ナル境涯ニ違カアリマスカラ是等ノ利害ノ衝突ハ悉ク議會ノ波瀾ノ上ニ現ハレテ來ルヤウニナル之ヲ豫想シテ參政權ヲ與ヘ之ヲ豫想シテ議會ヲ構造シナケレハナラナイ單純ニ參政ノ權カアルトカ投票ノ自由テアルトカ云フコトテ、サウシテ立憲政體ハ詰ル所政黨政治テアルトカ政黨ノ效力テアルトカ云フコトヲ見テ選擧法ヲ作リ卽チ議會ノ組織ヲナストイフコトハ餘程淺薄ナルコト、云ハナケレハナラヌト思ヒマス近頃佛蘭西ヤ獨逸アタリノ有名ナル學者達ノ書物ニハ屢々見エテ居ルコトテアリマスカ世ノ中ハ詰リ利益ノ爭ニ歸スル併シナカラ利益ノ爭ヲ力ツクニ任シタ時ハ社會ノ組織ヲ打壞ハスカラ國家トカ國憲トカ云フモノカアツテ矢張リ各黨派ノ利益ノ衝突ヲ抑ヘツケテ調和シテ行ク所ノ中心ノ力カナクテハナラヌ、國家トカ法律トカ云フモノハ此社會的ノ利益ノ衝突ヲ調和スル道具テアルト云フコトヲ言フテ居リマスカ無論サウナケレハナラヌノテアリマス國家ハ立法機關テアツテ其調和スル地位ニ立ツモノテアル調和スル所ノ地位ニ立ツ大切ナル國會ノ分子タルモノハ如何ナル者ヲ集メタカ宜イカト云フハ大切ナコトテアル唯人民ハ平等ナル權利ヲ有スルカ故ニ選擧權ヲ與ヘルト云フカ如キ單純ナ考テハ到底其ノ目的ヲ達シ得ナイト思フ

蓋シ國會ヲ組織スルニ就イテ最モ理想的ノコト丶云フモノハ社會ニ於ケル種々ナ利害ヲ成ルヘク其儘ニ縮寫ヲスルカ如クニ國會ニ寫シ出スコトカ目的テアルノテアル、ソレニハ選擧權ノ分配、選擧區ノ配當ト云フモノハ將來ニ於テ唯年齡トカ納税ノ高トカ或ハ府縣トカ市トカ云フヤウナ單純ナ區別テハナラナイ時節カ起ル土地ヲ持テ居ルモノ家ヲ持テ居ルモノ或ハ或種類ノ製造ヲスルモノ勞働者或ハ資本家、學者モアレハ宗教家モアル慈善家モアリ貴族モアリ平民モアルト云フヤウニ種々數へ立テルコトノ出來ナイ利害ヲ共ニスル小團體カ集リ重ナツテ此社會ヲ爲シテ居ルノテアルカラ成ルヘク其混沌タル實況ヲ縮寫シテサウシテ國會ニ現ハシテ社會全體テワイ〳〵多數テ軋轢シテ騷クコトヲ此三百トカ六百トカ云フ小サイ數ノ中ノ騷キニ掬ヒ上ケテシマツテ其處テ十分闘ハシテ公平ナ法律ヲ作ルコトヲ目的トシナケレハナラナイ國會モナク參政ノ權モ與ヘヌ時ニ於テハ其ノ騷ハ全國ノ衝突撲リ合ニナツテ仕舞フノテアル、ソレヲ僅カナ人數ニ限リ僅カナ範圍ニ縮メテ其處テハ十分ニ物ヲ言ハセ爭ハセテ公平ナル政治ヲシヤウト云フノカ代議政體ノ根本テアル夫レヲ達スルニハ其目的ニ適フヤウナ選

擧ノ區劃モ拵ヘナケレハナラナイ目的ニ適フヤウナ選擧權ノ分配モセネハナリマセヌ斯フ云フコトハ將來ヲ遠ク見タ話テ目下實際家トカ政治家トカ云フ人ニ話シタ所カ學者ノ空論トシテ顧ミラレヌテス所謂實際家政治家ト云フ者ハ今日ノコトノミヲ見ルノテアリマスカラ選擧トカ代表トカ云フコトノ利害得失ヲ論スルニ眞トニ議論ノ範圍カ狹クテ困ルノテアリマス選擧區ト云ヘハ是レハ府縣ニシヤウカ又ハ其中ノ小サイ區劃ニシヤウカト云フ位ナ話テ土地ヲ區劃スル位ノコトニ考ヘテ見ル選擧區ノ作リ方ニ依ツテ何モ地理的ニ分ツニハ及ハナイ卽チ職業的ニ別ツテモ宜シイ人ノ年齡ニ依テ別ツテモヨロシイ又參政權ヲ與ヘル標準ニシマシタ所テ租稅ヲ五圓ニシヤウカ十五圓ニ仕樣カト云フ位ナ小サナ問題ニ止マツテ居ル左樣ナコトトテハ唯今述ヘタ樣ナ大問題ニハ適合セヌノテアル租稅年齡位ノコトテハナイ何事ヲ標準トシテモ宜シイノテアル女ニハ選擧權ヲ與ヘナイト云フコトハモウ誰モ異存ノナイ問題ノヤウニシテ居ルカ將來ニ於テハナカナカ其ノ樣ナコトカ言ヒ通セルモノテナイ女タノ男タノト云フ區別ハ小サイ問題テアツテ、トウ云フ所ニ標準ヲ取ラナケレハナラヌカトイフコトハ學者ノ頭テ見ルト實ニ混雜シテ惑ヲ生スル甚タ多キコトテアル然ルニ世上テハ洵ニ淡泊ニ考ヘテ居ル此事ハ世ノ實際家大政治家ヲ以テ任スル人ハ能ク學者ノ議論ヲモ容レテ能ク將來ヲ考ヘネハナルマイト思フ併シ法律ハ大切ノモノテアルカ時ノ宜シキニ從ツテ時々ニ變ヘナケレハナラヌカラ唯將來ヲノミ見テ今日ノ法律ヲ作ツタ所カ其ノ用ヲナサヌカモ知レヌ、ソレハ今日ノ人民ノ知識ノ程度ニ於テ相應シタ法律ヲ作ルハ勿論當然テアル併シ今日作ツタ法律テ將來ヲ羈束スルコトハ到底出來ヌトイフコトモ能ク知ツテ居ラネハナラヌ此ニ氣附カスシテ唯立憲政體カ良イトカ惡ルイトカ選擧權擴張ナトト論シテ居ルノハ餘リ單純過キルノニ驚クノテアル私ノ議論ハ大方ニ於テ誤解ノナキヤウ希望スル私ハ立憲政體ハ實ニ宜シイト思フテ居ルノテアル今日ノ時代ニハ今日位ノ選擧法ヤ憲法ノ程度位カ宜シカラウト思フノテアル決シテ之ヲ惡ルイトイフノ意見テハナイカ歴史ヲ見、將來ヲ慮ルトイフト今日ノ事ハ今日タケノ用ヲナスノテ決シテ永キ間ノ問題ヲ決スルニハ足ラヌモノテアルト信スルノテアリマス

（『東京日日新聞』一九〇〇年一月一日）

4　委任立法否定論

一　「法ノ委任」ノ説ヲ難ス

憲法カ法律ヲ以テ規定ス可キコトヲ命シタル事項ヲ（憲法上ノ立法範圍）法律ヲ以テ之ヲ命令權ニ委任スルコトヲ得ルカ世上ノ通説ハ之ヲ是認スルニ似タリ法律ノ委任ニ因ルト云フノ辭柄ハ命令ヲ以テ吾人ノ身體財産ヲ侵犯スルヲ辯護スルニ足レリト爲シ敢テ疑議ヲ其間ニ生セサルハ怪ムニ堪ヘタリ予ハ疑ヲ此點ニ存シ學者ノ教示ヲ煩ハサント欲スル者ナリ

委任ハ蓋人格者カ人格者ニ對スルノ用語ニシテ他人ヲシテ自己ノ權利ヲ行使セシムルノ謂ナリ法律ト命令トノ間ニ於テ委任ノ關係存シ得ヘキ事理ナシ然ルニ漠然民法ノ成語ヲ假リテ此ノ關係ヲ説明セントス委任説ノ不可ナル其一ナリ

法律ノ委任ト云フ觀念ハ蓋三權分立論ノ遺物ナリ其ノ説ニ依レハ立法司法行政ノ三權各獨立シテ權力ノ主體タリ故ニ立法權ノ主體タル國會カ行政權ノ主體タル君主ニ自己ノ權利ヲ委任シテ行使セシム

ルト云フノ法理ヲ採リタルカ如シ此ノ法理ヲ辯護スルニハ先ツ國會ハ法人ナリ立法ハ國會ノ私權ニシテ任意ニ放棄シ得可キ者ナリト云フノ前提ニ由ラサル可カラス如此ハ全然我國法ニ矛盾ス是レ委任説ノ不可ナル其二ナリ

委任ト云フ觀念ハ專ラ私權ノ行使ニ隨伴ス私權ハ主トシテ個人的ノ利益ノ爲ニ存シ公共ノ秩序ニ關スルコト少シ玆ヲ以テ概シテ之ヲ放棄スルノ自由アリ又自ラ之ヲ行使スルト他人ヲシテ行使セシムルトハ權利者ノ任意ニ屬ス國會ハ統治ノ機關ニシテ國家ニ對シ公職ヲ有スル者ナリ公職ハ法ノ明言アル場合ノ外之ヲ他者ニ讓ルコトヲ許サス而シテ其ノ立法ニ參與スルノ職分ハ私權ニ非サル勿論ナリ或者法律ノ委任ヲ解シテ協贊權ノ放棄ト云フ公法ノ通理ニ反スル辨セスシテ明カナリ是レ委任説ノ不可ナル其三ナリ

憲法ハ嚴正ニ解釋セサル可カラス又特ニ法律ト命令トノ分界ヲ明カニスルニ於テ最愼重ヲ加ヘタリ今憲法カ或事項ハ法律ヲ以テ規定ス可シト明言シタルハ命令ヲ以テ之ヲ規定スルコトヲ許ササルノ意タル字句ニ於テ又精神ニ於テ一點ノ疑議ヲ存ス可キ餘地ナシ然ルニ法律ヲ以テ之ヲ命令權ニ委任スルコトヲ得ルト云フハ憲法上ノ法令ノ分界ヲ紛リ法律ヲ以テ憲法ノ規定ヲ紛更スル者ナリ委任ト云フハ假容ノ用語ト見做シ之ニ拘ラサルモ其ノ實質ニ於テ憲法ニ矛盾ス是レ委任説ノ不可ナル其四ナリ

法律ノ委任ヲ間接ノ立法ト解シ之ヲ辯護スルノ説アリ憲法カ法律ヲ以テ規定ス可シト云フハ直接間接ニ法律ヲ以テスルノ意ニシテ委任ニ由リ發スル命令ハ間接ノ法律ナリト爲ス是レ亦事理ニ反スルノ强辯タリ法律ニ直接間接ノ二種アルコトナシ協贊ヲ經テ裁可セラレタル者ニアラサレハ法律ニ非ス此ノ要素ヲ缺キテ立法ノ途アルヘキ道理ナシ憲法カ法律ヲ以テ規定ス可シト云フハ協贊ト裁可トヲ以テ

定ムヘシト明言スルナリ若此種ノ論法ヲ以テセハ法律モ命令モ亦間接憲法ナリト云フ可キカ此ノ類ノ理論未タ委任説ヲ辯護スルニ足ラス是レ其不可ナル五ナリ

予ハ餘白ヲ惜ムカ爲ニ今一々其不可ナルノ點ヲ列擧スルコトヲ止メ讀者ノ推理ニ委スヘシ蓋法律ノ委任ト云フ陳腐ノ説明ハ立法者カ窮屈ナル憲法ノ下ニ施政スルノ困難ヲ避ケンカ爲ニ行ハレタル口實ニシテ推理ノ當然ノ結果ニ非ス若シ委任説果シテ正當ナラハ國會ハ凡テ立法ノ範圍ハ之ヲ命令權ニ委任スト云フノ簡單ナル法律ヲ議定シ去レハ復タ開會ノ必要ナク立憲ノ制ハ變シテ再ヒ專制ノ政體ト爲スコトヲ得可シ憲法ハ此ノ法理ヲ容レサルヤ明々白々煌トシテ日月ノ如シ學者以テ如何ト爲スカ

（『法學新報』第五十五号（一八九五年十月））

二 臺灣總督ノ命令權ニ付キテ

法律ヲ以テ行政官ニ法律ノ效力ヲ有スル命令ヲ發スルノ權ヲ授クルコトヲ得ルカ（明治二十九年法律第六十三號臺灣總督ノ命令權ニ關スル件）

予ハ之ヲ憲法ニ違フノ所爲ナリト認ムルコトハ既ニ久シク同學多數ノ知ル所ナリ然レトモ未タ大方ノ贊同ヲ得ルコト能ハスシテ此ノ事頃者復世上ノ議ニ上ラントス遺憾禁スル能ハサルモノアリ予ハ最早喋々ノ辯ヲ爲スヲ好マス所謂政事家ハ刻下ノ政策ニ顧慮スルカ爲ニ其良心ヲ自白スルニ躊躇スルコ

トモアルヘシ窃ニ怪ム獨立獨歩ノ學者ニシテ尙此ノ憲法ノ理論及實際ノ大問題ニ付公平ノ解決ヲ試ムルモノ甚尠ナキハ果シテ何事ソ

臺灣ハ憲法ノ效力ノ及ハサル地ナルコトヲ證明シ得レハ此ノ疑議ハ或ハ生セルヘシ又法律ヲ以テ憲法ヲ變更スルコトヲ妨ケスト云フノ我國法上ノ原則ヲ證明シ得レハ此ノ問題ハ亦自ラ消滅セン

「法律ノ效力ヲ有スル命令」ト謂フハ憲法第八條ニ「法律ニ代ハルヘキ勅令」ト云ヘルト其意義ヲ同ウスルモノト解ス法律ヲ變更シ若ハ憲法上ノ立法事項ヲ規定スルコトヲ得ルノ義タリ若然ラスシテ憲法上ノ立法事項以外ノ範圍ニノミ關スルノ義ナラハ是レ自ラ別種ノ問題タラン

法律ヲ以テ國家最高ノ意志ト爲ス政體ニ於テハ法律ノ委任（寧ロ規定）ト謂フコトヲ以テ之ヲ説明スルコトヲ得ヘシ我政體ハ憲法ヲ以テ國家最高ノ意志トス立法權ノ所在及行使ヲ定ムルモノハ法律ニ非スシテ憲法タリ故ニ憲法ノ委任ニ由ルニ非サレハ憲法上ノ立法機關以外ノ者ヲシテ立法ノ權ヲ行ハシムルコト能ハサルハ固ヨリ其所ナリ歐洲多數ノ國法論トシテハ法律ノ委任ト云ヘハ百事皆解決ス是レ法律ヲ以テ國家最高ノ意志ト爲スノ前提在ルカ故ナリ援テ以テ我國法ヲ論スヘカラサルハ亦明カナリ

法律カ自ラ爲シ得ヘキ事ヲ命令權ニ讓ルハ不法ニ非スト辯解スル者モアラン是レ當然ノコトニアラス憲法上ニ於テハ法律ヲ以テスルモ命令ヲ以テスルモ之ヲ規定シ得ヘキ事項（法令共同ノ範圍）ニ關シ單ニ法律ノ先占ト云ヘル形式上ノ理由ニテ命令ノ權域ヨリ控除セラレタル事項ニ付テハ所謂法律ノ委任ヲ以テ命令權ノ自由ヲ回復セシムルコトヲ得ヘキナリ法律上ノ制限故障ハ法律ノ力ヲ以テ之ヲ除去スルコトヲ得ヘシ憲法上ノ制限故障ハ憲法ノ力ヲ以テスルニアラサレハ之ヲ除去スルコト能ハサルナリ

憲法上ノ立法事項ヲ規定スルコトハ法律自ラ爲シ得ヘキ事ナレトモ他人ヲシテ之ヲ規定セシムル事ハ其權能ニ在ルヲ見ス法律ヲ制定スルコトハ法律自ラ爲シ得ヘキ事ナレトモ法律ニ代ハルヘキ命令ヲ發スル事ハ法律自ラ爲シ能ハサル所トス又法律ノ效力ヲ有シ之ニ代ハルノ法則ヲ設クルコトハ憲法上命令ノ本來ノ權能ニ存セサルナリ故ニ此ノ問題ハ法律自身ノ爲シ能ハサル所ヲ以テ命令自身ノ爲シ能ハサル事ヲ爲サシメントス是レ法律ノ一己ノ力ニテハ爲シ能ハス憲法ノ委任ヲ要スト云フ所由ナリ

我憲法ハ立法權、大權、司法權、各〻其畛域ヲ分チ之ヲ紛更セサルコトヲ其根本ノ大義トス今若三權相互ノ間ニ其權能ヲ委任スルノ自由アラシメハ何ニ由リテカ立憲ノ本旨ヲ全ウスルコトヲ得ン憲法上ノ大權事項ハ勅令ヲ以テ之ヲ立法權ニ委任シ立法事項ハ法律ヲ以テ之ヲ大權ニ委任スルノ自由アラシメハ勅令第何號「文武官ヲ任免シ陸海軍ヲ統帥シ宣戰講和ヲ爲スハ議會ノ議決ニ依ル」法律第何號「總理大臣ハ法律ノ效力ヲ有スル命令ヲ發スルコトヲ得」ト云フカ如キ一片ノ單行法令ハ能ク政體ヲ根底ヨリ顚覆スルコトヲ得ン是レ豈憲法ノ法理ノ許ス所ナランヤ法理ハ暫ク之ヲ談セス之ヲ實際ニ徵スルモ臺灣ノ地聖明ノ治ニ就クコト既ニ十年秩序略〻整然タルモノアリ若今ニシテ仍中央ノ政府議會ハ其事情ニ通スル能ハスシテ立法スルノ能力ナシト云ハヽ予ハ實ニ政府及議會ノ迂濶ナルニ驚カサルヲ得サルナリ事緊急ヲ要スルアラハ憲法第八條ノ法律ニ代ハルノ勅令權ノ存スルアリ事變アラハ憲法第十四條ノ戒嚴宣告ノ大權アリ事重大ニ至ラハ憲法第三十一條ニ依リ非常大權ヲ施行センノミ大憲ノ條章ニ綽々トシテ餘裕アリ唯其運用ヲ待ツモノナリ臺灣ニ怪物アリ法律ニ非ス又命令ニ非ス律令ト稱シテ白晝公行ス明治ノ昭代一ノ源三位ナキカ嗚呼源三位ナキカ

（『法學協會雜誌』第二十三巻第二号（一八九五年二月））

5　英国憲法

一　英國風ノ政黨ノ武士道

一　政　黨

英國風ノ政黨ノ概念ハ政權競爭ノ目的ノ爲ニ首領ノ命令（又ハ多數決）ニ服從シテ一致ノ行動ヲ爲スコトヲ約束スルノ團結ナリ

政權競爭ノ目的ノ爲ト謂ヒテ主義政策ノ異同ノ爲ト謂ハス是レ他國風ノ政黨ノ觀念ト其ノ根柢ヲ異ニスル所ナリ又他國ニ於テハヨシ實相ハ政權ノ爭奪ニアリトスルモ其ノ名義ハ主義政見ノ異同ヲ以テ之ヲ假裝スル者多ケレトモ英國ノ政黨ハ（政黨政治ノ盛世卽チ第十九世紀）名實共ニ公然政權ノ競爭ヲ目的トシ主義ニ同スルヨリハ寧ロ人ニ黨スル者ナリ政權ノ競爭ハ國法公然ノ認許ナリ故ニ政府ニ反對スルノ黨派ヲ指シテ御用反對黨（His Majesty's Opposition）ト稱ス刑事ノ被告人ニ政府自ラ御用辯護士ヲ附スルニ似タリ他國ニ於テ政權ノ爭奪ヲ罪惡トシテ公然之ヲ事トスルヲ耻ツルモノト其ノ趣大ニ異ナ

ル所アルナリ

又政權爭奪ト謂フモ實ハ文字通リノ意味ニハアラス若眞實ニ國家統治ノ権力ノ爭闘ナランニハ政黨ノ消長ハ國家革命ノ大事タラン英國風ノ意味ニ於テハ政權ノ競爭ハ唯單純ナル政府權勢利祿ノ地位ノ競爭ナリ激烈ナルカ如キモ竟ニ官職ヲ獵スルニ過キス政黨ノ成敗ハ多クハ人ヲ改ムルニ止リ必スシモ政策ノ大變動ヲ招クニ非ス故ニ局外多數ノ良民ハ平然之ヲ觀ル打球ノ遊戯ヲ觀テ趣味ヲ感スルト異ナルナキノ所由ナリ

特別ノ事件ニ付各自獨立ノ意見暗合シ政治上偶〻行動ノ一致スルコトアルモ之ヲ政黨ト謂ハス特別問題ハ政爭ノ武器タリ目的ニ非ス政黨ナル者ノ生命ハ特別問題ノ解決ニ由リテ終始スルモノニ非スシテ若意ノ如ク解決スレハ却テ愈〻其ノ政黨ノ存立ヲ鞏固ニスルカ如シ一度入リテ朝ニ立チタルノ幸運ニ接シタル政黨ハ野ニ下ルモ勢力大ナルハ玆ニ由ル

又政權ノ爭奪ヲ目的トスルモ各自獨立ノ行動ヲ取リ首領若クハ多數決ノ命スル所ニ服從スルノ公然ノ約束ナキモノハ政黨ト謂フヘカラス專制政體ノ下ニ激烈ナル政權爭奪アリテ而シテ公然ノ政黨ナキハ此ノ故ナリ所謂專制ノ政體ハ鐘ヲ懸ケ匱ヲ設ケ言路ヲ聞キ民情ヲ通スルヲ怠ラサルモ政權ノ競爭ハ主義トシテ斷シテ之ヲ容サス故ニ志士死ヲ冒シテ諫爭スルコトアルハ之ヲ正義ナリト認ムルモ今ノ所謂公然ノ政黨ハ其ノ存立ヲ忍容スルノ餘地ナキナリ

首領ノ命スル所又ハ多數ノ決スル所之ヲ黨議トス凡ソ政黨員各自ニ自己ノ意見ナル者アルコトナシ唯黨議アルノミ行政官吏ニ獨立ノ意見ナク一ニ政府ノ意見方針ナルカ如シ黨議ニ服從スルノ公然ノ約束ナキ者ハ政黨ニ非サルナリ黨議ニ服從スルノ約束上ノ義務ニ反ク者アラハ制裁ヲ加ヘテ之ヲ懲戒ス

是レ政黨ノ本領ナリ若黨議ナク又ハ黨議ニ反クモ之ヲ問ハサルトキハ之ヲ政黨ト謂フヘカラサルナリ而シテ政黨道德（Party Ethics）ノ觀念殊ニ異常ノ發達ヲ爲シ背德者ハ再ヒ政治ノ舞臺ニ立ツコト能ハサラシムルノ嚴重ナル仲間連中ノ制裁アル所是レ英國政治界ノ特色ナリ

英國風ノ憲法ノ觀念ハ政黨者間ニ於ケル政權爭奪ノ交戰條規ナリ憲法ハ絶對ノ國法ト謂ハンヨリハ寧ロ政府黨反對黨兩々對陣スルニ於テ互ニ守ルノ德義禮典（Die Sitte又ハCode of honour）ナリ政黨者間ニハ自ラ其ノ仲間連中ニ特殊ナル階級道德アリ其ノ要求ノ峻嚴ナルハ法律ノ命スル所ヨリモ强キコトハ所謂階級道德ナル者ニ多ク其ノ例ヲ視ル所ナリ

英國ノ政黨政治ノ圓滑ナル囘轉ハ此ノ堅固ナル政黨ノ武士道（階級道德）アルニ由ル此ノ堅固ナル政黨ノ武士道ヲ解スルニ非レハ英國風ノ政黨政治及其ノ憲法ノ深遠ナル趣味ヲ領知スルコト能ハサルヘシ故ニ以下其ノ大概ヲ説明セントス

二　政權爭奪

凡ソ政黨ハ政權爭奪ヲ意味ス政權爭奪ノ意味ナキ政黨ハ政黨ニ非サルナリ政權ニ意ナク唯國事ヲ憂ヘ之ヲ論議スルハ吾人亦之ヲ爲ス政黨ナル者ノ特權ニハ非サルナリ政見ノ異ナルカ爲ニ已ヲ得ス政權ノ爭奪ヲ敢テストス謂フノ歐洲大陸風ノ政黨ハ理ニ於テ吾人ノ寧ロ之ニ與スル所ナリ然レトモ政黨ナル者カ主義政見ニ固着スルカ故ニ歐洲大陸ニ於テハ圓滑ナル英國風ノ政黨政治ノ實行ニ困難ナルコトハ憲法學者ノ通説タリ世人カ憲政ノ模範ナリト稱揚スル英國風ノ政黨ハ政權ヲ政權トシテ競爭スル者ニシテ主義政見ハ臨機ノ武器ナルコト識者ノ夙ニ詳説スル所ナリ此ノ趣味ヲ解セスンハ乞フ政黨政治ヲ談スルコト勿レ

此ノ故ニ政黨ノ主義綱領ナル者ハ概ネ茫漠タル宣言タルニ止リ豫メ自己ノ取ルヘキノ永遠ノ政策細目ヲ公表シテ他日ノ行動ヲ究屈ニスルコトヲ避ケント欲スルニ似タリ主義綱領ノ茫漠タルハ多數異色ノ人ヲ網羅スルニ便ナリ豫メ政策ノ細目ヲ決セサルハ機ヲ見テ動クノ餘地ヲ存スルナリ此レ等ノコト之ヲ政權爭奪ノ意味アルモノトスルニ非サレハ解スヘカラサル所ナリ

若政黨ナル者國體政體又ハ社會組織等ノ根本主義ニ由リテ爭フ者ナランニハ其ノ勝敗ハ大革命ナリ志士死ヲ以テ之ヲ爭ハサルヘカラス而モ國民ノ多數ハ冷然トシテ之ヲ傍觀シ深ク意ヲ其ノ成敗ニ留メサルノ風アルハ政黨ノ爭ハ多ク人ニ在リテ主義ニ非サルコトヲ知レハナリ名ケテ政黨ト謂フモ實ハ人ニ黨スルナリ問題ハグラツドストーンヲ首相トスルカヂスレリーヲ首領トスルカニ在リ國民多數ハ兩雄孰レヲ戴クモ深ク痛痒ヲ感スル者ニ非ス且其ノ職ニ就キテ取ル所ノ政事ノ細目ハ亦第二段ノ別ノ問題タリ英國政黨政治ノ盛世ハ第十九世紀ノ中央トス而シテ其ノ極致ハ正ニ玆ニ在ルヲ信ス他國ノ政黨ナル者目ヲ塞キ耳ヲ掩フテ人ニ黨シ追隨スルコトヲ耻辱トシ主義政見ニ戀々シ而モ尚圓滑ナル英國風ノ政黨政治ニ倣ハントスルハ抑〻不能ノ事ニ屬スルナリ英國近時ノ情況亦前途計ルヘカラサル者アルナリ

人多ク憲政ノ下政黨ハ二個ノ大黨ニ分レサルヘカラサルヲ謂フ何カ故ニ然ルカ之ヲ主義政見ノ異同トシテハ固ヨリ其ノ理由アルコトナシ唯之ヲ政權爭鬪ノ對陣ト視テ其ノ意味ヲ諒スヘキナリ若政黨ナル者主義政見ノ異同ナランニハ必ス二派ニ分カルヘキ理由ナク又二派ニ分カル丶コトヲ希望スヘキノ理由モナシ唯政權ノ爭奪トシテハ實ニ其ノ理アルナリ爭フ所ハ政權ニ在リ之ヲ有スル者ト之ヲ奪ハントスル者トノ爭鬪ナリ政府黨反對黨ノ二派ニ分カルヘキ固ヨリ其ノ所ノミ若主義政見ノ爭鬪ナランニ

ハ焉ソ此ノ如キコトヲ得ン

政黨政治ノ國ニ於テハ深ク第三政黨ノ存立スルニ至ルヲ憂フ政黨ヲ主義政見ノ異同トシテハ何等其ノ理由ノ首肯スヘキナシ政見ハ一ニ歸スルヲ尊フ然レトモ一ニ歸スル能ハスンハ二タリ三タリ何ノ擇フ所アラン唯政權ヲ政權トシテノ爭奪ハ之ヲ有スル者之ヲ奪ハントスル者兩々對陣相戰フヲ本領トス第三政黨ノ現出ハ棋局ノ圓滑ナル轉回ヲ妨害スルナリ故ニ第三政黨ノ存立ヲ厭ヒ大政黨ヲ以テ憲政ノ本領ナリトスルハ憲政ト謂フノ意味ヲ政権爭奪ト解スルニ於テノミ之ヲ諒トスルコトヲ得ヘキナリ

抑〻政權ノ爭奪ハ史上跡ヲ絶チタルコトナシ形コソ異ナレ政黨ハイツノ時代ニモ存在シタルナリ凡ソ政治史ハ政權爭奪ノ記事ナリ戰爭ハ武器ヲ以テスルト言論ヲ以テスルトヲ問ハス總テ政權ノ爭奪ナリ然レトモ之ニ對スル法律及道德ノ觀念ハ古今大ニ異ル所アルカ如シ古ハ黨派ヲ爲シ政權ヲ爭フコトハ罪惡ノ最憎ムヘキモノトシテ法律ノ觀念ニ於テモ道德ノ觀念ニ於テモ極力之ヲ排斥シタルナリ今ノ立憲國ニ於ケル時代觀念ハ全ク之ニ反ス黨派ヲ爲シ政權ヲ爭フコトハ啻ニ罪惡タラサルノミナラス之ヲ認容スルヲ以テ立憲ノ美果ナリトシ之ヲ制限スルヲ以テ非立憲ノ行動ナリトス此ノコト既ニ所謂國事犯ナル者ニ對スルノ觀念ニ於テ特ニ顯著ナリ國事犯トハ政權爭奪ノ目的ヲ以テスルノ諸般ノ非行ヲ指稱スルナリ古ハ政權ノ覬覦ト謂フコト夫レ自身絶對ニ罪惡中ノ最憎ムヘキモノトス此ノ觀念ハ國權ノ自衛及社會秩序ノ維持ノ上ニ視テ固ヨリ當然ノ理タリ今ハ政權ノ覬覦其ノ事ヲ罪惡トシテ憎マス寧ロ之ヲ助長スルヲ以テ立憲的行動トス例セハ私怨ノ爲ニ人ヲ殺シ財物ヲ毀損セハ重ク罰セラルヘキモ政權競爭ノ目的ノ爲ニ過テ之ヲ犯シタリトセハ之ヲ國事犯トシテ法律及道德ノ觀念ニ於テ大ニ宥恕ス人ヲ殺スハ本來ノ惡罪ナレトモ國ヲ滅スハ本來ノ罪惡ニハアラストスルノ思想ニ根由スルニ似タリ古

今人心ノ變遷實ニ驚クヘキモノアルナリ朝憲ヲ紊亂シテ政府ヲ顚覆スルハ罪死ニ當ル我カ刑法ノ正條頻ル峻嚴ナリ今政黨ナル者ハ朝憲ヲ紊亂セスシテ政府ヲ顚覆セントス其ノ間髪ヲ容レス岌々乎トシテ危哉又翻テ按スルニ英國風ニ謂フ所ノ政權ノ爭奪ハ主義政策ノ爭ニ非サルノミナラス亦實ハ文字通リノ政權ノ爭鬪ナルニモ非サルナリ政權若クハ主義ヲ云々スル實ハ誇大ノ虛飾タルニ過キス爭フ所ハ單ニ官職及之ニ伴フノ權勢利祿ナルノミ而モ其ノ弊ニ懲リ今ハ僅々重要ノ官職ノ外ハ之ヲ動カサヽルモノト爲シタリ若果シテ國權ノ爭鬪ナランニハ志士死ヲ賭シテ之ヲ爭ハサルヘカラス政府ハ兵力ヲ用ヰテモ之ヲ禁壓セサルヘカラサルナリ然レトモ國民多數ノ之ニ對スル冷靜ナル態度ハ亦以テ事ノ甚重大ナラサルヲ證スルニ足ル蓋英國ハ尙昔日ノ階級制度ノ餘風ヲ存シ政權ノ競爭ハ名門富豪ノ閑日月ノ餘業ナルカ如ク視テカ食是レ日モ足ラサルノ貧賤階級ノ之ニ與ルヘキモノニ非ラストスルノ感覺ヲ去ラス又英國士人ノ稟性トシテ事ヲ爲ス悠々迫ラス平穩ヲ尊ヒ極端ヲ厭フノ氣風アリ他國ノ觀テ以テ激烈ナラサルヘカラスト想像スルノ政權爭奪ハ其ノ範圍ニ於テ其ノ手段ニ於テ意外ニ平靜穩和ナルモノタルナリ學者（獨逸ノトライチケ）之ヲ英人嗜好ノ玩毬ノ遊戲ニ比喩シテ說明ス爭フニ方アリ度アル「ゼントルマン」ノ政黨政治ノ遊技ノ實相ヲ寫シ得テ妙ナリト謂フヘシ熱心ナルカ如ク冷淡ナルカ如ク爭フカ如ク讓ルカ如ク志士熱血ヲ以テ國家ノ公事ヲ爭フモノト謂フヘカラサルニ似タリ然レトモ彼ノ政黨政治ノ妙用ハ此ノ特殊ノ氣風ノ上ニ存ス之ヲ他國ニ移植シテ發達ヲ視ルノ難キ亦其ノ所ナリト謂フヘシ

三　憲　法

憲法ハ政黨ノ政權爭奪ニ於ケル交戰條規ナリ議院黨派間ニ相互約シテ守ルノ協定ナリトス我ヲ以テ

之ヲ謂ヘハ憲法ハ國體政體ノ大則ヲ宣言セル者タリ國家絶對ノ大法ニシテ政黨ノ私約タルニ非サルハ固ヨリ論ナシ然レトモ英國風ノ憲法ヲ談スルニ我ノ此ノ觀念ヲ以テスルハ謬是レヨリ大ナルハナシ世人ハ彼我一樣ニ視テ英國風ノ憲法解釋ヲ推シテ予ノ日本憲法ノ解ヲ難スル者アルハ實ニ笑フニ堪ヘタリソハ兎モ角モ彼ノ學者ハ憲法ハ法ニ非ス政治的德義ナリト謂ヘリ政治的（political）ノ語ハ卽チ黨派政爭ノ意味ヲ有ス歐洲大陸風ニ謂フPolitikノ語ノ類ト意義ヲ異ニス一樣ニ譯シテ政治ト謂フハ頗ル不可ナリ寧ロ政黨的ト譯スヘキカ憲法ハ法ニ非ス議院政黨派間ノ政權爭鬪上ニ約シテ相守ルノ德義ナリ憲法ニ依リ議院ニ於テ制定スル者始テ法律タリ憲法自身ハ法律ニ非スヨシ之ヲ法ト視ルモ刑法民法ノ法タルトハ其ノ意義ヲ異ニスルナリ國家絶對ノ大法ニシテ億兆齊シク恪守スヘキ所ナリト謂ンヨリハ寧ロ政府黨ト反對黨ト正々堂々相戰フニ付共ニ守ルヘキノ公認ノ德義タルカ如シ故ニ予ハ之ヲ政黨ノ武士道ナリト云ヘリ此ノ解實ニ輕佻ナル比喩タルニ非ス蘊奥深遠ノ法理ヲ含蓄ス予別ニ特殊ノ研究アリ之ヲ公ニスルハ冊子ヲ要ス此ノ通俗ノ短文ノ能ク盡クス所ニ非ルナリ此ノ觀念ニ於テスルニ非レハ彼ノ憲法ノ成立及變遷ヲ解クコト能ハス又彼ノ憲法違反其ノ救濟ノ思想ヲ領知スルコト能ハサルヘキナリ

譯シテ英國憲法ト謂フモ之ヲ日本憲法ト謂フノ類ト全然其ノ意義ヲ異ニス英國ノ法律家ハ單純ニ之ヲ法ト稱セス多クLaw and custom of the English Constitutionト稱ス或ハ譯シテ法則及慣例ト謂フヘキカ或ハ又之ヲConvention of the Constitutionト稱ス蓋憲法的禮節ノ義ナリ凡ソ衆人ノ相交ル暗默ノ間必ス守ル所ノ禮讓アリ言ハスシテ相互節制ノ用ヲ爲ス是レ禮義ナリ積テ慣習ヲ爲シ遂ニ法則ヲ爲ス之ニ從ハサルハ非禮ナリ社會暗默ノ制裁アリ之ニ反スルハ不法ナリ國權强行ノ制裁アリ英國ノ如

キ所謂普通法《コンモンロウ》ノ社會ニ於テハ禮義ハ慣習ヲ爲シ慣習ハ法則ヲ爲シ其ノ間漸ヲ以テ遷ル劃然タルノ分界アルニハ非サルナリ特ニ憲法ナルモノハ局外司直ノ府アリ當事者ノ訴訟ニ由リ其黑白ヲ裁斷シテ法則ヲ決定スルノ性質ノモノニ非ス故ニ稱シテ憲法ト謂フ者始ヨリ實ハ法則慣例禮節相錯綜交叉スルノ不文ノ規矩タリ昔日不法非禮ノ事何等改正ノ形式ナク今ハ適法合禮ノ事タルアリ蓋英國憲法ノ變遷ハ滔々河水ノ流ルヽニ似テ百年渝ラサルカ如ク實ハ日々其ノ内容ヲ新ニスルノ趣アルナリ英國民ハ其ノ性保守ヨク舊慣ヲ維持シ革命ヲ免レ得タリト稱スルモ實ハ其ノ憲法ハ政客談笑ノ間ニ日常改變セラレツヽアルナリ外間ノ注視ヲ脱スルノ議院内部ノ瑣末ナル議事手續ノ申合セヨク其ノ憲法ノ主義ヲ根柢ヨリ變更スルノ效果アリタルコト屢〻其ノ例アリ（ハッチエックノ書多ク之ヲ掲ク）外間ニ在リテハ歳月ヲ經テ其ノ積テ慣例ヲ爲スニ至リテ始テ之ヲ不文ノ憲法ナリト認ムト雖抑〻慣例ナル者始ヨリ慣例トシテ生ルヽニ非ス慣例能ク憲法ヲ變更スト謂ハンヨリハ寧ロ議院政客暗默ノ約諾既ニ能ク憲法ヲ改變スルノ力アルモノト謂フヘキナリ英國憲法ノ憲法タルハ我カ憲法ノ類ノ憲法タルノ意義ト全ク異ナルモノタルヲ知ルヘキナリ學者此ノ事ヲ洞察セス近頃新説トシテ（獨逸ノエリネック博士）凡ソ憲法ノ變更ニハ二様ノ方法アリ其ノ改正ト其ノ變遷ト（Verfassungsaenderung und Verfassungswandelung）ナリト論スルカ如キハ極メテ皮相ノ觀ニシテ危險ノ説ナリト謂フヘシ憲法ノ變更方法ニ二様アルニハ非ス憲法ノ稱ヲ冒ス者夫レ自身ニ二種別様ノ者アルナリ彼我憲法ノ性質ヲ其ノ細微ニ入リテ研究スレハ其ノ趣味實ニ津々タルモノアルヲ覺ユルナリ

英國憲法ノ特性ハ亦其ノ憲法違反及其ノ救濟ノ思想ニ由リテ裏面ヨリ之ヲ證明スルコトヲ得ヘシ憲法ハ国家ノ大法トシテ絶對ニ恪守スヘキ所ニハアラス政權爭闘ニツキ當事者（政府黨及反對黨）ノ間隱

約アリ相守ルノ政治的德義ナリ故ニ憲法違反ハ國家秩序ノ紊亂ト謂ハンヨリハ寧ロ相手方ノ權利ヲ毀損スルノ不德ノ非行タリ故ニ政府ノ違憲ノ非行ハ反對黨ノ追認許容ニ由テ其ノ救濟ヲ得ヘシ（Indemnity）當事者ノ間既ニ認諾アルノ事ニ向テ局外中立ノ國民尙國憲ノ紊亂ヲ絶叫スルカ如キハ英國ニアリテハ常識ノ度外ニアルナリ政黨ナル者固ヨリ主義ノ爭ニ非ラス政權ノ爭鬪ナリ其ノ爭ヤ勝敗ヲ玩フノ遊戲ニ似タリ其ノ稱シテ非立憲ノ行動ト謂フ者ハ遊戲ノ法則ニ戾ルノ不正ノ競爭ノ意味ニ外ナラス相手ニ對スル不德義ノ所爲タリ之ヲ公ノ秩序紊亂ノ絶對ノ罪惡ナリト視ルニハ非サルナリ此ノ事亦推シテ以テ憲法ハ政黨ノ政權爭奪ニ於ケル交戰條規ニシテ競爭者間ノ德義ノ制裁タルノ義ヲ反證スルニ足ル

四　政黨者間ノ武士道

之ヲ要スルニ英國ノ政黨政治ヲ圓滑ニ運轉スルノ根軸ハ政黨者間ノ武士道ナリ之ヲ憲法法草ノ根軸ニ於テスルモノトスルハ極テ皮相淺薄ノ觀察タルヲ免レス憲法ナル者卽チ黨派道德（Party Ethics）ノ結晶タリ武士道ハ階級道德ナリ凡ソ特殊ナル階級又ハ仲間連中（Society）ニ特殊ナル德義ノ要求アリ其ノ制裁頗ル峻嚴尋常一般ニ通スルノ法律及德義ノ要求スル所ニ超越スルモノアルハ古今一般ニ之ヲ視ル所ノ現象ナリ特ニ國法ノ制裁ノ及ハサル所ニ於テ其ノ發達最モ顯著ナリトス亂世ニ武士道ノ最モ發揮シタルノ所由ヲ推シテ之ヲ今ノ英國政黨政治ノ上ニ及ホサハ邦人ヲシテ彼ノ黨派道德ノ何タルヲ了解セシムルニ足ランカ法ノ威嚴ヲ失ヒタル時代ニ於テハ秩序ヲ維持スルノ自然ノ必要ヨリシテ社會自衞ノ手段トシテ所謂階級道德ナル者ノ發達ノ特別ニ顯著ナルハ東西ノ歷史ノ共ニ之ヲ證明スル所ナリ階級道德ハ卽チ仲間連中ノ相互ノ制裁ニ由リテ維持セラルヽノ德義ナリ英國ハ或意味ニ於テ憲法ナ

シ啻ニ成文法典ヲ具有セスト謂フ意味ノミナラス國人視テ以テ憲法ハ法ニ非ス政治上ノ徳義ナリト爲セリヨシ之ヲ法トスルモ少クモ刑律民法等ノ法律タルノ意義トハ同シカラサル所アリ法律ノ觀念ニハ局外司直ノ裁判所アリ當事者ノ外ニ立チ公平ノ判決ヲ爲シ權力ヲ以テ之ヲ執行スルコトヲ得ルヲ其ノ要件トス然レトモ憲法ニハ此ノ制裁ナシ局外司直ノ府ナク當事者ノ訴ヘテ救濟ヲ求ムルノ道ナキナリ故ニ彼ノ觀念ニ於テ憲法ハ法ニ非ス當事者ノ徳義ナリト謂フナリ勢ヲ以テ謂フモ議院ハ最高ノ權力タリ故ニ議院内部ニ於ケル多數政黨ノ非行ハ何人モ之ヲ制裁スルノ力アルコトナシ此ノ故ニ議院ニ於ル政黨ノ爭闘ハ法ノ制裁ノ及ハサル所ニ於ル已ムヲ得サルノ決闘(Duel)ナリ亂世ニ決闘ノ行ハル丶ハ自然ノ勢タルト理卽チ同シ武士ノ決闘ニハ自ラ一定ノ方式アリ暗默ノ間互ニ必ス之ヲ守ル車夫馬丁ノ喧嘩殺傷ト異ル所アルナリ必ス之ヲ守ルハ武士ノ武士タルノ徳義ナリ光榮ナリ之ニ反スルハ武士タルノ面目ニ於テ法令ニ反スルヨリモ苦痛ナリ古ノ武士卽チ今ノ政事家ナリ唯決闘ノ武器ハ言論ヲ以テ劍戟ニ代ヘタルノミ而シテ今稱シテ憲法ト謂ヒ黨派道德(Party Ethics)ト謂フ者亦卽チ政治上ノ決闘ニ於ケル古ノ武士道タルニ外ナラサルナリ抑〻武士道ノ行ハル丶、國權、國法ノ威嚴ニ據ルニ非ス否寧ロ之ニ反シテモ亦ヨク鞏固ニ存立ス其ノ能ク鞏固ニ行ハル丶所由ハ武士タルノ階級的名譽恥辱ヲ重ンシ其ノ名ヲ惜ミ其ノ面目ヲ失ハンコトヲ恐ルレハナリ鋭敏ナル階級道德ノ力ハ法律ノ力モ之ニ及ハサルコト其ノ例多シ（決闘ノ禁止モ其ノ一ナリ）英國憲法ハ階級道德ノ結晶ナリ其ノ政黨政治ハ全然此ノ階級道德ノ援護ニ由リテ圓滑ナル運用ヲ視ルモノトス他國ニ於テ萬章ノ法典ヲ作リ之ニ倣ハントスルモ能ハサルノ所由ハ實ニ存スルナリ

政黨ノ政黨タルハ各員絶對ニ黨議ニ服從シテ背信ノ行動ナキコトニ存ス黨議ト謂フモ首領一人ノ命

令ナリ又ハ多數ノ意向ナリ吾ニハ吾ノ意見アリ何ソ人ニ屈スルヲ須ヰン或ハ黨議ニ服從スルハ約束ノ力ナリト謂フ固ヨリ然リ然レトモ吾人ノ問題トスル所ハ此ノ法律裁判ニ訴フルモ公認セラレス制裁セラレサルノ德義上ノ約束カ何カ故ニ法律上ノ契約ヨリモ尙一層鞏固ナル束縛ノ感念ヲ以テ迎ヘラル、カノ點ニ在リ是レ卽チ階級道德（Party Ethics）ナリ武士道ナリ今黨員カ黨議ニ服從セサレハトテ法廷ニ訴ヘ刑罰ヲ科シ若クハ賠償ヲ求ムルコトヲ得サルヘシ最終ノ手段ハ除名ニ過キサルヘキナリ除名果シテ何ノ汚辱ソ公事ニ付議合ハサレハ卽チ去ル男子尋常ノ行動タルノミ志ヲ曲ケテ人ニ從ハ、是レ卽チ汚辱タラン然レトモ勢ハ却テ正ニ相反スル事ヲ要求ス志ヲ曲ケテ人ニ從フヲ節操トシテ之ヲ尊ヒ志ヲ守テ人ニ屈セサルヲ節操ヲ失フモノトシテ之ヲ賤ム私節ヲ重ンシ公義ヲ輕ンスル是レ卽チ所謂階級道德ノ特性タリ凡ソ階級道德ナル者ハ其ノ本質トシテ背信ノ行爲ヲ最大ノ罪惡トス抑階級道德ナル者ハ法律直接ノ制裁ニ依賴スルニ非ス相互ノ信義ノミニ由リテ存立スルモノナレハナリ背信ノ二字卽チ階級道德ノ根柢基礎ヲ顚覆スルモノタルカ故ニ何等ノ理由ニ拘ラス背信ノ罪惡ハ絕對ニ宥恕スル所ナシ盜賊ノ仲間連中亦一種ノ德義アリ背信ノ行爲ハ絕對ニ許サスト聞ク法律ノ罪人トナルモ一般道義ノ命スル所ニ反スルモ仲間連中ニ對スル背信ノ所爲ハ敢テ之ヲ爲スニ忍ヒストスル所是レ階級道德ノ要求ニシテ亦存在ノ理由タリ一般ノ道德觀念ヲ以テスレハ黨議ノ決スル所國家ノ不利ナリトスレハ憤然去テ之ニ反抗スル是レ國士ノ公事ニ盡ス所以ナルカ如シ然レトモ是レ國家本位ノ道德ノ是認スル所タルニ止リ階級（黨派）本位ノ道德ヲ以テ視レハ之ヲ背德ノ事ト爲ス亦理ナキニ非ラサリ黨議ニ殉シテ國法ノ罪人トナル之ヲ名譽ノ事トス其ノ反對ノ行動ハ却テ之ヲ汚辱トシ仲間連中ノ制裁ニ由リ其ノ人ヲシテ再ヒ世ニ立ツノ面目ヲ失ハシム階級道德ノ制裁ハ實ニ國法ノ制裁ヨリモ大ニ峻嚴ナルモノアルナリ此ノ故ニ予ハ謂フ國家本位ノ道德觀念ノ發達ハ政黨ノ利ニアラス階級本位ノ道德ノ旺盛ナルニ於テ始テ政黨ノ盛世ヲ視ルコトヲ得ヘキナリト此ノ義英國ノ歴史證シテ明ナリ

英國風ノ政黨政治ノ特色ハ政府内閣ハ議院ニ對シ連帶シテ責任ヲ有シ下院ニ於ケル多數政黨ノ信任ノ決議ニ由リテ進退スヘク國王ハ必ス其ノ多數政黨ノ首領ニ命シテ後任ノ内閣ヲ組織セシムヘキコトニアリ此ノ一事所謂政黨政治ノ骨髓ニシテ我カ國ノ如キ大權政治ノ憲法ト正ニ相反スルノ特徴タリ然レトモ之ヲ英國ノ法章ニ尋ヌルニ條規ノ之ヲ定ムルモノナシ唯一種ノ慣例ト謂フノミ慣例トハ屢〻視ルノ先例ノ意義ニシテ或ハ之ヲ以テ違法ニ非ストスルノ消極的ノ證左トスルニ足ルヘキモ之ヲ以テ積極的ニ憲法ヲ變更スルノ效力アルモノトハ視ルヘカラサルカ如シ法章(statute)ニ依レハ所謂内閣制度ナルモノナシ唯樞密顧問アルノミ法章ニ依レハ補弼ノ大臣ヲ任免スルハ國王ノ大權タリ進退何ソ必シモ下院ノ命ニ從フコトヲナサン而カモ今若多數政黨ノ信任如何ヲ無視シ大權超然ノ行動ヲ爲スコトアラハ上下擧テ憲法違反ヲ絶叫スルナルヘシ是レ果シテ何ノ故ソ學者尋常ノ説明ハ之ヲ見テ此ノ事憲法ノ慣例卽法則ヲ爲セル者ナリト謂フ是レ説明ニ似テ説明ニ非ス結果タル事實ヲ謂フノミ吾人ノ問題ハ何カ故ニ慣例ナルモノ能ク法則ニ同シキ拘束力ヲ有スルカノ點ニ存スルナリ予ハ之ニ答ヘテ謂フ是レ政黨ノ武士道ナリ階級道德ノ拘束ナリト此ノ場合ニ慣例法ヲ爲スト謂フハ民刑法律ノ法廷ニ於テ法律タルノ意義ニ於テ法タルニ非ス階級道德トシテ公認セラル丶ニ至レルヲ謂フナリ抑〻英國憲法ナルモノ夫レ自身卽階級道德ノ結果タレハナリ大臣責任ノ事下院全權ノ事二大政黨對峙ノ事多數政黨ノ信任決議ノ事内閣更迭ノ原則ノ事國王大權ノ有名無實ノ事上院議權制限ノ事今一々煩ハシク英國憲法ノ全部ヲ復書シテ對照セストモ常識アル諸君ハ推シテ予カ之ヲ政黨者間ノ政權競爭ニ於ケル武士道ナリト

謂フノ意ヲ諒スルナルヘシ英國憲法ノ大家ダイシー氏ハ總テ所謂憲法慣例ナル者ハ下院主權ノ實ヲ擧クルコトニ統一歸着スル旨ヲ說ク此ノ解可ナラサルニ非ス然レトモ今一步ヲ進メテ其ノ根柢ヲ探ヌレハ下院ナルモノ下院トシテ不分ノ一團ヲ成スニハ非ス下院ニ於ケル多數政黨ノ專權ヲ現實ニスルカ爲ニ歸着スルモノト謂フヘキナリ政黨ヲ無視シ政黨爭奪ヲ無視シテハ英國憲法ハ之ヲ解スルコト能ハサルナリ政黨者間ノ政權爭鬪ヲ緩和シ其圓滑ナル地位ノ更迭ヲ全ウセシムルノ條件タルコトヲ無視シテハ亦英國憲法ハ其ノ果シテ何ノ用ヲ爲ス者ナルカヲ解スルコト能ハサルヘシ英國ノ憲法ナル者豈啻單純ニ主義理論トシテ民主ノ理想ノ爲ニノミ存スルモノト謂フヘケンヤ英國中世ノ憲法ハ國王ト貴族トノ政權爭鬪ノ爲ニ起リ之ヲ緩和スルノ交戰條規タリ其ノ近世ノ憲法慣例ハ國王實權ヲ失ヒタルノ後政黨者間ノ政權競爭ノ爲ニ起リ其ノ間ニ政權ノ授受ヲ圓滑ナラシムルカ爲ノ暗默ノ協定タリ而シテ其協定ノ能ク堅固ニ恪守セラルヽモノハ局外權力ノ壓制ニ由ルニ非ス當事者間ノ特殊ノ階級道德ニ由ル英國憲法ハ實ニ政黨ノ武士道ニ由リテ維持セラルヽモノト視ルヲ妨ケサルナリ

試ニ思ヘ政府黨反對黨兩々相對シテ政權ヲ爭フ理ヲ以テスレハアラユル極端ナル手段ニ訴ヘテ他ヲ殪サスンハ已マサルヘキ筈ナリ然ルニ其ノ實際ヲ洞察スレハ激烈ナル反對黨ナル者モ瑣々タル議院慣例ノ末節（制裁アル國法ノ規程ニ非ス）ニ拘泥シ跼天蹐地自ラ手足ヲ束縛シテ敢テ矩《のり》ヲ超ユルコトアルヲ恐ルヽ是レ何事ソ政府黨ナル者亦其ノ權勢ヲ利用シ不當ノ手段ヲ以テ敵ヲ壓迫スルノ餘地アルニ拘ラス悠々閑々偶〻多數ノ容ルヽ所トナラサレハ平然去テ其ノ至重ノ地位ヲ讓ル而モ之ヲ第三者ニ讓ルニ非ス當敵タル反對黨ニ讓ル是レ果シテ確信ヲ以テ自ラ任シテ國家ノ權柄ヲ取ル者ノ所爲ト謂フヘキカ吾人局外ヲ以テ之ヲ視レハ敵モ味方モ眞實ナル戰意ナク觀客ヲ欺クノ假裝戰ナルニ似タリ然リ或ル意

味ニ於テハ英國政黨ノ爭闘ハ觀客ノ爲ニ力士ノ土俵ノ上ニ闘フ者ト其ノ趣ノ異ルコトナキカ如シ不倶戴天ノ仇敵ト闘フノ意氣ハ絶テナキ所ナリ反對黨ノ能ク忍耐シテ慣例末節ニ跼蹐スル者ハ之ヲ神聖ナリトシテ尊重スルニハ非ス吾他日入テ政權ヲ取ルノ時ニ於テ吾ニ代ハル者ヲシテ亦此ノ如クナラシムルノ吾ニ利ナルヲ思ヘハナリ政府黨ナル者亦事ノ理否ニ拘ラス多數者ノ不信任ノ議決ニ遇ハヽ國家政權ノ重キヲ擲チテ平然之ヲ敵ニ讓ルモノハ翻然自ラ悟ル所アルニハ非ス吾他日黨勢ヲ恢復スルノ日ニ於テ彼亦吾ノ如クセンコトヲ期スレハナリ兩黨激戰ノ外觀ノ間ニ自ラ觀客ノ耳目ヲ欺クノ暗默隱微ノ約諾アルニ非スンハ何ソ此ノ如キヲ得ン蓋兩政黨ノ首領ナル者ノ間ニハ「公暫ク之ヲ忍ヘ他日必ス公ニ讓ラン」ノ意氣語ラスシテ相通スルモノアルナリ由來政治家カ莊重ノ言辭ヲ裝フテ政黨者間ノ意思ノ疎通ト謂フ者實ハ此ノ一言ニ外ナラス世ヲ欺キ公權ヲ弄スル老猾憎ムヘキモノアルナリ然レトモ此ノ意思ノ疎通ナル者卽チ政黨政治ノ極端ナル破裂ヲ避ケ之ヲ緩和シテ其圓滑ナル轉回ヲ視ルヲ得ルノ根軸タルコトハ亦之ヲ忘ルヘカラサルナリ政黨ト政黨トノ間ニ於ケル此ノ階級道德ノ恪守ハ法律ノ制裁ニ依ルニアラス仲間連中ノ相互ノ利害ト其ノ立脚地トニ顧ミテ交互相侵スコトヲ敢テセサルノ事情ニ根由ス憲法ノ條規ナル者ハ何レノ國ニ於テモ疎大ナリ特ニ英國憲法ハ有ルカ如ク無キカ如ク漠トシテ捉フヘカラス此ノ政黨者間ノ武士道アルニ由リテ僅ニ形ヲ具ヘテ運用セラルヽモノタルナリ

政客由來議院政黨ハ二大黨派ニ分レサルヘカラサルヲ喋々ス政黨ナル者ヲ主義政策ノ異同ナルト視テハ予其ノ何ノ意タルヲ解スルニ苦ムナリ之ヲ主義政策ニ拘ラサル權勢ノ爭奪ナリトスルニ於テ始メテ或ハ其ノ理アルヲ覺ユ而シテ英國ノ如キ政黨政治ニ於テハ政黨其者ハ卽チ政治ノ根軸ナルカ故ニ政黨ノ絶滅ハ卽チ政權ノ中止タラン抑〻反對黨ナキ政黨ハ政黨ニ非ス一黨ハ無黨ニ歸ス若政府黨全權ニ

シテ全ク反對黨ヲ殪サハ議院政治ハ遂ニ無意味ノ事トナルヘシ大權政治ノ國ニ於テハ政府ニ反對スル黨派ハ已ムヲ得サルノ妨害物トシテ政府之ヲ操縱ス政黨政治ノ國ニ於テハ反對黨ナル者ヲ公認シ必要缺クヘカラサルノ者トシテ憲法ハ其ノ存在ヲ前提トシテ運用セラル、ナリ此ノ故ニ英國ニ於テハ政府反對黨モ亦御用政黨（His Majesty's Opposition）ナリ政府ニ反對スルコトニ由リテ忠勤スル者ナリ表面ヨリ謂ヘハ政府ノ失政ヲ批評スルノ諫爭ノ職ト視ルヘキカ然レトモ其內實ノ效用ハ政府黨內部ノ連鎖ヲ緊縮シ之ヲ鞏固ナラシムルカ爲ニ必要ナルナリ事跡ヲ尋ヌルニ反對黨甚シク微弱ナルトキハ政府ハ却テ甚鞏固ナラス其內部ニ瑕釁ノ生スルハ勢ノ已ヲ得サルノ數ナルニ似タリ此故ニ政黨競爭ノ略トシテ各〻暗默ニ德義ヲ守リ敢テ窮敵ヲ追擊シテ之ヲ全滅スルコトヲ爲サ、ルナリ是レ人道ニシテ政略ヲ兼ヌル者卽チ政黨政治ノ武士道タリ此ノ趣味ヲ感スル者ニ非レハ二大政黨ノ談遂ニ其ノ要領ヲ得サルヘキナリ

五　餘　論

英國政黨政治ノ實相ハ正ニ此ノ如シ他國ノ之ヲ欽慕シテ而シテ之ニ則ルコト能ハサル亦宜ナラスヤ其ノ憲政ノ運用ハ法章ノ文字ニ依ルニ非ス他國之ニ倣フテ立法スルモ其ノ圓滿ナル結果ヲ觀ル能ハサルハ固ヨリ其ノ所ナリ其ノ政黨ナル者ハ主義綱目ノ上ニ回轉スル者ニ非ス他國ノ主義政策ノ綱目ニ固着シ貫カサレハ已マサルノ政黨ヲ以テ同一ノ事ヲ行ハントス亦難キ哉其ノ政權爭奪ト謂フモ一種ノ武士道ヲ以テ緩和セラレタル悠々迫ラサルノ君子ノ爭ナリ手段方法ヲ問ハス殪サ、レハ已マサルノ意氣ヲ以テスルノ他國ノ政爭ノ能ク之ニ倣フコトヲ得ヘキ所ナランヤ予ノ黃口乳臭ノ書生名ヲ聞キテ實ヲ知ラス猥リニ我ヲ以テ彼ニ倣ハントス我憲法ノ精神ヲ解セサルノ罪ノミナラス亦彼ノ政黨政治ノ果シ

テ何者タルカヲモ知ラサルニ出ツルナリ予ノ此ノ一文ヲ草スル實ニ之カ爲ノミ豈大方識者ニ教フルノ意ナランヤ抑ゝ今ノ立憲政道ニ二アリ大權政治及政黨政治ナリ獨逸ノビスマルクノ如キ前者ヲ主持シテ一歩ヲ假サス後繼者亦能ク其ノ主義ヲ恪守ス獨逸ノ政黨ハ劃然トシテ主義ニ於テ分レ隨ヒテ爭闘ノ激烈ナル英國ノ比ニ非ス主義政策ヲ主持シテ立チ貫カサレハ已マサルノ意氣アル政黨ハ理由ナク容易ニ交讓シ合同スルコトヲ得ス政界分裂、群雄割據、亂世ノ如シ（獨逸帝國議會ノ黨派ノ數ヲ見ヨ）君主政府ハ此ノ紛爭ノ中ニ於テ自カラ黨ヲ爲サス超然其ノ上ニ居リ未タ嘗テ政權ヲ政黨ニ委スルコトナク或ハ提携シ或ハ討伐シヨク風波ト戰フテ自己ノ政策ヲ貫徹スルハ予竊ニ之ヲ壯ナリトス此ノ勇敢ノ意義ナクシテ何ソ國家ノ重キニ任スルコトヲ得ン一國ニ宰相タル者豈顧スシテ可ナランヤ抑ゝ政府ノ政黨ニ於ル舟ノ風ニ於ルカ如クナルヘシ順ナラハ帆ヲ揚ケ逆ナラハ之ト戰ハサルヘカラス然ルニ世ノ政黨政治ヲ主張スル者ハ順逆共ニ風ヲ追フヘシト謂フ吾其ノ舟行ノ果シテ何ノ意味ヲ爲スカヲ解スルニ苦ムナリ世ノ政客以テ如何ト爲ス

（『法學協會雜誌』第二十八巻第一号（一九一〇年一月））

二　昨年末ノ英國上院ノ憲法問題

問題ノ實質ハ貴族富豪ハ平民的社會主義ノ前ニ屈伏スヘキヤ否ニ在リ、問題ノ形式ハ上院ハ下院ニ

於テ議決シタル財政案ヲ否決スルノ憲法上ノ權利アリヤ否ニ在リ。抑圓滑ナル政黨政治ヲ以テ英國ノ誇トシタルハ第十九世紀ノ中央一時ノ事ニ屬ス、今ハ事昔日ノ如クナラス、兩院ヲ縱斷シ多數政黨ヲ以テ之ヲ串貫スルコト難シ、隨ヒテ政黨政治ハ圓滑ニシテ鞏固ナルコトヲ得サルナリ。昔日ハ(所謂選擧權擴張以前)庶民院ト謂フモ實ハ貴族ノ子弟若ハ縁故ノ者多ク之ニ居ル、地方選擧區ハ多ク上院諸卿ノ嚢中ノ物タレハナリ、故ニ亦政爭ハ兩院ノ間ニ在ラス兩政黨ノ間ニ存ス、是レ政黨政治ヲ成立セシメ且ツ圓滑ナラシメタルノ一因ナリ。今ハ漸ヤク庶民院ハ名ノ如ク平民階級ノ代表者トナリ兩院ノ間階級的ノ利害ヲ異ニスルニ至レリ、況ンヤ英國ノ政黨ナル者モ、今ハ昔日「クラシック」ノ特色(政府ノ地位其ノ者ノ穩和ナル爭鬪)ヲ失ヒ大陸風ニ化セラレ、主義政策ヲ固執スルニ至レルニ於テヲヤ。主義政策ニハ冷靜ナルノ政權其ノ者(内閣大臣ノ地位)ノ競爭トシテコソ從來兩院ヲ縱斷シテ二大政黨ヲ以テ之ヲ串貫スルコトヲ得タルナレ、立法外交軍事經濟等ノ主義政策ノ異同ヲ問題トシテ黨派ヲ爲シ、而シテ尙昔日ノ圓滑ヲ望ムハ固ヨリ不能ノ事ニ屬ス、政黨ノ分裂兩院ノ軋轢毫モ怪ムニ足ラサルナリ。政黨ナル者名ヲ主義政策ニ借ルハ古今同シ、然レトモ眞面目ニ主義政策ヲ主張スルトキハ圓滑ナル政黨政治ハ之ヲ望ムヘカラサルコト歐洲大陸ノ政治界最近五十年ノ歷史ノ證明スル所ナリ。英國ノ政黨政治今亦此ノ危機ニ在リ。政黨ナル者ノ意味カ政權ノ授受ヲ目的トスルニ非スシテ眞面目ニ主義政策ヲ固執スルモノナルトキハ、兩院ヲ縱斷シ上下相通スルノ多數政黨ヲ策スルハ事頗ル難シ。玆ニ於テ政黨政治ノ前途ヲ憂フルノ輩ハ上院廢止ノ論ヲ唱フ其ノ事既ニ久シ。兩院ノ制本ト一院跋扈ノ弊ニ備フ、故ニ下院多數政黨ノ專制ノ爲ニハ論理上上院ヲ廢止セサルヘカラス(無權力ト爲ササルヘカラス)、是レ今ノ自由黨政府カ人氣ニ投スルノ社會主義ヲ加味シ貴族富豪ヲ征伐スルノ財政案ヲ提ケテ上院ニ

決闘ヲ申込タル所以ナリ

　昨年十一月下旬ノ英國貴族院ニ於ケル財政案ノ討議ハ既ニ波瀾ニ富メル英國憲法史ノ上ニ更ニ異彩アル一頁ヲ加ヘタリ。此ノ歳計豫算ナル者例年ノ例案ノ如クニシテ實ハ社會改革ノ一大禍心ヲ包藏ス、政黨所屬ノ如何ニ關ラス愼重保守ノ上院長老ノ直ニ之ニ同スル能ハサルハ初メヨリ明カナリ。然レトモ下院多數自由黨ハ、從來上院ハ豫算ヲ否決スルノ權ナシトスルノ憲法解釋アルニ乘シ、此案ヲ以テ上院ニ臨ミ、今之ヲ屈伏スルコトヲ得ハ上院ノ憲法上ノ無權力ヲ公然表白確定シ以テ事實上ニ之ヲ廢スルノ目的ヲ達シ得ヘシト爲シタルナリ。英國ニハ憲法ナシ唯憲法史アルノミ、上院ニ豫算否決ノ權アルヤ否ハ紙上文字ノ論ニ非ス先例ノ如何ナリ、今若憲法史ノ最尾ノ一頁ニ之ヲ問題トシ上院自身ヲシテ自己ノ權能ヲ否定シタルノ跡ヲ印セシメハ即チ憲法改正ノ目的ヲ遂ケタルモノニシテ、下院ハ是レヨリ枕ヲ高ウシテ寢ムルコトヲ得ン、自由黨亦策士アリト謂フヘキナリ。

　是レ財政ノ談ニ非ス憲法ノ危機ナリ上院ノ存廢ナリ長老諸卿ノ愕然トシテ駭キ、毅然トシテ之ヲ排斥シタル寔ニ宜ナリトス、英國尚此ノ貴族院ノ在ルアリ以テ國ノ藩屛タルニ足ルハ實ニ英國民ノ幸ナリ

　千九百九年十一月下旬ノ英國貴族院ノ討議ハ近代稀レニ看ルノ憲法史上ノ偉觀ナリ。保守黨ノ首領温厚ナルランスドーン卿先ツ沈痛荘重ノ語ヲ以テ宣戰ノ旨ヲ述フ、曰ク、此ノ案ハ名義ヲ來年ノ財政計畫ニ借ルモ實ハ社會ノ一大革命ナリ、乞フ本年ハ暫ク此ノ議ヲ止メ、徐ロニ國民全體ノ輿論ニ問ハン、政黨ノ傾流奔注ノ勢ヲ防クハ貴族院ノ天職ナリト。法律最高ノ重職ヲ以テ內閣ニ列シ專門學識ヲ以テ上院ニ重キヲ爲スノ大法官（The Lord Chancellor）ハ席ヲ蹴テ立チ、自由黨政府ノ爲ニ辯シテ曰

ク、是レ政策ノ問題タルニ止ラス光輝アル歴史ヲ有スル我カ英國憲法ノ大危機ナリ、ランスドーン卿ノ動議ハ政策ヲ解セサルノミナラス實ニ神聖ナル憲法ヲ犯サントスル者ナリ、予ハ法律家トシテ上院ハ下院ノ議決セル財政案ヲ否決スルノ法律上ノ權利（Legal right）アルヲ信スルト同時ニ上院ノ此ノ權利ヲ行使シテ之ヲ否決スルハ違憲（unconstitutional）ナルコト疑ハスト、滔滔辯シ來リ大法官ノ權威ヲ以テ憲法最終ノ判決ヲ宣告スルモノノ如シ。議場鼎ノ如ク沸キ、戰鬪數日ニ亘ル、採決ニ及ヒ政府案ニ賛成スル者七十五之ニ反對スル者三百五十此ノ急激ナル改革案ハ遂ニ上院ノ堅壘ヲ拔クコト能ハサリシナリ

政治ノ事ハ暫ク談セス、此ノ大法官ノ鐵槌ノ如キ一言、間接ニヨク英國風ノ憲法觀念ヲ表明シ得テ頗ル妙ナリ、本國人ハ固ヨリ之ヲ知ル故ニ何等一片ノ注意ヲ惹カス、而モ、吾人ハ特種ノ興味ヲ大法官ノ此ノ一語ニ感スルヲ禁シ能ハサルナリ。上院カ豫算ヲ否決スルハ法律上（Law）ノ權利（right）ナレトモ其ノ法的ノ權利ヲ行使スルハ即チ違憲ナリ（unconstitutional）。予從來大學ノ講座ニ於テ英國憲法ナル者ハ單純ナル絶對ノ國法ニ非ス國王及上下両院ノ政權競爭ノ妥協タリ随テ彼ノ大臣責任問題ハ我カ憲法ト全ク其ノ意義ヲ異ニス、之ヲ援テ我カ憲法ノ下ニ責任内閣論ヲ爲スヘカラサルコトヲ辨明セリ。今偶ヽ此ノ意義ヲ證明スルニ便ナルノ此ノ英國最高法官ノ一語ヲ得タルヲ欣フ。憲法ハ両院政黨ノ交戰條規ナリ、違憲トハ當事者間ノ妥協ニ成レル規約ニ違フノ背信ノ行動ナリ、法章ノ文字ニ訴ヘテ爭フヘキノ權利ノ問題ニ非ス、沿革上自ラ定マレルノ政治的ノ德義ノ問題ナリ。故ニ英國ノ法律家自ラ憲法ハ法律ニ非スト謂フ、ヨシ近來漸ク大陸風ノ感化ヲ受ケ、之ヲ法ナリト謂フ者アルモ、民法刑律ヲ法ト稱スルトハ其ノ意自ラ異ル所アルナリ（此レ等ノ事ニ關シテハ本年一月ノ法學協會雜誌ノ拙

稿ノ一讀ヲ乞フ)。要スルニ英國ニ憲法ナシ憲法史アルノミ而シテ憲法史トハ王位上院下院ノ三權力間ニ於ケル權力範圍ニ付暗默若ハ明示ノ妥協ノ記錄ナリ。而シテ此ノ三大權力間ノ協商ハ傳來ノ法律(Law)ニ依ルコトアリ、又法ノ定メサル所ニ及フコトアリ、又法ニ反シテ成立スルコトアリ。例セハ兩院同權ハヨシ古來法章ノ認ムル所ナリシト假定スルモ、兩院ノ間、暗默若ハ明示ノ認諾ニ由リ上院ハ豫算案ヲ否決スルノ權利ヲ行ハストセハ、今突如トシテ之ヲ行フハ違法ニ非サルモ違憲タラン、彼ノ憲法ト謂フノ意義凡ソ此ノ如シ乞フ之ヲ我カ憲法ノ憲法タル所以ト相混スルコト勿レ

蓋英國人ノ法律(Law)ト謂フハ通常裁判所ニ於テ之ヲ適用スルノ規則ヲ指スモノナリ。乞フ通常裁判所ト謂フコトニ留意セヨ。或ル意味ニ於テ議院モ裁判所タラン、然レトモ大臣ノ非立憲的行動ニ付議院カ其ノ政治上ノ責任ヲ問フカ如キハ彼等ノ意中ニ於テハ通常裁判所ノ審判トハ其ノ根底ヲ異ニス、寧ロ背信行爲ヲ責問スルノ仲間連中ノ懲戒タリ、故ニ亦仲間連中ノ宥恕ニ由リテ絶對ニ其ノ跡ヲ絶ツ。今詳ニ論スルノ暇ナシ、予ノ見解ト他ノ一派ノ論トハ或ハ根據ヲ異ニスル所アルヲ免レス(議院ハ裁判所ナリ大臣責任ヲ問フノ準則ハ即チ制裁アル完全ノ法ナリト謂フノ類ノ論アルナリ)。此ノ點ハ稍法理論ノ細目ニ入ル故ニ今畧ス

英國憲法ノ本性ノ異樣ナル此ノ如シ。然レトモ世ノ憲法ヲ談スル者先ツ範ヲ英國ニ取ラントス、先決問題ハ果シテ具體的ニ一團ヲ成スノ憲法ナル者アリヤ否ニ存ス、何人モ其ノ存在ヲ謂フト共ニ何人モ亦的確ニ之ヲ掲明スルコト能ハス英國憲法ノ不明ナルハ其ノ本性ニ出ツ之ヲ成文トシ確定セハ其ノ特色ハ即チ喪失セン他國ニ於テ範ヲ之ニ取ラントス談豈容易ナラムヤ、頃日倫敦時報ヲ讀ミ敢テ一言シテ後人ヲ戒ム

(『法學新報』第二十巻第二号(一九一〇年))

6　貴族院議員として

一　普通選挙反対貴族院演説（第二十七帝国議会）

〔穂積八束君演壇ニ登ル〕

○穂積八束君　私ガ議長ニ發言ヲ請ヒマシタノハ、委員長ニ代ツテ答辯ヲ致スト云フ譯デ登ツタノデハアリマセヌ、私一個ノ意見ヲ申上ゲル積リデ參ツタノデアリマスルカラ、ドウゾ松平伯モ其御積リデ……委員會ニ於キマスル經過ハ委員長ノ御報告ノ通リデゴザリマス、私モ委員ノ一人デアリマスルガ、別ニ附加ヘルコトモゴザイマセヌガ、併ナガラ此案ハ頗ル重大ナルモノデゴザリマスルカラ、一應之ヲ否決スルトカ可決スルトカ云フナラバ、理由ヲ明白ニシテ置キタイト云フ御考ヘガ、大木伯其他先輩諸君ノ中ニアルノモ誠ニ御尤モノコトト思ヒマスル、委員會ガ否決シタ理由……申スコトハ出來マセヌガ、私ガ委員會ニ於テ述ベタ理由ヲ申上ゲマス、此案ハ實ハ丁寧ニ極ク冷静ニ、二三日穿鑿ヲシテ見マシタノデゴザリマス、衆議院ニ於ケル提出者ノ理由書モ讀ンデ見マシタ、又衆議院ニ於キマスル贊成者ノ演説モ能ク委シク讀ンデ見マシタ、然ルニ其之ヲ今日ニ必要トスル所ノ具體的ノ理由ヲ捉フルノニ甚ダ困ツタノデアリマス、蓋シ此案ヲ提出セラレマシタルトキニ伴フテ居リマスル理由書ナルモノハ、提出者贊成者ノ協同一致ノ意見デアラウト思ヒマスルガ、其理由書ヲ讀ンデ見マスルト、タヾ大體ノ主義方針ノ議論デアツテ、其大意ヲ摘ンデ申シマスレバ、抑々立憲政體ナルモノハ普通選擧ニ根據ヲ置カネバナラヌモノデアル、今日ノ如キ制限選擧ノ上ニ築カレタル立憲政體ハ本當ノ立憲政體デハ無イノデアル、ソレデ普通選擧ニセヌナラヌト云フ、甚ダ單純ナル主義根本ノ議論デゴザリマシテ、其他ニ今日ノ衆議院議員選擧法ニ斯ク〳〵ノ弊害ガ有ルガ故ニ、之ヲ濟フノニハ普通選擧ニ依ラネバナラヌ、或ハ彼此比較シテ今日普通選擧ヲ行フコトノ利益ガ有ルトカ云フ利害得失ノ問題ハ更ニ無クシテ、全ク主義ノ議論デゴザリマス、依ツテ私ハ益々此案ニ付イテ疑惧ヲ懷クノデゴザリマス、主義ノ問題トシテハ猶更ラ絶對ニ私ハ反對ヲ致シマスル、今日立憲政體ナルモノヲ何ト心得テ居ラル、カ知リマセヌケレドモ、立憲政體ハ今日、制限選擧ノ下ニ於テモ、或ル場合ニ依ツテ普通選擧ノ下ニ於テモ立派ナル立憲政體デアツテ何カ今日ノ政體ヲ虚僞デアルカノ如クニ言フト云フノハ、甚ダ僭越ノ至リデアルト思フノデゴザリマスル、固ヨリ選擧ノコトハ便宜ノ問題デゴザリマスル、固ヨリ選擧ノコトハ便宜ノ問題デゴザリマスル、冷靜ニ考ヘテ見マスレハ、國ノ大政ニ携ハルニ最モ堪能ナル者ヲ選ブニハ如何ナル方法ニ依ツタラ宜シイカト云フ、方法手段、便宜ノ問題デゴザリマスル、ソレ故ニ選擧其モノハ目的デハナイ、選擧ニ依ツテ出ル人ガ目的デアツテ、シカモ國政ヲ議スルニ堪能デアル人ヲ抄ヒ擧グル方法手段ガ最モ肝要ナノデアリマス、ソレ故ニ極端ニ論ジマスレバ、場合ニ依ツテ普通選擧ニシタナラバ實ニ適當ナル人ガ擧ガルト云フ見込ガ付キマスレバ、普通選擧ヲ行ツタ所ガ何モ絶對ニ悪ルイコトハ無イノデアリマス、ケレドモ今日ノ場合ニ於キマシテ普通選擧ヲ行ヘバ今日ノ弊害ハ益々加ハルガ、普通選擧ヲ以テ今日ヨリ好キ結果ヲ見ヤウト云フコトハ是ハ斷ジテ無イコトデゴザイマス、是等ノコトヲ委シク述ベルト云フト時間ヲ取リマスカラ、御質問トアレバ私ハ幾ラデモ述ベマスケレドモ、大概ニシテ置キマス、故ニ此案ハ實際上ノ必要ニ出デヽ居ラヌ、主義ノ問題ニ出テ居ル、主義ノ問題ハ我々ノ否認スル所デアル、我々ハ選擧ハ甚ダ重要ナルモノト思フ、選擧權ヲ國民ニ與フルコトハ實ニ立憲政體ノ根本デアルト思フガ、併シ選擧權ヲ與フルコトカ目的デナイ、選擧權ヲ與フルニ依ツテ宜シク此公論ヲ代表シ國家ノ大政ヲ料理スルニ適當ナル人物ヲ擧ゲヤウト云フ爲ニ選擧權ヲ與フルノデアル、唯選擧權サヘ與ヘレバソレデ宜シイト云フヤウナ單純ナル主義ノ問題ニ於キマシテハ、我々貴族院ニ於テハ同意ノ出來ヌト云フコトハ、願ハクハ全會一致ヲ以テ明ニ表示シテ置キタイト思ヒマス、抑々此案ガ今日衆議院ノ門ヲ潛ツテ這入ツテ來タノハ如何ニモ殘念デゴザイマス、故ニ之ヲ否決スルト同時ニ、私ノ考ヘデハ今日ノミナラズ將來ニ於キマシテモ、此普通選擧ノ案ハ此貴族院ノ門ニ入ルベカラズト云フ札ヲ一ツ掛ケテ置イテ、サウシテ之ヲ全會一致ヲ以テ否決シテ置キタイト思ヒマス、尙ホ不足ガゴザイマスレバ御尋ネヲ願ヒタウゴザイマス。

○鎌田榮吉君　穗積君ニ一應質問シナケレバナラヌコトハ、今日ハ普通選擧ノ時機ニアラズト云フコトハ本員ニ於テモ同感デアリマス、然ルニ穗積君ノ御持論ニ於テハ、人物ガ擧ガリサヘスレバ如何ナル方法ヲ以テシテモ宜シイノデアル、ソレハ先年市制改正ト市長官選ト云フ其時ニ、穗積君ハ委員トナラレマシテ、人物ヲ擧ゲサヘスレバ選擧ト云フコトハ官選デモ公選デモ少シモ其間ニ區別ハ無イノデアル、斯ウ云フコトヲ豫ネテ仰セニナツテ居リマス、而シテ是ハ衆議院ノ選擧トハ大ニ場合モ違ヒマスケレドモ、人物ガ擧ガリサヘスレバ、ソレデ宜イノデ、假令是ハ普通選擧デアツテモ、或ハ最モ制限サレタ所ノ選擧法デアツテモ、人間ガ擧ガリサヘスレバ宜シイノデ、然ラバ衆議院議員ヲ官選ニシテモ宜シイノデアルカ、之ヲ穗積君ノ御持論ニ照ラシ合ハセテ一應伺ツテ置ク必要ガアル、モウ一ツハ人物ヲ選ブト云フコトガ目的デアルト言ハレ、成ルホド國民ノ選良トシテ相當ノ人ヲ選バナケレバナラヌ、併ナガラ選バレタ人物ガ唯英雄豪傑ナラバ最モ結構デアル又學識經驗ノアル人デアレバ最モ結構デアルト云フコトガ、普通選擧ノ要素デアルヤ、或ハ又國民ノ意思ヲ忠實ニ代表シテ與論ヲ議場ニ反射セシムルト云フコトガ穗積君ノ御考ヘノ選擧ト云フコトデアルヤ否ヤ、ト云フコトヲ一應伺ツテ置キタイ。

○穗積八束君　御答ヘヲ申シマスガ、唯今鎌田君ノ御尋ネノコトハ餘リニ抽象的ナル御話デゴザイマス、此案ニ付イテ私ガ唯今述ベマシタコトニ關聯シテ是非御答ヘヲセヌナラヌト云フヤウナ問題デアルヤ否ヤト云フコトヲ私ハ疑フノデアリマス、併ナガラ議長ガ問題外デナイト云ツテ御許シニナリマスレバ、御互ニ御心安イ間デアルカラ、私ハ問題外ト思ヒナガラ意見ヲ述ベルコトヲ否ミマセヌ、ト申スノハ、ソレハ昔……デモナイ昨年カ一昨年カ都制法案ノトキ云々ト仰シヤルコトハ、ソレ過去ノ話デ今日引合ヒニ出來ルコトデハアリマスマイガ、兎ニ角、私ノ持論ハ如何ト仰シヤルガ、選擧ト云フコトソレ自身ハ適當ナル者ヲ選ブト云フコトヨリ他ニ意味ハ無イノデアリマシテ、選擧ト云ヘバ何カ議員ヲ選擧スルコトノヤウニ御考ヘデアリマセウケレドモ、ソレハ何者ヲ選擧スルト云フコトモ通ジテ言フノデ、物ヲ選擇スルノ意味ニ外ナラヌ、併ナガラ立憲政體ニ於キマシテハ、固ヨリ國民一般ノ意思ニ適フテ居ル所ノ、謂ハユル民望ノアル所ノ者ヲ擧ゲテ國事ニ參與セシムルト云フコトガ必要デアリマスカラ、ソレデ民衆多數ノ望ヲ寄セタル人ヲ集メルト云フコトガ目的ノ一ツトナツテ居ルノデアリマス、一ツトナツテ居ルト申スノデ、ソレガ全クノ目的デアルトハ申シマセヌ、然ラズンバ何ガ故ニ貴族院ガアルカ、何ガ故ニ公侯伯子男ガ世襲シ或ハ選擧ニナツテコ、ニ居ラレルカ、何ガ故ニ我々ガ勅選ニ依ツテコ、ニ居ルカ、其理由ハ立タヌノデアリマス、必シモ唯人民カラ選ンデ人民ヲ代表スル者ノミヲ以テ國會ヲ造ルト云フヤウナコトハ憲法ニ一言モ申シテ居リマセヌ、國會ノ一半タル下院ハ國民中、國家ノ思想ノ堪能ナル者ガ此人ナラバ國事ヲ議セシムルニ足ルト思フ所ノ人ヲ擧ゲテ組織スルト云フコトヲ言フテ居ルノデアリマスガ、ソレヨリ他ニ他ノ意味ハ無イト思ヒマス、ドウゾ其クラヰノ所デ御了解ヲ願ヒマシテ、又此問題ハドウゾヤメテ御置キヲ願ヒタイト思ヒマス。

○鎌田榮吉君　モウ少シ伺ツテ置キマス、唯今ノ御話デ、此貴族院ノ例ヲ御引キニナリマシタガ、貴族院ハ又是ハ別デ、衆議院ト云フモノハ國民ヲ代表スルト云フノガ趣意ニナツテ居リマス、貴族院ハ又貴族院ノ特色ガアリマス、アリマスガ、衆議院ハ直接ニ人民ヲ代表スルト云フノガ衆議院ノ衆議院タル所デアツテ、然ラバタヾ人物卽チ民望ノ歸スル所ト云ヘバ、或ハ專制政治ヲスル人ニ民衆ノ歸スルコトモアリ、又其他ノ點ニ於テ民望ノ歸スルコトモアリマセウガ、代議政體ト云フハ國民ノ意思ヲ代議スルト云フコトガ主ニナツテ、其代議機關ト云フモノハ卽チ主トシテ衆議院ニアルコトデアル、穗積君ノ豫ネテノ御說ニ依ルト、選擧ト云フコトハ人物ヲ擧ゲサヘスレバ宜シイ、其人ガエライ人デアリサヘスレバ宜シイ、斯ウ云フコトニ御解釋ニナツテ居ルヤウナコトデアツテ、民議ヲ代表スルト云フコトハ甚ダ其聞ニ乏シイヤウデアル、其點カラシテ選擧ハ人ヲ得ルニアル故ニ民選デモ官選デモ宜シイト云フヤウナコトヲ常ニ御考ヘニナツテ居ルヤウニ私ハ考ヘマスガ、ソレデ唯今ノ御答辯ニ依ツテモ穂積君ハ左様ナ御考ヘト私ハ取レル、……ソレナラバソレデ宜シイ別段ニ御答辯ハ煩ハシマセヌ。

（『大日本帝國議會誌』第八巻一三七・八頁（一九一一年三月十五日））

二　小選挙区法案反対演説（第二十八帝国議会）

〔穂積八束君演壇ニ登ル〕

○穂積八束君　本案ハ極メテ重要ナ問題デゴザイマス、私モ愼重ニ審査ヲ致シマシタガ、私ハ委員會ノ御修正ニ賛成ヲ致シマスル者デゴザイマスル、此問題ノ重要ナルコトハ申スマデモナク、殊ニ政府ノ御提出デアリ、又衆議院ニ於テ大多數ヲ以テ可決セラレタル案デゴザイマスルカラ、先刻モドナタデゴザイマシタカ、第一ニ御發言ニナツタ御方ガ御述ベニナリマシタ通リ、實ニ貴族院ハ能ク注意ヲ致シ、必ズ政府ガ之ヲ提出サレ及衆議院ノ可決サレタモノデアルカラ、非常ニ重要ナ理由ガアルデアラウト云フコトヲ能ク考ヘマシテ、愼重ノ上ニモ愼重ヲ加ヘテ之ヲ議決スルニアラズンバ禮トシテモ政府ニ對シ下院ニ對シテ相濟マザル儀ト考ヘルノデゴザイマス、故ニ十分ノ理由ヲ審査イタシ、サウシテ決著ヲ致シタイト思ヒマスルガ、併ナガラ先刻其事ヲ御述ベニナツタ御言葉ニ、今之ヲ否決スレバ或ハ衆議院ノ感情ガ如何デアラウカト云フ御心配ガアリマシタ、私ト雖モ固ヨリ衆議院ノ感情ヲ害スルヤウナコトハ成ルベク避ケナケレバナリマセヌ、固ヨリ其心持デ居リマスケレドモ、私ヲ以テ公ケノ事ヲ紊ルト云フ譯ニ參リマセヌ、國家ノ公事ヲ論ズルトキニハ、多少世間カラ怨マレルカト思ヒマシテモ、自己ノ立場ヲ明カニスルタメ、且ツハ又事ヲ議スルニ公然タルコトヲ期スルガ故ニ、毀譽褒貶ヲ顧ミズシテ之ヲ可否スルノハ我々皆議員ノ職責ニ在ルノデゴザイマスルカラ貴族院ノ我々ガ若シモ衆議院ノ感情ヲ害スルデアラウカト云フコトヲ構ウテ此案ヲドウ斯ウスルト云フコトハ遺憾ナガラ出來ナイノデゴザイマス、況シテヤ憲法ノ兩院ヲ置イタ精神カラ考ヘテ見マスレバ、貴族院ノ議スル所モ衆議院ノ議スル所モ憲法ノ上ニ於テ輕重ノ在ルベキ筈ハナイノデゴザイマス、殊ニ衆議院ノ利害ニ關スルカラト云フ話モゴザイマシタケレドモ、是ハ辯ズルマデモナイ、若シモ衆議院ナルモノガ衆議院諸君ノ倶樂部デアツタナラバ、御隣ノ倶樂部ノ御規則ハ御自由デアツテ、コチラカラ口ヲ出ス必要ハナイノデゴザイマスルガ、國家ノ統治機關ノ組織如何ニナリマシテハ、貴族院ノ議論モ衆議院ノ議論モ政府ノ議論モ實ニ國家問題デアリマスルカラ、斯ノ如キコトニ遠慮ヲシテ議論ヲ左右スルコトハ諸君ハ爲サレヌト思ヒマス、私ハ決シテ致サヌノデゴザイマス、デ此問題ニ付キマシテ種々委員會ノ御議論モ審査拜讀イタシテ見マシタ、大體ニ於テ委員會ノ御論、多數ノ御論ニ贊成デゴザイマスカラ成ルベク重複イタスヤウナ述ベ方ハ避ケタイト思ヒマスルケレドモ、無暗ニ附和雷同シテ此有要ナル案ニ對シテ默々トシテ唯投票ヲ以テ勝ヲ制シタト云フ觀ヲ貽シテハ、政府ニ對シ衆議院ニ對シ世人ニ對シテ貴族院ノ爲スベカラザル所デゴザイマスカラ、少々煩雜ニ亘リマシテモ理由ヲ明白ニ述ベテ、サウシテ之ヲ決シタイト思ヒマス、

此問題ノ係ル所ハ選擧區ノ大小ノコトデゴザイマス、此選擧區ノ大小ト云フコトニ付キマシテ過日、

內務大臣ノ此席ニ於テノ御演說、其他種々ノ討議ノ有様ヲ見マスト、私ガ選擧區ノ大小ト云フコトヲ云フ意味ト或ハ多少違ツテ居ル所ガアルカモ知レマセヌカラ、自己ノ論理ヲ明白ニスル爲ニ、自己ノ言フ所ノ選擧區ノ大小ノ意味ヲ一言申シテ置キマス、大選擧區、小選擧區ト云フ話ハ是ハ學者問題カモ知レマセヌケレドモ、申シマスル所以ハ必シモ面積ノ廣イトカ狹イトカ云フノ問題デハアリマセヌ、是ハ一區ヨリ一人ヲ出スト云フ制度ガ宜シイカ、一區ヨリ五人、六人、十人ト云フガ如ク數人ヲ出ダス制度ガ宜イカト云フコトデ利害ガ分ルヽノデアリマス、何モ面積ノ問題デハアリマセヌ、言ハズト知レタコトデアリマスケレドモ、東京カラ十幾人ノ議員ヲ選出シテ居リマス、是ハ無論大選擧區デゴザイマスル、之ニ反シテ事柄ハ、マルデ違ヒマスルケレドモ、東京府ノ內ノ市、郡モ含ンデノ東京府カラ、此席ニ多額納稅者ノ御方ガ一人出テ居ラレマスガ、是ハ假ノ例デ、斯ウ云フ場合ニハ私ハ其當院ニ於ケル多額納稅議員ノ選出ニ付イテハ、東京府ト云フモノハ小選擧區ト見ルノデアリマス、斯ノ如ク必シモ土地ノ大小ト云フコトノミヲ以テ議論ヲ決スルモノデハナクシテ、實際一區一人カ、一區數人カト云フコトデアツテ、物ノ順序トシテ一區數人デアレバ隨ツテ土地モ廣イト云フコトモ起ルカラデアリマスガ、唯土地ガ廣イカラ、ドウ斯ウト云フヤウナ話ノミデハ是ハ決セラレナイモノデアルト云フコトヲ申シテ置キタイト思ヒマス、

而シテ選擧區ハ畢竟、道具デゴザイマスルカラ、道具ヲ用ヰルノ如何ヲ云フノハ目的ニ依ツテ判斷スルノ外ハ無イ、選擧區ノ大小ノ利害ト云フハ、選擧ハ何ノ爲ニスルカト云フコトニ依ツテ決セラルヽノデアリマス、選擧ハ何ノ爲ニスルカト云フ問題ハ、即チ何カ爲ニ議院ヲ開イタカト云フコトニ歸著スルノデアリマス、故ニ「コツプ」ガ宜イカ盃ガ宜イカト云ヘバ、ソレヲ酒ヲ飲ムニハ盃ガ宜イケレ

ドモ、水ヲ呑ムニハ「コップ」ガ宜イ譯デアリマシテ、畢竟何ヲ目的トシテ選擧ヲナサルカト云フコトヲ伺ハズンバ、タヾ器ノ可否ノミハ言ハレマセヌ、ソコガ歐羅巴デモ議論ノアル所デアリマス、或ル國ニ於キマシテハ政黨政治ノ國デアリマスルカラ、何ニセヨ議院ト云フモノハ過半數デ大政黨デナカラネバ實際、政治ト云フモノハ行フコトハ出來ナイコトデアリマス、是歐羅巴ノ話デアリマス、日本ノコトデハアリマセヌ、ソレハ學者ガ何ト言ツタ所ガ、ドウシタツテモ、過半數ガナケレバ仕事ガ出來ヌト云フモノデアルカラ、ソレデ選擧ノ目的ハ其目的ヲ達スルヤウニシナケレバナラナイ、是ハ賄賂云々ト云フヤウナ話ハ附隨ノ話デ、其目的ニ適フヤウニシテ行カナケレバナラヌト云フコトガアルノデゴザイマス、又或ル國ニ於キマシテハ一向政府ハ議院ノ外ニ獨立シテ居リマスカラ、サウ云フコトニハ頓著ハシマセヌ、ソレ故ニ議員ガ小黨ニ分立シテモ平然トシテ、タヾ分立シテ居ルトキニハ操縱ガムヅカシイト云フダケデアツテ議院ハ議院、政府ハ政府デ獨立對峙シテ居リマスカラシテ、必シモ人工ヲ加ヘ細工ヲシテ、サウシテ自由意思ヲ束縛シテ無理ニ議場ニ過半數ヲ造ラナケレバナラヌト云フ骨折ハ無イ、ダカラ其國ニ依リ場所ニ依リ政治ノ方針ニ依ツテ目的カラシテ違フノデアリマスカラシテ隨ツテ大小選擧區ノ議論モ是カラ起ツテ來ル譯デアリマス、成ルベク簡單ニ述ベタイト思ヒマスガ、マア折角ノ大問題デゴザイマスカラ、時間ヲ少シ御猶豫ヲ願ハナクテハナリマセヌ、

ソレデ日本ノ憲法ノ下ニアツテ日本ノ國情カラ考ヘテ見マシテ議院ヲ御開キニナツタ目的ト云フモノハ、即チ此國民中ニ於テ多種多樣ノ議論ガアル、其世ノ中ノ衆論ヲ集メテ、サウシテ討議セシメテ、其討議ノ一致スル所ヲ以テ大政ニ協賛セシメヤウト云フ考ヘニ出デテ居ルモノト、私ハ考ヘマス、之ヲ能ク通俗ニ言ヒマスレバ、即チ國民代表ヲ以テ、目的トシテ居ルノデアリマス、國民トカ代表トカ

云フコトハ形容ノ言葉デアツテ、何モ委任狀ヲ渡シテ代表ヲサスト云フヤウナ意味デハアリマセヌケレドモ國民中ニ種々ナ意見ガアル、其種々ナ意見ヲ議場ニ集メテ、サウシテ大政ヲ討議セシメルト云フコトガ目的デアルノデアリマス、會議デアル、廣ク衆論ヲ集メテ會議セシメルノデアルガ、國民代表ト云フコトノ意味ハ、即チ消極的ノ意味ヲモ含ンデ居リマス、國民代表ヲ目的トスルモノデアルカラ、ソレ故ニ階級ヲ代表スルト云フコトガ趣意デハナイ、階級代表ト云フコトニモ反對ヲシテ居ルノデアル、又ハ地方的團體ヲ代表セシメルト云フ意味ヲ否認スル爲ニ國民代表ト云フノデアリマス、又唯或ル政黨、或ル團體ヲ代表セシメルガ爲ニスルモノデモナイカラ、ソレデ國民代表ト云フノデアリマス、詰リ或階級、或ル事ニ偏重スルコトヲ避クルガ爲ニ國民代表ヲスルノデアリマス、詰リ社會ノ有樣ヲ寫眞ニ撮ツテ之ニ寫シ出シタヤウニスルコトガ出來タナラバ、實ニ此議院ヲ開イタ目的ガ達セラルヽデアラウ、斯ノ如キコトハ言フベクシテ實質ニハ行ハレマセヌケレドモ理想トスル所ハソコニアルカラ、成ルベク其目的ニ近寄ルヤウナ選擧ノ方法ガ望マシイト云フコトニナルノデアリマス、然ルニ唯世ノ中ニハ多數サヘ擧グレバ宜シイヤウニ云フ、多數ト云フモノヲ以テ政治終局ノ目的ノ如クニ云フ者ガアリマス、此議論ノ爲ニ大ニ今マデノ道理モ左右セラレテ居ルカト思ヒマス、是ハ先刻モ申ス通リ國體政體ニ依ツテノ議論デアリマス、民衆政治ノ國ナドニ於キマシテハ外ニ賴ル所ハ無イ、國政ヲ決スル最終ノ決、最後ノ權力ト云フモノハ多數ト云フヨリ外ニハ無イノデアリマスルカラ、ソレデ民衆政治ノ國ニ於テハ何事ヲ犧牲ニシテモ多數ト云フコトヲ纏メテ、之ニ據ラズンバドウモ政治ハ仕樣ガナイノデアリマス、故ニ彼等ガ多數多數ト云ツテ多數ニ依ラムトシ、多數ヲ崇拜シ、多數ヲ固執スルト云フコトハ能ク了解ノ出來ル話デアル、然ルニ我國ニ於キマシテハ斯ノ如キ政體ヲ取ツテ居ラヌノデ、固ヨリ上下兩院ヲ開キ國務ハ衆論ニ向フト云フコトニナツテ居リマスルケレドモ、國家政務ノ最終ノ決ハ、上御一人ニアルコトニナツテ居ルコトハ言フマデモナイコト、政府ハ大權ニ依ツテ存立シテ居ルモノデアツテ、何モ多數政黨ニ依ツテ存立シテ居ルモノデナイカラ、ソレデ多數ノ意ヲ酌ンデ、サウシテソレニ背馳セザルヤウナ政治ヲスルト云フコトガアルノデアツテ、決シテ是ガ政府ノ存立スル地盤デハナイノデアリマス、若シ唯多數多數ト云ツテソレデ宜イモノアルナラバ、言葉咎メヲスルヤウデアリマスケレドモ、世ノ中ニハ例ヘバ全國ヲ計ツテ見ルト、農民ガ一番多數デアル、ソンナラ農民ノ都合ノ宜イコトバカリ實行シテ商工業者ノ不利益ヲ顧ミナクテモ、ソレハ多數ノ利トスル所デアルカラ宜イカ、サウ云フ譯ハアリマスマイ、不幸ニシテ世ノ中ニハ貧民ガ最モ多數デアリマス、唯多數多數ト云フナラバ貧民ニ御機嫌ノ宜イヤウナコトノミヲスルガ政府ノ本旨デアルカト云フト、サウデモナイヤウデアル、是ハ餘ホド考フベキ所デリマス、少數ガ多數ヲ壓スルト云フコトハ最モ防ガナケレバナラヌ、併シ多數ノ壓制ト云フコトモ防ガナケレバナラヌ、故ニ國務最終ノ決ハ一人ニアルガ、決ニ至ルマデノ此立法ノ大事業ヲ議スルニハ多數ニ問フト云フコトデ、其所ニ調和ガ出來テ居ル、誠ニ結構ナル政體デアルノニ、此政體ヲ顧ミズシテ、唯多數多數ナド、言フノハ、抑々憲法本旨ニ反スルノ大ナルモノト言ハナケレバナラヌ、

併シ斯ノ如ク大キナ闕點ヲ言フマデモナク、此問題トシマシテハ、小選擧區及大選擧區ノ利害ハ誠ニ明々白々デアリマス唯今鎌田君カラ誠ニ事理明白ナル御辯説ガゴザイマシタガ、其御辯説ニ付イテハ多分アトヨリ演壇ニ登ボラル、御方ガ種々應接セラルヽサウデアリマスカラ、私ハ鎌田君ノ言葉ニ

付イテハ敢テ反對ヲ試ミルコトハシマセヌ、モウ委員會デモ述ベラレ、此所ノ席デモ述ベレタコトデキマリ切ツタコトデアリマスケレドモ、一應念ノ爲ニ……能ク諸君ガ之ニ御同意クダサルコトヲ望ムガ爲ニ申上ゲマスレバ、抑々小選擧區ト云フモノハ理論ノ上カラ見マシテモ、又ハ實例カラ見マシテモ、多數政黨ヲシテ實力ヨリモ誇張シテ寫シ出ス方法デアリマス、多數政黨ガ多數ノ議員ヲ出スノハ是ハ當リ前デアル、併シ凡ソ投票力ト當選力ト云フモノヽ割合ガアルモノデアル、然ルニ投票ノ力ヨリモ當選ノ力ヲ多クシテ、即チ實力ヨリモ多ク出スト云フコトガ小選擧區ノ一ツノ特色デアリマスル、此事ハ敵モ味方モ認メテ居ル議論デアリマス、其裏ヲ言ヒマスレバ、小選擧區ニ於テハ少數者若クハ獨立者ハ甚ダ困難ヲ感ズルト云フコトニハナルノデアリマス理論ニ於テハ分ツテ居ル話デアリマス、併シ之ヲ英國二十四五年ニナリマスカノ實歴ニ照シテ見マシテモ統計表上斯ノ如ク現ハレテ居リマス千八百八十五年ノ英國ニ於キマシテモ、小選擧區法ヲ施イテ以來、今日ニ至ルマデ總選擧ノ數ガ八回カ九回カアリマシタ、其每回ノ統計表ニハ精密ニ擧ゲラレテ居リマシテ、私モ其統計表ヲ持ツテ居リマス、此所ニハ持ツテ居リマセヌガ、所持シテ讀ンデ居リマス、ソレニ能ク當選ノ數ト投票ノ數ノ比較ガ取ツテアリマスガ、小選擧區デアルト、ドウモ少數ト云フ者ガ割合ニ當選者ヲ出スコトガナクシテ大選擧區ノ方ガ多ク之ヲ出スト云フ結果ニナツテ居リマス、此事ハ全體ニ於テモ動カヌ議論デアリマス先刻モ鎌田君ノ御演説ガゴザイマシタケレドモ、大體ニ於テモ動カヌ話デアリマス、變例モ澤山アリマス、小選擧區ト云フモノハ運動、干渉、其他ノ事ガ能ク利ク方法デアリマスカラ、運動、干渉ノ如何ニ依ツテハ却ツテ少數者ガ多數者ヲ壓シテ出ルト云フ變例モ有リ得ルノデアリマス是ガ即チ小選擧區ノ惡ルイ例デアリマス、小選擧區ガ惡ルイト云フテ十ガ十マデ君ノ言フ通リデハナイ、ト言ハレマス、ソレハサウカモ知レマセヌケレドモ、凡ソ物ハ大數ニ付イテ、原則ニ付イテ言フノデアリマス、却ツテ是ハ英國ノ統計表ハサウナツテ居ルカラ、サウ申スノデアリマス、日本從來ノ小選擧區ハ内務大臣ノ屢々御話ニナリマシタ通リ純粹ナル小選擧區デハナカツタノデアリマス、ソレハ二人以上ノ議員ヲ出ス場合ニハ連記デゴザイマスガ、ソレヲ一人一區ノ英吉利風ノ制度、即チ今日政府ノ提出サレタ制度トハ違ヒマスカラ、必シモ前ノ選擧法ノ我ガ統計表ニ依ツテ、ソレヲ論ズルコトハ出來ナイ、寧ロ統計表ニ依ツテ論ズルナラバ、英國過去二十幾年ノ統計表ニ依ラナケレバ本當ノコトハ見エラレナイ、然ルニ其統計表ハ斯ノ如クデアルト言フコトヲ私ハ茲ニ斷言イタシマスノデ、而シテ小選擧區ノ方ハ大ニ運動ノ弊ガアル、賄賂ノ弊ガアル、直接間接ニ威壓ノ弊ガアル、其他運動カ激シクナリ激烈ニナル等ノコトガ屢々繰返サレテ居ルコトデ、私ガ茲デクダ〳〵シク申スマデモナイコトデアル、是ハ否ムコトハ出來ナイ明白ナコトデアル、

且ツ費用ノ點ニ於キマシテモ、是ハ大選擧區ノ費用ガ多イカ小選擧區ノ費用ガ多イカト言フコトハ、是ハ一歩ヲ讓ツテ考ヘテ見マスレバ、何レガドウデアルカ實ハ分ラヌ、唯郵便代トカ草鞋代トカ云フモノハ、ソレハ廣イ所ハ狹イ所ヨリ多イニハ相違アリマセヌケレドモ、郵便ヂヤノ端書草鞋代ト云フモノハ知レタモノデアリマシテ、其外ニ言フニ言ハレナイ所ノ種々ナ費用ガ多イモノデアル、ソレハ廣ケレバ廣イデ、一向構ハナイデ宜イコトモアリ、狹イ區域デアレバ構ハナケレバナラヌト云フコトモアルカラ、ドウモ大選擧區ダカラ餘計ニ費用ガ掛カルト云フコトハ、ソレハ郵便屋ノ言フコトデアツテ、本當ニサウデアルカドウカト云フコトハ、ドウモ疑ヒマス、況シテヤ選擧區ト云フモノハ幸ニ我國ニ於テハ斯ノ如キ弊害ハ少ナイデゴザイマセウ、外國アタリデ見マスト當選ノトキバカリデナク、

選擧區ト議員ト密接ニスレバスルホド、平常カラ當選後ニ於テ選擧區ヲ……適當ノ翻譯文ガアリマセヌガ選擧區ヲ常ニ培養シテ置カナケレバ、選擧區ト云フモノ、地盤ヲ生ヤスニハ、多少ノ肥料ガ要リマス、肥料ト云フト、ヲカシウゴザイマスガ、常ニソレヲ矢張リ養ツテ置カナケレバナラヌ、ソレハ決シテ賄賂ダノ何ダノト、ソンナ卑劣ナコトヲ言フノデハアリマセヌ、公共事業ニ對シテ、學校ヲ立テ、呉レト言ヘバ率先シテ寄付シナケレハナラヌ、總テ公共的事業ノ立派ナコトニ對シテ金ヲ費ヤスト云フコトヲシナケレバナラヌ、又義務デアル、是ハナカ〳〵費用ノ掛カルモノダト云フコトヲ聞イテ居リマス、私ハ日本ノ實際ノコトハ能ク知リマセヌガ、書物ノ上デサウ聞イテ居リマスカラ、或ハサウデアラウカト思ヒマス、ナカ〳〵小選擧區ダカラ、相當ノ人望ガアルカラ金無シデ始終議員ニナツテ居ルト云フヤウナ氣樂ナコトハ、ナカ〳〵出來ナカラウト思ヒマス、

ソレハ扨置キマシテ小選擧區ニ於テハ運動ノ弊等ガ盛ニナリマスニ從ツテ黨派ノ關係ト云フモノガ大選擧區ニ於テ廣クアルヨリ狹イ所デハ激烈ニ行ハレマスカラ、選擧ガ濟ンダ後、平常ニ於テ軋轢ヲ殘スコトガアリマス、ソレガ爲ニ自治制度ニ影響ヲ及ボシ、宜シカラザル軋轢ヲ殘スト云フコトハ屢々他ノ論者モ御話ガアツタコトデアリマス、私モ色々此席ニ居ラレル古クヨリ地方長官ヲサレタル御方々數人トナク、如何デゴザイマスト言ツテ御尋ネスルト皆サン古ク地方長官ヲサレタ御方ハ、ドウモ選擧ノ爲ニ、小選擧區デアルト其軋轢ノ餘波ガ殘ツテ他ノ平常、自治ノ事務、縣治ノ事務モイカナイモノデアルト言ハレマスカラ、私ハソレヲ信用シテ、サウデアルト思ヒマス、

且ツ小選擧區ノ利ノアル所ト致シテ、小選擧區トナレバ當選シタル議員ト選擧區ト密接ノ關係ヲ生ズル、内務大臣ノ御言葉ニ地盤地盤ト仰シヤルガ、其地盤ト言フコトハ多分、密接ノ關係ヲ意味シテ

居ルノデアラウト思ヒマス、其地盤ナルモノガ堅クアルト云フコトハ大層是ハ優良善美ナル點デアルヤウナ御話デゴザイマスガ、是モ一利一害デアリマス、成ルホド私一個〔己?〕ノ立場トシテ議員トナツテ出ヤウト云フニハ地盤ガ堅クアルコトハ誠ニ一個〔己?〕ノ爲ニ都合ハ宜ウゴザイマスケレドモ、翻ツテ國家ト云フ大キナ目カラ見マスト、餘リ選擧區ニ根ガ生エ過ギテ居リマスト、中央ノ國會ニ出テ議論ヲスルトキニモ先ヅ第一ニ地方ノ利害ヲ主トシテ議論スルヤウニナル、議論ガ地方的ニナル、意見ガ片寄リドウシテモ地方代表ト云フヤウナ意味ヲ強ク現ハスコトニナリマスカラ、或ル程度マデハ餘リ地方ニ根ガ生エテ居ラヌ方ガ却ツテ公平ナ政治論ガ吐ケルカモ知レナイカラ、ソレモ必シモ丸呑ミニスルコトノ出來ル理由デハナイト思ヒマス、

其他附隨ノ理由ト致シマシテハ、是モ我國ニ於テハマダ格別其弊害ヲ見セマセヌケレドモ、是カラ先キ或ハ起リ得ルト思フノハ、小選擧區ニ致シマスト、其選擧區ノ僅カノ境界ノ變更ト云フモノガ投票ノ力ニ大變ノ影響ヲ及ボシマス、或ル村ヲコチラノ選擧區ニ附ケヤウカ、アチラノ選擧區ニ附ケヤウカト云フコト或ル町ヲドチラヘ附ケヤウカト云フ、其選擧區ノ割振リ方ガ非常ナル關係ヲ有ツテ來ル、而シテ其選擧區ノ割振リ方ト云フモノハ表向ニ選擧法改正トセズトモ、行政ノ方法デ隨分出來得ルコトモアリマス、又立法ノ方法デモスルノデアリマス、ソレ故ニ外國ニ見ルガ如ク小選擧區ニナルト、選擧區ノ境界ヲ頻ニ其意味ヲ以テ變更スルト云フヤウナ弊ガ行ハレハシナイカト云フコトガ懸念ノ一ツデアリマス、

大概小選擧區ノ弊害ハ斯ノ如キモノデアル、而シテ大選擧區ノ利害トシテ言ハレル所ヲ聞キマスト云フト、其大選擧區ノ利益アルト云フコトハ多クハ、個人ノ立場カラ見テノ利益デアリマス、選擧人

ノ立場カラ見テ或ハ被選擧人ノ立場カラ見テノ其利益デアリマス、大選擧區ニナレバ費用ガ少ナクナルトカ、何トカト云フヤウナコトハ、成ルホド選擧運動ヲスル者ノ利益デアリマセウケレドモ、ドウモ是等ノ利害モ固ヨリ考ヘナケレバナリマセヌケレドモ、棄テ難イ國民代表ノ本位ト云フコト、即チ多數ノ跋扈ヲ防イデ少數者デアツテモ獨立者デアツテモ成ルベク此議員ニ選擧セシメテ、サウシテ國論ノ種々樣々ナル所ヲ寫シ出シテ公平ノ批判ニ俟タウト云フコトノ國家的ノ大利益ニ比ベテ見マスレバ、多少個人的ニ費用ガ多クナルトカ何トカ云フ、個人的ノ利益ヲ以テ大選擧區ノ利益トシテ之ヲ主張スルコトハ出來ナイト思ヒマス、蓋シ大選擧區、小選擧區ノ利害ノ問題ハ、斯ノ如キ枝葉ノコトニ存スルノデハナイノデアリマス、大キクシテ見レバ、先刻モ申ス通リ何ガ爲ニ議院制度ガ有ルカト云フ根本問題カラ味ハナケレバ本當ノ事ハ分リマセヌ、附隨ノ問題ヲ以テ見レバ、大選擧區モ小選擧區モ利害相半バスルト云フコトニ歸著スルノハ御尤モノ話デアリマス、併ナガラ之ニ付イテハ根本ノ理由ガアル、此理由ガアルナラ其理由ヲ説明ニナリサウナモノデアリマスガ、今マデ賛成者ハ餘リ御演説ニナリマセヌ、唯衆議院ニ於ケル討議ノ中ニ其説ハ現ハレテ居リマス、即チ英國ニ於テ一昨年選擧法調査會ヲ政府デ設ケマシテ、小選擧區、大選擧區ノ利害ヲ討究サセマシタ、其論結ハ詰リ小選擧區ト云フ方ニ手ヲ擧ゲタノデアリマス、其事ヲ引イテ衆議院ノ議論ニハ論ゼラレテアツタヤウニ速記録デ讀ミマシタ、是ハ誠ニサウデアリマスルガ、英國ニ於ケル一昨年ノ選擧法調査會ノ議論ヲ御讀ミニナラナケレバ、唯其論決ノミデハ之ヲ決スルコトガ出來マセヌ、英國ニ於キマシテハ議員ノ選擧ノ目的ガ私ガ唯今申ス所ト少シク異ツテ居ルト云フコトデアリマス、ソレハ現ニ「ローヤルコンミシヨン」ト云フ選擧法調査會ノ報告中ノ議論ガ斯クナツテ居リマス、抑々比例代表トカ少數代表トカ云フコトハ、至極公平ナコトデアル、理論トシテ誠ニ望マシイコトデアル、然レドモ我ガ英國ノ今日ノ事情トシテ之ヲ採用スルコトハ出來ヌ、先キ〳〵ニハ必ズ斯ウナルノデアラウガ、今日唯今……「ヒヤエンドノー」〔here and now〕ト書イテアリマス、即チ今日唯今之ヲ採用スルト云フコトハ、我々英國ノ政治家トシテ難ンズル所デアルト書イテアリマス、其理由ハ何デアルカト云フト、英國デ總選擧ヲ行フニハ必シモ人物ヲ擧ゲタイノ、少數者ヲ擧ゲタイノト云フ意味デハナイ、政府ノ信任ヲ問フノデアル、政府ニ反對カ賛成カト云フコトヲ國民ニ問フノデアル、ソレ故ニ國民ノハツキリシタ答ヘヲ得ナケレバ政府ノ地盤ガ薄弱デ困ルノデアル、ソレデ國民ガ政府ヲ信用シナイト、云フ位ニ投票ガ現ハルレバ、潔ク退クノデアル、之ヲ信用スルト云フコトデアルナラバ、任セテ貰ツテ腕ヲ揮フノデアル、ソレ故ニ總選擧ノ目的ハ政府ノ信任ヲ問フノデアル、補闕選擧デモサウデス、英吉利アタリデ補闕選擧ヲスルトキニハ、補闕選擧ノ結果、政府ノ信用ガマダ地方ニ有ルナトカ、失セタナトカ云フコトヲトスルノデアル、斯ノ如キ理由デアリマスカラドウシテモ英國ニ於テハ少數代表ナドト云フヤウナ贅澤ナ事ハ言ツテ居ラレナイ、

且ツハ先刻モ申ス通リ英國ハ我國トハ政體ガ異リマシテ……、必ズ可否ヲ言フノデアリマセヌガ、政體ガ違ツテ居ルト云フノデアリマス、實ハ政府ノ根據ハモウ下院ヨリ外ニ無イノデアリマス、議院ヲ便〔頼?〕リトシテ立ツヨリ外ニ地盤ガ無イノデアリマス、我ガ日本ノ超然タル大權ヲ根據トシテ議院ト對峙スルト云フヤウナ政治ハ既ニ百年カ或ハ六七十年以來行フコトハ出來ナイ、唯英國ノ政權ノ中心下院ニ有ルノデアリマス而シテ下院ニ於テ過半數ノ政黨ト云フモノガ無イトキニ於テハ御主人様ガグラ〳〵スルヤウナモノデ確カナ御主人様ガ無イヤウナモノデドウシテモ政治ヲスルコトガ出來マ

セヌカラ如何ナル方法ヲ以テモ過半數ノ政黨ト云フモノヲ作リ上ゲナケレバナラヌノデアリマス迚モ其政黨ガ保守黨デアルトカ自由黨デアルトカサウ云フ贅澤ハ言ハレヌ、ドチラデモ宜イ一ツ過半數ノモノガ出來テ、オ前ニ任スト言ハレテ、サウシテ政治家ガ内閣ニ立ツテ仕事ヲスルヨリ外ニ仕様ガナイ、成ルホド學者ノ言フ所モ尤モデアル、國民ノ要求スル所モ尤モデアルケレドモ、英國ノ政治デハ是ガ出來ヌト云フノモ、私英國ノ人ニ代ツテ考ヘマスレバ、尤モノコトデアツテ要ラザルコトデアリマスケレドモ、私モ英國ノ人民デアツタナラバ、成ルホドヽ其方ニ手ヲ擧ゲタカモ知レヌト思ヒマス、ケレドモ矢張リ國々ノ事デアル、例ヘバ獨逸諸國ノ如キハ下院ノ多數黨ニ依ツテ政府ヲ立テヽ居ルノデアリマセヌカラ、帝國議會デモ、或ハ各國ノ議會デモ政黨ハ幾ラカ分裂シテ居リマス、分裂ハ好ミハシマセヌガ、平然タルモノデアル、政府ハ政府デアル、議院ハ議院デアル、議院ハ幾ツニ分レテモ又合シテモ、政府ト相對峙シテ居ルノデアルカラ、ソレデ根據ヲ議員〔院？〕ニ置カナイカラ、比例選擧ナリ比例代表ナリ少數代表ナリト云フコトヲ爲シ得ルコトガ出來ルノデアリマスガ、不幸ニシテ下院ノミヲ以テ政權ノ根據トスル國ニ於テハ、不幸ニシテ此少數代表ナド〔ト〕云フコトヲ容易ニ許スコトガ出來ヌ、今第三ノ政黨ガ出來テスラ、グラグラシテ居ルノニ五ツモ六ツモ出ラレタ日ニハ中心ヲ失ツテ仕舞フ、彼ト我トノ國情ノ差ヲ考ヘテ我々ハ之ヲ決シタイコトデアル、

然ルニ委員會ノ速記ヲ見マシテモ、歐羅巴先進國云々トイフ、先進國ヲ以テ待遇シテノ御議論ガ見エマスケレドモ、ソレハ先進國ハ先進國デアリマスケレドモ政體ガ違ヒ國情ガ違フトキニハ唯其末ヲ持ツテ來テ我ニ擬スルト云フコトハ出來ヌカラ、其所ヲ能ク考ヘテ貰ハナケレバ行カヌ、ソレデ我ガ國情ニ照シ我ガ政體ニ於キマシテハ議院ハ會議ノ府デアル、會議ニハ澤山種々ナ意見ガ起ルコトヲ希

望スルノデアル種々ノ意見ガ一致スルコトヲ以テ多數決ヲ以テ國政ニ參與スルノデアリマス、人工ヲ加ヘテ虚僞ニ多數ヲ作ツテ、是ガ多數デアルトシテ立法ニ協賛セシムルヤウナコトハ、是ハ本來ノ趣旨ニ反シテ居リマス、或ハ黨ヲ作ツテ自由行動ヲ束縛シテ、其意ニ反シテ投票セシムルヤウナコトヲシテ、サウシテ舞臺ノ上デ是ガ多數デアルト言ツタ所ガ、是ハ國民ガ承知ヲ致シマセヌ、抑々憲法ガ議會ニ望ム所ハ各自獨立自由ノ意見ヲ以テ獨立自由ノ投票ヲシテ、其意見ガ期セズシテ相投合スルニ於テ、始メテ憲法ノ望ム所ノ多數ガ分ルノデアリマス、人工ヲ加ヘテ人ノ行動ヲ束縛シテ、サウシテ形ノ上ニ多數ヲ現ハシタ所ガ、ソレデ多數ト云フモノデハナイト云フコトヲ考ヘナケレバナリマセヌ、ソレ故ニ議院ニ於キマシテ成ルベク國論ヲ公平ニ現ハスコトガ必要デアル、國論ガ一致シテ居ラズ多種ニ分レテ居リマスナラ其多種ガ議院ニ現ハレルコトガ必要デアル、ソレヲ以テ之ヲ見マシタトキニ於キマシテハ、大選擧區ニ於テ選擧セシムル方ガ小選擧區ニ於テ選擧セシムルヨリモ、幾分カ此目的ニ達スルコトニ近イト云フコトヲ私ハ信ジテ疑ハヌノデアリマス、

尤モ私ノ一〔己?〕ノ議論トシマシテ、今日現行法ノ大選擧區、単記無記名ト云フ制度ヲ以テ終局ノ美デアルトハ思ハヌノデアリマス、私ハ自分自身デ自由ニ出來ルモノナラバ、モツト錯雜シテ居リマスルガ、マア少シ之ニ投票ノ方法ヲ變ヘテ、而シテ少數者及獨立者ヲモ尙ホ選擧セシムルヤウナ方法ニ變ヘタイトハ思フノデアリマス、故ニ今日ノ現行法ヲ以テ之ヲ以テ終局ノ完美ナ制度トハ思ハヌノデアリマスガ、何シロ將來ニ向ツテ施スベキ改良ガアルナラバ、大選擧區ノ上ニ改良ヲ施スベキノデアリマス、小選擧區トシテ仕舞ツタラバ少數黨ナリ獨立黨ニ便宜ヲ與ヘル改正ハ出來ナイ、若シ將來ニ改正ガ必要デアルナラバ大選擧區ヲ採ツタ後ノ上ノ問題デアリマスソレ故ニ私ドモハ小選擧區ニ變

ヘルト云フコトニハ何所マデモ反對ヲ致シテ居リマス、

斯ク申シマスレバ政府案ヲマルデ反對ヲスルヤウデゴザイマスルガ、決シテサウデハゴザイマセヌ、政府ガ意ヲ用ヰテ人口ノ增加ニ伴フ所ノ此議員ノ增加ト云フコトハ必要ト見テ御發案ニナツタ點、其半分ニハ私ドモ贊成ヲ致シマス、誠ニ時機ヲ得タ當然ノ御處置ト思ヒマス、ソレ故ニ大選擧區、小選擧區ト云フコトハ此所デ反對ヲ致シマスケレドモ、議員ノ增加ト云フコトニハ贊成ヲ致シマス、諸君モ定メシサウデアラウト思ヒマス、新聞ナドニ依リマスト云フト、大選擧區小選擧區ガ通ラナケレバ、議場ニ於テ敗レルナラバ、議員ノ增加モ共ニ或ハ否決サレルカノヤウナコトガ書イテアリマスガ、是ハ噓デアリマセウ、成ルベク誤報デアラムコトヲ希望スルノデアリマス、幸ニシテ先刻西村君カラ内務大臣ニ御尋ネニナツタトキニ、内務大臣ノ此席デノ御答ヘニ、ドウシテモ今日十年ヲ經タカラ人員增加ト云フコトハ是非必要デアルト云フコトノ御答辯ガアツテ、私ハ意ヲ强ウシタノデアリマス。此答辯ニ依レバ衆議院ニ行キマシテ小選擧區ハ通ラズトモ人員ノ增加ト云フコトハ、必ズ内務大臣ガ極力是ハ御周旋ニナツテ成立タシメラレルコトデアラウト思ツテ、ソレニハ一縷ノ望ヲ繫イデ居ル所デアリマス、甚ダ長談義ニ亘リマシテ恐入リマシタガ、重大ノ問題デアリマシタカラ腹藏ナク述ベマシタ次第デゴザイマス。

○鎌田榮吉君　少々穗積君ニ質問ヲ致シタイ、穗積博士ノ政體論ハ既ニ伺ツテ居リマシテ、其根柢ニ於テ相違ノアルコトハ致シ方ガナイ、從ツテソレヨリ出ル所ノ結論モ必ズ多少ノ相違ガアリマセウト思ヒマスガ、今此英國ノコトヲ例ニ御引キニナリマシテ千八百八十八年「グラッドストーン」ガ小選擧區制ヲ行ツタ其結果、少數黨ヲ出ダスノミナラズ各種ノ獨立議員ヲモ出ダスノ目的ヲ以テ小選擧區制ヲ行ツタ、斯ウ云フコトデアリマシタガ、又先年ノ「ローヤル、コンミツシヨン」ノ決議デハ、英國デハ國民ノ賛否ヲ問フガ爲ニ議會ヲ開イテ居ルノデアルカラ決シテ種々ノ人ハ要ラナイ、唯ドツチガ多イカト云フコトヲ見サヘスレバ宜イ、サウシマスルト云フト「グラツドストーン」ノ小選擧區、即チ一區一人ノ制ヲ施カレタノモ英國ノ「ローヤル、コンミツシヨン」ガ小選擧區ニ矢張リ論結ガナツタト云フコト、ハ全ク反對ノヤウニ私ハ思ハレマス併シ是ハ英国ノ事ダカラ穗積博士ハ御承知ニナラヌト言ヘバソレマデ、モウ一ツハ此千八百八十八年ノ小選擧區法ガ實行サレ、數回ノ選擧ヲ行ツタ所ガ、常ニ少數黨ハ比例以外ニ少ナイ、多數黨ハ比例以外ニ多クノ議員ヲ出シタ、ドウシテモ此ノ小選擧區デハ少數代表ト云フコトガ出來ナイト云フコトヲ看破サレタ、是モ統計ニ從ツテ示サレル以上ハ承知セナケレバナラヌ、併ナガラ凡ソ此立憲政體ヲ施カレタ所ノ文明各國ノ中デ、英國ホド兩政黨ノ對立シテ居ル所ハ凡ソ無イダラウト思ヒマス、千八百八十八年以後ノ政黨ノ有様ヲ見マスルト、稍々兩黨相對立シテ常ニ勢ヒノ多イ者ガ政權ヲ握ルト云フコトニナツテ居リマスガ、私ハ理想ニハ行カヌカハ知リマセヌガ、アレ位ニ行ケバ餘ホド此二黨ノ中ノ少數者ノ方モ先ヅ滿足シナケレバナラヌ、其結果ヲ見ルコトガ出來ナケレバ小選擧區ハ英國ニ不適當ノモノデアルカ、英國ノ政體ノ上ニハ即チ此二大政黨ノ對立ト云フコトガ此セイデ出來テ居ル即チ「グラツドストーン」ノ歎ゼラレタノハ現在ノ有様トハ全ク反對デアルノデス、是ガ私ニ分ラナイ、其上ニ英国ノ國情ト日本ノ社會狀態トハ非常ニ違ツテ居ルト云フコトハ申スマデモナイコトデアリマスカラシテ其點ヲ一ツ伺ツテ置キタイ

○穗積八束君　唯今ノ御問ヒハ事ガ英國ニ亘ツテ居リマシテ、私モ甚ダ正確ニ御答ノ出來ヌノハ自ラ恥ヂマスガ、全ク能ク存ジマセヌカラ其御積リデ御聽キヲ願ヒマスノデアリマス。

〔鎌田榮吉君「宜シウゴザイマス」ト述フ〕

唯私ノ記憶シテ居リマスル所、僅カナ書物ヲ讀ンダ所デハ「グラッドストーン」ガ千八百八十八年デアツタカ五年デアツタカニ小選擧區ヲ採用シタ時ノ理由ト云フモノハ、ハツキリ私モ存ジマセヌガ、唯其中ニハ當時少數ノ代表ト云フコトガ是ニ得ラルヽデアラウト云フヤウナ言葉ハ、タシカ「グラッドストーン」ノ演説中ニモアツタト云フコトハ書物ニ書イテアリマスケレドモ、其重モナ理由ハ何デアツタカ存ジマセヌ、ソレカラ又英國ノ其小選擧區法ヲ二十幾年施キマシタ後ノ統計表ト云フモノハ、ソレハ統計表ガ私ニ欺クニアラズンバ明白ニ私ノ申シタ通リノ結果ニナツテ居リマシテ、投票力ト云フモノト當選者ノ比例ト云フモノガ多數黨ニハ割合ニ多クシテ少數黨ニハ割合ニ少ナクツテ正當ニ行ツテ居ラナイト云フコトハ是ハ事實デアリマス、ソレカラ尙ホ御尋ネノ點ガアリマシタガ、ドウモ英國デハドウデアツタカト云フヤウナコトニ付イテ甚ダ御恥カシイコトデアリマスケレドモ、正確ナ調ベヲシテ居リマセヌカラ、玆デ斷然タル御答ヘガ出來マセヌト申スノ外ハナイノデアリマス。

（『大日本帝國議會誌』第八巻八六九～八七三頁（一九一二年三月二十日））

Ⅳ　美濃部・上杉論争

1　上杉慎吉宛書簡〔一九一二年〕

(1)

拝呈。昨日ハ御尊父様御來訪被下奉謝候。扨只今太陽ニ御掲載ノ、我カ國體ニ關スル貴説拝讀、痛快ノ致ニ存候。美濃部氏ノ論ハ、其ノ平常ノ鋭利ニ似ス、我カ國體ニ關シテハ論理一貫セス、矛盾多ク、其論統ノ如何ニ拘ハラズ、甚不可ナリト斷言スルヲ憚ラズ候。況ンヤ事國體ニ關シテハ、默止スルヲ得ス。小生ハ既ニ其ノ不當ナルヲ論セシ事有之候。貴臺ノ御論文、此度ノハマタコレ更ニ雄大滔々ノ弁、覺ヘズ一讀歎稱ノ□ニ不堪候。御互ニ此ノ勇氣ナクンバ、憲法學者タルカヒナキ事ト被存候。我々ハ民法刑法ナドヲ專門トシ、代言弁護ノ類ノ事ヲ營業トスル樣ノ類トハ異ナリ、憲法ヲ專門トスル以上ハ、爲邦家眞理ノ爲ニ、無忌憚我カ國體政體ノ本旨ヲ表白スル事、第一ノ義務ト存候。

世上ハ小生ヲ指シテ曲學阿世ト罵リ候ヨシ。貴臺モ亦其罵ヲ分チテ甘ンセラル丶處、勇氣感服ノ外ナシ。彼ノ同僚中、學識深キニモ拘ラス、此ノ如キ問題ニ默々トシテ、曖昧ノ態度ヲ取ル者アラハ、小生窃ニ笑フ處ナリ。或ハ確信ナク臆病ナルニハ非サルカ。所謂曲學阿世ト罵ラル丶ヲ恐ル丶ニハ非サルカ。窃ニ歎息ニ候。

擧世口ヲ揃ヘテ曲學阿世ト罵ルハ、却テ阿世ニ非ザルヲ證明シタルモノ也。美濃部氏ニシテ、若シ小生ノ名ヲ指シテ論議スルコトアラハ、弁駁ノ機會ヲ得ヘクト存候ヘ共、未タ公然小生ノ名ヲ指サス、却テ當方ニテ待兼候也。

貴論説實ニ世道人心ヲ益スハ大ナルヘシ。論理鋭精文章極テ流暢(此ノ点貴臺ノ論ヲ行ハシムルニ大利益也)、申分ナシ。小生深ク敬服致候。

樞密院貴族院等同志ノ人々モ、一讀致ス様紹介可致ト奉存候。學問ハ各々獨立ノ思想アルコトヲ要ス。貴臺ハ獨立獨歩此ノ説ヲ主張セラル丶ノ態度、甚同感ト被存候。美濃部氏ノ論ハ、同氏ノ論結ニ賛成スルモノト假定シテ、同情ヲ以テ讀ムト假定スルモ、論理矛盾セリ。是レ明白ニ論理以外ニ、世俗ニ顧念スル處アルヲ證明スルニハ非スヤ。美濃部程ノ論理ノ力アル者ガ、自己ノ欠点ニ氣付カズトハ信シ兼候。

冗長ニ亙リ失禮　　頓首

六月一日　　八束

上杉殿

(2)

内啓

拝呈。貴書拝見。大坂毎日ノ切抜、難有存候。

美濃部氏ノ文部省講習會講話ハ、甚不都合ナル旨、樞密院及貴族院ノ一部ニ議論有之候テ、又美濃部氏ノ弁護ヲスル人モ有之候。之ヲ弁護スル人ハ、貴兄ト美濃部氏トノ學者争ナルニ付、打捨置クヘシトスル論ト、美濃部氏ノ論甚不穩當ナレトモ、之ヲ云〔言〕議スルトキハ、世上ニ忌ハシキ主権論ヲ惹起スヘキニ付、先ツ不問ニ付シ世上ノ注意ヲ引カサルヲ穏トスト謂フ、似テ非ナル穏當論トアリ。グズグスノ間ニ今尙經過致候。美濃部氏ノ論ノ不穏ナルコトハ否ム能ハサルが故ニ、之ヲ上杉氏ト美濃部氏トノ個人的ノ争ノ様ニ謂ナスノ政畧ヲ取ルモノ有之ト被存候。

故ニ小生ハ眼中ニ美濃部氏モ貴兄モ置カス、文部省講習會トシテ不撿束〔?〕ナル点ヲ論シ、有力ノ數人ニ話シ候處、文部省側へ注意ヲ与へ、法制教科書ノ出版ハ先ハ見合セ可申筈ト相成シ由、尤大臣自身ノ確言ハ未タ得申サス候。

次ニハ、美濃部氏ノ講演ハ、實際講習會ニ爲セシモノト太異ナル由、文部省側ノ人ノ弁明ニ候。然ラハ序文ヲ取消サシムヘシ。私著トシテ、美濃部氏ニ此ノ位ノ意見アルハ、平素ノ事。此ノ書冊ニ限リ論議スル必要ナシ。文部省講習會トアルカラニ之ヲ論スルナリ。故ニ事實然ラスハ、序文ヲ取消ス可シトノ意見ヲ申述置候。如何相成ルへキヤ、歎息ノ至ナリ。

尙歎息ナルハ、平常國體論ヲ主張スル（此ノ類ノ論ヲ好マサル）人々ニシテ、此ノ事ニ冷淡ナルナリ。コレハ一ハ書冊ヲ讀マザルニ依リ、「マサカ」ト云フ念アルナリ。貴兄ノ論文ヲ見テモ、或ハ攻撃ニ過キスヤト（小生ハ不足ト念フ）掛念スルカ如シ。是レ世間忙カシキ、一々大冊ヲ見ルコトノ出來サルカ故ニ、感覺薄キナリ。

故ニ此ノ類ノ場合ニ弁駁ノ文ヲ草スルニハ、成ルべク著作ノ言文ヲ引キ、クダクダシクモ其文句ヲ写シ、出所ヲ示シテ書ク事必要ニ存候。例セハ「君主ヲ統治ノ主體トスルハ我カ國體ニ反ク」（六六頁）ト云フ文句ヲ引キテ見セタラバ、或ル人ハ「ナールホド」ト感心致候。世間ハ概此ノ様ノモノニ候。他日御執筆アラハ此ノ邊御注意願ハシク候。

小生論説ヲ公ニセハ、又々個人的ノ争ノ様ニ云ナシテ、争議ノ重ミヲ減セントスルモノ出ツベク候間、ワザト未タ差扣居候。

憲法綱要、甚結構ニ存シ候。未タ拝讀終ラス候。此ノ種ノ著世上ヲ益スル必大ナリト存候。右案内ハ、貴族院ノ人々大凡五十近ク申遣ハシ置候。

急キ拝呈。此ノ手紙ハ、必ス御火中被下度、當分秘密ニ候。　頓首

六月二十日　八束

上杉殿

山本殿及御令閨様ニ宜ク奉願候

(3)

本書ハ御一讀後火中ニ投入被下度候

拝呈。廿三日ノ貴書拝讀致候。爲邦家御憤慨マコトニ御尤千萬ト奉存候。小生モ裏面ニテ、頗ル強硬ニ或手段ヲ取リ居候。極内密ニ御話申上候。

廿七日ニハ機會アリ、文部大臣トモ相談致候。教科書出版ノ事ハ、其物次第ニ付、篤ト審査ノ上、決セラルベク、又序文若ハ講習ノ内容ノ訂正ノ事ハ、文部省ニテ本人ニ交渉可致ヨシ。然シ本人中々屈伏致ス間敷、文部省モ誠意アルヤ否、此後ノ行ナリヲ見可申存候也。

今世上ノ問題トスレハ、頗ル大事ト相成リ申候。然シ小生ノ立場トシテハ、先ツ内輪ニテ、平穏内密ニ文部省ニ警告シ、若シ文部大臣ニテ應セサルトキニ、外部へ話可申ト存候間、頗ル穏カニ意見ヲ内陳致置候也。

是レハ文部省へ對スル教育上ノ問題ニ有之候。文部省ノ講習會トシテ不都合ナリトノ論旨ニ候。可相成美濃部氏個人ノ事ト及學説ノ如何等ノ事ト問題ヲ分ケテ、話ヲ進メ居候也。

此ノ如キ邪説ニ付テハ、文部省ノ處置ノ如何ニ拘ハラス、十分駁撃ヲ加へ餘地ナカラシムル事、一般教育ノ爲ニ必要ナリ。

中々世間ハズルキモノニテ、理ニ於テ我々ニ同意ナルべキ人モ、成ルべク逃ケテ、學説ノ争ナリトシテ避ケ候。君主機關説ハ學説トシテ一説ナレハ、差支ナシ云々ノ論多ク候故ニ、世上ノ惑ヲ解クニハ、美濃部氏ノ謂フ「君主ハ統治權ノ主體ニ非ス」ト謂フ説ト憲法ノ明文トノ兩立セサルコトヲ明白ニスルヲ可ナリト存候。

學説トシテ、小生モ場合ニ依リ執筆可致候。唯之ヲ公ニ掲載セシムへキ新聞紙又ハ雜誌無之困リ候。美濃部氏ハ、太陽及國家學會雜誌等ニ來月分(七月号)ニ原稿ヲ投シ居ルヨシニ候。貴兄モ御執筆被成候事可然ト存候。可成ハ攻撃ノ態度ヲ取ルコト必要ナリ。弁解ノ態度ヲ取ルハ、對手ニハ宜シキモ、第三者ニハ左ホト感シ不申候。文句ヲ慎ミ、穏當ニ、強固ニ、先方ノ弱点ヲ突ク事必要ト存候。

美濃部氏一人ヲ敵トシテ戰フハ愚ノ至ニ候。出來ル丈世人ノ誤解ヲ正ス態度ニ出度ト存候。

匆々頓首

六月廿八日　　　　　　　　穂積八束

上杉慎吉殿

(4)

拝呈。本日太陽ヲ見候處、美ノべ・市村兩氏ノ論文アリ。市村氏ノ論ハ一讀要領ヲ得ズ。論法甚拙ナリ。貴兄一人ヲ見テ人身攻撃ヲ爲シタラバトテ、何人カ之ニ重キヲ置キテ、感服スベキ。論ノ拙ナルモノ、未タ世上ニ訴フルノ術ニ於テ、幼稚ナリト可申。呵々。

美濃部氏ノ文ハ、平常ノ雄健ノ論法ニ似ス、筆端畏縮セリ。此ヲ一讀シテ、被告人ノ刑事法庭ニ於ケル陳述ノ如シ。唯々弁解是レ努ムルノミ、鐵槌ヲ論敵ノ頭上ニ加フルノ勇氣ナシ。隣ムニ堪ヘタリ。

特ニ目ニ立ツハ、何故カ小生ノ説ヲ引キ喋々スルコトナリ。是レ貴兄ヲ假リテ小生ヲ討ツノ間接射撃ノ意カ、又ハ貴兄ヲ兎角小生ノ説ノ弁護者ノ様ニ世上ニ思ハセ、貴兄ノ地位ヲ傷ケントスルノ慣用ノ手段カ、解シ難シ。兎ニ角ニ、老猾ナル仕打ナリ。

モシ他日筆ヲ執ラルヽ事アラハ、「穂積ノ説予ニ於テ何カアラン予關セズ焉」ノ態度ニテ論外ニ置カルコトト、可然ト存候、若皮肉ニ言ヘハ、嘗テ小生ノ憲法提要ヲ公ニシタルトキ(四十三年ノ末頃也)、美濃部氏ハ國家學會雜誌ニ批評ヲ掲ケ、穂積ノ學説ニハ、不幸ニシテ全篇通シテ、悉ク反對ナルヲ憾ミトスト云フ様ナ定リ文句ヲ述ヘテ之ヲ抹殺シ去レリ。今ニシテ右提要ヲ引キテ自カラ弁護スルハ前ノ批評ト合ハストテモ反問シタキ様ナリ。

又特ニ注意スヘキ点ハ、美濃部氏ノ論文、此度ノ分ニ於テハ、切リニ國家ハ團體ナリトカ、國家ハ統治權ノ主體ナリトカ、シツコク弁スレトモ、「憲法講話」ノ主張ノ眼目タル「天皇ハ統治權ノ主體ニ非ス」ト云フノ文句ヲアマリ振回ハサヌ一事ナリ。

小生ハ文部省ニ出シタル意見書ニモ、ワザト、機關説、團體説、國家主體説等ノ事ハ一言モ謂ハス、唯「天皇ハ統治權ノ主體ニ非ス」又ハ「統治權ハ團體ニ屬シ天皇ニ屬セス」ト謂フ語ヲノミ捕ヘテ云[言]議セリ。是レ國體上容ルスヘカラサルノ暴言ナリ。他ノ事ハ顧ミルニ及ハス、此ノ一語ヲ捕ヘテ之ヲ論難スヘキナリ。

彼レモ中々老猾ナリ、既ニ本月ノ太陽ニハ、人目ニ立タヌ様ニ、此ノ斷言ヲ他ノ無難ナル文字ニ改メントセリ。當方ニテハ、ドコマデモ之ヲ捕ヘテ撃ツヘキナリ。團體説可ナリ、國家主體説或ハ可ナラン。唯天皇ハ統治權ノ主體ニ非スト云フハ憲法發布ノ上諭文ニモ反シ、憲法第一條ニモ反ス。國家ト謂フハ即チ天皇ナリト解スルコトアルモ、此ノ特殊ノ國體ノ爲ナリ。此ノ義何トソ、爲邦家明白ニ論セラレタシ。憲法ノ爲ニ盡スハ、此ノ如キ機會ニ於テスルナリ。

小生ハ、一々御話ハ出來ヌカ、新聞雜誌ニ書クヨリモ、數倍利キ目ノアル方策ヲ執リツヽアリ。只美濃部氏ハ將來ニ有望ノ人、此ノ一事ノ失策ヲ以テ棄ツヘカラス。美濃部氏ノ身分及評判ニハ傷ケスシテ、其ノ説ノ害毒ヲ除ク方法ヲ取リツヽアリ。少シモ人身攻擊ハ内實之ナシ。故ニ事□ハ進マサルモ、顧ミテ病マシキ處ナク、少シモ朋友ノ義ヲ欠カサルコトヲ特ニ注意居レリ。

貴兄若太陽其他ニ執筆セラルルナラハ、「皇位ハ統治權ノ主體ニ非ス」ト云フノ一事ニ向フテ、美濃部ナド眼中ニナク、唯其ノ説ヲ畏ルヽノ意氣込ニテ、他ノ罵詈ヲ一切相手ニセス、煩ハシク應答セス、積極的ニ健剛ノ筆ヲ以テ、堂々荘重ニ論定セラルヘシ。是偏ニ祈ル所ニ候也。

只今太陽ヲ讀ミ一筆申上候。

昨今世上ニ、大ニ貴兄ノ學説ヲ歡迎スル者多ク、貴族院議員中、過日來五十計リ書物ヲ送リシニ付（貴兄ノ名ヲ以テス小生ノ名ナシ）、小生へ度々人々ヨリ其稱賀ノ意ヲ洩サレタル多シ。帰京次第面會致度ト申人モ有之候（參謀次長大嶋少將モ一昨日其談也）。

兎ニ角モ、善評カ悪評カ、貴兄ハ大ニ人ノ注目スル所トナレリ。小生ハワサト、貴兄トノ間ハ通常淡泊ナルモノニシテ、決シテ特ニ師弟ト云フ程ノ事ナシト弁シ居レリ。大嶋少將ハ陸軍部内ノ利物ナリ。同人曰ク、上杉氏ハ三十何年トカ以前ノ説ノ謬レルヲ覺レリト自白セリ、學者ノ態度ハ此ノ如クナラサルへカラストテ、深ク美濃部氏被□ノ事ヲ歎息セリ。

又覺へス長文トナリ失禮々々。頓首

七月二日　八束

上杉殿

(5)

拜復。多度ノ御書面拜見致候。御出京一時御延引ノヨシ。

彼ノ問題ハ、過日來申上候通リノ事ニテ、表面上別ニ何ノ異ナルコトモ無之候。頗ル世上ノ物議トハ相成居候ヨシナレド、新聞紙ニ現ハレサルニ付、丁度ノ處分リ兼候。

國民新聞紙ニテ御寄稿一篇、拜見致候。又十日ナリシカ「統帥兼主體問答」ト題シ候一篇、同新聞紙ニ掲載有之候。是レハ教員社會ノ疑惑ヲ解ク爲ニ、不得已内實ハ小生自ラ執筆シ掲載セシメ候(此ノ事極内密御洩シ無之様願候)。御一覧被下候ヒシヤ。

世間ニテモ、美濃部ノ失言ヲ認メ居ルハ勿論ニ候。然シ之ヲ何ダカ上杉對美濃部問題ノ様ニ謂ヒナシ、美濃部ノ失言ヲ掩フノ口實ト致シ候傾向モ見ヘ候。ヨリテ考フルニ、此ノ上ハ貴兄方ハ何人モ強ミアルコトヲ感ジ居候間、却テシバラク、美濃部氏ノ尙前説ヲ主張スルヤ否ノ様子ヲ見候事、宜シキカトモ存候。尙様子ハ分リ次第可申上候。

小生ハ可成此ノ問題ヲ表面上避ケ居リ候。然ラサレハ只今デサヱ、色々間接ノ悪口ヲ申候ヨシニ候。貴兄ニ對シテモ、或ハ同様ノ事アルヤモ不計、決シテ之カ爲ニ激セラレテハ不宜候。我々ニ何カ過激ノ言ヲ云ハセ、此ヲ捕ヘントスルノ意ナルハ明ニ候也。

頓首

七月十二日　　穂積八束

上杉愼吉殿

(上杉家蔵)

2　統治権主體問答

社友某氏

明治四十四年七月文部省開催全國師範學校中學校高等女學校教員講習会ノ憲法講習ニ於テ「皇位ハ統治権ノ主體ニ非ズ」ト主張セル者アリ。近ク講演者自ラ其ノ速記ニ多少ノ修正増補ヲ加ヘテ之ヲ公ニシタルヨリ稍々世上ノ論議ヲ招キ疑ヲ質ス者多シ、初之ニ答フルニ是レ無意ノ用語ノ過失ニシテ講演者必ズ自ラ取消スナルベシトノ想像ヲ以テセリ、然レドモ其後數回大論文ヲ公ニシ愈之ヲ主張スルノ傾キアリ。故ニ中學教員社会ヲ惑ハサンコトヲ恐レテ再ビ此ノ問答アリ。

一、問、我ガ帝國ヲ統治スル権力ハ何レノ所ニ存スルカ。

答、國家統治ノ大権ハ萬世一系ノ皇位ニ在ルコト憲法ノ明文炳ナリ。其ノ發布ノ上諭ニ、「國家統治ノ大権ハ朕カ之ヲ祖宗ニ承ケ之ヲ子孫ニ傳フル所ナリ」トアリ、又其ノ第一條ニ、「大日本帝國ハ萬世一系ノ天皇之ヲ統治ス」トアリ、又其ノ第四條ニ、「天皇ハ國ノ元首ニシテ統治権ヲ総攬シ此ノ憲法ノ條規ニ依リ之ヲ行フ」トアリ、大義明白一語ノ加ルベキナシ。

二、問、「皇位ハ統治権ノ主體ニ非ズ」ト謂フ説アリ。如何。

答、統治権ノ主體トハ國家統治ノ大権ヲ有スル者ノ意義ナラン。果シテ然ラバ、此ノ説ハ正ニ憲法ノ明文ト相反ス。

三、問、統治権ハ君主肉身一己ノ利益ノ爲ニ存スルニ非ズ。故ニ法理上君主ハ統治権ノ主體タルコト能ハズト謂フ説アリ。如何。

答、統治ハ大位ニ居リ。大權ヲ統べテ、國土及臣民ヲ治ムルナリ。古昔天祖ノ勅ニ、瑞穂國是吾子孫可王之地宜爾皇孫就而治焉トアリ、統治ハ古語ニ謂フ「シロシメス」ニテ、即チ國家ノ公事ヲ知ルノ義ナリ。蓋祖宗ニ承クルノ天職ハ權力ヲ統べ國土及臣民ヲ治ムルニ在リテ、一人一家ニ享奉スルノ私事ニ非ザルハ明白也。或者ノ説ハ、統治權ハ國家ヲ統治スルノ權ニシテ一身ニ享奉スルノ權ナラザルガ故ニ、論理上之ヲ君主ノ權ト謂フベカラズトスルカ、甚怪シムベシ。

統治權ハ保護權ナリ。常識ヲ以テ考フルニ、保護關係ニ於テハ、權力ノ所在ト其權力ノ利益ヲ受クル者トハ一致セザルコト怪シムニ足ラズ。親權ハ未成年者ノ子ノ保護ノ爲ニ存スルガ故ニ、之ヲ父母ノ權ニ非ズシテ家族ノ權ナリト謂フベキカ、後見ノ權ハ後見人ノ權ニ非ズシテ無能力者ノ權ト謂フベキカ、或説ハ、統治權ノ恩澤ニ浴スル者ハ國民ニシテ君主ニ非ザルガ故ニ、論理上必然ノ結果トシテ君主ハ統治權ノ主體タルコト能ハズト謂フハ其意解シ難シ。

四、問、國家ハ團體ナリ。故ニ統治權ハ團體ニ屬スベク皇位ニ屬スベカラズト謂フ説アリ。如何。

答、説者ノ謂フ團體トハ何ノ意義ナルカ、之ヲ明ニスルニ非ザレバ、之ニ答フルコト難シ。若團體トハ人ノ合同團結シテ統一アル體制ヲ爲スノ義ナランニハ、國家ノ團體タルハ論ナシ。若團體トハ各人平等同權ヲ以テ合衆スルノ義ナランニハ、我ガ建國ハ、此ノ義ニ於テ之ヲ團體ト謂フベカラズ。

右第一ノ意義ニ於テ之ヲ謂フトキハ、我ガ國家ハ團體タルト同時ニ、其ノ統治ノ權ハ萬世一系ノ皇位ニ在ルコトモ毫モ矛盾スル所ナシ。皇位ノ皇位タルハ國家團體ノ主權者タルニ在ルナリ。若マタ第二ノ意義ニ於テ之ヲ團體ト謂フトキハ、君主一人ヲ以テ統治權ノ主體トスルコトハ、各人平等同權ノ義ト兩立セザルベシ。

我ガ建國ハ統治權ノ主體タル皇位ヲ中心トシ、民族ハ其ノ周圍ニ凝結シテ團體ヲ成セルナリ。皇位ハ團體ノ主力ナリ。我ガ建國ハ、彼ノ平等同權ノ人先ヅ相集リテ團體ヲ爲シ、後ニ役員ヲ選定シ、之ニ命ジテ共同ノ事務ヲ行ナハシムルモノトハ同ジカラズ、皇位主權ト團體觀念トハ兩立セザルニ非ズ、平等同權ト兩立セザルナリ。説者或ハ之ヲ混ズルニ似タリ。

五、問、皇位ハ統治權ノ主體ニ非ズシテソノ機關ナリト謂フ説アリ。如何。

答、機關ト謂フ語意義多様ナルガ如ク、隨ッテ説者ノ眞意亦不明ナリ。統治權ノ主體トソノ機關トヲ反對シテ相容レザルノ觀念トシテ、皇位ヲ其ノ何レニ屬スベキカヲ問ハバ、機關ニ非ズシテ主體タルコト大憲ノ明文昭カナリ。蓋、通常國法ノ談トシテ、統治ノ機關ト謂フトキハ、統治ノ用ノ爲ニ統治權ヲ以テ之ヲ存廢スルノ設備ヲ指ス。統治權其者ノ主體ト之ヲ分ツナリ。我ガ皇位ハ統治權其者ノ主體ニシテ其機關ニ非ザルハ論ナシ。其以外ニ機關ト謂フ語ニ更ニ深遠ナル意義アラバマタ別ノ問題ニ屬セン。

六、問、統治權ハ國家ニ在リ故ニ皇位ニ在ルコトヲ得ズト謂フ説アリ、如何。

答、是レ詭辨ノミ論ズルニ足ラズ。我ガ國體ニ於テハ皇位ト國家トハ合一シテ同體ヲ爲シ分離シテ想像スベカラズ、故ニ統治權ハ國家ニ在リト謂フモ、之ヲ皇位ニ在リト謂フモ、修辭ノ差ノミ、意ニ於テ異ナルコトナシ。例セバ國家ハ法令ヲ發布シ條約ヲ締結スト云ハバトテ何人モ皇位ニ属スルノ大権ヲ否認スルモノトハ解セザルベシ。統治権ノ皇位ニ在ルハ即チ國家ニ在ルナリ。言語ヲ弄ビテ人ヲ惑ハスコト勿レ。

七、問、君位ハ統治権ノ主體ニ非ズトシ、君主ノ大権ハ事實政府大臣ノ権力ナリトシ、之ヲ統治ノ實権ノ外ニ置クハ君位ノ永遠安全ヲ期スル所以ナリト謂フ説アリト聞ク、如何。

答、此レ何タル暴言ゾ、臣子ノ口ニスベキ所ニ非ズ、此ノ論アルベキ筈ナシ。聞ク者ノ謬ナラン。君位ヲ民衆怨望ノ外ニ立タシムルハ古來爲政ノ要訣トシテ之ヲ聞ク、其ノ統治権ノ主體タル資格ヲ剝ギテ其ノ一身ノ尊榮ト安全トヲ保タシメントスルハ是君位ヲ貶シテ最高ノ貴族トスルノ論ナリ、大義ヲ無視スル甚シト謂フベシ、世上斷ジテ此ノ如キノ論ナキヲ信ズ。今憲法ヲ布キ立法ノ權ハ議会ノ協贊ヲ以テ之ヲ行ヒ、司法ノ權ハ獨立ノ裁判所ヲシテ之ヲ行ハシメ、而シテ大權ノ行動ハ大臣ヲシテ之ヲ補弼ノ責ニ任ゼシム、立憲ノ政ハ專制ノ弊ニ備フルト同時ニ君位ヲシテ怨府タラシメザルノ用意アリト謂フベシ。若シ此レ以上君主ハ法理上統治權ノ主體ニ非ズトシ、又政治上君主ノ大權ハ虚名ニシテソノ實ハ政府大臣專ラ之ヲ行フモノトセバ、名義ニ於テ、實力ニ於テ、君位ニ餘ス所果シテ何物ゾ。或ハ謂フ、君位ハ政治紛争ノ外ニ立タシムベシト、之ヲ紛争ノ外ニ置クベキハ論ナシ、之ヲ政治ノ外ニ置クハ即チ君權ノ剝奪ナリ、政權ナキノ君位ハ君位ニ非ズ、之ヲ云議スルハ即チ國體ノ紛更ナリ、斷ジテ許スベカラズ。

八、問、果シテ然ラバ名實共ニ皇位ヲ以テ統治權ノ主體トスルトハ立憲ノ本旨ニ合フ者ト観ルベキカ、如何。

答、固ヨリ然リ、我ガ立憲ノ特色ハ毫末モ千古固有ノ國體ニ觸ル、コトナクシテ、能ク人民ノ參政ヲ容レ、政府專制ノ弊害ヲ防グコトヲ得ルニ在リ。立憲ノ要ハ政府ト議院トヲ分チ置キ、二權力ヲシテ互ニ節制スルノ用アラシメ、以テ一權力ノ專橫ヲ防グニ在リ。此ヨリ以上主權ノ所在ヲ動搖セント試ミルモノニ非ズ。若萬一、統治權ヲ名義ニ於テ人民ノ手ニ帰納スルコトヲ以テ、立憲ノ美果ヲ収ムルモノト誤念スル者アラシメバ、是レ實ニ憲法ノ賊ト謂フベキナリ。

（『國民新聞』（一九一二年七月十日））

3　國體ノ異說ト人心ノ傾向

近頃國體ニ關シ異說行ハル、ニ際シ、小生ハ何故ニ默々トシテ意見ヲ發表セザルカトノ問ハ尤ノコトデアルガ、小生ハ平常怠リナク我ガ國體ヲ明カニシ、政體ヲ辯ズルコトヲ努メテ居ルノデアツテ、今一二異論者ガ現ハレタトテ、急ニ其ノ者一人ヲ目的トシテ論議スル遑ハナイノデアル。勿論小生ノ意見ガ曖昧タル譯デハナイ、又區々タル友情ニ拘泥シテ大義ヲ忘ル、樣ナコトハ斷ジテナイノデアル。問題ノ分カル、所ハ皇位ハ統治權ノ主體ナリヤ否ト謂フノ點ニ存スルノデアツテ而シテ皇位主權否認論ガ今ニシテ流行スルトイフコトハ、思ヘバ實ニ慷慨ニ堪ヘヌ。我ガ帝國ヲ統治スルノ主權ハ萬世一系ノ皇位ニ在ルコトハ、幾千年ノ久シキ、幾千萬ノ多キ、夢ニダモ之ヲ忘ル、コトハナキ所デアルノニ、今ノ聖世ニ於テ白晝公然『統治權ハ皇位ニ存セズ』ト揚言シ、『皇位ヲ以テ統治ノ主體トスルノハ我カ國體ニ反スル』ト謂フノ異論ヲ吐ク者アルヲ聞クニ至リテハ、唯啞然驚クノ外ハナイ。而モ此ノ言語同斷ノ說ガ文部省ノ權威ノ下ニ、全國師範學校中學校ノ教員ヲ召集シ法制科ノ講習トシテ唱ヘラレタトイフコトガ甚不思議デアル。夫レヨリモ尚更ニ不思議ナルノハ、全國ヨリ選拔セラレタル代表的ノ中等教員ガ、平然トシテ之ヲ聽聞シ、一人モ疑ヲ起サナカツタトイフコトデアル。此レ等ノコトヲ綜合シテ味ハヘバ、大概今ノ教育ナル者ガ如何ナル方針デアルカガ知ラレル。小生ハ異說其ノ者ヨリモ平然之ヲ迎ヘテ怪マザルノ教育社會其ノ者ヲ慨歎スル。此ノ類ノ說ノ出ヅルノハ說者ノ罪デハナイ、歡迎者ノ罪デアル。又此ノ講演速記ノ公ニセラレタル後、偶々一二ノ人ガ大ニ其ノ非ヲ論ジタレバ、多クノ新聞紙雜誌等ハ却テ之ヲ罵倒シ、寧ロ異說ノ爲ニ大ニ辯ジツヽ、アルトイフコトモ、人心ノ傾向ヲ察スルニ於テ看逃スベカラザル一事デアル。若シ多數新聞紙ノ態度ガ卽チ輿論ヲ示スモノナリトセバ、之レガ我ガ國ノ輿論デアラウカ。最モ解スベカラザルハ教育當局者ノ態度デアル、此ノ如キ最モ明白ニ教育ノ方針ト矛盾セル異說ガ、文部省講習會ニ於テ唱ヘラレタルコトヲ知ツタナラバ、事後ニ之ヲ訂正シテ打消シ、害毒ヲ及バサザル手段ヲ講ズベキ筈ナルニ、今ニ至リ何等ノ措置モ取ラヌ樣デアル。又試ニ教育社會、政治社會ノ牛耳ヲ取ル樣ノ地位ニ在ル人々ノ感想ヲ問フテ見ルニ、サスガニ内心ニハ此ノ異說ヲ贊成スル人ハ少イ樣ナレドモ、多クハ表面上之レモ亦一說ナリトシテ寛容シ、强テ之ヲ排斥セズ、言論ノ自由トシテ此ノ異說ヲモ其ノ儘ニ尊重シテ置ク態度デアル。言論ノ自由トシテ双方ノ討論ヲ自由ナラシムルハマダ解ツテ居ルガ、最モ譯ノ解カラヌノハ、異說ヲ唱フルノモ言論ノ自由デアルカラ、之ヲ攻擊スルノ論議ヲ發表スルモノハ宜シクナイト謂フテ、正論ノ發表ヲ抑フル、片落チナル自稱公平穩當論者モアル。アマリ不理屈デ、虛言ノ樣デアルガ、全クノ事實デアル。異說ヲ立ツルコトガ學問ノ自由デアツテ、異說ヲ排斥スルコトハ學問ノ自由デナイカノ樣ニ眞面目ニ論ジタ人モアツタ。異說ヲ立ツル者ヨリモ、異說ヲ攻擊スル者ヲ恨ム樣ナ態度モ見ユル。九月六日以來二六新聞ニ日々連載スル論說ナド實ニ讀ムニ堪ヘヌ。ツマリ臭イ物ニ蓋ヲシテ置キタイト謂フ姑息ノ俗論デアラウ。新聞紙ノ言論ナドハ時トシテハ心ニモナキ大言壯語シテ快哉ヲ呼ブノ風ガアルカラ、贊成モ反對モ深ク當ニハナラナイ、夫レノミヲ懸念スル必要ハナイガ、唯其ノ以外ノ、政治教育社會ノ暗流ノ如何ハ、大ニ警戒ヲ要スルト思フ。

小生ノ考ニテハ、一二學者ノ異説其ノ者ヨリモ、此ノ異説ノ公表ニ由リテ偶然試驗セラレタル人心ノ傾向ガ、最モ憂フベキ點デアルト思フ。抑々我ガ國民性ハ古來不言實行ニ在ル漢土言論ノ國トハ異ナルコト古人モ云フテ居ル。我ガ國ホド國體ノ鞏固ナル國ハナイ。又我ガ國ホド國體論ノ單純ナル國モナイ。何ガ故ニ君主アルカ、何ガ故ニ權力アルカ等ノ問題ヲ研究シテ、皇室ヲ奉載シタノデハナイ、子孫ノ父祖ヲ崇敬スルガ如クニ、自然ノ情勢トシテ、國民ハ皇位ヲ崇敬シ、其ノ權力ニ服從シ來タノデアル。之レガマタ知ラズ識ラズ、社會進化ノ理法ニ適シ、民族結合ノ最善ノ要件ヲ爲シタルノデアル。健康ナル人ハ健康ヲ談ゼサルガ如ク、我ハ古來國體ガ鞏固デアルカラ、國體論ハナカツタノデアル。何ノ時代ヲ問ハズ、國體論ノ盛ナルハ慶スベキコトデハナイ。幕府ノ僭越アリテ水府ノ國體論起リ、遂ニ御維新ノ大業ニ由リテ大義名分ヲ正シタ。又近ク憲法ノ制定アリ、國體ノ大本ヲ明文ニ掲ゲ、再ビ疑義ノ餘地ナカラシメタルニ、今ニシテ西洋ノ國體ニ心醉シ、之ヲ我ニ擬セントスル者アリ、徒ラニ紛議ヲ釀スト謂フニ至リテハ遺憾ノ極デアル。凡ソ國ノ不幸ハ、國民ガ其ノ國體ニ就キ一致ノ觀念ヲ失フヨリ大ナルハナイ。我ガ數千年ノ歴史ニハ、政治ノ大動亂モ少クナイガ、皆政體ノ爭ヒ若クハ權勢ノ地位ノ爭ヒデアツテ、未ダ嘗テ皇位主權ヲ疑フテ之ヲ否認スル論ヲ爲シタル者ハ一人モナカツタ。之レガ何ヨリモ我ガ歴史ノ尊キ所デアル。然ルニ何事ゾ、此ノ聖世ニ於テ、始テ皇位主權否認ノ論ヲ生ジ、天皇ハ統治權ヲ有シ給フノ主體ニ非ズト、直接ニ、露骨ニ、忌憚ナク公言スル者アルニ至ル。之ヲシモ忍ブベクンバ何事カ忍ブベカラザラン古ハ君辱メラル〔ル〕トキハ臣死スト聞ク、今ノ國民ハ平然之ヲ聽キ流シ、之レモ亦一説ナリトシテ敢テ動カズ、却テ之ヲ駁撃セントスル者ヲ抑ヘントス、言論ノ自由トハ此ノ如キ者ヲ指スノデアルカ。カクシテ國民ノ國體觀念ノ上ニ龜裂ヲ生ゼシメ、此ノ三千年ノ舊國ニ向フテ今更ノコトノ如ク、君主々義、民主々義ノ紛爭ヲ招クハ、カヘス〲スモ思ヘバ殘念ナルコトデアル。

愚痴ヲ言フヨリモ救濟方法ガ肝要デアル。二三異論學者ヲ穴ニ埋メテ見タ所ガ、大勢ニハ大ナル影響ハアルマイ、罪ハ時勢ニ在ルノデ、個人學者ニ在ルノデハナイ。今ノ學者ハ孤憤千萬人ニ當ルノ勇氣アツテ、之ヲ論ズルノデハナイ、多クハ時勢ニ囚ハレテ時勢ナミノ事ヲ言フニ過ギナイノデアルカラ、救濟方法ハ時勢其ノ者ニ向ツテ之ヲ施サネバナラヌ。元來世人ガ時勢ナル者ヲ過當ニ崇拜シ、理非ヲ辨ゼズ、之ニ屈服スル風ガアル。故ニ時勢トカ輿論トカ言フ者ノ眞相ヲ暴露スルハ、亦救濟ノ一策デアル。抑々時勢トハ何デアルカ。

政治家ナドハ時勢又ハ輿論トイフコトニ大ニ重キヲ置キ、之ヲ神聖ニシテ侵スベカラザル者ノ樣ニ言ヒ做スガ、之レハ多ク政略デアツテ、之ヲ捕テ解剖シテ試レバ、大概秋空ノ浮雲ノ樣ナ者デアル。小生輩ノ一己ノ私言デハナイ、英國ノ歷史派ノ憲法學者メイン又ハジエームス・ブライスノ如キ、其ノ著書ニ右樣ニ論ジテ居ル。時勢又ハ輿論ハ何デアルカ、一時ノ人心ノ傾向デアル、一時ノ人心ノ傾向トハ何デアルカ、卽チ流行デアル、流行ハ何ニ由リテ生ズルカ、利害、正邪、眞僞等ノ終極ノ研究ヨリ來ルノデハナク、全ク偶發性ノ人間生來ノ模倣性ノ表現デアル。時勢トカ輿論トカイフモノハ、舊派ノ政治論ニテハ之ヲ個々ノ人ノ獨立ノ意見ノ多數投合ナリトイフ意味ニ於テ尊重シタモノデアツタガ、事實ハ多ク之ニ反スル。人間ハ獨居靜思スルトキト、群衆スルトキトハ心理ガ異ナルモノデアルカラ、所謂輿論ヲ以テ直ニ各人ノ欲スル所ト斷ズルトハ出來ヌ。多數ノ意見ガ流行スルノデハナクシテ、多数ガ流行ニ襲ハル、ノデアル。此ノ故ニ往々ニシテ人ハ油斷スルト、時勢輿論ニ欺カル、コトガアル。輕薄ナル國體論又ハ政治論ノ如キ、時勢トカ輿論トカイフモ必シモ國民個々ノ獨立ノ意見ノ多數デハナイ。先ヅ此ノ警戒ヲ國民全般ニ與フルコトガ、第一ニ必要デアル。時勢輿論ト云フ聲ニ巻込マレヌ様ニ戒メネバナラヌ。一時ノ人心ノ傾向、卽チ時勢トカ輿論トカ謂フ莊重ノ名稱アルモノモ、多クハ何等深キ意義ナク、唯無意識ノ模倣ニ由リテ流行スルノデアル。群衆心理ノ講譯ハ今更小生ガ喋々スルマデモナイ、皆人ノ知ル通リデアル。人間ハ文明ニナレバナルホド流行ノ奴隷トナル者デアル。文明人ハ知識アリ、獨立創見ニ富ムガ故ニ理由ノ究極ニ由ルノ外、浮カ〱ト人ノ煽動ナドニ乘ル者デアルマイト思フノハ、大ナル間違デアル。文明社會ホド流行ニ飜弄セラル、モノハナイ。日本人モ近頃文明トナツタカラ西洋風ニ、時勢ノ前ニ膝ヲ屈シテ盲從スルコトヲ覺エタ。元來之レハ人ノ天性デアル。政治家ガ政黨ヲ煽ルノモ、將軍ガ兵ヲ戰場ニ驅ルノモ、教育家ガ善良ナル風俗ヲ多衆ニ及ボサントスルノモ、善惡共ニ此ノ人間ノ弱點ヲ利用スルノデアル、此問題ノ場合、小生ハ如何ニ悲觀シテモ、我ガ國民タル者一人ナリトモ皇位主權ヲ否認スルノ確乎タル獨立見識ヲ有スル者ハアリ得ナイ筈デアルト考ヘル。然シ之レヲ以テ安心シテ居ルノハ、未ダ時勢輿論ノ何タルヲ知ラザルノデアル。或人ガ小生ノ憂ハ杞憂デアルト云フガ、杞憂ナランコトヲ望ム、然シ各人ノ意見ヲ個々ニ問ヘバ、皆大義ヲ辨ジテ居ルカラ、時勢輿論ハ必ズ大義ヲ謬ル様ナコトハ斷ジテナイト安心シテ居ルノハ、舊式ノ論デハアルマイカ、事實ハ左様ニハ參ラヌ、昔日ハ新聞紙トカ政黨トカハ輿論ヲ表示スル者ト思ハレタガ、今ハ輿論ヲ製造スル機械手段ト看做サレテアル。人間ハ多數群衆ノ場合ニハ、各人靜肅ヲ守ルベキコトハ、何人モ警察官ノ講釋ヲ聞カズトモ知ツテ居ルガ、サテ其ノ人々ガ多數群衆スルト喧噪ニ流レ、秩序ヲ失フ。之レガ理外ノ理デ、卽チ群衆心理ノ作用デアル。日本人ハ冷靜ニ個々別々ニ問ヘバ、百人ガ百人、皆統治權ハ皇位ニ在リト答フルノデアラウガ、然シ之ヲ群衆トシテ煽ルトキハ、如何ナル狂暴ノ言論ヲ吐クカモ知レナイ。之レガ最モ恐ルベキ所デアル。輿論ハ理ニ於テ個々ノ獨立ノ意見ノ多數ノ投合デアルベキ筈ナレドモ、事實ハ然ラズ、却テ多數ガ獨立ノ意見ヲ捨テ、輿論ニ投ズルコト、各人ガ獨立ノ趣味鑑識ヲ捨テ、流行ヲ追フト同ジコトデアル。方今ノ國體ノ異說ノ如キモ、此ノ場合ノ一デアラウ。之ヲ唱フル者モ、之ニ趨ク者モ、始ハ深キ意味アルノデハナク、唯西洋新奇ノ流行ヲ追フトイフ位ノコトデアラウ。然シ政府及社會ガ之ヲ打捨テ置クト、時勢トナリ、輿論トナリ、群衆心理ノ作用ニテ取返シノ付カヌ珍事ヲ引起スカモ知レヌ。社會ノ先覺者ハ時勢トカ輿論トカイフ者ノ前ニ膝ヲ屈スルコトヲ爲サズ、惡風潮ニ對シテハ何處マデモ奮闘ヲ續ケネバナラヌ。兎角今ノ人ハ時勢トカ輿論トカ云ヘバ其ノ名ニ恐レテ失望スル樣デアルガ、理由ノナイコトデアル。時勢ハ偶然些細ノ事カラ起ルモノデアルコトヲ知レバ、時勢ヲ挽回スルモ場合ニ因リ容易ナルコトモアル。決シテ失望落膽スベキデハナイ、時勢ニ反抗シテ鐵槌ヲ下シテ邪說ヲ粉碎スル意氣ガナクテハナラヌ。

異說ノ唱ヘラルヽハ何カ政治上爲ニスル所アリテ然ルカト謂フ疑ヲ懷ク者モアルガ、小生ハ決シテ左樣ナル深意アルモノデハナイコトヲ斷言スル。世人ハ世俗一般ノ心ヲ以テ、學者ノ所說ヲ推量スルカラ、何カ利害ノ關係デモナクシテハ唯無用ニ說ヲ吐クモノデハナイ樣ニ想像スルガ、是レハ大ナル誤リデアル。學者ハ存外無邪氣淡白ナル者デアツテ、自己ノ確信スル所ノ利害ヲ顧ミズ極端ニ主張シ、以テ快トスル風ガアル。政治家ノ爲ニ使ハレタノデアルトカ、利害ノ爲ニ主張スルノデアルトカ、イフ類ノ邪推ハ、學者ニ對シテハ多クノ場合當ラヌ。唯子供ラシク議論ヲ好ム者ジャ位ニ考ヘ居レバ、大概間違ナイ、餘リ想像ヲ巧ニスルト、却テ智慧敗ケヲスルコトガアル。甚ダ輕侮シタ樣ナル言ヒ方デアルガ、此ノ度ノ二三學者ノ異說モ、唯西洋近時ノ事例及學說ヲ、先ヲ爭フテ我ニ紹介スル位ノ所デ起ツタモノデ、深キ意味ハナイ。世ノ專制思想ヲ攻擊スルトイフ口調ナレドモ、之レハ人氣ニ投ズルノ語デ、此ノ類ノ論ガ政治若ハ政黨ナドニ何等關係ノアルモノデハナイ。若シヤ政黨ノ味方トシテ皇位主權否認論ナドヲヤラレテハ、政黨ハ實ニ難有迷惑ノ極デアル、其ノ樣ナコトハ有リ樣ガナイ。歸スル所單純ニ西洋心醉トイフノ外ニ原由ハナイ。英國ハ立憲國ノ模範デアル、英國デハ王位ハ社交的ニハ愈々尊貴ヲ加フルト同時ニ、政治的ニハ名實共ニ權力ヲ失ヒ、イマハ純然タル民主々義ノ國デアル。又獨逸國デモ君主ノ地位ト近時ノ民主思想トヲ調和セント欲シテ、學者ガ種々苦心ヲシテ居ル。國家法人論、君主機關論ノ類是レデアル。ゲルベルガ國家法人論ヲ首唱シタトキハ、大ニ歡迎セラレタ。又近クエリネクナドガ君主機關論ヲ唱フルノモ皆獨逸國民ノ思想ニ於テ、君主々義ト民主々義ト兩樣ノ潮流ガアツテ戰フテ居ルカラ、之ヲ調和セントスルノデアル。我ガ二三ノ論者ハ何ノ必要モナキニ、之ヲ我ガ國土ニ移植セント試ミルノデアル。日本ニ於テ、今民心分裂シ、民主共和ノ思想ト、君位主權ノ思想トノ衝突ガアルカラ、之ヲ調和セネバナラヌト謂フ必要カラ起ツタノデハナイ。ツマリ外國ニ學說ノ手本ガアルカラ、早手回ハシニ之ニ倣フテ我ガ國體ヲ說明シテ見タトイフノニ過ギナイノデアラウ。日本ノ國體ハ久シキノ歷史ニ顧ミテモ、又目下ノ趨勢ニ視テモ、又大憲ノ明文ニ照シテモ、純白ナル君位主權デアツテ、國民中ニモ之ヲ疑フ者ハナイノデアルカラ、此ノ如キ曖昧複雜難解ナル獨逸風ノ君主機關說ナドヲ假ル必要ハ更ニナイノデアル。大憲ノ明文火ノ如クデアルカラ、別ニ洋人ノ異説ヲ假リテ之ヲ説ク用ハナイノデアルガ、唯流行ヲ追ヒ新奇ヲ好ム心カラ、此ノ極端ナル説ヲ爲スノデアラウ。之ヲ批評スル人モ、之レモ亦一説ナリトシテ寛容スルハ、之レ亦同ジク西洋ノ流行ニ囚ハレテ居ルノデアル。獨逸國ニ在リテコソ君主機關説モ、在來ノ君位主權説ト併ビテ確ニ之レ亦一説デアル。日本デハ一説デモ何デモナイ、異説デアル、少クモ國民ノ一部ノ間ニ承認セラレテ居ル一説デハナイ、日本人ガ獨立シテ日本ノ國體ヨリ割リ出シタ一説デモ何デモナイ。獨逸國ノ一説デアル。他ノ事ニハ兎モ角モ、我ガ國體觀念ダケハ外國ノ舶來品ヲ使用セズ我ガ歴史ト我ガ民族獨立ノ思想トヨリ成レル材料ヲ以テ構成シタイモノデアル。

又此ノ如キ國體ノ異説ノ流行スルノモ、其ノ原由ノ一ハ我ガ憲法ノ本旨ヲ誤解セルニ出ヅルノデアル。然シ此ノ問題ハ憲法上ノ大問題デアツテ、玆ニ此ノ序ニ述べ數言ニシテ盡スコトハ出來ヌ。抑々立憲ノ本旨ハ、權力ヲ分チ專制ヲ防グト謂フノデアル。政體ノ論デアツテ國體ノ如何デハナイ、君主國デモ民主國デモ同ジク憲政ヲ布クノデアル。立憲ト謂ヘバ民主主義ニ傾向スル者ノ樣ニ思フノガ第一ノ誤デアル歐洲昔日ノ例ヲ見テモ政府ノ專制ヲ憎ンダノデアルガ、必ズシモ君位主權其ノ者ニ對抗スルノ憲法デハナイ。憲法ノ敵ハ專制ノ政府デアル、其ノ專制ガ如何ナル勢力ヲ後援トスルモ、專制ハ專制ニテ我儘ヲスルカラ、議院ヲ設ケテ之ヲ節制セネバナラヌノデアル。外國ノ例ヲ以テ見レバ、君主ヲ後援トシテ專制スル政府モアル、政黨ヲ後援トシテ專制スル政府モアル共ニ憲政ノ本義ニ反スルノデアル。我ガ國ノ憲法制定ニ際シテハ、充分ニ之レ等ノ歐洲ノ事例ヲ考慮シテ大方針ヲ決セラレタルモノデアツテ、此ノ事ノ大要ハ本月（九月）ノ法學協會雜誌ニ新入學生ノ爲ニ憲法制定ノ由來ト題スル論文ヲ掲テ置イタカラ、讀デ吳レル人アラバ幸甚デス。我ガ立憲ノ大方針ハ明治十四年國會開設ノ大詔ノ時ニ確定シタノデアッテ、當時廟堂ハ截然二派ニ分レ、英國風ノ政黨内閣政治ヲ丸寫ニシタル意見ト、國務大臣ヲ選擇シ、進退シ、其ノ意ヲ問フハ名實共ニ大權ニ在ルベシトスル意見ト、各詳細ノ文書ヲ以テ朝廷ニ爭ヒ、其ノ結果、大隈伯ハ退キ、岩倉公ハ立憲ノ大綱目ヲ詳細ニ認メテ決定シ、遂ニ伊藤公ハ此ノ綱目ニ依リ更ニ細目ヲ立テ取調ブベキ上命ヲ受ケテ、數十條ノ細目ヲ齎シテ普國ニ赴カレタル譯デアル。我ガ憲法ハ其ノ時未ダ發布ニハ至ラザルモ、其ノ本旨ハ政黨内閣制ヲ採ラズ、大權ヲ中心トシ、議院ヲ政府ニ對スル節制ノ力トスルノ憲法タルベキコトハ、既ニ十四年ノ大破裂以來確定シテ居ツタノデアル。伊藤公ガ唯漫然歐洲ノ憲政ヲ視察シ、新ニ取捨シテ其方針ヲ決シ様ト云フノナラバ、先ヅ其ノ模範國ト稱セラルヽ英國ニコソ行カルベキ筈デアッタガ、然ラズシテ歐洲ノ一小國タル普國ニ行キ、此ノ國ニ於テノミ滯在シテ取調ヲセラレタトイフトハ、言ハズシテ立憲ノ方針ノ確定セルヲ知ルニ足ルノデアル。然ルニ大憲發布後モ、仍憲法ノ解釋ニ就キ二派爭フ様ノ失態ヲ免レヌノハ、如何ニモ殘念デアル。我ガ憲法ノ大義ハ皇位主權ハ言フ迄モナイコトデアルガ、其政體ノ末ニ於テモ、大權ノ獨立、政府ト議會トノ對峙、貴衆兩院ノ同權、此ノ三大綱目ヲ骨子トシテ居ル。大權ノ獨立ヲ維持スルハ皇位主權ノ名分ヲ正シ、大政ノ統一ヲ期スル所以デアル。政府ト議會トノ間ニ分權ヲ主持シ各々獨立對峙シテ相侵サザラシムルハ、各々憲法上ノ權能ニ由リテ他ノ權力ノ專制ニ流ルヽヲ防ガントスルノデアル。議會ハ政府ニ對スル節制ノ力デアル。政府ニ代ハリテ立法行政ノ兩權ヲ併呑スルコトヲ許サナイノガ我ガ立憲ノ本旨デアル。兩院同權モ右ト同一ノ趣旨カラ來テ居ル、一院ノ專制ヲ控馭スルガ爲ニハ、兩院同權デナクテハナラヌ。此ノ如ク、我ガ憲法ハ皇位主權ノ統一ノ下ニ、各機關ノ節制調和ヲ期シテ、以テ一機關ノ專制ヲ防グ趣旨ニ出來テ居ル。然ルニ、近頃全ク之ト正反對ノ憲法論ガ流行スル。其ノ論アマリ露骨デアツテ、明言スルノモ憚ル様ニ感ズル、衆議院專制論デアル。衆議院專制論ハ歸スル所多數政黨專制論デアル、之ヲ極端ニ推ストキハ大權ノ獨立ヲ傷ル結果トナル、大權ノ獨立ヲ尊重シテハ憲法ノ法理トシテ此ノ論ハ貫徹セヌ、困ツタ議論デアル。其ノ推論ノ第一ハ兩院同權ノ否認デアル。兩院同權ニテハ衆議院ノ全權ハ行ハレザルカラ、貴族院ハ衆議院ニ反抗スベカラズト謂フ主義ヲ唱フルノデアルガ、是レ憲法ニ何ノ根據アルカ、次ニハ政府ト議院トノ對等獨立ヲ否認スルノデアル。貴族院ハ衆議院ニ屈從スル者トシテモ、政府ガ議院ノ權勢ノ外ニ獨立シテ居ツテハ目的ハ達セヌ、故ニ政府大臣ハ衆議院ニ於ケル多數政黨ノ向背ニ由リテ進退スベシト謂フノデアル。其推論ノ第三ハ大權ノ獨立ノ否認デアル、ヨシ內閣ノ更迭ハ議院ノ權勢ニ屬セシムルトスルモ、若シ君主ノ大權ヲ以テ內閣政府ノ主義方針ヲ左右セラル、コトアラバ、亦目的ヲ達セザルガ故ニ、立憲ノ君主ハ大臣ノ意見ヲ拒ム權ナシト謂フノ、頗ル名分ニ關スル法理論ヲ唱フルニ至ルノデアル。若シ君主ガ大權ヲ以テ多數政黨ノ信任如何ニ拘ハラズ、自己ノ信任スル內閣ヲ組織シ、又ハ君主ガ大臣ノ意見ヲ斥ケ、自己ノ所信ヲ行ハントセバ、之ヲ指シテ非立憲ノ行動ト謂フノデアル。君上ノ德義ヲ缺クト謂フノデハナイ、憲法ニ反スルト謂フノデアル。英國ノ法トシテ固ヨリ其ノ通リデアルガ、日本憲法ノ論トシテハ驚イタ論結デハナイカ。此ノ如クニシテ君主ノ大權ヲ大臣ニ移シ大臣ノ權力ヲ議會ニ移シ、議會ノ權力ヲ衆議院多數政黨ノ一手ニ移サントスルノデアツテ、多數政黨專制ノ政體デアル。此ノ如キハ正ニ我ガ立憲ノ本旨ニ反スルモノデアル。政府モ政黨ヲ無視スルコトモ出來ズ、衆議院モ貴族院ヲ無視スルコト出來ズ、大權ハ固ヨリ其ノ上ニ存立シテ侵スコトヲ得ズ、互ニ睨ミ合フテ一人我儘ノ出來ヌ所ガ卽チ憲政ノ妙所デアル然ルニ何故ニ多數政黨ノミガ獨リ此ノ如ク神聖ナルカト謂ヘバ、民意ヲ代表スルガ故デアルト謂フ。然ラバ民意ガ國家ヲ統治スルノ主權デアルト論結スルノカト問ヘバ、我ガ政治家及學者ハ然リトモ答ヘヌ樣デアルカラ、是ヨリ以上彼等ノ論理ハ解カラヌノデアル。唯何トナク之レガ時勢デアル。輿論デアル。此ノ時勢輿論ナル者ガ果シテ論理的ノ者デアルナラバ、議院政黨政治ナドイフコトハ遠カラズシテ根據ヲ失ヒ國民男女賢愚トナク、群衆直接政治ニ歸セザレバ已マナイ筈デアル。然シ時勢ハ論理的ノモノデナイカラ、サホド窮屈ニ感ジテ恐ル、ニハ足ラヌ、風ノ吹キ回ハシニ由リテ又一轉スルデアラウ。近時西洋ニ反動ノ論トシテ豪傑政治英雄崇拜ノ論ナドモ行ハル、是レ卽チ再ビ舊來ノ通リ、君主政治ニ復歸スルノデアル。然レドモ今ハ所謂民意ヲ基礎トスル議院政黨全權ノ論ガ流行物デアツテ、隨ヒテ自然ニ大權ノ獨立ヲモ否議シ、甚シキニ至リテハ問題トナレルガ如キ皇位主權其ノ者ヲモ云議スル樣ナル變事モ起ルノデアル。若シ民意ヲ基礎トスルトハ國民ノ福祉ヲ政治ノ目的トスルト謂フナラバ、卽チ古來ノ仁政ノ意デアルガ、然ラズシテ國家統治ノ權力ノ本位ハ民意ニ在リト謂フナラバ、實ニ是レ皇位主權ノ否認デアル、憲法ノ誤解ハ恐ロシキモノデアル。其ノ誤解ハ多ク、我ガ國體ノ由來ヲ知ラズ、歷史ヲ知ラズ、近クハ憲法制定ノ來歷ヲモ知ラズ、我ガ憲法ヲ視テ舶來品ト心得一意西洋ノ事例學說ノミヲ追フテ之ヲ解セントスルヨリ來ルノデアル。之レモ時勢ノ罪デアル。憂國ノ士ハ逆流ニ立チテ双手ヲ擧ゲテ狂瀾ヲ回ヘスノ氣慨ガナクテハナラヌ。

（『太陽』第十八巻第十四号（一九一二年十月））

V 資料

1　穂積八束先生傳

恭ク惟ルニ

先帝不世出ノ資ヲ稟ケテ國運中興ノ時ニ膺ラセ給ヒ、天地ノ公道ニ基キ祖宗ノ彝訓ニ鑑ミ以テ洋々ノ　皇謨ヲ定メ以テ赫々ノ偉業ヲ成シ給フ。是レ固ヨリ

先帝ノ聖明能ク日月ト並ヒ、玄徳克ク乾坤ニ配シ給ヒシニ由ルト雖モ、然レトモ臣民ノ至誠純忠亦與ツテ力アリト謂ハサルベカラス。卽位ノ初メ封建ヲ廢シ郡縣ヲ定メ次ニ兵備ヲ整ヘ學制ヲ頒チ、更ニ進ミテ電斷雷動以テ國威ヲ宣揚シ給ヒシニ方リテ、文武臣僚ノ鞠躬蹇々私ヲ忘レ身ヲ致シタルノ勳功ハ實ニ尊崇スベキモノアリ、國家爲メニ之ヲ表旌シ人民擧テ之ヲ讃嘆ス。若シ夫レ國家ノ憲法ヲ制定シ法典ヲ編纂シ條約ヲ改締シ外交ヲ刷新スルニ方リテ、學者能ク仰取俯捨、古ヲ統ヘ今ヲ包ネ、歐美ノ學ヲ參糅シ、和漢ノ教ヲ折衷シ、以テ正確ノ法理ヲ宣明シ以テ泰東ノ光明ヲ發揮セルノ功モ、亦文武元勳ト並ヒ稱シテ不朽ニ傳フルニ足ルモノアリ。特ニ憲法ノ創定ニ際シ國體ニ鑒ミ史蹟ニ照シ、毀譽ヲ顧ミス褒貶ヲ意トセスシテ、公平ニ之ヲ解釋シ穩健ニ之ヲ敷衍シ、以テ粲然タル大義ヲ明ニシ、以テ洋々ノ聖謨ヲ贊シタル我穂積八束先生ノ如キ、國家ニ貢獻シ學海ヲ裨益セルコト洵ニ顯著ナリト謂ハサル可カラス。嗚呼是レ豈ニ命世ノ雄儒ニアラスヤ。抑モ此ノ如キ雄儒ヲ穂積家ヨリ出シタル所

以ノモノ、之ヲ其ノ系譜並ニ其ノ父祖ノ教訓ニ顧ルトキハ決シテ偶然ニアラサルコトヲ知ル、乃チ先ツ茲ニ之ヲ記述ス。

系譜

先生名ハ八束、姓ハ穂積、父ノ名ハ重樹、母綱子荒木氏、萬延元年二月二十八日ヲ以テ伊豫國宇和嶋ニ生ル、大正元年十月五日病テ東京ニ沒ス、享年五十三、先生淺野氏ヲ娶ル、名松子、四男四女ヲ擧ク、一女夭ス、長子重威今第一高等學校ニ在リ。系譜ヲ案スルニ穂積氏ハ饒速日命ニ出ツ、神武天皇東征ノ時、命歸順ノ誠ヲ致セルコト史ニ徴シテ明ナリ(1)

(1)（穂積系譜）饒速日命天國ヨリ天磐船ニ乘リテ皇國ニ渡リ、大和國ニ降リ、鳥見ノ酋長長髄彦ノ許ニ至リ、其妹三炊屋媛ヲ娶リ、其ノ村ノ君トナラル。神武天皇東征ノ時、天皇人ヲ遣ハシ長髄彦ニ歸順ヲ勸メ給フ、長髄彦答テ曰ク、嘗テ天神ノ御子天降リマシテ我國ヲ治ム、夫レ天神ノ御子豈兩種アランヤトテ勅命ヲ奉セズ、天皇重ネテ勅シテ、天神ノ御子モ亦多キノミ、汝ガ君トスル所實ニ天神ノ御子ナラバ必ズ表物アラン示スベシト宣ヘリ、長髄彦卽チ饒速日命ノ齎ス所ノ天羽々矢一隻及歩靫ヲ以テ叡覽ニ供フ、天皇覽ソナハシテ曰ク、事虚ナラザルナリト、乃チ御スル所ノ天羽々矢及歩靫ヲ以テ示シ給フ、長髄彦其天表ヲ拜シ踧踖措ク所ヲ知ラズ、然レドモ凶器已ニ構ヘ其勢中止スルヲ得ズ、且ツ尚迷圖ヲ守リ復タ改意ナシ、饒速日命唯天孫之レ尊貴、軍ヲ解キ、城ヲ致シテ以テ歸順スベシト說ケドモ從ハズ、長髄彦稟性愎恨教フベカラザルヲ知リ、乃チ之ヲ殺シ其衆ヲ帥ヒテ歸順セラル、天皇素饒速日命ハ天ヨリ降ル者ナルヲ聞シ食ス、今果シテ忠効ヲ立ツ、依テ之ヲ寵賞シ給フ。

饒速日命五世ノ孫伊香色雄命

崇神天皇ニ仕ヘテ補翼ノ力ヲ致ス、命ノ子大水口宿禰ハ乃チ穗積朝臣ノ祖先ナリ。(2)

（2）（姓氏錄）左京神別穗積朝臣石上同祖神饒速日命五世孫伊香色雄命之後也、又穗積臣伊香色雄男大水口宿禰之後也トアリ。

伊香色雄命ハ　崇神天皇ノ朝ニ仕フ、天皇鋭意天下ヲ經營シ給フ、命　天皇ヲ補翼シ奉リ其ノ治ヲ佐ケラレシカバ、天下太平ニシテ國家繁昌セリ。故ニ此ノ　天皇ヲ肇國御ス天皇ト稱シ奉レリ。

伊豫國宇和嶋ノ穗積家ハ穗積朝臣ノ後裔ニシテ其ノ系譜ノ中特筆スヘキハ鈴木三郎重家ノ事蹟ナリ、重家ハ源義經ノ臣ニシテ忠勇絶倫、義經ノ爲メニ冤ヲ鎌倉ニ訴へ、終ニ衣川ノ柵ニ殉死セリ。(3)

（3）（穗積系譜）鈴木三郎重家、紀伊國藤白鄉ニ住ス、家世々邑中ノ著姓タリ、重家翁ノ祖父三郎重邦六條判官爲義朝臣ノ女ヲ熊野別當實方院堪增ニ媒介セラレシ緣故ヲ以テ、重家翁伊豫守義經朝臣ニ隨身セラル、義經朝臣賴朝卿ト不和ニ也、藤原秀衡ニ賴ラントテ陸奧國へ下ラレシ時、重家翁ハ老母ノ疾病看護ノ爲メ其ノ行ニ後レシカ、後義經朝臣ヲ追跡シテ竊カニ陸奧國ニ下ラントセシ時伊豆國府ニテ北條時房ニ行逢ヒ、家人源藤太廣澄ノ爲メニ見顯ハサレ、郎黨等下リ重リテ終ニ生捕ラル、鎌倉ニ於テ賴朝卿ニ見參ノ時、義經朝臣ノ冤ヲ訴フレドモ採用セラレズ、其ノ儘鎌倉ニ在リシカ、折ヲ得テ遁レ出テ奥州へ下リ、義經朝臣ニ再謁シ、文治五年高館役ノ時、衣川ノ柵ニ於テ戰死セラル、義經朝臣ノ御内ニテ鈴木三郎重家、龜井六郎重淸ノ兄弟、勇名武功最顯著ナリ。

鈴木三郎重家十七世ノ孫ニ鈴木源兵衞アリ、是レ實ニ穗積先生十一世ノ祖ナリ。姓ハ穗積、氏ハ鈴木、弘治二年陸奧ノ國ニ生ル、伊達政宗ニ仕へテ千軍萬馬ノ間ニ出入シ、武名顯揚ス、政宗之ヲ擧ケ

テ其ノ長子秀宗ノ傳トナス、秀宗宇和嶋ニ封セラルルニ及ビ、從ヒテ之ニ仕フ、世祿二百五十石、物頭格タリ。(4)

（4）（穂積系譜）　鈴木源兵衛姓ハ穂積、紋稲穂ノ丸。

弘治三年陸奥國ニ生ル、幼名實名トモ詳ナラズ。

翁ハ武山出雲ノ弟ニテ鈴木家ノ養嗣子トナラル。武山ハ元ト鈴木ニテ同姓ナリシカ、政宗卿ノ詠歌ニ由リ武山ト改ム。

翁ハ鈴木重家ヨリ十七代ノ裔孫ニシテ、奥州ニ住シ伊達家ニ仕ヘラレシカ、後伊達秀宗公ニ從ヒ、伊豫宇和嶋ニ移リ、祿貳百五十石ヲ賜フ。

伊達政宗卿初陣ノ時從軍シ、道作リ奉行トシテ同僚ト共ニ前進ス、時ニ敵騎ニ遭遇シ、同僚ハ戰死シ、翁ハ敵騎ヲ撃退シ任務ヲ全シテ歸陣セラル、其時着用セラレシ鎧下肌着夫人手織ノ品、今我家ニ傳フ。

伊達政宗卿上杉征伐ノ時、宿將片倉小十郎先鋒トシテ白石城ヲ攻ム、翁其手ニ屬ス、城將甘糟備後守能ク防キ戰フ、外郭已ニ破レ本丸ニ迫リシトキ、片倉氏翁ヲ招キ、足下ハ數度ノ武功人ノ許シタル剛ノ者ナリ、今城門ニ戰フ石田豊前等ノ許ニ行キ、速ニ其ノ門ヲ焼キ拂フベシト傳令セラレヨト命ス、翁命ヲ受ケ、矢石ノ間ヲ悠然トシテ至リ、其ノ命ヲ傳フ、彼我其ノ武者振ヲ歎賞シタリト云フ。何レノ戰ニカアリケン、政宗卿年末戰役ノ事アリ、翁其ノ役ニ從ハレシ故、家庭ニテハ歳首ヲ迎フルノ用意ヲナサズ、唯戰勝凱旋ノ日ヲ待チ居シニ、十二月晦日、突然戰勝ノ榮ヲ負フテ凱旋セラレシカバ、急遽元旦祝膳ノ準備ヲナスコトトナレリ、然レトモ食品備ハラズ、故ニ其ノ汁ノ實ニハ有リ合シタル鹽漬茄子ヲ切リ込ミ、以テ食膳ニ上シ祝儀ヲ整ヘタリ、因テ鹽漬茄子ノ味噌汁ヲ以テ元旦祝膳ニ上スヲ我家ノ吉例トス。

伊達政宗卿ハ、秀宗公ニ四五萬石ノ地ニテモ拜領アランコトヲ欲セラレ、徳川家康公ノ老中本多佐渡守殿ニ請願セラレン爲メ、本多家ノ用人松宮次郎兵衛ニ御懇親ヲ結ハレ、其ノ周旋ヲ御依頼アリシカ、後伊豫國宇和嶋ニ於テ十萬石ヲ拜領セラル、之レ畢竟松宮次郎兵衛ノ功勞多キニ居ル、然ルニ後年本多家斷絶シテ松宮次郎兵衛浪人トナリ、我家ニ嫁セラレタル娘ヲ訪問セラレシ時、秀宗公三ノ丸ノ邸ニ招カレ、足下ハ予ガ爲メニハ恩人ナリトテ大ニ厚遇セラレ、盃ヲ勸メ取肴トシテ居間ニ掛ケ置カレタル長刀ヲ取リ親ラ之ヲ賜フ、次郎兵衞歸國ニ臨ミ、紀念ノ爲メ之ヲ娘ニ與ヘテ去ル、因テ其ノ刀身今我家ニ傳フ。伊達秀宗公十三歳ノ時、御父政宗卿ヨリ騎馬ノ士十二騎ヲ附屬セラレ、六騎ツヽ、隔年ニ江戸ニ伺候ス、翁其ノ一騎ナリ。秀宗公伊豫宇和嶋ヲ領セラレシ時、元和元年七騎君公ニ先ンシテ入國ス、之ヲ前七騎ト云フ、翁其ノ一騎ナリ。元和二年三月翁仙臺ニ至リ、家族ヲ引キ連レ歸國セラル、同年十月三日家族ニ菜飯ヲ命シ、自ラ田樂ヲ燒キナガラ頓死セラル、年六十、選佛寺ニ葬ル、法號梁德院大順淨椿居士。

祖父ノ遺訓

祖父重麿、通稱源兵衞、資性豪放細節ヲ顧ミス、壯年ノ時遊樂ヲ事トシテ學業ヲ修メス、二十五歳ニ至リ飜然トシテ悟ル所アリ、一日朋友巽某ト語テ曰ク、碌々生涯ヲ了ス豈ニ男兒ノ事ナランヤト、乃チ與ニ盟ツテ曰ク、事業成ラサレハ復タ相見スト、其ノ後巽某ハ誹諧ヲ以テ地方ニ名ヲナセリ、子嘉門ハ劍道ニ達シ、田宮流ノ奥義ヲ極メテ師範トナレリ、孫鐵男今米國ニ在リ忠義ノ心深シ。此ノ時ニ當リ藩校ハ專ラ漢學ヲ教授シ、藩中未タ國學ヲ修ムル者アラス、重麿書ヲ紀州ニ在ル本居太平ニ送リテ其ノ門ニ入リ、其ノ教示ニ從ヒテ書ヲ讀ム、堅苦刻勵、冬モ爐セス、夏モ扇カス、三伏炎暑ノ夜ト雖トモ裸體蚊帳ノ内ニ端坐シテ、書ヲ讀ミ文ヲ草シ、頃刻釋カス跬足忘レス、疑義アレハ之ヲ細書シテ其ノ師ニ質シ、詠歌文章著述モ亦皆其ノ訂正批評ヲ乞ヘリ、後大ニ得ル所アリ、著書甚タ多シ。

言語《コトドヒ》之《ノ》重彌《イカシヤ》木榮《クスエ》　五十巻
古事記日本書紀ノ言語ヲ五十音ニ分類シタル字書ナリ。
神かての日記　全
ちぶりの日記　全
此ノ二册ハ伊達村壽公ニ随行シテ江戸ニ上リシ時ノ日記ナリ。
鞆の考　全
鞆の考ト云フ書ノ誤記ヲ訂正セル書ナリ。
三大考論書　全
古事記傳十七巻ノ附録三大考ノ説ヲ論破セル書ナリ。
靈《タマ》の眞柱《ミハシラ》の辨　全
平田篤胤ノ靈ノ眞柱ヲ辨論セル書ナリ。
國の御柱　全
天地開闢ヲ說ク。
麻奈備の彌奈加美　全
國の御柱ノ稿本ニテ本居太平ノ評註アリ。
書記歌八重鹽土《シホツチ》　二册
日本書紀ノ歌ヲ解釋ス。
神樂歌考後釋

　神樂歌ノ考ノ追考ナリ。

此ノ外立案起草ノモノ多キモ完成セス。

重麿ハ當時藩中唯一ノ國學者ニシテ、率先尊　皇ノ大義ヲ唱へ、慷慨ノ氣紙筆ニ溢ル、又心ヲ教育ニ致シ、自ラ忠臣孝子烈女ノ傳記ヲ手寫シテ之ヲ其ノ家ニ遺ス、其ノ書左ノ如シ。

武勇忠士傳	十册
白石英雄記	五册
三楠實錄	二十二册
赤穗精義內侍所	三十五册
楠正行戰功記	八册
松田系圖女敵討	全
仙臺萩	四册

此等ノ書中、漢字ニハ悉ク丁寧ニ傍訓ノ假名ヲ附シ、假名及大和語ノ傍ニハ漢字ヲ添へ、巻尾ニハ「重麿老眼くらけれとも眼鏡の力をかり子孫の爲めに手寫して之を遺す」ト云フガ如キ奧書ヲ為セリト云フ。安永三年八月二十二日生、天保八年九月八日沒ス、享六十四。

父母ノ教訓

父名ハ重樹、通稱源兵衞、幼ニシテ教ヲ父重麿及其ノ門人宍戸大瀧ニ受ク、弓馬ニ熟達シ槍術ニ長ス、資性恬澹、草花小禽ヲ愛ス。維新ノ際藩主伊達宗城大ニ藩校明倫館ノ學制ヲ改革シ、水戸ノ儒山内老墓（上杉憲之）ヲ聘シテ藩校ノ師範トナスニ及ビ、藩校始メテ國學ノ教科ヲ置ク、重樹藩校教授ヲ兼ネ、晩年國學ノ家塾ヲ開キ、諸生ヲ薫陶ス。大和田建樹ハ其ノ門ニ出テタル秀才ノ一人ナリ、先生亦夕父ノ家塾ニ在リテ諸生ト同シク教訓セラル。重樹文化九年六月二十八日ヲ以テ宇和嶋ニ生レ、明治十四年十二月二十一日病テ東京ニ沒ス。

母綱子資性聰慧嚴正ニシテ、子女塾生ヲ訓育スルコト甚夕親切ナリ、漢字ヲ知ラスト雖トモ、假名ノミヲ以テ文ヲ屬スルコト極メテ迅速巧妙ナリ、家事出納ノ記錄等、悉ク假名ヲ以テ之ヲ記シ、頗ル整備ス、老年ノ後子女戲ニ「假名ノ會ノ會長」ト呼ブ。綱子意ヲ子孫ノ教育ニ致シ、長子重頴ノ幼時、夫重樹ハ江戸ニ在勤シタルヲ以テ、自ラ重頴ノ學事ヲ監督ス。然レトモ前ニ云ヘルカ如ク漢字ヲ知ラサルヲ以テ、自ラ素讀ノ復習ヲ爲サシムル能ハス、因テ人ニ請フテ千字文大學等ニ振假名ヲ施シ、重頴ノ登校中ニ之ヲ暗記シ、毎日復習ヲ爲サシメタリト云フ。先生ノ幼ナルヤ、綱子深ク感スル所アリ、子ヲ育ツルニハ之ヲ他ニ托スルニ若カスト爲シ、之ヲ山内老墓ニ托シテ其ノ學僕トナス、老墓宇和嶋ヲ去ルノ後ハ之ヲ父ノ家塾ニ入レテ家ニ歸ルコトヲ許サス、大學ヲ卒業シテ後始メテ家ニ歸リテ起臥スルニ至レリト云フ、是レ實ニ內則ノ古訓ニ合スルモノ、綱子ノ如キ實ニ賢母ト謂フベシ。

先生ノ兄陳重亦綱子ノ撫育ヲ受ケ、同シク父重樹及山內老驀ニ從ヒテ學ヲ講ス、兄弟互ニ道義ヲ以テ相切磋シ、遂ニ家名ヲ揚ク、古人ノ所謂五人勵志以テ業ヲ成スモノ穗積家ニ於テ之ヲ見ル。斯クノ如ク先生ノ幼冲ナルヤ、嚴父慈母ノ教訓ヲ受ケ、兄弟同學、山內老驀ノ業ヲ受ケ、竹馬ノ年ヲ以テ杏壇ノ列ニ就キ、克ク岐、克ク嶷、既ニ棟梁ノ氣ヲ抱キ、成人ノ風アリタリト云フ。

修　學

先生既ニ長ス、卽チ鄕關ヲ出テ、東京ニ來リ、專ラ歐美ノ學ヲ修ム、于時明治六年ナリ。先ツ共立學校ニ學ビ、後外國語學校ニ轉シ、更ニ大學豫備門ニ入ル、明治十二年七月ヨリ東京大學ニ於テ文學部政治學科ヲ修メ、同十六年七月之ヲ畢リ、文學士ノ學位ヲ受ケ、同月更ニ東京大學文學部政治學研究生ヲ命セラル。天稟ノ資質ハ年ト共ニ琢磨セラレ、俊秀ノ名漸ク高ク、明治十七年八月ヲ以テ獨逸國ニ留學ヲ命セラレ、ハイデルベルヒ伯林ストラスブルグノ諸大學ニ入リ、專ラ歐洲制度沿革史及公法學ヲ修ム、仄ニ聞ク當時、公爵伊藤博文子爵井上毅等、憲法ノ研究ニ關シテ望ヲ先生ノ將來ニ屬シ、周到ナル注意ヲ先生ニ與ヘタリト云フ、先生歐洲ニ在リ夙夜懈ラス、研精覃思、汎ク先代ノ絕言ヲ集メ、普ク異國ノ殊語ヲ采リ英ヲ含ミ華ヲ咀ヒ、葩ヲ揚ケ藻ヲ振フ、特ニ獨逸當時ノ碩學シュルツェ、ラバンド、ゾーム等ニ親炙シテ大ニ得ル所アリ、辛苦五越年、學問ノ蘊奥ヲ極メテ歸朝ス、于時明治二十二年二月ナリ、歸來尙ホ其ノ研鑽ヲ休メス終世書卷ヲ離サヽリシト云フ、其ノ學ヲ好ムコト此ノ如ク、博覽洽聞ナルヲ以テ夙ニ明治二十四年八月二十四日ヲ以テ法學博士ノ學位ヲ授ケラレ、同三十九年九月十四日
勅旨ヲ以テ帝國學士院會員ニ任セラル。

憲法ノ解釋、教授並ニ著述

歐洲ニ在リテ汎ク制度ノ沿革ヲ研鑽シ、公法ノ蘊奧ヲ攻究シタル穂積先生ノ歸朝セシ時ハ、正ニ是レ本邦ニ於テ始メテ憲政ヲ布キシ時ナリ、時勢ハ實ニ卓識ノ學者ヲ要求スルコト切ナリシヲ以テ、先生未タ行李ヲ解クニ及ハスシテ憲法ノ解釋ニ從事シ、又憲政ノ實施ニ助力スルコトヽナリ、又明治二十二年三月ヲ以テ法科大學教授ニ任セラレテ憲法ヲ講述ス、爾來職ヲ法科大學ニ奉スルコト二十有四年、憲法ノ外、時ニ國法學行政法ヲ教授セリ。明治二十三年ヨリ學習院ノ囑托ヲ受ケテ亦帝國憲法ヲ講ス、而シテ其ノ解釋タル純正法理ニ基キテ公平無私ノ方法ヲ採ルヘキコトヲ主張セリ。先生ノ憲法ニ於ケル獨リ其ノ獨得ノ解釋ヲ講述セルノミナラス、時々其ノ意見ヲ新聞雜誌等ニ公表シ、東京大學修業ノ時、既ニ筆ヲ呵シテ主權國體ヲ論シ、之ヲ東京日々新聞ニ寄セテ、郵便報知新聞等ノ民主說ヲ辯駁シ堂々千萬言、筆力鼎ヲ扛ケ、一世爲メニ驚嘆セリ、其ノ著書亦尠カラス、憲法大意憲法提要ノ如キ其ノ尤ナルモノナリ、若シ夫レ短篇小册ノ如キ殆ント枚擧ニ暇アラス、本書ガ獨リ其ノ一部分ヲ

蒐集セルノミニ過ギスシテ、既ニ褎然タル一大册子ヲ爲スヲ見テモ、如何ニ其ノ著述ニ富ムカヲ知ルニ足ラン。

進 講

玆ニ項ヲ改メテ特筆大書スヘキハ先生カ明治四十一年一月ヨリ御講書初ノ式ニ於テ洋書ヲ進講セルコト是レナリ、爾來進講スルコト五回以テ先帝崩御ノ年ニ至ル、其ノ題目左ノ如シ。

世界最古ノハムラビ法典。

羅馬皇帝ジュスチニヤン大法典發布ノ詔書。

タシトゥスノ「ゲルマニヤ」ニ於ケル古「ゲルマン」民族ノ建國。

希臘及羅馬ノ古典ニ顯ハル、祖先崇拜ノ事蹟。

アリストテレス政治書。

仄ニ拜聞スル所ニヨレハ先生澄心端坐、莊重ノ辭ヲ以テ深奥ノ理論ヲ講述シ先帝亦之ヲ傾聽シ給ヒシト云フ、是レ實ニ一世ノ光榮トスル所ナリ。

又仄ニ拜聞スル所ニヨレハ皇族講話會ナルモノハ先帝ノ叡旨ニ基キ開催セラレタルモノナリト云フ、先生明治三十四年二月九日ヨリ毎年憲法皇室典範幷ニ歐洲諸王室典範ヲ講述シ、諄々トシテ法理ヲ宣明シ、孜々トシテ典故ヲ説明セリ。先生ノ忠誠ナル常ニ心ヲ　皇室ニ致シ其ノ進講ノ命ヲ受クルヤ至大ノ光榮トシテ　皇恩ニ感泣セリト云フ、皇室亦之ヲ嘉シテ先生ノ病中特ニ葡萄酒ヲ賜リ、又其ノ逝去ノ時、特ニ河鰭侍従ヲ勅使トシテ幣帛ト紅白ノ絹トヲ賜ハリ、伏見宮久邇宮梨本宮竹田宮東伏見宮諸殿下ヨリ各厚賻ヲ賜ハル、是レ實ニ穂積家ノ光榮ト云フベシ。

立法的貢獻

帝國憲法發布ノ當初ニ於テ國體ニ顧ミ世情ヲ察シ能ク穩健ノ解釋ヲ下シ之ヲ教授シ之ヲ論述セル先生ノ功績ハ洵ニ偉大ナリト云フヘシ、而カモ先生ハ獨リ此ノ解釋的ノ學事ニ従ヒシノミナラス、伊藤公等ヲ翼賛シテ憲法附屬ノ諸法令ノ立案ヲ補助シ、又國家ノ諸法典編纂ニ際シ立法的事業ニ貢獻セルコトモ亦尠カラス。之ヲ其ノ官歴ニ見ルニ、歸朝ノ年直ニ法制局參事官ニ任シ、其ノ十月臨時帝國議會事務局書記官トナリ、明治二十四年二月樞密院書記官ニ任シ、同二十六年四月法典調査會査定委員ヲ命セラレ、又同二十九年十月十二日條約實施準備委員トナリ同三十二年七月十二日貴族院議員ニ任シ、同年九月帝室制度調査局御用掛トナリ、明治四十年法律取調委員ヲ仰付ラレ、同四十三年官中顧問官ニ任セラル其ノ官ノ如キ累進シテ高等官一等ニ至リ其ノ位ハ從三位ニ昇リ、又其ノ勳功ニヨリ勳一等ニ叙シテ瑞寶章ヲ賜ハル。

之ヲ要スルニ先生ハ講義ノ外諸般ノ立法並ニ法律調査ノ公務ニ從事シ、其ノ該博ノ學問ヲ實際ニ適用シ、異同ヲ著ハシ、本末ヲ編シ、古今ヲ嚢括シ、人事ヲ表裏シタルノ功モ亦少小ニアラス。舊民法ノ斷行又ハ延期ノ議論盛ナリシ時、吾國固有ノ風俗人情慣習幷ニ法制ニ反スル所以ヲ論シテ盛ニ延期説ヲ唱ヘ、更ニ新民法制定ノ際ニ於テ、民法査定委員トシテ同一理由ニ基キ朝野ノ反省ヲ促シタルカ如キ、實ニ其ノ章句ニ沾々タル讀書家ニ非スシテ、經世ノ才ヲ有スル活學者タルコトヲ知ルニ足ル。

育英的盡瘁

先生獨リ其ノ專門學ノ研究幷ニ教授ニ誠實ナルノミナラス、教育ノ事務ヲ以テ樂ト爲セリ。夙ニ心ヲ國民教育ノ振張ニ致シ、常ニ民風ノ忠厚ヲ企圖ス。其ノ憲法大意幷ニ愛國心ヲ公ニセシカ如キ其ノ意ノ存スル所ヲ知ルベシ。而シテ憲法大意ノ如キ既ニ二十餘萬部ヲ發行シ、普ク天下ニ行ハレ、國民教育ニ資スルコト多大ナリト云フ。明治二十六年四月十八日教科用圖書審査委員ヲ命セラルヽヤ、亦忠君愛國ノ精神ヲ鼓舞スルニ勤メタリト云フ。

先生身體甚タ健康ナラス、而カモ其ノ蒲柳ノ質ヲ以テ帝國大學法科大學長タルコト十有五年、煩累ヲ厭ハス、繁忙ヲ意トセズ、孜々トシテ教務ニ盡瘁シ、以テ病ノ漸ク篤ク死ノ將ニ至ラントスルヲ念トセサリシカ如キ、育英ヲ樂ムニ非スンハ焉ンソ能ク之ニ耐ヘンヤ、嗚呼先生ノ如キ實ニ君子ノ樂ヲ樂トスル者ト謂フヘシ。

人物嗜好

先生資性忠誠公正、其ノ外嚴ニシテ其ノ內寛、通シテ大ヲ取リ、約シテ小ヲ捨テ、難ヲ人ニ責メス。平素沈默而カモ友情極メテ厚シ、人ノ爲メニ己ヲ盡シテ而シテ其ノ功ヲ説カス、故ニ人其ノ助力ニヨリテ事ヲ成シテ而シテ之ヲ知ラサル者少カラス、然レトモ先生之ヲ慍ラス亦君子ノ人ト云フヘシ。

蓋シ先生ノ公正ナル、理義正シカラサレハ苟モ行ハス。而カモ意ヲ決シテ正ヲ履ムトキハ、毀譽ヲ顧ミス、褒貶ヲ意トセス、其ノ眼中私事ナク、決然トシテ一身ヲ國家ニ殉スルノ志アリ、豈ニ剛毅ノ人ニアラスヤ。

其ノ嗜好ハ蓋シ讀書ニ在リ、終歳卷書ヲ伴トシ、風骨超然、道ヲ以テ飲トナシ文ヲ以テ食トナスノ趣アリ、實ニ篤學ノ人ト謂フヘシ。

贊

嗚呼先生ノ學、博覧洽聞、百家ヲ剖判シ群言ヲ采摭シ、朝典ヲ詳練シ國體ヲ增光シ、綱振ヒ條晰ニ、義證精博、譬曉密微ニシテ、冰解ケ的破ル、ノ概アリ。講誦鏗々、談論津々、凡ソ敎ヲ受クル者、近キハ面受シテ心服シ、遠キモ亦聽取シテ響應ス。

若シ夫レ先生ノ文章ハ義理縱横、闔闢沛然トシテ江河ヲ決スルカ如ク、立論徹底博クシテ要アリ、約ニシテ孤ナラス、八紘思緒ニ馳騁シテ萬象毫端ニ出沒ス、古人ノ所謂壯而不虛、剛而能濕、雕而不碎、接而彌堅キモノ、先生ニ於テ之ヲ見ル。

嗚呼先生ノ學問、談論及文章ハ實ニ該博、雄渾、秀健ナリト云フヘシ、而カモ其ノ最モ畏敬尊崇スヘキモノ之ヲ外ニシテ更ニ大ナルモノアリ、卽チ其ノ識見ノ卓越ニシテ意思ノ鞏固ナルコト是ナリ。案スルニ先生憲政創始ノ時ニ生レ、世人未タ其ノ原則ヲ熟知セス、爲政家モ亦未タ之ニ精通セサルノ時ニ方リ、史績ニ徵シ典故ヲ詳ニシ、綱常ヲ植テ大義ヲ揭ケ、能ク我カ長ヲ忘レス、又能ク他ノ美ヲ納レ、會文切理、我カ國體ノ列國ニ卓絕スル所以ヲ宣揚シ、萬世ノ準繩ヲ解說敷衍シタルハ、實ニ是レ其ノ尋常ニ卓越スル所以ナリ。顧ルニ當時我邦泰西ノ文物ヲ容ル、ニ急ニシテ、擧世噪然、一ニモ歐美ヲ崇拜シ、二ニモ歐美ヲ稱贊シ、我カ長ヲ捐ツルコト弊履ノ如クナルニ方リ、卓然トシテ時好ヲ追ハス、煩亂ヲ芟夷シ、浮辭ヲ剪裁シ、唯タ義ニ適シテ人ノ是非ヲ顧ミス、其ノ嘗テ英國政黨政治ヲ論スルニ方リ之ヲ以テ我帝國憲法ノ本旨ニ非サルコトヲ切言シタルカ如キ以テ其ノ世論ニ左右セラレサルコトヲ證スルニ足ル。顧フニ泰西ノ學說ハ誠ニ井然トシテ感スヘキモノアリ、先生固ヨリ其ノ眞理ヲ容ル、ニ吝ナラス、而カモ其ノ心ハ之ニ魅セラレスシテ是ヲ是トシ非ヲ非トスルニ躊躇セサリシナリ、顧フニ歐美ノ文物ハ彬々トシテ洵ニ觀ルヘシ、先生固ヨリ其ノ善美ヲ學フニ嗇ナラス、而カモ其ノ眼ハ之ニ眩セスシテ、長ヲ長トシ短ヲ短トスルニ逡巡セス、見地旣ニ立チ意思茲ニ定マルトキハ勇往直進、一家之ヲ非トスルモ惑ハス、一國一州之ヲ非トスルモ亦惑ハス、擧世之ヲ非トスルモ亦惑ハサルノ概アリ、道ヲ信スルコト篤クシテ自ラ知ルコト明カナル者ニ非スンハ、焉ンソ能ク此ノ如クナランン、嗚呼是レ豈ニ阿世ノ徒ノ能クスル所ナランヤ、嗚呼是レ豈ニ俗儒ノ能クスル所ナランヤ。

抑モ先生ノ意思此ノ如ク鞏固ニシテ、其ノ識見此ノ如ク卓然タル所以ノモノ、職トシテ是レ其ノ天賦ノ然ラシムルニ由ルト雖トモ、然レトモ其ノ系譜ヲ見、其ノ祖父ノ遺訓ヲ顧ミ、又其ノ父母ノ教育ヲ察スルトキハ、其ノ由來スル所實ニ深遠ナルコトヲ知ル。蓋シ其ノ幼時ヨリ修得セル國學ノ素養ハ、先生ヲシテ國體ヲ解スルコト深奥ナラシメ、其ノ熟視稔聞セル祖父ノ遺訓ハ、深ク忠君ノ心ヲ其ノ惱裏ニ刻セシメタルモノアリシナラン。此ノ素養アリ、此ノ誠心アリ、進シテ泰西學問ノ蘊奥ヲ極メテ、渾然融和、以テ大成ノ域ニ入リ、超然トシテ世表ニ立チテ聖代ノ文化ニ資スルヲ得タルナリ、嗚呼此ノ如キ系譜アリ、此ノ如キ祖父アリ、又此ノ如キ父母アリ、穂積家ニ命世ノ雄儒ヲ出セルコト豈ニ偶然ナランヤ。

大正二年十一月三十日

後學　高橋作衛薫沐拝記

（『穂積八束博士論文集』（一九一三年）より）

2 年譜

法科大學教授 穂積八束

愛媛縣士族 舊宇和嶋藩

萬延元年二月廿八日伊豫國宇和郡ニ於テ生

年號	月日	學業官職賞罰等	當該官衙等
明治十二年	七月	東京大學ニ入リ四年間文學部政治學科修業	
同 十六年	七月	東京大學ニ於テ政治學科卒業文學士ノ學位受領	
同 年	同月	東京大學文學部政治學科研究生ヲ命セラル	
同 十七年	八月	政治學科目中歐洲制度沿革史及公法專修ノ爲メ獨逸國ニ留學スヘキ旨文部省ノ命アリ	
同 廿二年	三月	法科大學教授ニ任ス	
同 年	同月	奏任官四等ニ叙セラル	
同 年	同月廿一日	年俸金四百圓下賜	
同 年	五月廿一日	任法制局參事官	

同年同月日　敍奏任官四等賜五級俸

同年同月廿二日　司法部勤務ヲ命ス　法制局

同年五月三十日　兼任法科大學教授

同年同月日　敍奏任官四等

同年五月三十一日　年俸金三百圓下賜　文部省

同年十月十四日　兼任臨時帝國議會事務局書記官
兼法科大學教授如故

同年同月日　敍奏任官四等

同廿三年七月二日　第三部勤務ヲ命ス　法制局

同年九月三十日　免法制局參事官　内閣

同年同月日　上級俸下賜　文部省

同年十月卅一日　本院教授ノ任務ヲ囑託ス爲手當一ヶ年
金五百圓支給（二十四年七月マテ囑託）　學習院

同廿四年二月三日　兼任樞密院書記官

同年同月日　敍奏任官四等

同年同月四日　年俸四百圓下賜　樞密院

同年八月廿四日　明治二十年勅令第十三號學位令第三條ニ依リ
茲ニ法學博士ノ學位ヲ授ク　文部省

同年十二月廿一日　敍正七位

同廿六年四月十八日　教科用圖書審查委員ヲ命ス　文部省

同　年　同月　二十日　法典調査會査定委員被仰付　内　閣
同　年　九月　十一日　本俸三級俸下賜　文部省
同　同　憲法、國法學第二講座擔任ヲ命ス　同
同　同　行政法講座分擔ヲ命ス　同
同　十二月廿六日　陞敍高等官五等
同廿七年　二月　廿八日　敍從六位
同　十二月十五日　陞敍高等官五等（樞密院書記官）　内　閣
同廿九年　一月三十一日　陞敍高等官四等
同　三月三十一日　敍正六位
同　十月　十二日　條約實施準備委員ヲ命ス　内　閣
同三十年　十一月廿七日　補東京帝國大學法科大學長　文部省
同　同　日　本俸金五百圓加賜　同
同三十一年　二月　廿六日　陞敍高等官三等
同　四月　三十日　敍從五位
同　六月　廿四日　本俸四級俸下賜
同　六月　廿五日　行政法講座分擔職務俸金三百圓下賜
同　十月　十三日　陞敍高等官二等　内　閣
同　十二月十　日　敍正五位
同三十二年　七月　十八日　貴族院議員被仰付　内　閣

同　　　　　十一月　　　帝室制度調査局御用掛被仰付　宮内省
同　　　　　十二月廿七日　敍勳四等授旭日小綬章　賞勳局
同　　　　　同　廿八日　條約實施準備委員及法典調査會委員ノ職ヲ奉シ勳勞不尠ニ付金盃一組ヲ副へ賜フ　賞勳局
同三十三年　二月　十日　本俸三級俸下賜
同三十四年　四月　十八日　行政法第二講座兼擔ヲ命ス
同　　　　　六月　廿二日　文官高等試驗臨時委員被仰付　内閣
同　　　　　十月　一日　憲法講座擔任ヲ命ス行政法第二講座兼擔故ノ如シ　文部省
同　　　　　十一月十六日　文官高等試驗臨時委員被免　内閣
同三十五年　三月　卅一日　法典調査會委員被免　同
同　　　　　六月　十二日　文官高等試驗臨時委員被仰付　同
同　　　　　十一月廿六日　文官高等試驗臨時委員被免　同
同三十六年　六月　十一日　文官高等試驗臨時委員被仰付　同
同　　　　　八月　廿七日　行政法第二講座兼擔ヲ免ス　文部省
同　　　　　九月　十八日　法典調査會委員ノ職ヲ奉シ盡力尠カラスに依テ金杯一個ヲ賜フ　賞勳局
同　　　　　十一月廿五日　文官高等試驗臨時委員被免　内閣
同　　　　　十二月廿六日　敍勳三等授瑞寶章
同三十七年　三月　十日　敍從四位
同　　　　　六月　一日　文官高等試驗臨時委員被仰付　内閣

同　六月　十七日　教員検定委員會臨時委員被仰付　內　閣
同　十二月六　日　文官高等試驗臨時委員被免　同
同三十八年　一月　十二日　高等教育會議々員被仰付　同
同　同　十九日　法科大學所屬不動產（土地ヲ除ク）監守ヲ命ス　東京帝國大學
同　四月　十二日　教員検定委員會臨時委員被免　內　閣
同　六月　一　日　文官高等試驗臨時委員被仰付　同
同　六月　廿一日　教員検定委員會臨時委員被仰付　同
同　十二月一　日　文官高等試驗臨時委員被免　同
同　同　廿八日　陞敍高等官一等
同三十九年　三月　十五日　教員検定委員會臨時委員ノ手當トシテ金四拾圓給與　文　部　省
同　同月　廿三日　教員検定委員會臨時委員被免　內　閣
同　四月　一　日　明治卅七八年事件ノ功ニ依リ金八百圓ヲ賜フ　賞　勳　局
同　九月　十四日　勅旨ヲ以テ帝國學士院會員被仰付　內　閣
同　四十年　二月　九　日　清國皇帝陛下ヨリ贈與シタル二等第二雙龍寶星ヲ受領シ及ヒ佩用スルヲ允許セラル　賞　勳　局
同　二月　十一日　敍勳二等授瑞寶章
同　同　月　日　帝室制度調査局殘務取扱被仰付　宮　內　省
同　三月　十八日　教員検定委員會臨時委員被免　內　閣

同　　同月　十九日　教員検定委員會臨時委員ノ手當トシテ金四拾圓給與
同　　五月　廿一日　法律取調委員被仰付　内　閣
同　　同　月　日　法律取調委員囑託ヲ解ク　司法省
同　　六月　七　日　文官高等試驗臨時委員被仰付　内　閣
同　　六月　十七日　俸給令改正ニ依リ四級俸相當
同　　六月　廿　日　本俸金六百圓加賜　文部省
同　　十二月六　日　文官高等試驗臨時委員被免
同四十一年　一月　廿一日　帝室制度調査局殘務取扱被免　宮内省
同　　四月　廿一日　兼任宮中顧問官
敍高等官一等
同　　四月　卅　日　依願免兼樞密院書記官　内　閣
同　　五月　卅一日　賜本俸三級俸　文部省
同　　六月　廿四日　文官高等試驗臨時委員被仰付　内　閣
同　　八月　卅一日　文官高等試驗臨時委員被仰付　同
同　　九月　十四日　外交官及領事官試驗委員文官高等試驗委員被仰付　同
同　　同　外交官及領事官試驗臨時委員被免　同
同　　九月　廿六日　教科用圖書調査委員會委員被仰付　同
同　　同　教科書調査委員ノ囑託ヲ解ク　同
同　　九月　廿八日　主査委員ヲ命ス　文部省

同	同	第一部員ヲ命ス	同
同	九月　廿九日	高等教育會議々員被仰付	内　閣
同四十二年	二月　廿　日	敍正四位	
同四十三年	一月　十六日	京都市へ出張ヲ命ス	東京帝國大學
同	九月　卅　日	憲法講座擔任ヲ免シ同講座分擔ヲ命ス 分擔講座職務俸金四百五十圓下賜	文　部　省
同	十一月八　日	明治四十三年十二月開催師範學校修身科 教員講習會講師ヲ囑託ス	同
同四十四年	五月　十　日	維新史料編纂委員被仰付	内　閣
同	八月　三　日	依願東京帝國大學法科大學長ヲ免ス	文　部　省
同	十二月廿五日	東京帝國大學法科大學長在職中職務勉勵ニ付 其賞トシテ金七百圓下賜	同
同	十二月廿六日	賜本俸二級俸	同
同四十五年	一月　廿三日	依願東京帝國大學文官普通試驗委員ヲ免ス	東京帝國大學
大正元年	八月　六　日	賜本俸一給俸	文　部　省
同	同	憲法講座分擔ヲ免シ同講座擔任ヲ命ス	同
同	同　十二日	依願免本官	内　閣
同	十月　五　日	帝國大學令第十三條ニ依リ勅旨ヲ以テ 東京帝國大學名譽教授ノ名稱ヲ授ク	
同	同	敍勳一等授瑞寶章	
同	同	敍從三位特旨ヲ以テ位一級被進	

（『穂積八束博士論文集』（一九一三年）より）

八束の髄から明治史覗く

長尾龍一

一　祖　先

穂積八束の殆ど唯一の伝記として、没後刊行された『穂積八束博士論文集』（一九一四年刊、以下『論文集』とよぶ）に付された高橋作衛執筆の「穂積八束先生傳」（本書二三六〜二五一頁所収、以下「先生傳」と略す）がある。これは、兄陳重など近親者の検討を経ていると思われ、まずはこれに依拠して、叙述せざるを得ない（穂積重行編『穂積歌子日記』（一九八九年、みすず書房（以下『歌子日記』とよぶ）一一一〜五頁）に編者によるこの系図の考証があるので、以下それを参照しつつ略述する）。

重行氏よれば、陳重・八束兄弟の長兄重頴が、明治四十年頃、祖父重麿（一七七四〜一八三七）の残した文書を基礎に、「穂積家家譜」という小篇を編纂しており、「系譜」とはそれであろう。そこに出てくる饒速日命以下の記述は、物部氏の系図そのものである。穂積氏は物部八十氏の一つで、鈴木氏はそれより出たが、この苗字を根拠として「我が祖先は神道を擁護し、佛教を排撃した物部氏だ」と唱え始め、鈴木姓を穂積姓に変えたものらしい。源義経に殉じた忠臣が穂積家の祖先だという系図の記述も、恐らくは疑わしい。

確実なのは、伊達正宗に仕え、その長男秀宗とともに宇和島に来た鈴木源兵衛（一五五七〜一六一六）からである。このような歴史をもつ穂積家は、宇和島藩において最も由緒正しい家系の一つで、「初代以来、ほぼ代々『物頭』格で二百—二百五十石というから、十万石の藩にあっては中の上、あるいは上の下クラスの家格であり、現に『虎の間』とよばれる上士の一群に属していた」。

祖父重麿は、国学に志し、本居宣長の養嗣子大平の文通による入門者となって、『古事記』等の古代文献を研究した。夢の中で宣長から授権されたとして正統を称していた平田篤胤やその学派について、大平が苦々しく思っていたことは疑いなく、重麿もまた「三大考論書」「霊の眞柱の辨」などの著書によって、平田国学を批判しているという。しかし「國の御柱」などの書名から見て、平田国学の土俵で相撲をとっている感もある。

楠父子や赤穂浪士を讃える読物を著わし、文化九（一八一二）年の参勤交代の際の紀行文では「明石の人丸社・男山八幡・竹生島などでは神佛混淆をむきになって憤慨している」という。尊皇家で「神といます神の中にも弥高くたかくたふとき神は大君」などという歌を詠んだ。祖父の遺したこれらの書き物は、穂積兄弟の少年時代の愛読書となった。

二　少年時代

家父長制と君主崇拝を連結する思想家の幼児体験ということになると、フロイト派による権威主義的人格の分析がまず頭に浮かぶ。幼児性欲の抑圧というその理論との関係では、母綱子が「子ヲ育ツルニハ他ニ托スルニ若カス」として、山内老墓の「學僕」としたという記事（本書二四三頁）が、母子一体的愛情自然主義の拒否として注目される。しかし、兄陳重という全然違った性格の持主が同じ家庭から育ったのであるから、このアプローチによって何か仮説を作るには、資料が乏し過ぎる。

陳重は「厳格なる父重樹翁の下に」「武士の子として模範的な教育を受け」、不良少年に腰の一刀を抜いて切りかかったことがあるという（蘆谷重常『穂積歌子』禾恵社、一九三四年、八四・五頁）。また「神傳流の水泳の名人で、水底にくぐることが上手だった」（穂積重遠『新譯論語』社会教育協会、一九四七年、四九頁）。この四歳年上の兄に比べると、八束は一五〇センチそこそこではないかと思われるほど背が低く（『日本大学百年史』一九九七年、七五頁所収写真参照）、「蒲柳の質」で（「先生傳」二二頁）、乗馬の練習をしたが、腰つきが心もとないため、妻松子が差し止めたと、友人の回顧談にある。

ここで思い出されるのが、「主力の保護」がなければ、家の中でも「腕力相闘ひ弱者は強者の食と爲り、父子兄弟は讐敵とならん」（『國民教育愛國心』一八九七年、一九頁）という言葉である（私はかつて、この箇所を引用し、「何とホッブズ的な家族ではないか」と書いた（「穂積八束」『日本の法学者』日本評論社、一九七五年、一〇七頁））。陳重が穏和な英国流紳士になるのは後のことで、八束は兄の圧迫下で、家の「主力」である父の保護によって辛うじて成長し得たという自己認識を有していたのではないか。「父親コンプレックス」より「兄貴コンプレックス」である。

父重樹（一八二二〜八一）は、幕末「鉄砲頭」として京都御所警備等で活動。新政府の神道奨励策に従って、藩校明倫館に国学講義が設置され、明治三年末その「文學小教授」となる。四年四月には私塾も開いて国学を講じたが、廃藩置県の結果、八・九月に藩校は廃止された。私塾の方は継続したが、五十代半ばを過ぎた彼は、維新の変革に衝撃を受け、情勢に適応できず、ほどなく隠居した。それとともに家計が窮迫し、妻が饅頭を売って糊口を凌いだともいわれる（『歌子日記』七八〜八四頁）。

この藩校明倫館に教師として招かれたのが山内老墓である。この山内老墓とは何者か。まず『大日本人

名辞書・第五版』（経済雑誌社、一九〇三年）から――、

ヤマノウチ　ケムシ　山内憲氏は水戸の人、實は武州入間郡塚崎村の人なり。通稱伊太郎、初上杉關左と稱す。勝野豊作等と志を同うし、水戸に赴き、姦党の爲に獄に投ぜらる。爾後通稱を老墓と云ひ、名を毛虫と云ふ。流浪の末、維新の初伊達宗城に擢《ぬきん》でられ、宇和島藩少參事となり、藩政を改革す。此時通稱を無位と改む。明治五年更めて毛虫の名を專用す。落合直彦の忠告に從ひ、文字を憲氏と改む。下谷神社の祠官となり、後安岡良亮に擢でられ、熊本縣の社寺掛となる。性疎豪にして、神體を玩弄するを以て、神風連の爲に暗殺せらる。憲氏嘗て戯《たわむれ》に犬死と書す、爰に至て讖を爲せり。［句読点附加］

落合直彦は直亮《なおあき》の誤り、幕末に尊攘運動で活躍、維新後は岩倉具視の推薦を得て、官僚・神官として活動した。「讖」とは吉凶禍福の前兆をいい、「犬死」と名乗ったのが、死に方の前兆となったという意味。

続いては、宇和島の郷土史家平井直代述『郷譚』の記事――、

水戸藩士と傳へられたるも、實は鹿島神宮の禰宜《ねぎ》なりしといふ。全く常陸の人にあらず、埼玉縣武蔵國入馬郡塚崎村の神官なり。弱年にして江戸に出で、平田銕胤《かねたね》の門に入り、國典を研究し、後下谷邊に住せしとなり。旗下の士阿部四郎五郎の家來勝野豊作と共に水戸に往來せりと。又水戸黨争に關係して同地の獄に繋がれたることありといふ。氏の功績として宇和島に殘れるものは、神官として眞に神に奉仕するの道を講説して、之に依らしめたること是なり、之より前は殆んど僧侶の佛に於る真似をなし、神前に奉する祝詞《のりと》はいつも何事にも中臣の祓《はらい》を以てし、且之を申す阿彌陀の前の經文讀誦《づしょう》の如くありしを、改められしが其功少からずとなす。氏は宇和島を去って熊本縣典事

となり、神官等の不平のため終に暗殺の厄に死せりとなり。〔句読点調整〕

続いては、明倫館で山内の教えを受けた『鉄道唱歌』作詞者大和田建樹の回想――、

維新の頃、わが宇和島藩に、國學校創立せられて、水戸の浪士山内老墓といふ先生を、聘せられたる事ありき。

先生頗る革新主義にて、神社に鈴を掛くるは、不都合なり、除くべし。何屋何兵衛など言ふ名の文字ある提灯を、神前に釣りおくも失禮なり、除くべし。藥屋の看板に菊の御紋を附けたるは、大不敬なり、除くべしと、手づから之を取り除け帰りて、家に置きたる事などもありしかば、人氣を損ふ事一方ならず。遂には學校の教員生徒、悉く一致して之を退くるか、一同に退校するかと、いはゆるストライキを起すに至りしが、其頃意見の合はざりし末廣雄三郎君、東京に出でゝ、名を文學社会に知られた鐵腸居士。〔句読点調整〕

そして小早川秀雄『血史熊本敬神党』（隆文社、一九一〇年）には、

初め山内は縣官として、各地の神社を検査し、神佛の混淆を匡す任を帯び居たるが、性倣岸峭峻にして、到る處神社の内陣に入りて、漫りに御神體を検査し、不敬の事のみ多く、或る處にては、御神體の矢の根なりしを彈《つまび》きて、善き音なりと云ひ、又た或る神社にては、御神體の鏡なりしを、紙にて押し拭《のご》へるなど、不敬の振舞を爲し、敬神家をして憤激の念に堪へざらしめ居たり。偶々その翌日藤崎神社の御神體を検査する事となり、前夜佐々豐水と共に祠官吉水千秋の宅に赴き、小酌を催し、歸途佐々と共に勢屯を通り懸りし時、何人とも知れず、暗に乘じて山内を斬り附けたり。山内は初めは、腕を以って刀を受け、抵抗を試みたるらしきも、固より身に寸鐵も帯びざることと

て、数個所に斬り附けられて、無惨の死を遂げ、佐々は驚きて其の場を遁れたり。後にて聞くところによれば、野口［滿雄］は山内を斬るに、手際善く斬っては、露現の恐れあればとて、如何にも剣法を解せぬ者の所爲なる如く、下手に斬りつけたりと云ふ。

司馬遼太郎『翔ぶが如く』（文藝春秋社、一九七六年、三〇四〜六頁）における山内憲氏暗殺の叙述は主としてこれに依拠している。暗殺日は明治七年六月四日。

武蔵国塚崎村の神官という点については、高澤弘明氏の調査では、それらしい神社は見当たらない。鹿島神宮禰宜という記事は、同神宮当局から、「そういう人物はいない」と否定された。

若くして、江戸で平田銕胤の門に入ったという記事に関しては、銕胤は、篤胤の歿後家を江戸から京都に移し、維新後江戸に出たとされており（田中義能『平田篤胤之哲學』明治書院、一九四四年、五四四頁）、そうすると、山内が江戸に出たのは、篤胤の没年（一八四三年）頃かそれ以前のことである。従って山内は、恐らく一八二〇年代中葉、文政年間の生れである。

勝野豊作は、安政五（一八五八）年潜伏中病死した。山内が投獄されたのも、同年であろう。その後の「流浪」期の動静は不明。安岡良亮と知り合ったのはこの時期であろう。

山内が宇和島藩校に着任した正確な時期は不明で、明治三・四年であろうが、藩校は四年八・九月に廃止されている。下谷神社に、六年五月三日山内憲氏が祠官に任命され、七年一月依願退職した旨の記録がある（『鳥居の影』一九六四年）。七年初め安岡熊本県令の招聘を受けたからで、その六月には暗殺されている。四十代半ばか？

八束に対する山内の感化を過大評価することは危険であろうが、その観念的教条主義の雰囲気には通ずるものがある。

三　学生時代

(1) **共立学校**

先生既ニ長ス、即チ郷關ヲ出テ、東京ニ來リ、專ラ歐美ノ學ヲ修ム、于時《ときに》明治六年ナリ。先ツ共立學校ニ學ヒ、後外國語學校ニ轉シ、更ニ大學豫備門ニ入ル、明治十二年七月ヨリ、東京大學ニ於テ文學部政治學科ヲ修メ、同十六年七月之ヲ畢リ、同年更ニ東京大學文學部政治學研究生ヲ命セラル（本書二四四頁）

「歐美」は欧米のこと。共立学校は、佐野鼎大蔵省造幣局長が、明治四年神田に土地の払い下げを受けて創立した。

男女の兩部に分れ、其の教師は大概西洋人であって、其時代で言へば、頗る進歩したハイカラな學校であった。併し其學校の西洋人教師は、今から考へると實にお粗末なもので、初めに私が教った教師はフリームといふ外人で、英人か米人かの水夫上りであった。從って品性も隨分卑しく、教へ方も可なり亂暴であった。そして生徒に對して中々嚴《やか》ましいが、御自分は教場の中でも水夫が使ふ大きなパイプで煙草を吹かして居る……。我々生徒に課業として會話を暗誦させるのであるが、若し生徒の方で支《つか》へると、其の生徒の掌を石盤の縁の折れで皮膚の色が變る程打つといふ遣り方であった。次に私が就いた教師は名は忘れたが、英人で而かもロンドンで生れた事を自慢にした。此人は大酒飲みで、朝からぐでんぐでんに酔って居ることがあった。

（高田早苗『半峯昔ばなし』早稲田大学出版部、一九三七年、二六頁）

同校は他校との競争に敗れてつぶれ、後に再建されて開成学園の前身となる（『高橋是清自傳』千倉書房、一九三六年、一九七頁）。父重樹が隠居し、家計窮迫の時期で、高田によると「共立學校時代は宇和島の人で西園寺某と曰ふ家から通學して居たが、學資も裕でなく、書生でもして居たらしい」という（『読売新聞』一九一二年一〇月六日）。「西園寺某」とは宇和島藩の重臣、維新後も伊達宗城の腹心であった西園寺公成である。八束上京が六年、山内が下谷神社の祠官となった六年五月と同じ頃で、今戸にあった西園寺家とは遠くないから、会いに行った可能性もある。

(2) 外国語学校・大学豫備門

明治六年八月、開成学校（東京大学の前身）から、専門に進学する前の外国語教育機関として「外国語学校」が分離し、十一月には「東京外国語学校」と名づけられた。しかし外国語の中で英語の需要が圧倒的に強いため、七年十二月「東京英語学校」を独立させ、同時に各地に英語学校を創立した（「東京外国語学校」は後に東京外国語大学に発展）。「東京英語学校」の方は、明治十年東京大学が発足するとともに「大学豫備門」となり、後に第一高等中学校・第一高等学校から東京大学教養学部へと発展する。

この間の八束の受けた授業については、一年前の高田、一年後の阪谷芳郎の回想によって、概略を知ることができる。阪谷［八年九月東京英語学校入学］が伝える同年十二月の資料によると、生徒は六級に分れ、二級に土方《ひじかた》寧、高田、三級に石川千代松、田中館愛橘、四級に市島謙吉、八束、五級に添田寿一、江木衷、六級に平沼淑郎、金井延などがいた（『阪谷芳郎傳』一九五一年、五八頁、阪谷は後に、陳重の妻歌子の妹琴子と結婚する）。

九年に、高田・田中館の他、渡辺安積《あづみ》らが東京英語学校から、有賀長雄、三崎龜之助、山田喜之助が大阪英語学校から、山田一郎が広島英語学校から、坪内雄蔵が名古屋英語学校から、岡山兼吉が新潟英語学校から開成学校予科に進学した（高田、二八頁）。八束の入学は、それが「大学豫備門」と改称された翌十年であろう。

九年度大学豫備門のカリキュラムは、一・二年は「英語十五時間」対「その他（算術・地理・習字）九時間」、三年生になるとそれに歴史が加わって、十五対十二になった。六割近くが英語教育である（『第一高等學校六十年史』（以下『一高史』と略す）一九三九年、一五〜二九頁）。高田は、先生たちの質は「共立學校の先生と比べると大分上品な紳士と見えた」と言う（二七頁）。日本人教師は、外山正一、矢田部良吉、山川健次郎、菊池大麓、鳩山和夫、穂積陳重など、教室は「日本語禁制」状態で、彼らも英語で授業をした（三五・六頁）。

十二年の大学豫備門規則に、「受業料ハ一學期金貳圓トス但シ貧困ニシテ該金額ヲ納ムル能ハサル者ハ願ニ依リ特別ノ處分ヲナスコトアルヘシ」とある（『一高史』四五頁）。高田は、豫備門に入学すると、月七、八円の貸費を受け、月謝と賄い料を払って二、三円は残り、それで週一、二度天ぷらやそばを食べた、と言っている。八束も恐らく給費生だったのであろう。

(3) 東京大学(1)［カリキュラム］

八束は十二年東京大学文学部入学、十六年卒業、文学士号を得る。文学部は西洋学の第一科と和漢学の第二科に分たれ、前者は史学・哲学・政治学に分たれた（『東京大学百年史・部局史(1)』［以下『部局史(1)』と略す］四一三頁）。十四年より第一科を哲学、第二科を政治学及理財学、第三科を和漢文学科とした。十八年十二月十五日、法学部に移されるまで、政治学・理財学（経済学）は文学部政治学課程に属した。

十五年文学部卒に有賀（陸大・早大教授）、高田（早大総長）、山田一郎（ジャーナリスト）、天野為之（早大教授、衆議院議員）（なおこの学年に、政治活動に専念するため中退した市島がいる）、法学部卒に土方《ひじかた》（東大教授）、三崎（外交官、衆議院・貴族院議員）、砂川雄峻（弁護士）、山田喜之助（弁護士、司法次官、衆議院議員）、渡辺（英吉利法律学校教授、結核で夭折）、岡山（弁護士）、理学部卒に田中館、石川、十六年文学部卒に、三宅雄二郎（雪嶺）、坪内（逍遥）、法学部に斯波淳六郎（内務官僚）、樋山資之（裁判官）、関直彦（東京日々新聞社長、衆議院副議長、貴族院議員）、文学部十七年卒に、阪谷、平沼（経済学者、早大学長）、添田（台湾銀行・興銀総裁、鉄道院総裁、貴族議員）、法学部に江木（弁護士）、奥田義人（文相、貴族院議員、中央大学長）、石渡敏一（検察官、枢密顧問官）らがいる。

『東京帝國大學五十年史（上）』（以下『帝大史(1)』と略す）六九二〜七〇七頁収録のカリキュラムに従って、八束が受講したと思われる科目を見ていくと、

十二年度：「和文學」「漢文學及作文」「史學（法國史・英國史）」「英文學及作文」「論理學」「心理學大意」「法蘭語或独乙語」

十三年度：「哲學（哲學史・心理學）」「史學（英國憲史）」「和文學」「漢文學及作文」「英文學」「法蘭

語或独乙語」〔フェノロサは、十二年に哲学史を担当したから、この年度も同様であろう。Albert Schwegler, *Geschichte der Philosophie im Umriß* の英訳 *A History of Philosophy in Epitome* を教科書として、近代哲学史を講じたらしい（『部局史(1)』二三頁)。英国憲法史は、法学部のタリングか〕

十四年度：「政治學」「理財學」「國際公法」「和文學」「漢文學及作文」「独逸語」〔「独乙語」は「独逸語」となる。国際公法はテリーが講じたらしい（『帝大史(1)』七一八・九頁)〕

十五年度：「日本古今法制論」「行政學」「理財學」「日本財政論」「法理學」「漢作文」「卒業論文」〔法理学は兄陳重、日本古今法制論の「古」の部分は小中村清矩であろう〕

なお阪谷が一年後に履修した科目が、伝記（七五・六頁）に記載されている。

十三年度：英文學（ホートン)、論理學・心理學（外山正一)、史學（クーパー)、和文學（木村正辞・黒川眞頼)、漢文學（島田重禮)、仏蘭西語（古賀護太郎）

十四年度：理財學（田尻稲次郎)、史學（外山正一)、和文學（木村正辞・飯田武郷)、漢文學（島田重禮)、英文學（ホートン)、独逸語（レーマン）

十五年度：日本古今法制論（飯田武郷)、國法學（ラートゲン)、理財學（フェノロサ)、日本財政論（市川正寧・佐伯惟馨・渋沢栄一)、國際公法（栗塚省吾)、和文學（木村正辞・大津清臣)、漢文學（三島毅)、独逸語（セン）

十六年度：日本古今法制（宮崎道三郎)、行政學（ラートゲン)、理財學（フェノロサ)、日本財政論（市川正寧・佐伯惟馨・石川有幸・渋沢栄一)、法理學（穂積陳重）

八束もほぼ同様であろうが、漢文学は信夫恕軒であろう。同級生関直彦の回想に言う。

恕軒先生の講義は、縦横談論、諧謔交りに、説き去り、説き來り、時には手まね、身まね、聲色さへ入れての講釋に、まるで高尚なる軍談講釋を聞くが如く、韓退之が誰やらを祭る文の終りに、髣髴として來り亨けよとあるを祭られたる人の靈がふわりふわり天より下り來るの様を眞似たり。鷄鳴狗盗の講釋には、昔齊の孟嘗君が、秦に使して幽囚せられしに、夜半同勢を連れて逃げ出でしが、函谷關の鐵門は鎖されあり、法としては曉ならでは開かれず、追手の掛らんことを恐れて、如何はせんと跑《あが》く所、其客の中に鷄の聲色を好くする者あり、此者樹に登りて羽ばたき一番、こけっこうと鳴く、門衛驚きて鷄鳴曉を告ぐと思ひ、門扉を開けたるに、一行は早くも通りすぎて危きを免れたりと、先生は両袖を合せて羽ばたきの形を示し、一聲こけっこうと歌ふて聴者を笑殺せしめたり。

（『七十七年の回顧』三省堂、一九三三年、二三一・二頁）

信夫の講義は「科外の學生や閑ある教師、役人までも聴講せり」というから、八束も出席したであろう。これらの教師たちのうち、後の八束に強い影響を与えたと思われる者は、存外存在しない。ただ分析法学中期の代表者として知られるテリーは、八束における一種の分析法学的方向づけに関わりがあるように思われる。

(4)　東京大学(2)［『當世書生気質』］

当時の学生の様子を物語るものに、十五年前後の東大を舞台とする坪内逍遥の小説『當世書生気質《かたぎ》』（一八八五年、岩波文庫、一九三七年より引用）がある。「官軍」と彰義隊の戦闘で親を失い、芸妓となっている薄幸の少女への、学生の恋を主題として、書生気質の諸相が描き出される。

元来純情で真面目人間の小町田は、恋する芸妓「田の次」を訪ねて遊廓で問題を起こし、休学処分を受けて、決してこのようなことは繰り返さないと父に約束、心を鬼にして彼女よりの手紙に応答しない。ところが友人倉瀬はその態度を批判し、既に弁護士になっている守山がそれに反論して、論争となる(英語は原語とした)。

守山「As far as possible に手段を講じて、なるべく失敗を避るやうにし、成るべく蹉躓をせぬやうにして、而して我 goal に達するのが、もと世を渡るの常道ぢゃアないか。已に婚約でもした譯なら[ともかく]、現在當人が大に悟って、田の次と切れようとして居るのを、わざわざ横合から干渉をして、再び雙方の心を動かし、縁を絆《つな》がせんと試るのは、誠に間違った次第じゃないか。故に我輩は……」

倉瀬「オット待ち、マア聞たまへ。君は喋々と辨じるけれども、兎角獨斷の議論でいかんよ。榮辱相償ふとか何とかいふのは、マアマア御道理と grant しといて、扨《さて》其次の議論の如きは僕ア決して服さないヨ。第一論理が間違って居る。いゝかい。君は藝妓輩を wife にするのは、處世の障碍になる、恥辱だといふが、其理が判然とわかって居ない。然るに其模糊たる前提を掲げて、直に論斷を下さんとするから、到底正論といはれない譯だ。マアサ圖式にして之を示せば(トいひながら吸物膳の上へ箸に汁をつけて圖式をかき)、ソラ斯うなるだらう。

(甲) 恥辱は身を立るの障害なり。

(乙) 藝妓を wife にするは恥辱なり。

(丙) 故に藝妓を wife にするは身を立るの障害なり。

ネ。斯う三段法に書いて見ると、如何さま御尤と聞えるやうだが、又つらつらと考へて見ると、此(乙)の文が頗る不明だ。何故 singer を wife にすると dishonour になるのであるか。此 proof が出来ない以上は決して……」

守山「ハヽヽ。大變な三段法ができたね。其乙文の證明の如きは、已に先刻もいった筈だが、尚一度 concrete にいって見ようか」

と言ったところで、第三者が来て、中断される。青年の衒学、立身出世、恋、遊廓、これに金欠病を加えると、当時の学生の世界となる。守山のモデルは関と岡山の合成、倉瀬は作者自身と夭折した友人の合成という（柳田泉「解題」）。金欠病については、同書に学生の借金番付表が出ており、最高位の大関は二千円、強岡次郎（スネオカジロウ）・厚川連世（アツカワツラヨ）・根津町溺（ネヅマチオボル）などの名が並ぶ。根津は学生たちが出没した遊廓。卒業後は金満家になると思うから、大借金もするのである。

高田早苗が主人公小町田のモデルという説もある。奔放な生涯を送って夭折した山田一郎は、任那のモデルとされ、作中では、汁粉を十一椀食い、「ナニ任那は、食ふ計が非凡じゃアない。すること、なす事が非凡だ。まづ常はぶらぶら遊んで計《ばかり》居て、試験に優等の點はとるし、馬鹿な口計りたゝいて居るかと思やア、高尚な議論を吐くし、粗漏な人間だと思ってると、存外に義理は堅し、實に出没不思議」と絶讃されている。

逍遥自身も関の回想に登場する。

仙石[貢]と云ふ男は、後には雷大臣と云はれた程の聞かぬ氣の男だったが、書生時代にも蠻カラの隊長にて、雪合戰などには常に指揮官として、蠻勇を振ひたり。高田、坪内の兩先生は天麩羅黨にて、教科書を賣り飛ばしては度々、神保町の天麩羅屋に入れ揚げたれば、眞面目其物の權化《ごんげ》と云はれたる濱尾學生監は、兩君を呼び附けて大目玉を呉れたるには、流石未來の大家先生も、叩頭再拜其罪を謝したる奇談もあり。有賀君は蕎麥黨なりしが、是も濱尾の目玉に出會ひたりと覺ゆ。後の文部大臣として英名を博したる奥田義人君は、賄征伐の巨頭として、一旦退學處分を受けたるが、其中には阪谷男も這入って居ったか知らねども其同級生なれば疑はし。山田顰南〔喜之助〕と山田一郎とは共に磊落不羈奇才縱横、何れも詩文に巧にして、又酒に親しむ。杜甫の句を藉りて評すれば、飲むことは長鯨の百川を吸ふが如しで、兩人とも、飲みては隨分友人に厄介を掛けしが、上には上の有るものにて、顰南は遂には一郎に敗北せしことあり……。(二二八頁)

八束卒業直後(研究生時代)の十六年十月二十七日、寄宿生たちが学校行事をボイコットし、施設を破壊した。その経緯は『東京大学百年史・通史一』〔以下『通史(1)』と略す〕六三三頁以下に記されているが、江木衷の回想……。

當時の東京大學は法理文の三學部を以て成る。加藤〔弘之〕老博士之が綜理たり。毎年七月卒業の式を擧げ、式後の夜宴に朝野の貴紳を招く。「いざ此方へイート、ネキスト、ルーム」と幹事の案内、英語の調子も學者風、食堂は忽ちに開けて酒は方《まさ》に酣《たけなわ》なり。時分は好しと我等學生亦室内に進み入る、主賓は遉《さす》がに大人なり、腕白小僧の毎度の悪戯亦一興と打笑ふ。「ビール」「葡萄酒」「ハム」「チキン」、夫から夫へと手當り次第、軒端の球燈諸共に寄宿舎内にと運び去る。學友仲間が爾汝《じじょ》の小筵、一夜を明かすが常なりしが、何處も同じ俗吏《こしべん》量見。學生風紀の關する所と漢語交りの建議三昧。學校當局卒業式をば午前に繰上げ、夜宴の例は廢止さる。是ぞ所謂大學騷動唯一の原因。

「イート・ネキスト・ルーム」とは、浜尾新綜理補（後の帝国大学総長）が式の後、隣の宴会室に外賓を案内して、"There is nothing. Please eat next room."と言い、彼らの眼を白黒させたという伝説に言及している（江木、関、市島ら当事者の回想によると、Please eat の方を先に言ったらしい。十数年後の同窓会で、幹事が開口一番これを言って皆を笑わせた（市島『回顧録』一九四一年、一七〇頁））。そして当夜――

卒業式是れ騒動式。午前の八時、式場の扉は開かれたり。學校職員、來賓紳士の他、場中亦學生の隻影なし。當局の狼狽思ひ知るべきなり。豫《かね》て謀計《たくみ》し事ならん、我等學生三々伍々、愉快々々と叫びつつ、飛鳥山さして行く。運び來れる四斗樽は早くも已に倒れんばかり。痛飲し痛飲し、爛酔し爛酔す。劒を抜き、地を斫《き》り、莫哀を歌ふ。慷慨悲憤の状知るべきなり。日暮里の林鴉斜照を背する頃、再び隊を成して校舎に歸り來る。抑塞せる青年の客氣は爆發せざらんとするも得べからず。一擧幹事の室を襲ひ、校舎を毀壊して、將に綜理の室に及ばんとす。

「劒を抜き」云々は、杜甫「短歌行」の「王郎酒酣抜劒斫地歌莫哀」に言及。そして処分問題、

教授團は穏便を主として學生中二三の首謀者を罰するに止めんとして、學生團に謀る所あり。學生は皆云ふ、我等各々罪あり等しく其罪に服せんと。學生の團結は益々此目的に向って堅固を加へんとするの勢あり。吾友奥田博士、今は宮中顧問に官して温厚閑雅の致に富み玉へど、檯《テーブル》上高く攀登り諸君に睾丸《きんたま》ありやと絶叫せるは此時なり。（江木『冷灰漫筆』有斐閣、一九〇九年、一一四～八頁）

こういう学友たちの回想に、八束は全然出てこない。堅物でつきあいが悪く、西園寺家から通学して寮に住まなかったらしいこともあるが、重行氏の次のような記述もある。

……私は上野谷中墓地内の本家の墓参をした。……この墓は宗城を中心とする伊達家の壮大な墓

所に沿った一角にあり、井関盛艮・西園寺公成を始め何人かの在京旧藩士の墓がならんでいる。……私は……偶然に西園寺家の墓所の中にある一つの墓石に気がついた。……そこには「穂積八束妻　郷子之墓」とあったのである。「明治十四年八月十七日享年十八歳」。（『歌子日記』二二一頁）

西園寺家に、数え年十四歳の八束が下宿する。その家の四歳年下の郷子と恋し合い、早婚の結婚をするが、彼女は恐らく病気で夭折し、それが八束の晩婚と、浅野松子との縁談の際の長期の逡巡に連なる――と、こんな可憐な話になる。しかも郷子の死の一週間後、兄陳重と渋沢歌子の見合い（豊島川の舟遊び）に八束も同道する（蘆谷、九〇頁）。郷子と歌子は一歳違いである。「なぜ兄はこんなに幸運で、自分は不運なのだろう」と思ったのではあるまいか（因みに、陳重は養家（入江家）の妻を棄ての再婚である）。

しかし、それだけでなく、彼が友人たちから疎外されていたと思われるフシもある。明治三十一年頃、彼らが横浜千歳楼で同窓会を開いた際の案内状宛先リストが市島『回顧録』（一六八・九頁）に掲げられているが、八束は入っていない。十四年卒都築馨六あたりが最上学年、十八年卒高橋捨六あたりが最後で、同じ法学部教授でも土方は呼ばれている。母校憲法教授になぜ声をかけなかったのか、少なくとも幹事の市島ら早稲田グループからは、遠ざけられていたのであろう。

(5)　東京大学(3)〔十四年政変〕

明治六年から十六年までの八束の学生時代は、征韓論争による権力の分裂、佐賀の乱・西南戦争、民選議院論争、木戸・西郷・大久保の死に伴う権力の世代交代、自由民権運動の勃興、そして明治十四年の政変と、激動の時期であった。加藤弘之の「転向」も、八束学生時代のことである。

学生たちの間で政治論が盛んで、政談演説の真似事のようなものが流行した。豫備門時代、岡山・山田一郎・市島、それに理科の田中館らが「演説を共にして親睦を結ぶ」という趣旨の「共話会」を結成したが、十一年にそれから「戊寅会」が分裂した。戊寅会のメンバーの中に、山田喜之助・砂川・三崎・有賀などとともに、八束の名がある（京口元吉『高田早苗傳』早稲田大学、一九六二年、五九頁）。

その後高田を中心とする晩成会が十三年頃結成され、坪内・天野・石渡などがこれに属した。また高田は、十四年二月小野梓に会って感銘を受け、友人たちを連れて、小野と週一回討論するグループ「鷗渡会」を作った。会員は高田、岡山、市島、山田一郎、砂川、山田喜之助、天野である。ほどなく十四年政変が起り、彼らは立憲改進党や早稲田大学の創設に積極的に参加し、市島・天野・高田のように、生涯「早稲田人」となる者も出る。

他方啓蒙思想家たちの振りまいた欧米イメージに対し、西洋で存外保守的・権威主義的思想が有力であることを発見することは、近代日本精神史における一種の知的興奮の源泉であった。十六年、加藤弘之を揶揄した外山正一の文章は、その状況を物語る――、

抑《そもそ》も君は天賦人權論を非とする説を以て、此上もなく新奇なる説の如く思はれ、世界廣しと雖も開闢以來唯だ一人此説を唱へたる者はなき如く思はれ、君の此説を發明せられたるは恰《あたか》もニウトンが引力法、ダルウヰンが自然淘汰法を發明したると同様のことの如く思はれ、明治十年十一月東京愛宕下青松寺に開きし講談會に於て始めて天賦人權論を駁せられたるはガリレオがピザの塔に於て落體の速力は、其大小輕重を問はず、皆均一なることを證明せるると殆んど相同じき思をせられ、天賦人權説を非とする者は、氏を除きては僅にカルネリ、ヘンネアムライン、イエーリングの三氏に

止まる如く思はれ……、就中《なかんずく》カルネリ氏が天賦人権を非とするの論文に就いては「余は此文を讀んで余が所見の偶《たまたま》一碩學の主義と暗合せるを知って、果して臆説の誤まらざるを悟り、其歡喜譬ふるに物なく殆ど雀躍の思をなせし」と迄云はれたり。加藤君の如き博學高識の學士にして、天賦人権論を非とする説を以て、斯く計り新奇なりと思はるるは、實に驚愕に堪えたり。加藤君の如き博學多識の學士にして、近年迄天賦人権主義を非とするの説を聞かれたることなきと云ふは、将に如何なる行違ひやら、弘法にも筆の過とは斯かることを云ふめれ。加藤君は「諸氏の書に就いて天賦人権主義を駁撃せし説はあらざるかと種々に穿鑿せしも未だ一の駁撃者も見出すこと能はざりき」と最もほこりがに云はるれども、君の云はるる種々に穿鑿しとは如何なる穿鑿なるや。諸氏の書とは誰々の何々の書なるや承りたし。兎《と》ても穿鑿せらるる位ならば、序のことに東京大學圖書館に備へ置かるるボルク、ベンサム、レウヰス、ウルゼー、エモス等の書をも少し見られたらば、まさかに斯かる過《あやまち》はせられざりしものを、最も惜しむべし。(「人権新説の著者に質し併せて新聞記者の無學を賀す」『明治文化全集・自由民権篇』四二八頁)

政府による「ドイツ発見」もまた、このような脈絡と結びついている。政治に関連する領域における日本のドイツ学は、幕末の加藤弘之、青木周蔵に始まり、普佛戦争、岩倉使節団などの刺激を経て、重要な一潮流ではあったが、知識人世界における英語人口の圧倒的優位もあり、大隈・伊藤・井上馨など権力中枢における英語派の影響力もあって、法学界は東大を中心とする英法派と、司法省法学校を中心とする佛法派に二分され、独法派はあるかなきかであった。

明治十二〜四年に逐次提出された各参議の憲法建議にも、ドイツ模範論は存在しない。井上馨の建議には「英米両政党が交互に平穏裡に政権をとるの政体を将来の目標とすべきであるかの如くとれる個所」があり（稲田正次『明治憲法成立史（上）』有斐閣、一九六〇年、四二九頁）、十三年十二月に提出された伊藤の建議の井上毅原案（『井上毅傳六』九七頁）も、「歐州各國」が貴族院的上院を有していると指摘しているに過ぎない。

大隈が急進的提案を提出した三月からの約三カ月間、「政府部内は表向き無風状態のように静かであった」が（大久保利謙『明治憲法の出来るまで』至文堂、一九五六年、一五二頁）、岩倉は六月上旬頃太政官大書記官井上毅を招き、対応を求めた（稲田（上）四六七頁）。恐らくこの時こそ、井上がドイツ憲法を、one of the models から the model になすことを決意した瞬間であった。この決意は、山室信一氏によれば、井上自身にとってさえ、「一面で自らの意にそまぬ固陋の見であり、守株であるとの自覚のうえになされた防御的な断案」であった（『法制官僚の時代』木鐸社、一九八四年、二六三頁）。

彼はまずロェスラーに協力と助言を求め、続いて権力中枢の説得を開始した。難物と見えたのは井上馨で、厳島まで追って彼を説得した井上毅の執念を、山室氏は「すさまじい」と形容した（二六七頁）。しかし説得の主対象は伊藤で、七月二日伊藤宛書簡において、井上は「安危の機、實に今日に在り」、もし伊藤がこれに協力しなければ、自分は下野して熊本に帰るとまで言っている（『井上毅傳四』四五・六頁）。

ロェスラーは、ビスマルクの「文化闘争」（カトリック国オーストリア・フランスとの戦争に非協力的だったことから、ビスマルクが国内カトリック勢力を相手に展開した闘争）の最中に、ロストック大学教授の職を賭して、カトリックに改宗しようとし、それを知った青木周蔵駐独公使が、ビスマルクの反対を押し切って、外務省顧問として日本に招いた。彼は、日本のビスマルク・プロイセン崇拝と、自己の志向との間で葛藤をもったと思われるが、退路を断って来日した彼は、「自分に一体何が期待されているかを敏感に察知し、これに応えようとした」、つまりプロイセン制度導入協力に徹したのである（山室、三〇五頁）。

この井上のイニシアティヴにより、権力中枢は説得され、憲法のみならず法学一般、否学問一般のモデルをドイツに求め、東京大学の優等生を続々ドイツに留学させるという、破天荒な文化的ドイツ化がここに発足した。哲学青年たちも、スペンサーやミルやコントに代えて、カントやヘーゲルを衒学の主題とするようになる。

国家主義・君主主義が支配するドイツ「発見」は、思想界で自由民権派に押され通しであった政府に新たな自信を与えた。立憲帝政党の結成、『東京日々新聞』への梃入れ、独逸学協会及び独逸協会学校の設立などもその一環であろう。井上は出版活動においても指導力を発揮し、自らのプロイセン憲法の旧訳を、新たな序文を付して復刊、シュルツェ、ブルンチュリなどの翻訳の出版を推進した。

(6)　東京大学(4)［主権論争］

ここに諸新聞を舞台とする「主権論争」が始まる（稲田（上）五九九頁以下）。論争は、熊本県人の結社紫溟会の「主旨」なる文書が、十四年九月二十四日の『報知新聞』に掲載されたところから始まる。それは民約説（社会契約説）とそれに基づく人民主権論を、朝野を離間させ、国家を分裂させる危険思想であると非難し、天皇とその詔勅（九年後の議会開会）への服従を説いたものである。

それに対し『高知新聞』（十月七日）は、民は国の素、民無くして国は立たない、人民が主権者で、社会が「民約」によって構成さるべきは当然であると批判した（但し社会の起源が民衆の契約にあるとする説は、「多少實事ト相反スルコトナキニアラサル」故に、そのままでは支持しないという）。稲田氏によれば、前者の執筆者は井上毅、後者は植木枝盛で（(上) 六〇一頁)、最初から横綱対決である。

続いて、改進党系の『東京横浜毎日新聞』（肥塚龍）と『東京日々新聞』（福地桜痴）の間で、数度に亘る論争が交えられたが、英国通の肥塚龍のペースに巻き込まれ、「英国は君主制か実質上の議会主権か」という主題が重要な論争点となった。素人の福地は、知ったかぶりの半可通で、オースティンの主権論に言及して、赤恥をかく。

そこで『日々』（十五年二月一七～二三日）は、東大法学部学生渡辺安積を起用し、習いたてホヤホヤの英国憲法知識をもって、民権論者たちに対抗させた。彼を紹介したのは、「家を維持する關係から多少の収入」を必要として、学生時代から『日々』に入社していた関である（高田、七九頁）。関は、鳩山和夫に「どうだ新聞記者に爲る氣はないか、確《し》っかりやれば櫻痴居士の後繼ぎにもなれるがどうじゃ、西洋では新聞記者は無冠の宰相と云ひ、一本の筆鋒能く天下の輿論を左右することが出來るものじゃ、政治家となるには一番近道じゃ」と誘われたという（関、一〇六～八頁）［渡辺は卒業と同時に同社に入社、関は二十一年福地を継いで同社社長となる］。

渡辺は、タスウェル＝ラングミードとか、ブルームとか、グリーンとか、誰も聞いたこともないような著者の名を引用しつつ、英国王の立憲的義務は道徳的義務で、法的には国王が主権者であると論じた（稲田(上) 六一一～二頁)。当時東大学生であった三宅雪嶺は、論争が渡辺の圧勝に終ったかのように回想しているが（早坂四郎「『民権家必讀主権論纂』解題」『明治文化全集・自由民権篇』四〇頁)）、「詭弁を弄してお茶を濁したにすぎなかった」（稲田（上）六三二頁）ともいう。

ここでもう一人の「チャイルドブランド」として登用されたのが、三年生の穂積八束である。彼は、植木枝盛の私擬憲法案「日本國憲法」などで主張された一院制に対し、十五年三月発表された立憲帝政党綱領第四条の両院制論を支持する論説「國會議院ハ兩局ノ設立ヲ要ス」をもって、『日々』に登場した（四月一九〜二一日）。「立憲帝政党同志」について云々しているところを見ると、彼自身同党関係者であろう。後に直接政党には連ならないと言っているから（『日々』十五年五月二日）、党友であろうか。その論旨：

(1) 諸国は何れも両院制を採用しており、それは「化醇哲学［自然淘汰］ノ大理」によって、適者として存続したものである（一院制は実験して失敗した）。

(2) 民衆も貴族も国民の一部であり、一方に発言権を独占させるべきではない。

(3) 一院制は「壓制中ノ最モ壓制ナル民衆多數壓制（oppression of majority）」を帰結する。

(4) ブルンチュリは、立法府は「貴族平民ニ適正ノ權衡」をもって代表させるべきで、一院制は非常時はともかく、常時には適当でない、また① 両院制の一院制にまさるは「四眼ノ兩眼ニ優ルガ如」く、② 「議事輕率ニ失スルノ虞」れなく、③ 貴族院は「民主主義ニ伴フ所ノ激烈ナル政變ヲ豫防」する自由の擁護者で、④ 君主制においては、上院は君主と民衆の中間の緩衝者となる、と言っている。

(5) 「獨逸國ノ碩學シミット氏」（?）は、① 一院制は小国にのみ適当である、② 一院制においては議院は輿論に媚びる、③ 君主が不裁可権を行使すれば「怨府」となる危険があるから、貴族院がその機能を代行し得る、と言う。

(6)　専制政治の国とされるドイツの著者の説のみを引用すると、反撥する者もあろうが、米人リーブルも、一院制はフランス人の中央集権好みの産物で、自由を愛する「アングリア民種」には向かず、フランスでも一八四八年に実験して失敗した、と言っている。

(7)　英国人バジョットも、①　君主や貴族の「尊嚴」は統治上必要で、②　上院には下院の圧制と暴走を防ぐ機能があり、③　地位と富をもつ上院議員は「利ノ爲メニ志ヲ奪ハルルコト少ク」、公平な判断ができる。

(8)　ベンサムも、一議案を二度審議することにより、「一時ノ情ニ制セラルル」危険が軽減し、両院が牽制し合って「專恣ノ所爲」を抑制する、と述べ、両院制を支持している。

(9)　英国憲法史家メイは、上院は、下院の審議中に出た諸論点やその間の世論の動向を観察して、送付されてくる案の処理を決定するから、「覆審院」のような役割を果たしている、と言う。英国のクリーシー、米国のケント、ストーリーなども、両院制を支持している。

(10)　政治は、その時々の「實際ニ適シ利用其當ヲ得ル」ことが重要で、「理論ニ偏シ一己ノ思想ヲ恃ミ」「急躁過激ノ論」をなす者は「國家ヲ誤ル」ものである。

結論として、「漸進ノ主義」に立つ「我輩」は、「吾人ノ最モ恐ル、所」である多数党の専制を防止する両院制を支持する、という。

まず問題を設定し、自説を提示し、諸学説を紹介し、最後に自説の正しきゆえんを述べて結ぶこの文章は、形式的によくできた論文である。多数者専制を圧制中の圧制として排撃していることなど、八束の生涯を通ずる主題も既に表われている。

議会論の連載を終えて五日後の四月二十六日、八束は「憲法制定権ノ所在ヲ論ズ」を、同じ『日々』に発表した。観念論者を批判するリアリストのいでたちで登場した議会論と異なり、ここでの八束は、主権絶対主義の国家論を金科玉条とする教条主義者である。

三月に発表された立憲帝政党綱領の第三条は、「我皇國ノ主權ハ聖天子ノ獨リ總攬シ給フ所タルコト勿論ナリ而シテ其施行ニ至テハ憲法ノ制ニ依ル」としていたが、これについて『朝野新聞』(四月五・六日)は、前半は天皇が憲法に優越すると説き、後半は憲法が天皇に優越しているとするもので、矛盾していると指摘した。これに対し八束は、「主權其物」と「主權施用ノ原則」を区別し、主権そのものは超憲法的存在であるが、その「施用」において、主権者が「自ラ主權ノ施行ヲ制限」しても、その超憲法性と矛盾するものではないという自己拘束説をもって反論している。

この反論の前提として彼は、主権者(君主)は憲法制定権を有し、主権者が憲法制定に当って国民の意見を徴するか否かはその自由である、「我邦主權ノ所在ヲ確定セバ臣民ノ分トシテ憲法制定ニ參與スルノ權理モ無ク亦憲法ヲ以テ主權者ヲ羈束スベキノ權理モ無キハ動カス可カラザルノ論結」で、これが「國家學ノ一大原則」である、と述べた。

三日後の四月二十九日(土)午後一時より、柳橋萬八楼で東大学生による「學術演説會」が行なわれた。講師は、八束(三年文)、片山清太郎(三年法)、関(同)、渡辺(四年法)、三崎(同)の五人である。八束はそこで「政治學政黨編ヲ講ズ」と題して講演し、その内容が、『日々』五月二~五日に掲載された。

八束はまず、従来の政党論は概ね政党員のもので、「公平ノ見解」ではない、本講演は「政治學専攻ノ學生」が「中正ノ心」をもってなすものであると宣言し、続いてリーバーを引用しつつ、政党は「自治ノ精神」「思想ト言論ノ自由」の必然的産物である旨を述べて後、本論に入る。

(1)　政党の定義：政党は「公事」である。「國家ノ公益」を実現しようとする「政治上ノ主義同一ナルカ或ハ大差ナキ」者の、一定以上の規模の合法的結社で、私情によって集まる者、「一地方一種族ノ利害得失」を求めるものは政党でない。また永続的な目的のための結社でなければならず、「一時一項ノ事件」のための団体は政党でない。

(2)　政党の歴史：「宗教政黨」「地方政黨或ハ藩閥政黨」「種族政黨」の段階を経た後、「自由自治ノ精神」が発達して「憲法制定政黨」が生れる。そして憲法制定後は、「政黨ノ爭フ所ハ轉ジテ施政ノ國是トナリ、各黨共ニ憲法ヲ奉戴スルハ一ナリトイヘドモ憲法ニ則リ施政ヲ爲スノ國是如何ニ於テ主義ヲ異ニシ相軋ルノ狀態トナル而シテ眞正政黨ノ固有ノ性トシテ両黨ニ分レ一黨政府ニ入レバ他黨ハ野ニ在リテ之ニ反對ス今日ノ英國此時機ニ達セルモノニシテ是ヲ政黨眞正ノ質トス」。

(3)　政党の数：二大政党制（「両黨主義」）と多党制の長短の議論はあるが、「公平中正」の観点からすれば、「保守漸進主義」と「自由急進主義」の二大政党制が望ましい。三党以上になると「軋轢ノ危劇」及び「私黨ノ性ヲ帯ル」弊害がある。マコーレーが「急進黨ハ政府ニ入テ保守主義モ亦理アルヲ悟リ保守黨ハ野ニ在リテ始メテ急進主義全ク虚妄ナラザルヲ辨ズ」と言う通り、英国の「保守黨モ頑固ニ流レズ急進黨モ危激ニ奔」らず、英国民は「大幸福」である。

(4)　政党の結合原理：政党内にも多様な意見があるのは当然で、強いて統一を求めるべきではない。「同キ者ハ來リ異ナル者ハ去リ滔々トシテ水ノ卑《ひく》キニ就クガ如ク」あるべきである。団結の密なるを求め過ぎると、指導者独裁となり、党員は奴隷視されて宜しくない。政党指導者の資質としては、党内の意思統一に指導力を発揮し、身をもって反対党との論争に当る実力を有しなければならない。

彼はここで、モールの政党指導者分類に言及する（Robert von Mohl, "Von politischen Parteien und Elementen," *Staatsrecht, Völkerrecht und Politik*, 1862）。

① 理論家：英國のボルク、ベンサム、フランスのシーヱー、ドイツのロッテク、ウェルケル
② 実際政治家：英国のピット父子、フォクス、コブデン、フランスのミラボー、ギゾー、ドイツのガーゲルン、スツーベ、米国のウェブストル、ハミルトン
③ 煽動者：フランスのロベスピール、ダントン、ドイツのシモン、英国のヂスラエリ、オコンネル

そして彼は、最後を次の言葉で閉じている。

苟モ忠愛ノ士ハ國家ノ爲メ斷然其主義ヲ決シ公明正大ノ精神ヲ公示スルハ此際ニ在リ。國事ノ談ヲ當路者ニ委シ苟且《こうしょ》ニ安ンズベキ時ニ非ザルガ如シ。非常ノ際ニハ非常ノ決斷ナカルベカラズ。聴衆諸君ハ黨派ニ列ナルノ熱心アリ。且ツ其自由ナルノ人ナルベケレバ予ハ公平ノ點ヨリシテ政治學政黨ノ何タルヲ辨ジ以テ諸君ガ參考ノ一端ニ供セント欲スルノ微意ヲ以テ諸君ノ清聴ヲ汚スノミ。

［句読点附加］

理路整然、堂々として、二十二歳の青年の演説としては、立派なものである。種本は多様で、「シミット」やモールなど、ドイツ語の文献を読破し、「シイエー」「ギゾー」など、フランス語の発音の特徴も知っている（当時の英学生には「ベンジャミン・コンスタント氏曰く」などと言う者が多かった）。政党史の最後の二

段階に関する議論は、日本の現状を観察した彼自身の創案であろう。そして何より、ここでの彼は、「自由自治の精神」を讃え、英国の二大政党制を讃美する英国派である（晩年の英国論と対比せよ）。

この時期の彼は、恐らく立憲帝政党が発展し、民権派政党との二大政党制が成立することを期待しており、結果的に政府党の試みが成功しなかったため、留学帰国後、政党内閣反立憲論という新理論を編み出したのかも知れない。

八束はその後続編として、「政治學政黨編ヲ講ズ　下篇」を、五月二十七〜三十日に連載した。主題は三部に分れる。

(1)「帝王及憲法ト政黨トノ關係」：帝王は超政党的でなければならない、「若シ帝王ニシテ政黨ニ干渉シ給フノ不幸アラバ帝室ハ反對黨ノ怨府トナリ攻撃ノ正面ニ當ルノ危険アル可シ」。また政党は憲法の下に立ち、それを逸脱してはならない。

(2)「内閣ト政黨トノ關係」：超政党的な帝王が選任する内閣は超政党的であるべきであるが、実際上政党間で首相の地位が争奪戦となることは避けがたい。「非常ノ英才ビスマルク公」のような人物がいれば帝室内閣制も可能であろうが、そのような人物のいないイタリーなどはそうはいかない。

この問題は、憲法制定前と後を分けて考える必要がある。制定前に内閣が超政党的でないと、政党政府が作った憲法は「敵対黨ノ私憲法視」され、内閣の更迭とともに変更されることになる。憲法制定後においては、英国議院内閣制とドイツの帝室内閣制の何れが優れているとも一概に言い難いが、「立憲代議君主國政體ノ理想《アイヂャル》ニ於テ孰レガ望マシキ歟ト問ハバ議院内閣ハ通則」で、「帝室内閣ハ變則」である。

帝室内閣は、国家非常時や、政党が過激であったり、小党分立的であったり、私党的であったりする場合に適当であるが、平時には、内閣と議会とが対立し、「國政ニ不便ナルノミナラズ實ニ國家分裂ノ基」ともなるから、両党が憲法に忠実であるならば、英国流の議院内閣制の方に「利」がある。

(3)「政黨ト施政府事務官トノ關係」(政党と行政府との関係)

公務員にも、内閣とともに進退する内閣直隷官と尋常事務官がある。後者を非政党化し、金銭的誘惑に惑わされない公務員を確保するには、「任免黜陟《ちゅっちょく》ヲ鄭重ニス」「報酬ヲ厚ウス」「尊榮ヲ全ウセシム」という工夫が必要である。

ここでも、ビスマルクのような英明な指導者のいないところでは、英国流議院内閣制が自然であるとの趣旨が強調されている。公務員に高給を払えという主張は、清貧に甘んじた祖父や父との意識の違いを示唆している。

八束には、富を軽蔑する貧乏武士の気概は見られない。修身教科書の指針として明治四十二年に述べたものの中で、「貧苦ハ人生ノ苦痛ノ最モ甚シキモノノ一ツデアル。故ニ幼少ヨリ心掛ケ正當ノ道ニ依リ財産ヲ積ミ、生活ヲ安全ニスルコトヲ心掛ケネバナラヌ」「財産ナキ者ハ或ハ卑劣ナル欲望ノ爲ニ心ヲ奪ハレ恒心ヲ失ヒ易」いと言っている(『國民道徳大意』國民精神文化研究所、一九三七年、三〇〜三三頁)。若き日の体験がにじみ出ている感じもある。「財産ヲ貯蓄スルハ勤勉倹約ニ由ルモノデアル」と言う。

このように、一応冷静で現実的な議院内閣制論を説いた四日後、六月二日の『日々』に、彼は驕激な反社会主義者として登場する（「東洋社会黨ノ団結」）。五月二十五日、樽井藤吉らにより、長崎で東洋社会党が結成されたことへの反応である。

社会主義という「邪説」を奉ずる政党の結成に対し、「邪路ニ迷」った「狂士」たちの悪影響を未然に防ぐためにこれを書く。社会主義は「各人平等ノ權理」を欲するものであるが、「權利ナル者ニ差等ヲ生ズルハ人々各個資格ノ差等アルニ根」ざすもので、自由の不可避の結果である。「權利ノ差等ヲ除キテ悉皆均一ナラシメント欲セバ論理上其源流ニ溯リ各個人ノ自由ヲ撲滅スルニ非レバ之ヲ爲シ得」ない。仮にこの「邪黨」の徒が理想の「ソシアリスト、コムミュニチー」なるものを実現したとすれば、その瞬間から新たな不平等が始まるであろう。「歐洲社會學ノ大家」は「社會ハ私利ト私有トヲ堅固ニセントスルヨリ組織セラレタルノ體」であるとしているが、社会主義は「私利ト私有トヲ兼ネテ共ニ之ヲ虚無ニ歸シ私利ノ念ヲ斷チ私有ヲ抑壓セントスル」破壊主義である。

これは一種のハイエク流自由主義で、後年の八束が、一種の国家社会主義的議論をもとに、ブルジョワ政党の政権獲得に反対した態度と対比されようが、また山縣有朋の側近として社会主義弾圧に加担した晩年の態度に連なるものでもある。

翌六月三日、政府は集会条例の改正を公布し、集会結社の自由に一層の制約を加えた。六月十五日、八束はこれに猛然と抗議した。「政治學政談集會編ヲ講ズ」において言う、

「言論ノ自由集會ノ權利ノ重ンズ可キハ殆ンド陳腐ノ議論」である。そもそも「一國政府ノ設ケアルハ國民權利保護ノ爲」のもので、「全體ノ利害」のためにある程度自由を制限することは正当化さ

れないではないが、「政治ノ思想已ニ脳漿ニ浸染スルノ人民」に対し、抑圧的立法をしても効果は乏しく、却って逆効果の「不測ノ害」が生ずる恐れがある、と。

これは「政治學政談集會編」の「第一」で、「第二」以下が続く予定であったが、ここで中断され、学生八束の言論活動は終る。どこかから干渉があったからに相違ない。

この六つの論説を通じて見られる青年八束の政治思想は、君主主権主義と「強者の自由主義」の結合物で、弱者の平等主義と「民衆の圧制」に対する強い敵視を伴うものと総括し得るであろう。

四　留　学

八束は、十六年七月卒業、大学に留まって政治学研究生となる。研究生制度は十三年発足、研究継続を希望する学生のために開かれた制度で、大学院の前身をなすものである。

出発直前の十七年八月十五日付、井上毅の伊藤博文宛書簡がある。

台侯益御清穆奉拝《はいがたてまつり》賀候、扨《さて》穂積陳重弟八束事、今度文部省文學部より独乙留學之命を蒙り、西航ニ付而者《つきては》、學科上之目的に就き、先進の指示を得度趣《えたきおもむき》ニ而《て》小生へ相談有之《これあり》候。右者此際要用之事件ニ而有之候へハ、可相成者《あいなるべくは》臺下ニ拝接を得、教を受候方可然《しかるべし》と存付候間、御繁劇中恐縮奉存《ぞんじたてまつり》候へとも、瞬間之清暇を以而《もって》御面命被賜度奉冀《たまわられたくねがいたてまつり》候、猶委曲本人より可奉願《ねがいたてまつるべく》候、再拝頓首（『井上毅伝史料篇四』七六頁）

「文部省文學部」とは、井上らの意識においては、大学は文部省の下部組織なのであろう。「先生傳」に

「仄ニ聞ク、當時、公爵伊藤博文、子爵井上毅等、憲法ノ研究ニ關シテ望ヲ先生ノ將來ニ属［囑］シ、周到ナル注意ヲ先生ニ與ヘタリト云フ」とあるが（本書二四四頁）、それはこの時期八束を既に、帝大憲法教授とすることが、ほぼ内定していたことを示唆している。

八月二十四日、フランス船メンザレー号で横浜出発。同船した日本人留学生は十名で、その中に森鷗外と宮崎道三郎がいた。漢文で書かれた鷗外「航西日記」（『鷗外全集・三五巻』岩波書店、一九七五年）の出港後五日目の八月二十九日に、「穂也長也如處女」とあり、引っ込み思案でおとなしくしていたのであろう（「長」は医師長與稱吉）。十月七日マルセイユ着、パリで数日を過ごした後、十七日ハイデルベルクに落ち着く。

その後の八束の動静は、一八八四（明治十七）年十月～一八八五（明治十八）年四月ハイデルベルク、一八八五（明治十八）年四月～一八八六（明治十九）年三月ベルリン、一八八六（明治十九）年三月～一八八八（明治二十一）年冬シュトラスブルクである（『日大百年史』六一～八頁）。

八五年五月二十八日、鷗外らはベルリンの「博覧會苑」（Ausstellungspark）に数名で遊んだが、その中に穂積の名がある。ライプツィヒ滞在中の鷗外を、同年八月十五日八束が樋山資之らと訪問し、「穂積は航西の時、余と船を同うせし人なり。樋山は曾て判事たり。今伯林にて律を學ぶ」とある。十七日八束が「來て別を告」げた（同「獨逸日記」）。鷗外とは、後に山縣有朋の歌会「常磐会」で再会する。

八束がまずハイデルベルクに赴いたのは、恐らく井上の示唆に従い、シュルツェに学ぶためであろう。彼は、訳書『国権論』に序文を寄せたように、井上の高く評価する国法学者である。フルネームは長く、Hermann Johann Friedrich von Schulze-Gävernitz（1824～88）という（彼を協同組合運動家 Hermann

Schulze-Delitzsch（1808〜83）と混同してはならない。学術情報センター WEBCAT は、木下周一訳『國權論』、木下・荒川邦蔵訳『孛漏生《プロイセン》國法論』（何れも一八八二年）を、後者の著書としている）。八束は帰国後、「予ハ翁ガ昨秋死去ノ前マデモ親シク其説ヲ叩」いたと言っている（一三四頁）。そう遠くないシュトラスブルクから、時々訪れたものであろう。

シュルツェの主要著書は、以下の通りである。

『ドイツ諸王家における長子権とそのドイツ国家発展への意義』（*Das Recht der Erstgeburt in den deutschen Fürstenhäusern und seine Bedeutung für die deutsche Staatsentwicklung*, 1851）

『ノイエンブルク王家の国法上の地位とその歴史的発展及び現代的意義』（*Die staatsrechtliche Stellung des Fürstenthums Neuenburg in ihrer geschichtlichen Entwicklung und gegenwärtigen Bedeutung*, 1854）

『ノイエンブルク――歴史的・国法的素描』（*Neuenburg: Eine geschichtlich-staatsrechtliche Skizze*, 1857）

『ゲンセリッヒ［五世紀ヴァンダル族の王］の遺言について――ドイツ最古の王位継承法』（*De testamento Genserici, seu de antiquissima lege successoria in Germanorum regnis*, 1859）

『ドイツ諸邦王家の家法』（*Die Hausgesetze der regierenden deutschen Fürstenhäuser*, 1862）

『ドイツ国法体系』（*System des deutschen Staatsrechts*, 1865）

『ドイツ国法入門――特に一八六六年危機と北ドイツ同盟結成に関連して』（*Einleitung in das deutsche Staatsrecht, mit besonderer Berücksichtigung der Krise des Jahres 1866 und der Gründung des Norddeutschen Bundes*, 1867）

『ドイツ諸王朝の相続法と家族法』(*Das Erb-und Familienrecht der Deutschen Dynastien*, 1871)
『プロイセン国法――ドイツ国法を基礎として』(*Das Preußische Staatsrecht auf Grundlage des Deutschen Staatsrechts dargestellt*, 1872)
『国際法講義要綱』(*Grundriß zu Vorlesungen über Völkerrecht*, 1880)
『ドイツ国法教科書』(*Lehrbuch des deutschen Staatsrechts*, 1881)
『ザクセン王家法』(*Die Sächsischen Hausgesetze*, 1881)

これらは参照し得なかったが、君主権を中心とした国法論で、関心が法理論より歴史にあることが推測できる。テリーから分析法学の薫陶を受けた八束には物足りなかったらしく、「整然タル構成ニ缺ク所」があり、ラーバントらの「構成的方法」の学派に破られようとしている、と評している(『論文集』一五二頁)。

その後ベルリンに移り、かつて伊藤に教えたグナイストの講義に出席したと思われる(穂積家には、裏に八束の筆跡で「プロフェッサーグナイスト」と書かれた写真があった(『政治談話速記録7』ゆまに書房、一九九九年、二六一頁))。しかし、後のことだが、明治三十五年『法学新報』(一九巻一号)に、「老ては駑馬に劣ると云ふ諺があるが、どんな學者でも耄碌してはダメである。グナイストなどは非常な立派な學者であったが、晩年に及んでは其講義は何人にも丸きり分らなかったと云ふことである」という記事がある(六六頁)。その二十年前も、伊藤の十五年八月九日岩倉具視宛書簡において、「一週三回宛ノ談話」を聞いたと言い、末松謙澄も「グナイスト氏の談話は隔日、モッセイ氏の講義は殆んど毎日」で、グナイストからは「有益ナ噺」を聞き得たと言っている。即ち彼から聴いたのは「談話」「噺」で、「講義」ではなく、「質疑應答、乃至はグナイストの放談に終始した」と推測される（清水伸『獨逸に於ける伊藤博文の憲法取調と日本憲法』岩波書店、一九三八年、三八〜九頁）。佛教を国教にしたらいいとか、議会に予算議決権を与えるなとか、ふらりとやって来ては、放談をして帰ったのである。

八束が聴いた彼の講義も、想像がつく。彼は後の著作において、グナイストの旧著『英国地方自治制論』には一定の敬意を払っており、「グナイスト及ビスタインノ一派」の行政論には共感を表明しているが（『論文集』三六八頁）、法学説に関しては、国会を統治の客体とする説にも（八一頁）、予算を行政事項とする説にも（二三二頁）、条約の効力に関する国際的効力と国内的効力の二元論にも（二九一頁）、反対している。

八束は、伊藤や井上の推奨する学者たちのもとを去り、パウル・ラーバントのいるシュトラスブルクに赴き、ラーバントの国法学講義のみならず、商法講義まで聴講した（三〇四頁）。帰国後「予ハ此人［ヴァン・クリーケン］ヤラバンドノ研究法等ヲ採用シテ我憲法法理ヲ講述セリ」と言っている（二一〇頁）。

これは一見不思議である。ラーバント法学は、経験と論理のみを信ずる科学主義の法学版で、超越的なもの、有機体的なものを一貫して排除した（Hugo Sinzheimer, *Jüdische Klassiker der deutschen Rechtswissenschaft*, 1935, 2. ed., 1953, pp. 150〜1.）。「國體」という神秘な原理を楯に、家族国家論を説いた八束なら、ラーバントよりシュルツェやグナイストの方が性に合いそうなものなのに。

「人間には、自分の志向の偏りを自覚して、それを補完・修正するために、逆方向の要素を取り込もうとする本能のようなものがある」とかいう説明（八束の場合、前者が國體論、後者が政体論となる）が成立し得るものかどうか。恐らく学生時代テリーに学んだ分析法学との親近性が、彼をラーバントに惹き寄せたのであろう。少なくとも彼の政体論が、立法者の決断を根拠とする法実証主義であることは明らかで、英国分析法学とドイツ法実証主義は、何よりこの政体論に取り入れられたのである。もっとも存外八束の「國體」概念は、「主権の所在」という、身も蓋もない権力主義原理で、穂積憲法学は、天皇制国家の分析法学的体系化に過ぎなかったという解釈もありうるかも知れない。

彼がどのような点でラーバントの影響を受けたかを、後の著作から検討してみると、何より方法論上の構成的方法（constructive method）（一五二頁）、「論理ノ厳然犯スベカラザルモノアル」こと（二〇九頁）、有機的国家論を批判する国家法人説（一一〇頁）、議会の予算否決は「國家ヲ滅亡セシメ憲法ヲ潰スル」ものだという予算論争中の主張（二二七頁）、人は国家に対して権利なしとする説（三三六頁）、議会は他の官庁と同様一官庁であるとする説（八三頁）、立憲政体を大臣専制体制とする主張（七九四頁）、大臣の責任は国家に対する責任で、その根拠は副署を拒み、辞任する自由をもちながら、そうしなかったところにあるとする説（一一四頁）などについて、ラーバントを援用している。他方「稍々僻説アリ」とも言い（一一〇頁）、予算法律説に反対している（二三三頁）ほか、例えば次のように言う。

公法ノ泰斗ラバンドハ、「權力分立ノ主義ノ非理ナルコトハ最早批評ヲ要セズ、獨逸ノ政治及法律ノ論者ハ此主義ヲ排斥スルコトニ萬口一致シテ敢テ異論ヲ唱フル者ナシ」（『獨逸帝國國法論』第一巻五一七頁）ト斷言シテ、其ノ絶世ノ大作タル獨逸帝國憲法論中此ノ主義ノ爲ニ一顧ノ勞ヲモ取ラザリキ、ラバンド翁ハ予ノ壯年ノ時親シク敎ヲ受ケタルノ恩師ナリ、予竊《ひそ》カニ恩師ノ爲ニ此ノ絶對ノ斷言ヲ惜シム。（八六五・六頁、句読点附加）

この説は、行政法なるものは諸法の雑多な寄せ集め以上のものではないとするラーバントの議論と結びついており、八束はこれに対して、それを批判した彼の「門弟」オット・マイヤーに左袒している（九一三頁)。

シュトラスブルクには、教会法学者ルドルフ・ゾームもいて、八束はその講義に出席し、後にそのノートに基づいて、「國家ト宗教トノ關係」という講演をしている。ゾームは色々政治論もしたらしく、議会は国家全体の代表たりえず、君主こそ「愚ト貧トヲ護ルノ天與ノ保祐者」であるという社会君主制論を、講義で聴いた(一七〇頁)。私法は財産法で、家族法は公法であるという説も八束に影響を与えた(二九五、三一二、六七四頁)。

留学時代に親炙した教師たちにとどまらず、読書やドイツ政治の現実を見聞した体験なども、帰国後の八束の思想に大きく影響した。その一つは、歴史書、特にフュステル・ドゥ・クーランジュ『古代都市』(*La cité antique*, 1864)に接したことで、これは彼の家族国家論の最重要の典拠となった。同書に描かれた上代インド＝ヨーロッパ語族の家族制度が、日本のそれと瓜二つであると感じた彼は、それがキリスト教と個人主義によって解体した過程の記述に衝撃を受け、日本はそうなってはならない、という方向に情熱を傾けることになった(後述)。なお、筆者の調べた限りでは、同書の英訳が一八七三年に出ているが(独訳は一九〇七年)、「崇敬」に「アドレ」と振り仮名しているところなどから見ても(二四九頁)、佛語原著で読んだものであろう。

それとともに、学生時代の政党論において、既に敬意を払っていたビスマルク政治の現実に触れたことは、英国モデルからドイツ・モデルへの転向を決定的なものにした。後に彼は、「ビスマルクに私的野心があったならば、議会に基盤をもつ政党政治家となった方が、大きな権力をふるえたであろうが、小党分立のドイツでそういうことをしたら国政は混乱し、国力も伸長しないであろう。そこで彼は敢えて不評な、超然内閣の道を選んだのだ」と言っている（五二七〜九頁、八四九頁）。民衆派は時流に乗り、権力派は不評で、敢えて不評な生き方を選ぶというヒロイズムは、彼の生涯を通じてのモティーフである。

ビスマルクの下野について言う。

此ノ鐵血宰相ハ青年君主ノ信任稍《やや》薄キヲ見テハ其職ヲ退キテ顧ミス。一ハ以テ大臣ノ進退ハ君主ニノミ之レ由ルベク、議會ノ議決ヲ以テ之ヲ動カスハ大權ヲ侵犯スルノ不法タルコトヲ明カニシ、一ハ以テ君主ノ信任ノ存否ハ其理由ノ問フヘキノ限ニアラス、青年片言ノ微モ亦國家柱石ノ大臣ヲ進退スルニ足ルノ義理ヲ表白シタルハ、實ニ立憲大臣カ其君主ノ大權ヲ擁護スルノ好例ヲ後世ニ貽《のこ》シタル者ト云フヘシ。

その後も「温厚ノ老吏相繼テ首相ノ地位ニ立ツ而モ尚議院政黨ノ爲ニ犯サルルコトナシ」と、ドイツの現状を美化した（五二七頁）。学生時代の彼は、ドイツの非議院内閣制はビスマルクの個人芸で辛うじて成り立つものと見ていたが、帰国後の彼は、それを体制として擁護した。アマチュア政治家ヴィルヘルムによって、ほどなく国が滅ぼされたことを知っている我々が、これを退歩と評価するのは、後世人の特権の濫用であろうか。

五 「帝國憲法ノ法理」

帰国してみると、文学部政治学科は法学部に移り、東京大学法学部は帝国大学法科大学となっていた。佛法学派の牙城司法省法学校は、この法科大学に吸収合併され、英法派の支配下にあった法学部は、今や独法派が多数を占めていた。

憲法発布日直前の二十二年一月二十九日、日本憲法学界に君臨すべき、即位直前の帝王として、八束は帰国した。欧米最新の学問を修得した彼のトランクから、如何なる素晴らしい憲法理論が出てくるであろうかと、少なくとも政府寄り、ドイツ派の人々は大いなる期待をもって迎え、そうでない人々も、鬼が出るか蛇《じゃ》が出るか、注目したであろう。

久シク獨佛英米諸邦ニ留學シ、専ラ公法及ビ政治ノ學理ト實際ヲ究メラレタル文學士穂積八束君ハ、此度憲法發布ト共ニ目出度《めでたく》歸朝セラレ、去月ノ英吉利法律學校月並《つきなみ》會ニモ出席シ、久々ニテ舊知己諸輩ニ會合セラレタリ、氏ガ非凡ノ大材タルハ人ノ知ル所ナレバ、諸官省大學等ヨリノ招聘ハ數多《あまた》ナレドモ、未ダ何レトモ決定セラレザルヨシナレド、兎ニ角餘暇ヲ以テ英吉利法律學校ニ於テ國家學ノ講義ヲ引受クル事ヲ承諾セラレ、又本誌ニ玉稿ヲ投ズル事ヲ諾セラレタリ、氏ハ穂積博士ノ實弟ニシテ共ニ同校ノ講師ナルヲ以テ同校ニ於テハ博士ヲ老穂積ト云ヒ、氏ヲ少穂積（ヤンガー、ホヅミ）と稱スルヨシ。（『法理精華』第五号、明治二二年三月一日）

招聘した「大學」とは、当時唯一の大学であった帝国大学で、「未ダ何レトモ決定セラレザル」というのは嘘であろう。彼は帰国前の一月に法科大学講師に任命され、五月三十日、満二十九歳で教授に任命された。また五月二十一日より法制局参事官に任じられたが、当時の法制局長官は井上毅。また同年十月、臨時帝国議会事務局が設置され、八束も書記官に任命されたが、その総裁も井上である(二十四年二月に枢密院書記官に任命されているが、その初代書記官長が井上、二十二年五月からは伊東巳代治がその地位にあった)。八束は、廃藩置県の過程について「嘗テ親シク此ノ廟謨《びょうぼ》ニ参畫セルノ維新元老ノ苦心談ヲ聴」いたと言ったが（『論文集』九七八頁）、この元老は恐らく伊藤で、この時期のことであろう。

憲法発布直前に帰国、「未夕行李ヲ解」かないうちに、求められて「新憲法ノ法理及憲法解釈ノ心得」を『国家学会雑誌』に寄稿し、また「帝国憲法ノ法理」という逐条解説講義を「[渡邊洪基]総長の嘱託ニ因リ憲法発布翌々日ヨリ法科大學ニ於テ講演」して、同誌に七回に亘って掲載された（一四八頁）。プリンスを迎える期待の大きさを示しているが、結果から見ると、準備不足で裏目に出たといえよう。

全体として雑然たる印象を与えるこの二論説において、八束は逐条解説に立ち入る以前に、一種の憲法原論のようなものを説いており、それは後の彼の体系の基本構造を予示している。両論説の標題が何れも「法理」の語を含み、逐条解説の冒頭において「予ハ今ヨリ法理的ニ憲法ヲ講述セントス」と述べ、その方法に関して「明文ニ照ラスニ法理ヲ以」てすると宣言し、「此講義ニテハ帝國憲法ヲ詳述スルニアラス唯憲法ヲ假用シテ法理上ノ關係ヲ説明」するとも言う（一一・五頁）。問題はこの「法理」なるものにあり、それによって、彼は土着の日本人とは格の違う権威的な憲法論を説こうとするのであろう。

彼はまず、「法理」を「利害得失ノ辨」たる「政理」から区別する（一頁）。これは、実定法は「害」や「失」をもつかも知れないが、法は法、「法理」は「法理」であるという、ラーバント流の法実証主義と結びつく主張であろう。翌年冬の日本法律学校における憲法講義において、彼は次のように言う、

憲法法理と云へは、万国普通の一定の原則あるか如くに見做し、漫《みだ》りに外国の法理を以て我か国の憲法を解釈せんと欲するは、従来学者の非難する所の自然法学派の為す所にして、我か輩か茲に講義する所と全く主義を異にするものなり、蓋《けだ》し法なるものは、各国各時代に特別のものなり、所謂《いわ》ゆる各国普通の原則と言ふものは、法其ものゝの性質に於て之れなきものとす、何となれば法は主

権者の命令にして、而して各国皆な主権者を異にする以上は、従て法は各国特別のものならざるを得す。(『日大百年史』七七頁)

法は主権者の命令であるとはオースティンの見解で、これは初期以来の彼の主張である。彼が依拠するのは「銘々特殊ノ法理」、具体的には日本憲法の「法理」ということになる。それではドイツに何を学びに行ったのかというと、「普國ノ公法家カ数十年來憲法ノ数理(?)ト法理ヲ明晰ニセルノ技術」である(『論文集』二頁)。

その具体的内容について、彼は「普國ノ法理」が日本憲法解釈に資する重要な点として、議院君主制の「法理」と立憲君主制の「法理」の区別を挙げる。前者においては、議会は「主權ノ體」を表章するとともに、唯一の立法機関として「主權ノ用」にも参与しているのに対し、後者においては「主權ノ體」はあくまで君主にあり、議会はただ「主權ノ用」に参与するのみである。ルイ十四世が「國家即チ朕ナリ」と言ったのは「君主制ノ法理ヲ盡スノ至言」である。

議院君主制の典型はベルギー、立憲君主制の典型はプロイセンで、後者は議会が「法律ヲ議決スル權ナク、只法律案ヲ議決スルノ權ヲ有スルノミ」である点で前者と区別され、他方立法に議会の議決が必要であることによって、絶対君主制と区別される。これが「立憲君主制ノ法理」、即ち「新憲法ノ法理」なのである(八頁)。

この「主權ノ體」と「主權ノ用」の区別に関連して、後の穂積憲法学の基本カテゴリーとなる「國體」と「政體」の対比も登場している。即ち「大日本帝國ハ萬世一系ノ天皇之ヲ統治ス」という憲法第一条は「統治權ノ主體」、即ち「國體」を定めるものであるのに対し(一九頁)、「天皇ハ國ノ元首ニシテ統治權ヲ總攬シ此ノ憲法ノ條規ニ依リ之ヲ行フ」という第四条は「統御ノ作用」、即ち政体に関する規定である（二六頁）。そして日本においては、統治権の主体が天皇であることがその國體、それが憲法の条規によって行なわれること、即ち法治国であることがその政体であるとする。

これに関連して、彼は少なくとも三つの、多少とも奇矯に響く命題を提出する。その一つは、君主国においては、「君主ハ即チ國家」で、日本においては「天皇即チ國家」であるという主張である（二四頁）。この説は、この直後より様々に嘲笑され続けたが、彼は生涯これに固執し続けた。

第二に、憲法の存在にも関わらず、天皇の主権は制限されていないという主張である。その理由として、彼は二つの異なった理由を挙げている。その一つは、天皇は主権者であり、そして主権は概念上無制限のもので、制限された主権は主権でないからだという主張、もう一つは「天皇ハ神聖ニシテ侵スヘカラス」という第三条によって、天皇が違憲の行為をしても、それに対する制裁が存在しないからであるという論拠である（二八頁）。

第三は、第二章の臣民の権利の規定は、行政法に属すべき規定であって、憲法の「要條」（本質的要素）ではない、という主張である（五頁）。曰く、

此章ノ主意ハ臣民ノ權利義務ヲ保護スルニアラス。此章ヲ以テ新ニ臣民ニ權利義務ヲ作ルワケニ非ス。其保護ヲスル手段ハ行政處分ニシテ、臣民ノ自由ヲ犯スヘキ事項ハ法律ヲ以テ之ヲ牽束スト云フ趣意ナリ。本章ノ規定スル所ハ、法律ヲ以テ行政官ヲ牽束シタル者ニシテ、直接ニ行政官ニ對スル命令ナリ。此命令ノ反照トシテ臣民カ權利義務ノ保護ヲ受クル譯ナリ（六一〜二頁）。

第二章ノ趣意ハ行政ノ原則ヲ定メタル者ナル故ニ、行政法律ト名クル處ノ法律ノ種類カ之ニ伴フ

テ制定サルルヲ待チ、始メテ其意味ヲ全ウスル者ナリ。本章ニ掲ケタル者ハ直ニ臣民ノ権利義務ヲ惹起スト云フ註解ハ抑々《そもそも》誤ナリ。本章ハ立法行政官ニ對スルノ命令ニシテ之ヲ法理上ニテ云ヘハ所謂法令ノ主格ハ臣民ニアラスシテ、臣民ニ對シテ法令ヲ發シ又ハ行政ノ處分ヲナス者ニアルナリ（七七〜八頁）。

従って、行政官が憲法の保障する自由を侵したとしても「之ヲ違法ノ處分ナリトシテ之カ訴ヲ起ス手續カ未タ定ラサル内ハ一個人ノ権利トシテハ未タ成立セサル」ものだという（六九頁）。行政行為には合法性が推定されるということである。

「日本臣民ハ其ノ所有権ヲ侵サルルコトナシ」（二七条）などの憲法の明文に反して主張された、この憲法上の権利は行政権への命令の反射に過ぎないという説は、その背景をなす国家や行政権に関する思想的前提について、またドイツ法学における「タネ本」について、検討すべき問題を含んでいるが、何れにせよ八束は、この説を暗黙裡に撤回し、以後再び説くことはなかった。

他にも色々問題発言というべきものが存在するが、ともあれこの講演が活字となると、「嗷々トシテ」反対論が起った（一〇六頁）。中でも痛烈だったのは、有賀長雄の「穂積八束君帝國憲法の法理を誤る」（『憲法雑誌』六〜八号）で、八束の連載途中より並行して発表された。有賀は八束と同年に生れ、一年先の十五年に文学部を卒業した早熟の秀才で、大学卒業直後の十六・七年に『社會學』（第一巻「社會進化論」、第二巻「宗教進化論」、第三巻「族制進化論」）という、合計一二五〇頁に及ぶ大著を公刊している。その後ヨーロッパに留学してシュタインに親炙、国法学者となって、『帝國憲法論』という逐条解説書を憲法発布より間もない二十二年四月二十五日に公刊している。

その中で有賀は、自分もドイツ学派に属するが、ドイツ学派の憲法理論は、八束の説くような専制主義ではないとして、特に天皇の権力を無制約とする説及び「天皇即国家」とする説を攻撃する。そして八束の無制約説に対しては自己拘束説を、「天皇即国家」説に対しては天皇機関説を説く。また八束が立法は命令であり、命令者は天皇で、議会の権限は法律案議決権に過ぎず、議会は立法権者ではないとしている(三〇頁)のに対し言う、

是れ實に夢中の言と云べし、「素ヨリ明カナリトス」と言へども少しも明かならず。明文に「協賛ヲ以テ立法權ヲ行フ」とあるに、「天皇ハ他者ト合同立法スト云フ義ニ非ス」とは如何して之を理會すべきなりや。協と云ひ賛と云ふは果して如何なる字義と思ふや、氏曰く「立法トハ命令スト云フノ意ニシテ、命令スル者ハ一國中唯タ一アルノミ」と。然れども立法とは命令すると云ふことに非ず。……法律は……天皇と議院と合同制作する所にして……天皇も議院も五分五分なり。

これは、「是れ亦何の妄言ぞ、氏や帰朝の日尚ほ浅く、日本に政治思想の如何ほど進み居るやを、測知する能はざるが故に、此の如き言を爲すならん」などの言辞とともに、有賀の語気の激しさを知り得るであろう。

これに対し八束は五月二十五日刊行の『法学協会雑誌』に、「有賀學士ノ批評ニ對シ聊《いささ》カ主權ノ本體ヲ明カニス」という小論をもって応じた。「多能ヲ以テ聞エタル有賀學士ハ予カ益友ナリ、三回書ヲ憲法雑誌ニ寄セテ予カ帝国憲法法理ノ見解ノ謬レルヲ正サレタリ、予ハ同學士ノ批評ヲ得テ益スル所多シ、深ク同學士カ此煩勞ヲ取ラレタルヲ謝シ」と一応低姿勢で、まず「法理」と「政理」を区別し、八束の議論が専制主義であるという政治論には関わらないことを宣言する。

そこで彼は、国家主権が無制約的であることについては、英国・大陸の法学者たちの一致した意見であり、「自ラ制限スト云フコトハ矛盾ノ語」であるとして、自己拘束説を批判する。また日本において天皇が主権者であることは有賀も否定しないだろうと言い、そしてラーバントとボルンハクの名を挙げつつ、「獨逸目下ノ國法大家中ニ於テモ」「君主即チ國家ナリ」と唱える者がいるという（しかしラーバントは、「皇帝は帝国の主権者ではなく」「皇帝が帝国の意思表示や行為を行なう時も、自らの名でなく、帝国の名において行なう」と言っているようである（*Das Staatsrecht des deutschen Reichs*, 5te Aufl. 1911, p. 215））。

しかし八束が最も問題視するのは、君主が自己拘束を破って法を破るならば、それは上からの革命であって、憲法自身が効力を失い、国民も納税等の義務を脱するとする有賀の主張である。八束によれば、これは「法理」の外の政治論で、「主權者違法ト云フカ如キハ法律字書中ニ存スヘキモノニアラス」と言う（『論文集』一五九頁）。

八束はこうして「法理」において、有賀の攻撃を凌ぎ得たと信じたのであった。しかし、これに説得された者は少なく、彼のパトロンである井上毅も（時期的にはこの講演以前であるが）、「八束はラバントの新説に心酔せる男なり」として、『憲法義解』共同審査委員会のメンバーから外し、陳重を委員とした（稲田、下巻、八八三頁）。朝比奈知泉は井上毅に、「其の『ラバンド』等の説こそが我が憲法の解釈に大いに必要なものである」として八束を委員に加えるよう「切言」したが、容れられず、伊藤にもその旨を説いたところ、伊藤は耳を貸した、しかし「何も兄弟二人を出すには及ぶまい」と言う者が出て、沙汰止みになったという（朝比奈知泉『老記者の思ひ出』中央公論社、一九三八年、二六四・五頁）。彼の「法理」に不信感を有していたためであろう。

もっとも、二十三年五月二十二日付牧野伸顕宛書簡において、井上は「國家學會三十九號に載せたる穂積八束博士之國家全能主義、御一見被成《なられ》候ハヽ、先日御話之御趣意ニ適合したる一新説ニ相見候而、當時難得《えがたき》卓論ニ有之《これあり》候、同人ラバント氏の學派に而、時に偏見も有之《これあり》候へとも、先ツ一大家と存候、御同慶之事ニ付態《わざ》と申遣《もうしつかわし》候」と言っている（『井上毅傳四』四九六頁）。

六　結　婚

『歌子日記』に八束もしきりに登場する。まずは八束の結婚である。

しかし、それに先立って考察すべきは、兄陳重と歌子を結びつけた人脈の構造である。宇和島藩主伊達宗城が大蔵卿であった時、渋沢は租税司となって同省に出仕しており、宇和島藩と渋沢の関係はここに始まる（二二頁）。宗城の側近西園寺公成は、学生として上京した八束を下宿させ、娘と結婚させたばかりか、十四年六月留学から帰国した陳重と渋沢の娘歌子の仲を取り持った。縁談を開始したのが十四年七月で（一二八頁）、八束の妻郷子が死亡したのが十四年八月十七日という（二二一頁）。

それから一週間も経たない「八月二十三四日頃」、歌子の母は彼女に対し、「明日その穂積さんが、弟御の八束さんといふ御方と、西園寺威太郎さんと同道して、こちらへ見え、豊島川の舟遊び、網打ちなどをかこつけをして、ゆるゆる見合ひをすることになりました」と告げた（蘆谷、九十頁）。この時の八束の内面を示す資料は何もないが、「万感胸に迫」ったとしても不思議でない。

二十二年一月二十九日留学から帰国した後の八束の私生活の様子は明確でないが、『歌子日記』の始まる二十三年正月には駒込に住んでいた。一人暮らしではなく、書生がいたらしい（24・1・20）。女中もいたかと思われるが、分らない。新年早々入院しており、正月十三日に退院した。歌子は、執事の魚成に様子を見に行かせたり（23・1・11）、夫婦で様子を見に行ったり（23・1・15）、衣服や羽織を送ったり（23・1・12、23・1・30）、親代わりのように面倒をみている。陳重は「旦那様」と恭しくよばれ、常に鄭重な敬語が用いられるが、この頃の八束には「八束君来る」というような言い方が普通である。

現在の市ヶ谷駅から川を渡り、法政大学別館の奥あたりと思われる場所に陳重邸があり、駒込とは近くないが（地下鉄南北線で五駅である）、八束は頻繁に訪れている。二十三年の日記では、三月二日、十四日、五月十三日、六月二日、七月十六日、二十日（但し留守ですっぽかし）、九月一日、二十八日、十月十四日、二十一日、二十四日、二十五日、二十六日、十一月六日、十五日、十二月二日、十七日、二十一日と十九回もあり、他にも色々接触がある。

八束は歌子を「姉さん」とよんでいたようだが（二二三頁、34・9・23）、実際は八束の方が三つ年上である。ハムレットの叔父と母、漱石『行人』の二郎と直に見られるように、兄嫁と弟の関係は微妙なもので、八束と歌子の関係も気にならないではない。歌子の側からは、友達兼母性愛の対象といった感じで、余りエロスは感じられないが、八束の側は分らない。二十三年三月二日「八束君来り、午後より共に九段へ散歩に行く。少々雨ふる。ユウシュウ［遊就］館を見物す」とあり、二人でデートかとぎょっとするが、「共に」とは陳重と三人でという意味か？　七月十六日から八月三十日まで陳重は宇和島に帰郷した。二十日に八束が来たが、歌子は妹夫婦（阪谷芳郎・琴子）を訪れていて、会えずに帰る。九月五日「きさ［逗留中の宇和島女性］をつれ駒込へ行き、八束君さそひ御墓参に行く。共々に上野動物園を見物し、精養軒にて休み帰宅」という「共々」はどうか？　九月二十八日「八束様お出、お帰りの節共にかぐら坂まで散歩す」の「共に」は？

後のことになるが、三十四年九月、陳重が長子重遠以下を連れて宇和島に帰郷中、重遠が病気となり、陳重の公務帰京時期が迫って、誰が代りに行くか問題となる。

　八束君は歌子の健康を気づかはれ、先づ不同意なり。八束君お考へにては、「姉上貴地へ行かるること、親類にて気遣ふ。魚成を遣はして……」と電報かけて見ん……（34・9・23）

しかし、陳重は歌子でなければだめだと言い張り、結局歌子が行く。八束には、歌子だけが気遣われるのである。もとよりこのような「片思い」は所詮詮ないことであるから、八束も浅野松子と結婚することになるが、その過程になかなか時間がかかっている。

松子の父浅野総一郎は、文字通り七転び八起き、立志伝中の人であった。

　越中氷見の町医者の子に生れ、二度も養子に行くが不首尾。「海の百万石」銭屋五兵衛に憧れるが、種々の事業に失敗し、「損一郎」と嘲られた。借金取りに追われ、二十四歳の時上京。始めた砂糖水売りも失敗、資本のいらない竹の皮を包装用に使う商売を思い立ち、これが多少成功して、薪炭業に乗り出し、更に七年石炭販売業を営むが、八年火事で家が全焼。しかし廃物のコークスやコールタールの再利用に成功。石炭売り込み先の王子製紙社長渋沢栄一の知遇を得て、十五年に官営深川セメント工場を無償で借り受けることに成功。以後安田善次郎と協力しつつ、東京湾築港等の大事業を成功させ、コンツェルンを創造した。

松子は火事で家が焼けた八年生れ。生れた時はどん底であったが、物心つく頃には、一家の運は急速に上向いていた。その母サクは、夫と苦労をともにした庶民で、少女時代、戊辰戦争で家を失って倉で暮らしたこともある。万屋という古着屋に奉公していたとき、その筋向かいで竹皮屋をやっていた総一郎と仲良くなって、結婚した（明治五年）。満十六歳のことである。

縁談の発端は明確でないが、歌子は大磯滞在中の四月五日に「浅野細君」より向島の舟遊びに招かれ、六日には浅野の大磯別荘に立ち寄った。その後八束の陳重宅来訪が頻繁になり、陳重留守の七月二十六日には、大倉喜八郎と一緒に浅野が訪れている。これらの記事が縁談に関係があるとすれば、話は三月三十日に歌子が渋沢と会った時に話が出て、彼女が八束打診の窓口となったのであろう。舟遊びの招待も、「浅野細君」が渋沢に示唆されてのことかも知れない（歌子の時のことを考えると、渋沢に「見合いは舟遊びで」という観念があったのかも知れない）。

渋沢がこれを思いついたのは、娘歌子の学者との結婚をまず成功と見たこと、自分と浅野を姻戚関係で結びつけようと試みたこと、「成金」と見られている浅野に high society との結びつきを作り出そうという親心などであろう。薑谷は、渋沢が歌子の夫に「實業家でなしに、學者を求めたのは、もともと學問の好きな人であった爲でせう」と言っている（九五頁）。

その high society より降るほど縁談があったであろう八束から見ると、これは多少とも唐突な話であった。同じ「富豪」といっても、大蔵省高官の前歴があり、社会事業家としても名声のある渋沢と、成功し始めてからまだ十年も経っていない浅野では、世間の評価も雲泥の差である。金銭以外に、他の縁談より松子との結婚を優先する動機があったのか。武家的伝統を重んずる長兄などがどう反応したか（もっとも重顕も銀行家となっていた）。実際彼は終生「学者にあるまじき富豪の恩沢に衣食し、肥馬軽車もって白昼大道を闊歩せんとす」（斬馬剣禅『東西両京の大学』講談社学術文庫、一九八八年、六五頁（原典『読売新聞』明治三十六年））、「富家ノ鮒［駙］馬トナリテ榮達ヲ圖ル」（上杉慎吉「小引」『憲政大意』七頁）と悪口され続けた。

浅野の側から見ても、余りに雰囲気の違う世界の人間で、歳が十五も違い、いかにも気難しそうでもあり、果してうまくいくか、心配したであろう。百五十センチそこそこと思われるほど背の低い八束に対し、松子は背が高かった（『歌子日記』六〇八頁）。八束の健康も問題で、病弱な印象を与えた可能性もある。

それでも話は進行し、十月十三日に八束と渋沢が会ったあたりから本格化した。

十月十四日「三時頃八束君来り七時頃帰る」十五日「猿渡先生［医師］よび、浅野家の様子たづねる」十九日「親族会あり」二十一日「八束君よび要談す」二十四日「八束君一寸お出」二十五日「夜八束君来る」二十六日「［午前］九時八束君お出。共に新橋へ行き十一時四十五分の気車にて池上へ行き、光明館にて食事し大急ぎにて本門寺に参詣し、五時半発の気車にて帰り、兜町［渋沢邸］へ立より要談し八時帰宅」十一月六日「八束君来る」十五日「八束君お出」十六日「親族会」十二月二日「夕より八束君来る。七時帰る」六日「今夕新堀浅野氏宅にて竜門社会あり。同家娘御達も共にて丁寧なる馳走にあづかる。……八束君にも案内ありしを不注意にて連絡せず、後大に後悔す」十七日「夕八束君来る」二十一日「五時頃八束君も来る」

二十四年二月一日、八束は陳重宅のすぐ近くの貸家に移転、行き来は頻繁となり、長時間の「要談」が続く。二月二十八日、歌子は兜町の父渋沢のところに行き、「浅野氏の事件早くはこぶよう願ひおく」。浅野の方で渋滞している気配である。「八時頃帰り、十時八束君宅へ要談に行く」。そこで渋沢が動きだし、三月七日大磯で見合いをする。歌子は母親代りで、八束に付き添う。

七日「午後一時八束君と共に新橋へ行き、二時二十分の気車にて大磯へ行く。五時濤竜館［渋沢の別荘］に着。夕浅野氏細君令嬢来り、其内父君もお出、共に食事し、十時頃浅野氏皆々帰る。二時まで話し寝につく」八日「篤二君［渋沢の息子］八束君と共に銃猟に出かける。昼前帰り、獲物のつぐみ二羽を焼鳥にし、父君へ上る。午前浅野氏来り、父君と縁談に付お話しなす」「七時二十分の気車にて八束君篤二君外五人と共に帰り、宅につきしは十時半なり。帰京前父君八束君へ態々《わざわざ》お話あり。穂積親類は同意の旨申上る」

それにも拘らず、浅野の側から十日以上も返事が来ない。

二十日「浅野氏より承諾の旨返事ありしよし。大に安心す」

何しろ彼女はまだ十七歳そこそこで、松子本人が渋った可能性もある。ともあれ、こうして縁談がまとまり、八束も機嫌がよくなる。兄夫妻を庭の桜に誘い、「思ふどち桜垣内にまどゐして、花見る今日ぞ楽しかりける」「春風よ心して吹けわが宿のさくらの花は今さかりなり」など、うれしそうな歌を詠んでいる（24・4・16）。四月十八日には、八束宅の花を見に行き、六時には陳重宅で夕食し、講釈師を呼んで講談を聴く。二十三日は結納、「祝の御酒出し、めでたく皆々開きたり」。

挙式は翌年二月十二日と決まる。この十箇月ばかりの間、八束は何となく花やいだ雰囲気に包まれる。陳重・歌子の結婚十周年記念日前夜（24・2・24）「子供らと共に食事す。八束君をよび兄上もお出にてにぎやかなりし」「皆々八束君宅へ行き碁をかこみ、十時頃兄上お帰り」四月二十六日「夜八束君来り碁をかこみなどす」三十日「夕食後真六孝つれ八束君訪ふ」五月三日「旦那様八束君重律と共にかぶき座へ行く」

「帰途浅野氏の案内にて帝国ホテルへ行く」六日「夕八東君を訪ふ。同君テニスの道具もとむ」十日「午後八束君宅にてクロッケーして遊ぶ。三時頃より旦那様八束君同道にて児島〔惟謙〕君を迎ひに新橋に行き給ふ〔大審院長就任のため〕」十一日「夕飯後皆々と八束君宅へ行く。夜久しぶりにカアドしておもしろく遊ぶ」

この日に大津事件の報が入り、この事件で児島は「護法の神」となるが、穂積家では——

五月十二日「夕八束君宅にてクローケーなす」十三日「夕八束君来る」十四日「此頃篤二毎夕八束君宅へローンテニスなしに行く」十六日「夕八束君来る」十八日「夕八束君宅を訪ひ、後逢坂を下り八百屋にてパインアップルをもとめ散歩し帰る」二十日「食後八束君を訪ひ、後散歩して帰る」二十六日「夜八束君来る」三十一日「夕は八束君宅にてクロッケーなす。其後共に帰宅しカアドなどし十時頃まで遊ぶ」六月五日「食後共に八束君を訪ひクローケーをして遊び、後又宅へ帰り八束君も来りて種々世間話なし、十一時両君帰らる」十日「家の件に付、夜八束君招き話す」十一日「午後四時兜町へ行く。今戸兄上〔重顕〕一番にお出、其内に八束君、浅野氏、奥さん、お松さん。坂谷君お出」

浅野の援助を得て豪邸に移転する計画も進む。

十二日「八束君と共に番町岩崎氏の家を見に行く」十三日「午後児島氏お出、八束君も来りしばらくお話し」二十三日「夜八束君を訪ひ、家の事に付話しす。同君浅野氏と面会して話さんとの事なり」二十七日「夕飯後八束君を訪ひ、宇都宮と碁をうつ。互先にて二度かつ」七月一日「夕八束君来り碁をうつ。昨日浅野氏の話に、岩崎の家は六千円にて値をつけ大分県へ問合せ中なれば七八日の内にきまるならんとの事、同君へ話す」四日「夕六時頃今戸お宅［長兄重顯］へ行く。八束君も来り居る」「八束君は明後日駿河台に家をかりてかりに引うつり居るとのこと」八束もだんだん浅野側の人間になっていく。歌子も他人行儀に「八束氏」とよんだりし、「浅野細君」も「奥さん」に昇格する。

二十四日「八束氏は昨日出立、鎌倉浅野氏別荘へ行きしよし」二十八日「［大磯］浜にて浅野おまんさん［松子の妹］に会ふ。午後［浅野］奥さん来訪。八束君松子さんは鎌倉に残り居るよし」三十日「浜にて［松子を含む］浅野嬢さん方にあひ、砂の上にねころびしばらく話す」八月一日「八束君と浅野さんへ行き四時過ぎまで遊び、夕飯ご八束君鎌倉へ帰る」九月七日「八束君［に］洗面台上げる」八日「三時［陳重］お帰り、四時より支度し、貞三真六まさたけつれ、駿河台八束君宅へ行く。今戸兄上姉上お出になり居る。夕飯後子供ら帰し、皆々とゆっくり話し十一時頃歩行にて帰宅す」二十七日「八束君お出、碁を打ち給ふ」十月二日「新橋二時二十分気車にて鎌倉へ四時過着……八束君へ誘ひの手紙出す」六日「今戸兄上夕よりお出、八束君も来り」十日「夜八束君日本服にて来らる。衣服の寸法取る」

兄から大礼服を貰ったりして、晴れがましい。

二十二日「八束君来る。大礼服試みる。丁度よし［陳重もチビだったのか？］。同君へゆづる」三十一日「［陳重］宮内大臣より参内いたすべき旨御案内ありしが、大礼服なきため病気の届けさし出し給ふ」十一月三日「今夜天長節夜会帝国ホテルにて開かる。招待ありたれど行かず。坂谷［阪谷芳郎］八束君などには案内状来らぬよし。明治十五年より昨年まで九度、天長節夜会には必ず出席し、今年始めて不参」十八日「後八束君……皆そろひ二階にて一寸盃事なし、今輔の落語を聞き支那料理の夕食出し……十一時近く皆々お帰り」二十八日「四時兜町へ行く。坂谷君八束来り、……十一時帰宅」十二月十九日「八束君より手紙、浅野氏方より番町に家ありしに付ほぼとりきめし旨、申し来りしよし」二十一日「旦那様……御墓参遊ばすよし。自分も参るべきなれども、浅野奥さん来るよしなれば参らず。午後松子さんつれ来らる。今日家を見て来りしよし」

そして明治二十五年となる。

一月六日「浅野奥さん八束君来られ、共に番町の邸を見に行く。中々広く木口も上等にてよき家なり。建物総体にて一千三四百円のよし。驚くべき程安価なる物なり」（二十五年の八束の年俸は千二百円（『歌子日記』二四六頁））三十一日「八束君宅にては、今日番町へ引移りしよし」二月二日「留守に八束君来りしよし」三日「夕八束君来り要談す」七日「旦那様と共に歩行にて中六番町八束君宅へ行く。嫁御荷物運び来る。八束君在宅。祝儀［結婚式］に付種々相談す。夜食馳走になり七時帰宅。同邸修繕大てい出来たり。夜具蒲団等とどける」十一日「午後一時魚成つれ番町に行く。所々掃除出来、宅大にきれいになる。明日の事に付、種々相談さしづなどし、夕飯後帰宅。兄上のお出あり」

ということで、二月十二日の婚礼となる。祝賀行事が終ると、日記に home building に時間と精力をとられる八束が登場しなくなるのは、不思議でない。兄夫妻から心理的に独立したのである。もっとも、三箇月後の五月十七日「夜松子さん来る。八束君食事の事に付不機嫌にて、夜他出せられし故、此方へ来られしやとの事なり。程なく帰らる」とある。重行氏によると、前日貴族院で民法典施行延期法案が提出されたが、紛糾により一週間の停会を命じられ、そのいらいらで、松子に当ったのだろうという（二四四頁）。

翌十八日「午後五時旦那様と共に番町へ行く……九時まで話し帰宅」とは、夫婦喧嘩の仲裁であろう。二十八日「法典延期に付ては八束君も大に尽力せしが、今日いよいよ二倍程の多数にて延期派勝利を得しよし」。これで八束の腹の虫も治まったか。夏には陳重夫妻・八束夫妻で宇和島を訪問、その後八束夫妻は大磯の別荘で過ごし、「八束君は色黒くなり大に丈夫そうになられたり」（九月十日）。

その後松子は七人の子を産んだ（一人は夭折）。八束は「妻君に奉ずること頗る厚く」（『愛媛新報』大正元年一〇月一〇日）、「家庭円満常に春風に充てり」（『読売新聞』同年一〇月六日）と言われている。『歌子日記』においても、皇室招待の園遊会などを含め、公式行事・親族行事なども夫婦単位で無難にこなし、学問上は緊張関係に富んだ兄弟関係にも関わらず、招待しあい、ご馳走しあうなど、陳重一家とも友好的関係を結んでいるように見える。

『東西両京の大学』は、「夫人と馬車を同じうして出で、馬車を同じうして帰るや、到処その手を引いて馬車を下らしむる」と、極めて結構なことを非難がましく述べるばかりか（六五頁）、松子について「その操行においてもっとも批難ある婦人なり」と言っている（九四頁）。「操行」といっても、七人も続けさまに子供を産んだのでは、浮気などする暇はないだろう。父は立志伝中の野人、母は失敗ばかりしている商人青年と愛し合った庶民女性で、その娘がお姫様然としているはずはなく、多少お行儀が悪いくらいは非難する方がおかしいのではないか。ともあれ、現在の車社会と異なり、馬車だと通り過ぎるまでゆっくり観察できるから、やっかみの対象になり易かったであろう。

同書によれば、ある友人が彼に次のように問うた。

「君ほどの学識と才能の持主なら、楊貴妃ほどの美女とでも、清少納言ほどの才女とでも選り取り見取りのはずなのに、なぜこんな、とかくの評判のある女性と一緒になって、しかもそれに甘んじているのかね」

［長尾の現代語訳］。

「彼平然と答えて曰く、余は妻を娶《めと》りしにあらず、財産を娶りしなりと」というのだが、信憑性となると眉唾ものであろう。真相は、このずっと年下の女性が可愛く、また老いた虚弱な夫として劣等感をもっていたのではないか。


しかし、夫婦についての八束の思想は極めて家父長的で、修身教科書の指針として述べたところによると、夫婦間には「尊卑ノ秩序」があり、「妻ハ夫ニ従フコト、子ノ親ニ従フガ如ク為サネバナラヌ」、「夫ノ家ニ嫁シタル以上ハ之ヲ以テ本ヨリ自己ノ家トシテ其ノ運命ニ従フハ言フヲ俟タザル」もので、「尊属親ニ對シテハ殊ニ意ヲ用ヰテ之ヲ尊敬シ、之ニ仕《つか》ルコトヲ怠ッテハナラヌ」と、江戸時代の『女大学』を思わせる（『國民道徳大意』三〇〜三三頁）。『教育勅語』でさえも、服従ではなく、「夫婦相和」すことを説いたのに。

七　民法典論争

(1)　学派の争い

穂積陳重は、民法典論争について、「單に英佛兩派の競争より生じたる學派争ひの如く觀えるかも知れぬが、此原因は素と兩學派の執る所の根本學説の差異に存するのであって、其實自然法派と歴史法派の爭論に外ならぬ」「根本は所信學説の相違より來た堂々たる君子の爭ひであった」「此爭議の一たび決するや、兩派は毫も互に挾む所なく、手を携へて法典の編纂に從事し、同心協力して我同胞に良法典を與へんことを努めた」と言っている（『法窓夜話』有斐閣、一九一六年、三五二・三頁）。以下の論述は、これへの註釈のようなものである。

まず「英佛兩派の競争」について――、

例えば、A校でシェークスピアやバイロンが講じられ、B校でモリエールやゾラが講じられても何の問題もないが、実定法学の教育機関たる法学校で、一方は英法、他方で佛法が講じられるなると、これは問題である。判例法主義の英法と制定法主義の佛法は、その前提として学ぶ語学はもとより、体系原理から教育法まで根本的に異なっている。実定法が一つでしかありえないとすれば、実定法教育としては、両者は並び立ち得ない。

立法の主管官庁としての司法省は、早くより佛法を日本の立法のモデルとする方針を決定しており、ボワソナード等のフランス法律家を招いて、着々立法作業を推進した。明治七年当時、立法機関もどきであった左院に英法派が擡頭した時、井上毅は司法省を代表して、「英佛ノ法律其ノ孰レカ優劣アルハ、今姑ク之ヲ置ク」が、「英國法司ノ構成ニ至テハ、往々中古ノ舊ニ因リ、其訟廷多門ニシテ、法權一ニ統ヘザルコト、蓋シ英法ノ得タル者ニ非ルナリ」、それに対し佛法は「簡ニシテ從ヒ易ク、條理明白ニシテ行ヒ易キ者」であるとして、佛法を推奨している（「司法制度意見案」『井上毅傳一』二二・三頁）。論争相手は尾崎三郎であったか（『尾崎三郎自叙略傳』上、中央公論社、一九七六年、一九一頁参照）。

何れにせよ、立法作業の中心は司法省で、明治十三年にはボワソナードが起草した刑法典と治罪法（刑事訴訟法）典が公布され、十五年に施行された。その後政府の独法転向によって、民法典以外の法典は、ドイツ人顧問によって起草される形勢となって来たが、独法とて制定法主義の大陸法である。ここに実定法教育としての英法教育の存在理由が危うくなったのは当然である。

なぜ当時唯一の大学であった東京大学法学部の法学教育が、英米の法律家に委ねられたのか、政府の右手と左手がまるで両立しない別々の方針で動いているのではないか、とは自然に起ってくる疑問である。この問題を解く鍵は、明治一桁台における司法省と文部省のコミュニケーションの悪さということになる。予科生に英佛独語を並行して履修させ、専門に進学させる方式だと、「勢ヒ必ス各科ヲ教ユルニ三国ノ語ヲ用ヰ一学ヲ授クルニ三国ノ師ヲ以テスルニ至ル、乃チ其費用倍蓰シテ到底能ク之ヲ充足セシムルヲ得ザルナリ」（『東京開成学校第三年報』明治八年、『通史⑴』三〇五頁）として、英語専用の方針が採用されたのが明治八年である。例えば、学生が英佛独語のどれかしかできない者に三分されると、物理学の教師を各々の国から一人ずつ招かざるをえず、費用が三倍になるから、英語一箇国語にしたのである。こうして専門進学前の英語教育を東京英語学校が担当し、他の語学を教える外国語学校と分離したことは先に見た。

ここで当然のことのように、法学教師として英人グリグズビーが招聘され（七年五月着任）、“Give a summary of the decision in Entick v. Carrington” という試験問題が示すような講義をした（それ以前の法学講義がどのようなものであったかは、明治三〜四年の外国人教師表の担当科目欄に、「ヴィーダー（英語、物理学、理学、法学、数学）」「ウィルソン（英語、普通学、理学、法学）」などとあることからも想像される（『通史⑴』一八九頁））。十年一月米国よりテリー着任、十一年秋グリグズビーの後任として英国よりタリングが来日する。政治学・哲学等の教師として同じ頃米国よりフェノロサも来ている。見通しのないまに、こうして「英法派」が発足した（加太邦憲《かぶと》のように、英法教育を避けて、司法省法学校に転校した者もある（『自歴譜』岩波文庫、一九八二年（原書一九三一年）一〇二頁））。

その後の「英法派」にとっての重大な事件は、十四年政変と、それに伴う政府の独法転向であった。それは法学部の学生たちの間に、まず下野した大隈重信に追随するか否かで分裂が生じた。また法学界における「英佛戦争」を尻目に、政府関係者は、闘争する両者の政治思想を「英佛過激論者」と一括して危険視し、飴と鞭をもって彼らに独法への転向を迫った。

この時期は、現在の私立諸大学の発足期に当り、「佛法派」は司法省法学校の卒業生・在学生を教師として、明治法律学校（後の明治大学）、関西法律学校（後の関西大学）、和佛法律学校（後の法政大学）を設立した。他方東京大学卒業生・在学生たちは、東京専門学校（後の早稲田大学）、英吉利法律学校（後の中央大学）、そして少し遅れて日本法律学校（後の日本大学）の設立に参加する者へと、三分された。以下この三グループを、（些か時代錯誤的ではあるが）「早稲田派」「中大派」「日大派」とよんで、その言動を略述することにする。

しかしその主題に立ち入る前に、当時における東京大学の社会学的位置づけについて一言しておきたい。明治十九年の帝国大学発足後と異なり、それ以前の卒業者数は極めて少ない（法学部は、十一年六人、十二年九人、十三年六人、十四年九人、十五年八人、十六年八人、十七年六人、十八年十人。文学部は、十三年八人、十四年六人、十五年四人、十六年十人、十七年十三人、十八年六人）。彼らは当然超エリート、超「金の卵」であるが、次のような意味もある。即ち、幼少期より外国語を習得して、西洋文明の紹介・翻訳に当る少数の「第一次知識人」と、彼らから日本語でその知識を教えられ、実務にそれを活用する大量の「第二次知識人」の分業関係の中で、東京大学は前者の養成機関とされたという事実である。いわば彼らは「存在」そのものではなく、「メタ存在」であった。

明治八年七月二日、文部省が太政官に提出した文書によれば、本郷には「外国語学ヲ以専門科ヲ修学スル者ヲ教養スル」ための「第一次知識人」養成機関を設立し、「第二次知識人」を養成する「真ノ大学校」は、別に千葉県国府台に建設する予定であった。しかも前者を過渡的存在と考えていたようなのである（『通史(1)』三九七・八頁）。この思想が、インドやフィリピンのように、学問は英語でするというシステムと異なった「翻訳学問」の国家を成立させることになった。

東京大学学生は、学生時代から既に翻訳者・紹介者、そして教師であった。坪内逍遥『當世書生気質』中の、不品行で退学処分を受けた後の継原と山村の対話（英語は原語に直した）――、

継「オイ山村。如何《どう》したね。いよいよ一件はsettleしたか」

山「not　yetだ。然し別に金儲の口ができた。……汗牛堂の飜譯がネ、一葉十行二十字で以て、twenty fiveといふ約束さ。too cheap。［しかし］財政緊急の今日に在っては是非に及ばぬ……」

継「原書は何だ」

山「encyclopaediaの中から、政事に關する事と農工業に關する事を抜萃して譯するんサ。工業上の事にゃア、中々technicalの言葉があるから、解らんpointも屢々あるが、大概いゝ加減に意譯して、早速エム［かね］にする料簡さ」

高田早苗は学生時代から、進文学社という医学部進学予備校のような私立学校で英語を教えていたが（高

田、六四頁)、このようなことは一般的であった。一木喜徳郎(二十年法(政治学科)卒)の回想録に、明治十四年大学豫備門に進学する準備として、「駿河台にあった成立學舎」に入ったが、そこは「大學生の内職場所」で、当時学生であった有賀長雄、三崎龜之助、山田喜之助が教師をしていた、とある(『一木先生回顧録』五頁)。

早稲田大学の校歌に「学の独立」という言葉があるが、それが「権力に対する学問の独立」という意味よりも、英語で講義が行なわれる東京大学と異なり、日本語で教育を行なうことを意味したらしい(開校式における小野梓の演説の中に「今日のやうに外國の文書と言語を以てのみ子弟を教育して居ては學問の獨立といふものは到底出來ないと考へるから、日本語を以て教へ、日本語で學ぶといふ事にしなければならない」という言葉がある(高田、一〇六頁))。「第二次知識人」の方が「ほんもの」なのである。

十九年以後の帝国大学時代と異なり、東京大学時代の文系卒業生には、教師・弁護士・ジャーナリスト・代議士、それに作家(坪内逍遥)などが多く、純粋の官僚になった者は少ない(有賀長雄は一旦官僚になるが、やがて早大教授。官僚となった奥田義人も、長く英吉利法律学校＝東京法学院＝中央大学で講義をもち、物権法・私犯(不法行為)法・親族法・相続法から法学通論まで、多くの講義録を出版している)。この「メタ人間」のもつ自由人的性格が、次の世代のドイツ派と対照的な、英国風教養青年のユーモア感覚と相まって、『當世書生気質』の魅力をなしている。カント流にいえば、「第一次知識人抜きのエリート養成は盲目であり、第二次知識人抜きでは空虚である」から、彼らは第二次知識人養成の学校建設に向って駆り立てられたのである。

「早稲田派」は、十四年二月、高田早苗が小野梓に感銘を受けて同輩たちを誘い、小野宅で「鷗渡会」と名づけた学習会を開いたところに発端がある。文学部の高田、山田一郎、天野、市島、法学部の砂川、山田喜之助、岡山（中退した市島以外は十五年卒）、それにフェノロサの単位を落として留年した坪内雄藏（十六年文卒）、そして舌禍事件から東大講師を辞任していた鳩山和夫らの東大関係者が参加した。これで十五年文学部卒業生四人のうちの三人と、法学部卒八人の中の三人であるから、権力側にとってショックであったに相違ない。「卒業式に際してフェノロサ先生は教師總代として立ち、私及び五六の同志の人々が、卒業後官吏に成ることを謝絶して政治に關係する意志あることを暗に攻撃して、私共の對する警告と言はうか、或ひは非難ともいふべき趣旨の演説を試みた」（高田、六四頁）。高田の回想――、

當時大学卒業生といふものは極めて少数で、世間でもちやほやしたのみならず、大學に於ても元より是を政黨に加入させたくないので、外山先生其他を介して卒業前我々に仕官を勸め、私には文部省の官僚になれといふ勸めもあり、其月給も大枚五十圓といふので、當時としては頗る優遇であった。併し我々同志は既にのぼせ返って居るので、之をお斷りした。（七八頁）

当時の政府は、早稲田の杜の東京専門学校を、西郷隆盛の私学校のように危険視し、様々な圧迫を加えるとともに、翌十六年度卒業見込み者を早稲田に奪われないために、飴と鞭をもって臨んだ。それが成功であったことは、その年から早稲田に身を投ずる者が激減したことからも知られる。

そこで「中大派」の話になる。英法を「第二次知識人」に教える学校の試みは、早くより存在した。専修学校（後の専修大学）は、米国留学から帰国した相馬永胤、田尻稲次郎、目賀田種太郎、駒井重格によって設立され、「経済科」と「法律科」が併設された。この中で法律家はイェール出身の相馬である。講義は日本語で行なわれ、東京大学出身者としては、鳩山和夫の他、大谷木備一郎（十二年法卒）などが講壇に立っ

たらしい。当初は順調であったが、やがて競争に破れて、法律科は閉鎖、昭和二年まで復活しなかった。

なお、明治二十二年に和佛法律学校（法政大学の前身）が発足したが、その前身の「東京法学社」が発足したのは十三年で、教師の多くを司法省明法寮＝法律学校在学生・卒業生が供給した。しかし十六年の内部改革により、東京大学出身者鈴木充美（十四年法卒）、山田喜之助、三崎（十五年法卒）が教師として参加している（『法律学の夜明けと法政大学』一九九三年、二四頁）。

翌十四年には「明治義塾」が設立された（慶応義塾を意識した命名か）。発起人に、自由党の馬場辰猪、大石正己らの他、斎藤修一郎（八年東京開成学校よりボストン大留学）、千頭清臣（十三年文卒）などが加わっている。教師は、憲法史馬場、論理学千頭、理財学福富孝季（十三年文卒）、心理学三宅雄次郎（十六年文卒）、法律学田部芳（司法省法学校十七年卒）、富谷鉎太郎（同）などで、高橋一勝（十二年法卒）、増島六一郎（同）、元田肇（十三年法卒）、岡山（十五年法卒）、馬場愿治（十八年法卒）等も関係していたという。講義は英語で行なわれた。だがこれも十八年夏に廃校に追い込まれた（『中央大学七十年史』一九五五年、四～五頁）。

英吉利法律学校設立が文部省に出願されたのが、明治義塾の廃校とほぼ同時の十八年七月八日で、同十一日に許可を得た（九頁）。発起人は、穂積陳重、岡村輝彦、菊池武夫、土方寧の大学教師たち、高橋健三（大学南校出身）、西川鉄次郎（十一年法卒）、藤田隆三郎（同）、増島六一郎（十二年法卒）、高橋一勝（同）、元田肇、合川正道（十四年法卒）、岡山（十五年法卒）、山田喜之助（同）、渡辺（同）、磯部醇（十六年法卒）、江木（十七年法卒）、奥田（同）、渋谷慥爾（十八年法卒）の十八名で、十年代東大法学部の中枢メンバーが結集した観がある。

当時交通不便であった早稲田と異なり、神田に校舎を構えたことは、早稲田への重大な脅威で、早稲田設立に関係した岡山と山田がこれに参加していることは「裏切り」の疑いもある。市島は、この二人が「切に吾々同人に法科の移転を主張した」、即ち実質上早稲田の法科を英吉利法学校に移すべきことを主張した、と言っている。「實は岡山の背後に魔の手があり、岡山を手先につかって、先づ學校の一角を崩し、追って他に及ぼさんとした策謀が長派の某有力者であったとは、大隈侯自身語られたことである」と(市島、二六四頁)。「某有力者」とは山田顕義である(市島「梧堂先生追憶記」『岡山先生二十三回忌追懐録』一九二六年、一六頁)。

この「中大派」は、「早稲田派」ほど政治性をもたないノンポリ「英法派」の集団かと思われるが、早稲田を追いつめる政治的機能をもった。しかし基本的には、独法に転向せず、前途が閉ざされている英法に賭けたという点で、純粋派である。また弁護士が多く、明治十年代東大の野性味を保持しているという点では、野人派でもある。彼らが民法典論争において、最後の暴発を試み、多少は政府の弾圧を蒙ったのである。

明治二十二年十月一日、英吉利法律学校は「東京法学院」と改称した。創立二十周年祝辞の中で、穂積陳重は「始め英吉利法律学校と称せるは、当時我邦の法律未だ備わらず、泰西諸国の法学を修めて以て我邦の立法司法及び法学の進歩に資するの必要あるの時に当り、イギリス法学を学習せる者相集まりて本校を設立したればなり。中ごろ法学院と称したるは、我邦の法典既に成り、これに基きて法理を研究すべき必要を生じたるの時なり」と述べたが(『中大七十年史』四六頁)、その「法典」は佛独の大陸法を典拠としており、英法の看板を降ろさざるを得なくなったのである。

「日大派」は、「ここは日本なのだから、『英法派』『佛法派』『独法派』などが争うのはおかしい。我々は『日本法派』でなければならない」というナショナリズム的発想を基礎に、主要立法がほぼ完備された状況を背景として生れたものであるが、その構想は、政府のドイツ法転向に従ってドイツに派遣された人々によって、留学中のドイツで育まれた。東大出身者に関する限りは、いわば(自律的ないし他律的な)英法から独法への転向者集団が創造したものである。

「日本法律学校」を設立しようという構想は、恐らく「英吉利法律学校」設立に熱中する同輩たちを批判的な眼で見ていた宮崎道三郎(十三年法卒)の心に、最初に宿ったものであろう。宮崎は、二十三年九月の開校式演説の中で、「此の学校の如き学校を立てやうとしたのは数年前からのことで有りました」と言ったが(『日大百年史』七五頁)、「数年前」というとちょうどその頃に当る。

まず「創立者」のリスト(同、八三頁)を検討してみると、金子堅太郎(Harvard Law School)、本多康直(Göttingen 大学博士)、宮崎、末岡精一(十四年文卒)、八束(十六年文卒)、斯波(十六年法卒)、樋山(同)、添田(十七年文卒)、平島及平(十七年司法省法学校卒)、上条慎藏(二十一年佛法卒)、野田藤吉郎(同)と、「早稲田派」とも「中大派」ともメンバーが重複していない。この中で、本多、宮崎、末岡、斯波、樋山、穂積、添田、平島がドイツ留学者で、同地で接触・交流の機会を有したらしい(同、七三頁)。

東大法学部は三分した。十年代中葉の法学部卒業者でその何れの発起人にも名の出ない重要人物は、十六年卒の関と十七年卒の石渡くらいである。関は、先に見たように、『東京日々新聞』に入り、二十一〜五年その社長で、ちょうどその時期に争われた民法典論争中、同紙は「延期派」の機関紙のようになっている。まずは「中大派」シンパである。

石渡は卒業後司法省に入り、十九年よりヨーロッパに留学、後にゾイフェルト『民事訴訟法註釈』の翻訳に関わっている。明治三十一年刊行された『九大法学校大勢一覧』によると、彼は東京法学院（中大）で刑訴法を、早稲田で刑訴法と刑訴演習を、日本法律学校で「刑法及擬律擬判」を担当している。八方美人の中立派といえようか。

八束はこの「日大派」に属し、ドイツ国法学の国家崇拝と「國體」論を接合した彼の憲法論は、このグループの基本思想と適合的であるように見える。しかし彼は、人脈的には、江木や奥田のいる「中大派」の方に親近感をもち、帰国するや「月並会」に出席して、講義や雑誌への寄稿を約束したことは先に見た。今更「英法派」でもないので、「中大派」の方でも、ドイツ帰りを取り込むことにメリットを見出したのであろう。

⑵「民法出テ、」

明治二十三年四月二十一日、民法典の第十二章までが公布され、五日後の二十六日商法典が公布された。しかし、論争はその一年前から始まっている。

二十二年五月、「法学士会」総会が、全会一致で法典への反対を決定し、発表した（当時まで「学士」を生産する大学は東京大学＝帝国大学のみで、「法学士」とは同大学出身者の会である）。その短い文章の中で、盛り沢山に色々なことが言われている。

法典編纂は「至難ノ事業」であるのに、「急激ニ失スル」のではないか。「法典編纂ノ可否」についてさえ、欧米法学者たちの間で結論が出ていない。法典は社会の進歩に伴うべきもので、予想される法典では国民は容易に実行できないであろう。法律は国民の必要に従って起るはずのものなのに、「必要未タ生セサルニ先ンジテ」立法が行なわれようとしている。欧洲諸国では、法典編纂は既存の立法や判例を成文化し体系化する作業に過ぎないが、この立法は何にもないところに外国法を持ち込むものではないか。「旧慣故法ヲ参酌スル」と一応言うが、実際は「有名無実」ではないか。商法や民事訴訟法はドイツ人、民法はフランス人の起草で、両者は抵触せざるを得ないだろう。我が国は「封建ノ旧制」は脱したが、「百事改進」「変遷極リ無キ」状態にあり、強いて立法を強行すれば、「民俗ニ背馳シ、人民ヲシテ法律ノ煩雑ニ苦シマシムル」恐れがある。この立法は「教科書論文」を書くような態度で、「民情風俗」を無視して、論理の精のみを追求した産物ではないか。我々は、公布を急がず、草案のままで、「公衆ノ批評ヲ徴シ、徐《おもむ》ロニ修正ヲ加ヘテ完成ヲ期スベキ」である（星野通『民法典論争資料集』日本評論社、一九六九年、一四・五頁）、と。

これに呼応して、英吉利法律学校の雑誌『法理精華』六月一日号は、増島六一郎（十二年法卒）の講演筆記を掲載した。その基本主張は次のようなものである。

欧州ヨリ輸入セル理論ハ純然タル欧州ノ理論ニシテ本邦ノ事実ノ何タルヲ知ラザル人之ヲ編纂シ、不熟練ノ人之ヲ翻訳シ、其字句ノ修正ハ漢学者ニ之ヲ委スルガ如キハ其極佶倔敖牙毫モ了解シ難キ未曾有ノ法典ヲ生ズルニ至ラン。従テ之ヲ実行スベキ司法官ハ求メテ得ベカラズ、又現今司法ノ職ニ在ル本邦人ニ強ユルニ欧米ノ空理ヲ実行スベキコトヲ以テスルハ、過失モ亦甚シト云ハザルベカラズ。（星野、二〇頁）

「英法派」のこのような批判に対しては、不文法主義の英法を学んでいる彼らは、法典解釈能力に劣るから、やっかみから法典化の足を引っ張っているに過ぎない、という冷笑的な観方が存在したらしい。同誌七月号の岡野敬次郎（十九年法卒）、八月号の奥田義人は、それに反論しているが、抽象的で余り迫力はない。

法案の内容が公表されると、内容的議論が始まる。江木衷は、十月号から三号連載で、まず冒頭の条文（財産編第一条「財産トハ各人又ハ公私ノ無形人ノ資産ヲ組成スル権利ナリ」）を批判する。即ち「資産」という言葉は、曖昧でとりとめがない。民法上「人」といえば自然人と法人の両者を含むのが常識で、ことさらに「各人又ハ公私ノ無形人」というと、他の箇所でただ「人」と記している場合に、自然人のみを意味すると解釈される可能性があり、立法技術として拙劣である。現行法上、例えば市町村制などでは、「法人」という言葉を用いているのに、「無形人」などという訳語を用いるのは問題である、と。

続いて第二条（物権の定義）と第三条（債権の定義）を問題とする。江木の考えでは、物権は人と物との関係、債権は人と人との関係であるが、権利にはもう一つ、生命権・身体権等の「人身権」があり、草案はそれを無視している。草案が物権を「直チニ物ノ上ニ行ナハレ」（A）「且総テノ人ニ対抗スルコトヲ得ベキモノ」（B）と二重に性格づけているのはおかしい。第一に、BはAの効果として生ずるもので、物権の定義とはならない。第二に、Bの属性は「人身権」も具有しており、物権固有のものではない。第三に、物権にも対世的効力をもたないものもあれば、債権でも対世的効力を有するものもある。例えば第二位の抵当権も物権だが、第一位の抵当権者に主張できない。他方強迫による意思表示により得た物が輾転譲渡された場合、原所有者は輾転譲渡を受けた不特定の人々に対して債権に基づく返還請求権を有している。ということは、債権は「定マリタル人」のみに主張し得るとする第三条の定義は誤っている。

続いて第六条（「物ニ有体ナル有リ無体ナルアリ云々」）を問題とする。草案は無体物の例として物権と債権を挙げるが（第三項）、権利を物権と債権に分類しておきながら、その物権の中に債権が入っているのも不思議なことだ。「狐狸ニ化カサレテ、蚯蚓《みみず》ヲ赤飯ト味ヒ、馬糞ヲ団子ト心得ヘタルノ趣」がある、等々。これと並行して、十月号に花井卓藏（二十一年英吉法律学校卒）の、訴訟法に属すべき証拠法が、証拠編として民法に含まれていることを「法律社会ノ一珍事」として批判する論文も登場した。

最初は負け犬の遠吠えとして無視していた「佛法派」も、二十三年に入ると（執筆は前年末であろうが）、反論に乗り出した。磯部四郎が明治法律学校の『法政誌叢』に連載した、江木に対する反論がその発端である。

「物知リ顔」「生学者」「狂気ノ沙汰」「放言高慢至ラゾル処ナキ」「寔ニ苦々シキ次第」「悪《にく》ムベクシテ恕スベカラザル者」「書生輩ノ無分別ナル臭味」「妬心ヨリ出デタル自己ノ短ヲ掩フノ遁辞」「己ノ鈍刀ヲ以テ割腹シタルモノ」「水虎《かっぱ》ノ屁ニ類スル御法理」「取リ止メノ付カヌ愚痴」「法律ノホノ字モ御存知ナキ証拠」「少シク精神ノ静寧ヲ失ハレタルモノ歟」「好敵手トモ思ハザルナリ」「江木殿モ自己ノ不得手ヲ包マス他ノ学校ニ通学ナリ致サレテハ如何」など、激語を列ねた闘争の書であるが、江木が挙げた諸論点に関しては、次のように述べている。

まず江木が草案の法理は「数十年前ニ行ナハレタル陳腐説」だと言っている点については、「元来民事ニ関スル法律ハ概シテ時ノ古今ヲ問ハズ、国ノ東西ヲ分タズ」「二ト二ヲ合シテ四ノ数ヲ成ス」如く「百年前ノ法理ト現時ノ法理ト毫末モ異ナルナキ」ものだという。佛法派の自然法論である。

法人と自然人に関しては、草案は「人」に法人と自然人とがあることを素人向けに示したもので、一方で草案が「高尚ニ失シテ人民之ヲ知ルニ難シ」と批判しながら、ここで親切過ぎることを非難するのは矛盾である。また江木は、「無形人」という用語を批判しているが、新しい版ではすべて「法人」という語に統一しており、不勉強である。江木は物権・債権の他に「人身権」があると言っているが、ここが「財産編」であることを忘れている。

対世性は「効果」であるから、物権の定義に取り入れるべきでないとは、定義の本質を知らぬものである。第二抵当権の及ぶ範囲に第一抵当権はそもそも入っていない「権外ノ事」なのだから、それに対抗できなくても、対世性の問題とは何の関係もない。また強迫による表意者が、強迫による権利取得者から譲渡を受けた者に返還請求権を有するのは、「物上訴権」に基づくもので、債権の問題ではなく、それは三一五条以下に明示されている。江木は、物権と債権を分類しておきながら、六条三項で無体物の中に債権を入れているのは矛盾だとするが、権利の分類と物の分類とを混同している。……

これに対し、鳥居鍗次郎（英吉利法律学校二十一年卒）が『法理精華』に三回に亘って反論を掲載した。まず江木が磯部の文章に接した時、「新年早々から大家がこんなになってしまって残念だなあ。磯部先生は奈良漬けの香りで金時の火事見舞いになるほどの下戸だから、原因はアル中ではあるまい。ともかくこれをお届けしなさい」と言い、小使にぼた餅一籠を「巣鴨ノ病院」に届けさせた、というが、巣鴨病院は、後に松沢に移転した精神病院である。江木が相手にしないので、鳥居が代りに出る、というのである。

続いて磯部の態度を評して、磯部は「草案外ニ法理ノ存スルモノアルヲ知ラズ、小天地ニ呼吸シテ汎ク法理ヲ容ルヽノ度量ヲ欠キ、或ハ私心ヲ挟ンデ徒ラニ草案崇拝ヲ事トスルノ鼠輩ニシテ、江木氏ノ論説ヲ一読シ、氏ガ逐条評下シ去ッテ悉ク其疵垢ヲ発摘シタルヲ見ハ、周章狼狽為ス所ヲ知ラズ、肝落神泣遂ニ発シテ、憤怒トナリ、狂妄トナリ、罵詈トナ」ったのだ、と非難する。また古今東西法理は同じだという磯部の主張に対し、古代インドのマヌ法典やエスキモーの法も同じか、と揶揄している。

なお注目すべきは、江木が「十年ヤ二十年ノ間ニハ中々ニ発布ノ手続ニ至ルマジ」と言い（星野、二六頁）、鳥居も「容易ニ発布セラル、ノ気遣ヒナク」と言っていて（同、五一頁）、政府内に有力な公布反対派が有って、それと気脈を通じている様子が窺われることである。ところが山縣内閣は法典を公布した（民法の四月二十一日、及び親族・相続の部分は十月六日、商法四月二十六日）。英法派の敗北である。

『法理精華』六・七月号は、「新法典概評」なる論説を掲げ、「非法典論者ハ実ニ敗レタリ」（星野、五五頁）と敗北を声明し、その原因を分析している。それによれば、第一に、非法典論者が法典編纂そのものを攻撃するのみで、内容の批判に乏しかったこと、第二に、大隈外相の条約改正作業が頓挫したにも拘らず、それに対応する国内体制整備のための法典編纂事業が山田顕義司法相の下で継続したこと（それが非法典派の予想に反したこと）、第三には、議会開設前に公布するのは、「立法協賛権ヲ軽視スル」ものであるにも拘らず、政府は既成事実を作ろうとしたことが、敗北の原因である。このように分析した上で、公布された新法典を、「佛国民法ニ多少ノ変更ヲ加ヘタルニ過」ぎない時代遅れのもので、フランスの共和主義とカトリック的背景を無批判に導入しており、これを解釈するには「日本帝国臣民ナル観念ヲ放擲セザルベカラザル」ものであるとしている。

夏になると、判検事採用試験が行なわれ、試験問題は、公布された法典のみから出題された。前年までは英佛独法よりの選択であったから、この変更は「英法派ノ學者ヲ痛ク刺戟シ」、彼らを反対運動に駆り立てる一因となった（仁井田益太郎『舊民法』一九四三年、日本評論社、二五頁）。

「延期派」は、まず商法について、それは商慣習を無視しており、公布より七箇月後の二十四年元日に施行するのは尚早であるとして、延期運動を起こした。十一月二十五日に最初の議会が開会するや否や、衆議院に議員立法として延期案が提出され、両院の多数を得て成立した。その間延期・断行の両派とも、「或ハ両院議員ヲ勧誘シ、若ハ之ニ意見書ヲ送付シ、或ハ商業會議所及諸種ノ實業團體ヲシテ請願書ヲ提出セシメ、或ハ言論界ニ働掛ケ、或ハ演説會ヲ開催スル等」活潑に活動した（仁井田、二〇頁）。

二十四年になると、主題は二十六年元日施行予定の民法に移った。もっとも本格的な闘争は二十五年に展開されるが、その前哨戦段階で登場したのが、八束の「民法出テ、忠孝亡フ」である。これは、花井卓藏執筆の「新法典概評」が政府の忌諱に触れ、二十三年七月十五日、突如『法理精華』が発行禁止となった後、それに代るものとして二十四年四月に発刊された『法学新報』の第五号（八月二十五日）に掲載された。十日前に刊行された『国家学会雑誌』所掲の「耶蘇教以前ノ歐洲家制」と大体同内容のもので、有名になったこの題目は江木のアイディアによるという（『法窓夜話』三四八頁）。

その構想の源泉は、恐らく留学中に読んだフュステル・ドゥ・クーランジュ『古代都市』で、同書はサンスクリット語発見以来流行の主題であった「原インド・ヨーロッパ人」の家族形態や国家形態を略述したものである。それによれば、彼らは祖先崇拝者で、祖先から子孫に連なる眼に見えない一本の線を維持することを至高の規範としていた。この家族制度が、神と個人との中間的権威を偶像として排斥するキリスト教によって解体した、というのが、同書の梗概である。

八束は、この原インド・ヨーロッパ人の家族形態が、日本の伝統的家族形態と瓜二つであると感じた。近代化主義者であれば、この図式から「日本に残存する家族制度は、前近代の遺物で、それを克服して近代的・個人主義的な家族を形成することこそが、立法の任務である」という帰結を導き出したであろう。だが、八束は違った。そのような思想は、「我ノ耶蘇教國ニアラザルコトヲ忘レタ」ものである。我々は「我國固有ノ家制」を防衛しなければならない。特に彼は、公布された民法典について次のように述べた。

民法ノ法文先ツ國教を排斥シ家制ヲ破滅スルノ精神ニ成リ。僅ニ「家」「戸主」等ノ文字ヲ看ルト雖モ却テ之カ爲メニ法理ノ不明ヲ招ク。空文無キノ優レルニ若カサルナリ。嗚呼《ああ》極端個人本位ノ民法ヲ布キテ三千餘年ノ信仰ニ悖《もと》ラントス（『論文集』二四九頁）。

天孫降臨神話からしても、三千余年はオーバーだが、これに対し「断行派」の『法治協会雑誌』（十月一日刊行）は、和田守菊次郎（明治法律学校二十二年卒）の反論を掲載した。

和田守は、八束の主張は「一大異様ノ言論」（星野、一二八頁）で、「未ダ帝国民法ノ素読ダモナサザルカ」を「大ニ疑フ」とした（一三三頁）。法典の親族・相続の部分は「世運ノ啓発ニ害ナキ限リ氏ノ所謂祖先教家制主義を採用」している（一三〇頁）ことを、具体的に指摘している。即ち財産取得編二八六条は家督相続、二九五条は男子長子相続制、三〇六条は隠居制度を定め、三八四条で家督の遺贈を制限している。また人事編三十八条は子の婚姻に父母の許諾を要求し、一〇七条は家督相続すべき男子がいる時は養子を禁止し、一〇九条は戸主以外の者の養子を原則として禁止している。二四三条以下の戸主に関する規定等における「家」の概念は「本邦今日実際ノ家ト毫モ異ナル点」はない、等々。

『法学新報』は翌二十五年五月二十五日発行の「法典実施延期意見」という題の「社説」を掲げ、八束の主張を一層過激化し、民法人事編は「社会ノ大革命」を法によって成就しようとするものであるとして、次のように述べた。

抑《そもそも》新法典ノ材料ヲ成ス欧洲民法ノ条項タルヤ、十八世紀末佛国革命ノ余響ヲ受ケ徹頭徹尾個人主義ト民主々義トニ範ヲ取リ国家思想ニ闕ク所アルハ夙《つと》ニ学者ノ認ムル所ニシテ、其之ヲ共和政治ニアラザル社会ニ適用スルノ得策ニアラザルハ更ニ疑ヲ容レザルナリ。……君臣ノ義、父子ノ親、夫婦ノ序、朋友ノ誼ノ如キ我国固有ノ美質ナリ。……今ヤ個人主義民主々義ヲ以テ成レル法典ヲ取リテ此社会ニ適用セントス、之ヲ社交上ノ大革命ト謂ハズシテ何ゾヤ。（一七二頁）

法文中往々家、戸主等ノ文字ヲ見ザルニアラズ。然レドモ民法ノ所謂家ナル者ハ耶蘇教俗ノ家……夫婦同居セル一族ノ総称タルニ過ギザレバ、民法ハ飽迄個人ヲ以テ権利ノ主体ト為セリ。試ニ人事編ノ規定ヲ見ヨ。「父死亡スルトキハ母ヲシテ当然後見人タルノ権利ヲ有セシメタリ。故ニ一家ノ財産ハ悉ク未亡人ノ意志ヲ以テ自由ニ之ヲ処分スルコトヲ得。是家ヲ重ンジ家ヲ以テ一法人トスルノ家制ニ適スルモノト謂フベキカ」。……民法ハ父権ヲ名ケテ親権ト謂フ、蓋シ民法起草者ノ意ハ父ニシテ死亡シタル時ハ母ニ於テ此権利ヲ行フコトアルベキヲ以テ之ヲ父権ト称セズ親権ト謂フベキモノトセルコトナラン。然レドモ家制ヲ重ンズルノ習俗ニ於テハ父権ノ外母権ナルモノヲ認メ之ヲ総称シテ親権ト称スルガ如キハ其当ヲ得タルモノニアラズ。

更に、離婚して家を去った実母は親族でなく、継母との間に親族関係を生ぜしめるのが「家制ノ理論」であり、先婦の子が実母に養料を供することを認めるのは、「個人主義ノ欧米ニ行ナヒテ能ク適スベキモ家族制度ノ日本ニハ断ジテ行ナフヘカラザルモノ」だという（一七四〜六頁）。

この男系主義の主張に対し、「和仏法律学校校友会」は、次のように反論した。

曰ク「民法ハ父ナキトキハ母ヲシテ後見人ラシム、是従来ノ家制ニ適当セズ」ト、是我国従来ノ慣例ヲ知ラズ、又親子ノ関係情誼ノ何タルヲ解セザルノ言ノミ……曰ク「民法ハ血統ノ相聯結スル者ヲ親属トシ相互ニ養料ヲ供スルノ義務アリトセルナリ。然ルニ従来ノ制度慣例ニテハ家制ノ理論上必然ノ結果トシテ父ト継母トニ対スル情義ヲ重ンジ先婦ヲ以テ親族中ニ加ヘズ。法律上親子間ノ関係ナキモノニシタルニ反ス」ト。我国何レノ世ニカ離別ノ父母ト其子女トノ実系ヲ絶滅シ親子ノ関係ナキモノト為シタルコトアル。又何レノ時ニカ継父母ノ情義ニ拘ハリ、其実父母ノ饑寒ニ迫ルヲ坐視傍観スルガ如キ乖倫ノ事アル。吾輩ハ断ジテ此事ナキヲ確言ス。縦シ旧来ノ慣習ニ於テ之アリトスルモ民法ガ之ヲ規定シタルハ則チ倫常ヲ維持スルモノナリ。(二二六・七頁)

離婚した実母との関係の切断を主張したのが八束かどうかは分らない。何れにせよ、万世一系の男系血統の維持を絶対の規範とする八束の思想は、遠い祖先の武功や忠節に現在の身分や地位を負うている江戸中期以降の武家の思想である。戦国武士は、親でなく、自分の武功によって地位を獲得した。百姓は、ムラの中で嫁取り、婿入り、分家、養子等々の複雑なネットワークを形成し、祖先から子孫に至る男系長子の一本の線に対する信仰などあったかどうか分らない。町人においては、金銀が系図の代りで、夫婦単位で必死で稼ぎ、儲かったと思うと、放蕩息子が出て蕩尽することの繰り返しであった。穂積家のように、饒速日命以来の一系の系図などを誇っているのは、例外中の例外である。幕末より流行した系図売買の虚像に欺かれてはならない。

帰国直後の講演において、主権絶対主義者であることを世に示した八束は、今度は個人主義的近代化に対する敵であることを世に示した(彼は「家トハ一男一女ノ自由契約ナリト云フノ冷淡ナル思想」を攻撃しているが(『論文集』二四八頁)、その頃彼と浅野松子との縁談がまとまり、新婚を待つ状態にあった)。ここに八束の敵と味方は明確に分離し、（彼は生涯この思想を固守したから）敵はそのまま敵であり続けた。梅謙次郎は、二十五年五月『明法誌叢』に寄稿した論文の中で、次のように述べた。

論者動《やや》モスレバ曰ク、我ガ民法ハ……耶蘇教国ノ個人主義ニ依レリ。然ルニ耶蘇教ニ於テハ父ヲ敬慕スルハ却テ耶蘇基督ヲ侮辱スルモノナリ。君主ヲ崇敬スルハ却テ耶蘇基督ヲ侮辱スルモノナリ。故ニ民法出デ、忠孝亡ブト。是レ徹頭徹尾誤謬ノ妄言タルニ過ギズ。我輩ハ敢テ耶蘇教ヲ信ズルモノニ非ズ。故ニ毫モ之レヲ弁護セント欲スルモノナラズト雖モ、誤謬ヲ正スハ亦タ学者ノ本分ナリ……我輩ハ耶蘇教ノ経文ヲ読ムニ、父母ニ孝ナレト説クモノ屢々ナルヲ見ルノミニシテ、未ダ父ヲ敬慕スルハ却テ耶蘇基督ヲ侮辱スルモノナリト曰ヘルヲ聞カズ。君主ヲ崇敬スルハ却テ耶蘇基督ヲ侮辱スルモノト曰ヘルヲ聞カズ。君主ノ命ニ従フベキコトヲ説ケルヲ見ルノミニシテ……君権ハ神権ナリト云ヘル学説ハ実ニ耶蘇教ヨリ出デシコトハ人ノ皆ナ知ル所ナリ。（星野、一三九頁）

佛法学者梅にとって、キリスト教とはカトリックだったことが分るが、それから十年余り後に、次のようなことがある。

先月中旬、小石川植物園に催されたる緑会において、梅謙次郎は立ちて述べて曰く、「頃者教授中自己の学説をもって答えざるものはことごとく落第せしむる者ありとの点をもって、東京大学を攻撃する者あり。しかれどもこれ実際の事実を知らざるもの。大学教授中決して斯る暴慢なる者なきは、吾人の保証する所なり。素より学生が教師の学説を重んぜざるは不可なれども、教師の学説を挙げ、なおその所信のある所をもって答るにおいて、決して零点を与えらるるの道理なきのみならず、かえって吾人の大いに歓迎する所なり」と。学生歓呼して止まず。ただ一人黙然として傍らに

頭を垂れたるものは彼穂積八束なりしという。（『東西両京の大学』九九頁）

衆議院で根本正議員が、自説を書かない答案に零点をつけるとして八束を非難したのは、第十七回帝国議会であったという（『東西両京の大学』二一三頁、但し削除されたのか、この発言は議事録に見当たらない）。根本はアメリカ帰りで、アメリカ的民主主義観念に反するものに腹が立ってたまらず、貴族院を誹謗したりして物議をかもした（彼は三十五年三月、第十六回帝国議会衆議院本会議で、貴族院は政府に従順、国民に傲慢で、例えば村田保などは頭がぼけている、勅選議員の終身制はやめるべきだ、などと発言した）。

(3) 民法第二条

穂積陳重が、この論争を回顧して、「根本は所信學説の相違より來た堂々たる君子の爭ひであった」「此争議の一たび決するや、兩派は毫も互に挾む所なく、手を携へて法典の編纂に從事し、同心協力して我同胞に良法典を與へんことを努めた」と述べたことは先に見た（『法窓夜話』三五二・三頁）。梅謙次郎、富井政章、穂積陳重という委員の構成は、「断行派」と「延期派」の適度な均衡を保ち、彼らの起草した新民法は、特に親族相続法には、旧民法の際の論争を配慮したから、嘗ての激論が嘘であったかのように平穏に成立したように見える。

國論大に變し、概ね成文律の必要を認め、且つ法典調査會の成案粗々國風民情と相副ふものと爲し、概ね政府の提案を容れんとするの傾向あり。兩院は僅少の修正を加へて之に協賛し、政府は明治二十九年四月法律第八十九號を以て之を發布したり。

（工藤武重『帝國議會史考・明治篇』一九二七年、四一一頁）

だが、八束を除いて――。

彼は民法親族相続編公布（三一年六月）の直前に、「『家』ノ法理的観念」という論文を『法学新報』（三一年四月）に寄稿し、その冒頭で次のように述べた。

　歐洲法ノ範型ニ鑄造セラレタル新法典ハ將ニ其成ヲ告ケントス。日本固有法ヲ説クハ死児ノ齢《よわい》ヲ數フルノ愚ニ似タリ。然レトモ予ハ好テ法ノ過去ヲ論ス。死児ハ蘇スヘカラス。我數千年ノ民族固有法ハ他日天定ッテ人ニ勝ツノ時ナキヲ絶望セサレバナリ。（『論文集』四三〇頁）

「天定ッテ人ニ勝ツ」は、「人衆者勝天、天定亦能勝人」（『史記列伝・伍子胥』）に出典があり、信念に反する現実に直面した者が自らを慰める言葉として、屢々引用された。即ち「天命に反して悪が支配することもあるが、それは過渡的現象で、やがては『天が定まって』正義が貫徹するだろう」というもので、八束は、民法の制定を、「人衆くして」天命実現が妨げられている一時的現象と解しようとしている。陳重らの、西洋的民法と伝統的家制度を整合させる努力を、八束は受け容れなかったのである。

民法制定自体については、「天が定まらない」現状について一応諦めていた八束も、外国人の法的地位に関わる第二条問題については、反対の言論活動に立ち上がった。そして兄陳重、及びその愛弟子山田三良と、公然たる敵対関係に立ち、『法学新報』（三十年三月）に「民法第二條の論戰場に在りて弟穂積博士は兄穂積博士と對陣す、各一方の大將株也、保元のむかしも忍はれて勇々しき事なり」と書かれた。「保元のむかし」とは、天皇家・藤原氏・源氏などで、血族が敵味方に別れて殺し合った保元の乱に言及したもので、特に源義朝・為朝兄弟の対決などを念頭においているのであろう。

条約改正問題が生じた基本原因の一つは、幕末と明治時代とで、物事の優先順位が変化したからである。

幕末には、内地に「異人」を立ち入らせないことが最大の優先事項で、それが実現されれば、領事裁判権の支配する「居留地」を認めることもやむを得ないとされた。それに対し明治政府にとっては、日本全土を日本法の支配に置くことが国家目標で、そのためには全土が外来の法制度に支配されることも、やむを得ないとしたのである。

この問題を側面照射するものに、ラフカディオ・ハーンの日本認識がある。彼もフュステル・ドゥ・クーランジュの描いた上代ギリシャ・ローマの家族制度を、伝統的日本のそれと瓜二つだと認識し、それは圧倒的に強力な西洋化の潮流によって、今や滅び去ろうとしていると見ていた。彼の見るところでは、日本は「小人国」で、日本人は小児であり、大人である西洋人によって手もなく押し潰されてしまうのである。ハーンの日本ロマンは、滅び行くものへの哀惜のロマンであった（長尾「小泉八雲の法哲学」「蓬萊の島にて」『西洋思想家のアジア』（信山社、一九九八年）参照）。

この日本認識は、日本の知識人の少なからぬ部分に共有されていた。「内地雑居」によって日本の産業は欧米に支配され尽くすであろう、富士山とて買い占められるかも知れない、という危惧の念が、井上馨や大隈の企てた条約改正の試みを挫折させた心理的動機の重要な要素であった。

「外国人ハ条約又ハ法令ニ禁止アル場合ヲ除ク外私権ヲ享有ス」（民法第二条）という内外人平等の原則は、条約改正の前提であるが、鎖国的心情の持主や、「弱き日本」を危惧する人々の反撥を招いた。公布後施行前の三十年一月、衆議院で元田肇（十三年東大法卒）らの議員が「外国人ハ法律又ハ条約ニ依リ特ニ認許シタル場合ニ於テ私権ヲ享有ス」とする修正案を提出した。

これに対し山田三良は、外国人の処遇が排斥主義から平等主義へと進むという歴史的展望の下で、元田らの鎖国的主張を批判する論文を二月五日発行の『法学協会雑誌』に発表し、陳重はこれに序文を寄せて、小冊子として貴衆両院議員に配布した（『歌子日記』四一七頁（重行氏解説））。八束の「民法修正意見」が『法学新報』に発表されたのは、その直後（二月二十五日）のことである。

八束のこの論説は、「頑迷者流ノ攘夷論ナリ排外主義ナリト罵詈《ばり》」されることを避けるためか、いつになくテクニカルな議論をしている。現行諸条約は外国人に許される権利を列挙していて、この条文と整合的でないとか、条約改正以前に民法が施行されると、その過渡期に混乱が生じ、それが既得権として恒久化されるとか、「私権」といえども、「私権」と「公権」の区別は明確でないとか。そして恐れるところは、「外國人カ漁業又ハ農業ヲ営ム」ことなのである（本書一二二頁）。

二月二十八日、早稲田で鳩山衆議院議長を司会者とする模擬国会が開かれ、第二条をめぐって討議したが、山田三良は、「有力なる反対派がひとりも出席するものがなかったので、私の独り相撲となり、満場一致の賛成をもって修正案を粉砕することを得たのは頗る痛快であった。かくて衆議院においても漸くその非を悟り賛成を取り消す議員が続出した」と、六十年後に刊行された自伝の中で、なお興奮覚めやらぬ口調で語っている（『回顧録』一九五七年、一四頁）。名は出さないが、八束への対抗意識が窺われる。『歌子日記』に、八束と山田が交互に現われ、時には鉢合わせする場面が出てくる。

他方、元田肇ら第二条修正を主張するグループは、会合を開いており、『近衛篤麿日記』（鹿島研究所出版会、一九六八年）に頻りに登場するが、八束は参加していない。それと別に、近衛を中心とする「条約実施研究会」が三十年七月に発足し、これには梅謙次郎、一木喜徳郎、穂積陳重、寺尾亨などが参加しているが、富田鉄之助など、メンバーに重複も見られる。同年九月七日渋沢栄一が近衛を訪れ、「条約実施研究会は民法第二条修正論者の機関なり」という世の観測について伝えている（『近衛日記(1)』二七九頁）。この研究会は七月三十日会合して、毎月第二木曜日に開くことを定め、四つの主題を掲げて、各々報告者を定めた。その中で「条約を以て規定したる関税率は、帝国議会の協賛を要せずして実施の効力を有すべきか」という問題について、八束に報告を依頼し、断られたら一木喜徳郎に依頼すると定めた。九月九日に一木が報告しているから、八束は断ったと見える。十月十四日には「改正条約実施後清国臣民に対しては、他の締盟国人と同一に内地雑居を許可すべきか」という主題で田口卯吉が報告、渋沢栄一も出席している。十一月十一日には、条約実施後耶蘇教各教会を監督する方法について伊沢修二が報告。十二月九日外国人の株式所有権について、臨時欠席した梅謙次郎に代り、寺尾亨が報告、「議論沸騰底止する処を知」らなかった。明けて三十一年一月十三日、同じ主題で梅が報告。以上に八束はすべて出席している。どういう訳か、これでこの会の記事は絶える。

穂積兄弟のこの対立が、私的関係に疎隔をもたらしたかどうかは、『歌子日記』からでは分らない。三十年の一月から四月までには、八束関係の記事はない。日記はそこで中断し、三十二年元旦から復活するが、そこでは一応「和して同ぜず」の大人のつきあい、親類の行事、妻子の間の交際などが継続している。しかし後のことにはなるが、明治四十三年秋、八束が上杉慎吉に宛てた次のような書簡がある。

拝呈昨日教授會ノ前ニ穂積陳重美のべ筧山崎小野塚河津矢作ナド云様ノ連中何カヒソヒソ話シ居候間小生何氣ナク其席ヘ參リ候處博士候補者ノ談ノ赴ニ候、故ニ助教授推擧ハモチロン賛成致候、上杉氏モ勿論其中ニ在ル事ト存スル旨申候處意外千萬ニモ美濃部氏反對ヲ唱ヘ候、筧氏ニ賛成ヲ求メ候テモ曖昧ニ候、小生頗ル困却致シ同専門ノ人ノ保證アリテスラ事六ケ敷ニ美濃部氏ニシテ反對ニテハ他ノ専門違ヒノ人ニハヨキ口實ヲ得テ逃ケ候事勿論ナリ……［句読点附加］

「此ノ書面ハ御一讀ノ後御火中ニ投棄被下《くだされ》度シ」と附記されている。美濃部は一応反対を取り下げ、上杉は九月末助教授に、十一月に博士号を取得したが、「穂積陳重美のべ……ナド云様ノ連中」という言い方には相当の刺《とげ》がある。

八　「國民教育」

(1) 伊藤博文の不興？

話は明治二十六年に戻る。第二次伊藤内閣河野敏鎌文相が枢密顧問官に転出した後任として、伊藤首相は井上毅を登用した（三月七日）。結核が進行していた井上を激務に起用した無謀な人事で、実際井上の命取りとなるが、ともあれ井上は、直ちに八束を「教科用図書審査委員」に任命し（四月十八日）、同時に師範学校教員のための憲法教科書の執筆を依嘱した。その間の経緯を示すのが、同年八月二十五日伊藤宛て書簡である。

拝啓、現在師範学校ニ於而《おいて》憲法之大意を教授いたし居候、是元来危険之事ニ而、彼ノ憲法発布之折之勢ニ連レ、例之文部省之庸眼無識之徒之創始したる事ニ而有之《てこれあり》候へとも、今更廃止スル理由ニ乏布《とぼしく》候へハ、純正なる教科書を与へ、邪径ニ落ちざる様手引スル外無之《これなし》と存候而、春来穂積八束へ相談いたし、同氏勉強いたしくれ、此頃出来いたし候、同氏之著論ニ候へハ、大主義ニ於《おいて》而間違無之《これなし》と信候、将来広く中学校等へ行なはれ候ハヽ、国家之為有益存候、右ニ付簡短なる緒言御認《したため》被下度《くだされたく》、実ニ昼夜御鞅掌之際願兼候へとも、是亦国家長計之為、一之必用と存候へハ、不憚《はばからず》奉情願《じょうがんたてまつり》候、頓首。

再申、此事ハ地方官之（多分古沢ナルヘシ）気付ニより内務大臣ニも屢々注意を被申《もうされ》候、已ニ岸本辰雄之憲法講義を教科用書として出願有之《これあり》候へとも、小生不認可いたし候、

本文願ノ揮毫出来いたし候ハヽ、穂積自ら参邸拝領可仕《つかまつるべく》候、

『解憲法者多而、解憲法亦難焉、穂積氏学有淵源、所説大醇、初学之徒、依為津梁蓋庶幾乎、無大差矣』」（『井上毅伝四』二三六頁）

「憲法講義は危険なもので、師範学校などですべきものではないのに、文部省の『庸眼無識之徒』が勝手に始めてしまって、今更やめる訳にもいかない。しかし岸本の教科書のようなものを出回らせる訳にはいかないので、春に八束に書かせた。草稿が完成したので、『揮毫』による推薦序文をお願いしたい」という趣旨である。

戦前の教室で、義務を説く教育勅語だけが教えられ、権利を定める憲法が教えられなかった秘密は、このあたりにあることが分るが、かつて「ラバントの新説に心酔せる男」として排斥していた八束の評価が大きく変っている。「大醇」とは懇切、「津梁」は頼りになる手引きというような意味であろう。

ところが伊藤は、序文を書かなかった。ここまで進行していたものが、出版されなかったのは、恐らく否定的なコメントを受けて、拒否されたのであろう。やがて井上は他界。それから二年後、八束はこれに

次のような序文を付して、公刊した。

明治二十七年の夏、故井上子爵文部大臣たられしとき、予に囑し我か憲法の大要を簡明に恭述せしむ。蓋《けだし》子爵の意は國民教育の基礎として我か千古の國體と明治の政體との要旨を授くるの須要なるを思ふの切なるに出でたるなり、予は其の八月暑を大磯に避くるの閑を得て此の小冊子を稿し子爵に呈す、子爵之を點検し直に之を世に公にせんことを望む、予未た果さす、偶《たまたま》子爵不幸にして病に罹り、幾許もなく遂に長逝す

嗚呼悲哉、此書基より予の發意にあらす又學理の進歩の爲めにする専攻の成績にあらさるか故に自ら進て之を公にするの意なく之を篋底に藏すること數年、頃者《けいしゃ》塵を拂ふて此稿を初学者に講授す頗る便なるを覺ゆ、敢て之を公にし以て子爵の意を成すなり、……伊藤侯爵の憲法義解は大憲の條章を解して義理明白なり、然れとも其の説く所立憲の理由を明にするに切にして既成の法理を分疏することを主とせす、又條章を追ふて解するか故に憲法の疑義を斷するに於て最も力あると同時に國家統治の全體の構成を概観するに於て遺憾なしとせす、本書は義解と其趣旨を一にして其形體を異にする者なり。

伊藤からの独立宣言という趣きもある。八束と伊藤の関係を示唆するものに、次のような記事がある。

法学士渡辺千冬かつて伊藤に会して大いに憲法を論ず。伊藤微笑して曰く、「君は種々のことを議論するが、君の先生の穂積さんが、我輩の前に来ては、憲法の憲の字も云わんよ」と。（『東西両京の大学』九六頁）

渡辺千冬（一八七六～一九四〇）は、第二次及び第四次伊藤内閣蔵相渡辺国武（一八四六～一九一九）の

甥で養嗣子。斬馬剣禅こと五来欣造の同級生である（ともに三十三年佛法卒）。恐らく父の縁で伊藤と面会の機会をもち、大いに憲法論をまくしたて、その時のことを五来に話したのであろう。八束の学説が伊藤の好意を得ていないことが窺われる。また『東西両京の大学』に次のような記事がある。

法科大学に加藤正治なる助教授あり。彼その洋行前、結婚の披露を某所に催す……。宴半ばにして貴賓来る。貴賓とは誰ぞ、侯爵伊藤博文なり。伊藤すでに座に着く。たまたま室の一隅より伊藤の前に歩を移するものあり。彼まず伊藤の面前数歩の処に歩を止め、跪座恭しく一礼を施し、やがて膝をもって歩むこと三歩、また一礼を施す。衆目を側めてこれを見れば、何ぞ計らんこれ平生傲岸自尊をもって有名なる彼穂積八束が、この陋態を演じつつありしならんとは。人間の膝行すでに奇なり、いわんや穂積八束の膝行においてをや。（九五・六頁）

加藤は旧姓平林、郵船副社長加藤正義の養子となる。三十年東大英法卒、三十二年十月より独佛に留学。卒業生名簿は加藤姓となっており、学生時代に養子縁組をして、結婚式は後にしたものか。

膝行した理由としては、元来嘱望されていたが、憲法理論が伊藤のお気に召さず、批判的コメントを受け、それを敢えて刊行してバツが悪いところへ、帝室制度調査会委員という、「尊皇家」八束からすれば格別に名誉ある地位に推薦されて、いよいよ頭が上がらなかったということも考えられる（伊藤が積極的に推薦したかどうかは分らない）。

しかし「頭が上がらない」というよりも、もっと「確信犯的」で、政党と接近し、政党内閣制を推進する伊藤に対する、積極的な反対者となり、いよいよ伊藤と離間を深めている山縣に接近したことの故の気まずさの方が、主要な原因ではあるまいか。伊藤は、第二次内閣頃より自由党に接近を図り、第三次内閣を辞するに当り隈板内閣を推薦し、やがて自ら政友会総裁となって第四次内閣を組織し、更に総裁と首相の地位を西園寺公望に託して、桂園時代を発足させた。

それに対し八束は、隈板内閣の成立とともに、議院内閣違憲論を主張し始めた。三十一年六月三十日大隈内閣が発足すると、その直後の『国家学会雑誌』七月号に、議院内閣制は議会の多数党が立法・行政の両権を支配する「白耳義《ベルギー》派」の原理で、我が憲法の許さざるところであると激越な口調で説き（『論文集』四三六頁）、『法学新報』九月号にも、議院内閣制は「政府ヲ議院多数ノ事務所」となす議院専制で、立憲制に反すると主張した（同、四四六頁）。八束の伊藤派から山縣派への転向である。

隈板内閣をめぐって伊藤と山縣が対立し、「伊藤侯、山縣伯と激論」「山縣派の者侯を狂せりとなし、暗殺を爲さんとする者あるに至」ったという（『近衛日記(2)』一〇九頁（三一年七月一四日、隈板内閣成立は六月三〇日））。この「山縣派の者」の一人は、野村靖であろう。彼は「一八九八年（明治三一年）六月に憲政党の大隈重信と板垣退助が連立内閣を組織するや、『元弘建武ノ昔日ヲ想起サシムルモノアリ』と憂い、彼等を後継者として天皇に推挙した伊藤博文には『臣子誤国ノ罪』があると非難し」たという（三井須美子「国定第一期教科書改定運動と穂積八束」『都留文科大学研究紀要』三九集、一九九三年、二頁）。政党内閣は足利尊氏のような「逆臣」だというのである。野村は教科書問題で、八束と同志関係を結ぶ（三井、同論文）。

しかし八束は、その後も伊藤に頼ることがあった。三十三年三月、恩師外山正一が死去したが、『歌子日記』（33・3・8）に「夜松子さんより電話にてお話あり。八束君には同博士授爵願の為伊藤侯の在所をたづね、昨今両日大磯鎌倉辺を奔走され、大に尽力し玉ひし由」とある（結果は不調に終ったらしい）。なお『歌子日記』には、もう一度伊藤邸を訪ねる記事があるが（38・12・9）、これは、戸水問題に際して、彼より遙かに伊藤のお覚えめでたい兄陳重に同行したものである。

もっとも、山縣派の桂内閣下で、伊藤は権力中枢からはみ出しかかっていて、ここで伊藤を訪問しても余り成果は期待できず、実際何の成果もなかったように見える。陳重が誘って八束がつきあったのであろう。

伊藤死後、国家学会における追悼会を陳重が主催しており、陳重はずっと伊藤シンパであった。そういえば、伊藤―山縣関係と陳重―八束関係には似たところがあり、暗く硬直した後者が、明るく派手で柔軟で、出世において常に一歩先行している前者にライヴァル意識を燃やし続ける、という構図は共通している。

(2) 『憲法大意』

ともあれ八束は、二十九年九月、伊藤から拒否された『國民教育憲法大意』を上梓、続いて翌年六月までに『行政法大意』、『國民教育愛國心』という入門的・啓蒙的小著（仮にこういうものを「啓蒙」と呼びうるならば）を続けて出版した（この三冊とも、近衛篤麿に献本している（『篤麿日記(1)』一三〇頁（二十九年十二月二十六日）、二三三頁（三十年六月十八日））。この三小著は、簡明に八束の思考の全体像を示したもので、二十年代八束思想の総括とも言いうる。

この「國民教育」の概念について、八束は『憲法大意』の序において、日本国民には、「忠孝の大義」はあるが、「國家心」においては「歐州二三の立憲國民」に劣るところがある、「立憲諸國」においては普通教育として、この「國家心」を自覚せしめる「國民教育」を行なっており、「國體政體の大要を辨識するは國民自覺の初歩」であるから、この書を公刊するのだ、と説いている。これまでの忠の対象は、穂積家でいえば宇和島伊達家の殿様で、これを「國家心」に転化せしめるのが国民教育の任務だというのであろう。この発言には、ドイツにとって「新附の領土」であったシュトラスブルクにおける見聞が背景にあるかも知れない。

十九世紀末ヨーロッパ諸国における愛国教育について、筆者は無知であるが、統一国家となったドイツにおいて、忠誠対象を邦（ラント）から帝国（ライヒ）に移す教育上の努力がなされたことは想像できる。八束は、二十七年の論説「國法及普通教育」において、「頃者《けいしゃ》歐州ノ新聞紙上國法教育ヲ普通ニスルノ議喧《かしま》シク墺國ノ教授ヱキスネル氏ノ論及特ニ獨逸ノ公法大家ストルク氏ノ伯林ニ於テ爲セル國民教育ト題セル演説ハ大ニ世論ヲ動シタルカ如シ」と言っている（『論文集』三三一頁）。これは、私法学者 Adolf Exner（1841～94）が一八九一年十月二十二日、ウィーン大学学長就任に際し、「政治的教養について」（Über politische Bildung）と題して行なった講演と、Greifswald大学公法教授 Felix Stoerk（1851～1908）が一八九三年一月二十七日、皇帝生誕祝賀行事において、「公民授業」（Der staatsbürgerliche Unterricht）と題して行なった講演を指すものと思われる。その背景には、前者においては多民族国家オーストリア解体の危機、後者では国際環境の緊張激化などがあり、これを契機として独墺両国において政治教育論が盛んとなって、知育と徳育の関係、イデオロギー対立の中で政治教育の内容についての国民的合意が可能か、などが争われた。

二十九年になって、伊藤に否定的に評価された旧稿を敢て出版する決断をした背景には、同年二月貴族院で小学修身教科書を国費で編集することを求める議員建議案が可決されたことと関係があるかも知れない（三井、四頁）。その提案者の一人近衛篤麿とは、学習院において八束と常時接触している。

ところで『憲法大意』の内容――、

全体は「國體」「統治ノ主體」「統治ノ客體」「統治ノ機關」「統治ノ作用」の五編に分かれ、第一編「國體」は「國家」「君主國體」「憲法」の三章に分れる。第一章「國家」は、「人類ハ合同生存ヲ其ノ通性トス」というアリストテレス的社会哲学から出発する。近世においては、唯一獨立の主権によって統治される国家が、最も重要な合同生存の形態である。「獨立全能」の主権がなければ、「腕力相戰ヒ弱者ハ強者ノ食トナ」り、「公同團體」は成立しない。主権は「國家ノ生命」であり、「神聖ニシテ侵スヘカラ」ざるものである。

第二章「君主國體」の冒頭で、「國體・政体二元論」が説かれる。

國體ハ統治主權ノ所在ニ由リテ分レ、政體ハ統治權ノ行動ノ形式ニ由リテ同シカラス、特定ノ一人其ノ固有ノ力ニ因リ國權ヲ總攬シ其ノ國ヲ統治スル者ヲ君主國體ト爲ス、憲法ヲ以テ國家統治ノ大則ヲ定メ國會、政府、裁判所ノ統治機關ヲ設ケ、之ニ依リテ立法、行政、司法ノ權ヲ行フ者ヲ立憲政體ト稱ス、我カ帝國ハ君主國體ニシテ立憲政體ニ依ル者ナリ、（六頁）

「固有ノ力」ということが重要で、「憲法ノ委任ニ由リ民衆ノ代表者トシテ君臨スルノ類」は、「純正ナル君主制」ではない。憲法によって、立法権を議会と分有し、議会の議決がなければ、法律が制定できない以上、君主主権も「獨立全能」とはいえないのではないかとは、この國體・政體二元論に対し、繰り返し提出された疑問であったが、八束はあくまで、君主国における君主は「統治權ノ本體ト作用トヲ併セテ之ヲ有スル」と強弁する（七頁）。その理由は、「君主國體ニ於ケル憲法ハ君主ノ權力ニ由リテ之ヲ制定スルモノ」だからである（八頁）と言うが、憲法を制定してしまったら、全能性は失われるのではないかという疑問は残存する。

この点につき、八束の図式を救うために、「独創的」解釈論を提出したのが、若き日の「法学士河上肇」である。彼は「憲法上天皇ノ地位ヲ論ズ」という三十五年の論文（『明義』三巻八号）において、君主國體と立憲政體は「矛盾アルノ觀」を示すが、「然レドモ一定ノ機關ノ參與ヲ要スト云フ事ハ敢テ統治權ノ總攬者タルノ地位ヲ妨ゲザルナリ、何トナレバ天皇ハ何時ニテモ自由ニ憲法ノ條章ヲ變更スルノ權アレバナリ」と言う。その理由は、憲法七十三条が、憲法改正の議案を帝國議會の「議ニ付スベシ」と定めるのみで、「協賛ヲ經ベシ」とは書かれてなく、「議會否決スルモ議會ノ議ニ付シタリト云フ事ヲ得ル」からである。世に、憲法改正に議会の同意を要するから、「天皇ハ專ラ統治權ヲ總攬スルモノニアラズ」となす者があるが、それは「憲法ノ誤讀ニシテ引ヒテ國體ノ基礎ヲ危ウスルノ邪說」である、という。

上杉慎吉は、『国家学会雑誌』（三十五年十一月）において、この説に論評を加え、困難な矛盾を解決しようとした「苦心を諒とせざるを得」ないが、「統治権の總攬とは制限せられざることを意味す」というのは独断であると、不賛成を表明している。

美濃部達吉は、『法学新報』十三巻二号（三十六年二月）において、川上（河上の誤記）論文に言及し、「曲説玆ニ至レハ余等淺學ノ徒ヲシテ呆然トシテ言フ所ヲ知ラサラシム」「『議決』ト云フ、其法律上ノ効力アルハ夫レ自身ニ於テ自明ノ理タリ」「若シ學士ノ言ノ如クンハ憲法ハ何故ニ諮詢ノ語ヲ用ヰサリシカ」「曲説強テ議會ノ權限ヲ狭ウセントスルハ、……憲法ヲ賊スル者ナリ」と論評した（二九・三〇頁)。八束の『憲法提要』は、河上説に触れていない。

國體は「歴史ノ成果」で(四頁)、「變更スヘカラ」ざるもの、その変更は「帝國ノ滅亡」を意味する。それに対し政体は「時勢ノ宜キニ從ヒテ變遷」する(八・九頁)(法哲学的根拠から見ると、國體は歴史法学的正統性、政体は立法者の決断による法実証主義を根拠とするように見えるが、後述参照)。

第三章「憲法」において、憲法は「統治ノ大法」であるが、「國權ノ本源」ではなく、本源である天皇により制定されたもので、これが「本末ノ本義」であると強調している。憲法解釈権は大権にあり、「臣民ハ私ニ憲法ヲ解釋シ、法令ヲ違憲ナリト審判シ、之ヲ服從スルヲ拒ムコトヲ得ス」とする。

第二編「統治ノ主體」:日本における統治の主体は天皇である。天皇は「統治權ノ本體ト行用トヲ併セテ」有する。統治権の「本體」は国民にあって君主は「行用」のみを有する体制とも、「本體」は有するが「行用」を他に委ね、君臨すれども統治せずとする体制とも異なる、と言う。

第三編「統治ノ客體」:統治の客体は、領土と臣民である。本書の執筆時と刊行時の間に台湾領有という事件が生じたが、領土の記述にその反響は見られない。臣民は「絶對ニ、無限ニ、國權ニ服從スル者」で、このことの意味は、天賦人権論の否定であり、法実証主義である。権利義務は法律以前には存在せず、もっぱら法律によって生ずる。

第四編「統治機關」:「統治機關」は、「統治權ノ行使ノ機具」で、「統治ノ主體」である天皇は機關ではない。君主機関説は、「君主ヲ以テ主權者ニ非ストスルモノニシテ我カ國體ニ反ス」る。

帝国議会は、天皇と主権を分有する「統治ノ主體」ではなく、統治機関である。それは天皇の機関であって、臣民の機関ではない。それは憲法により明文で授権された事項についてのみ権限を有し、憲法が禁止していないという理由で規定のない事項を議決することはできない。「國會ハ國民ヲ代表シテ君主ト立法ノ權ヲ分チ政府ノ專制ヲ抑ヘ以テ民人ノ權利ヲ完ウスルノ保障ナリ」という「政治論」は、「私權ノ愛スヘキヲ知テ國權ノ更ニ愛惜スヘキヲ知」らないものである（四七頁）。

第五編「統治ノ作用」：国家の統治権は、憲法上の大権、立法、司法、行政という四つの作用を通じて発動する。憲法は、立法、司法、行政の各機関に統治権の行使を委任したが、統治権行使の一部を天皇に留保した。それが憲法上の大権である。専制政体においては、統治権はすべて大権として発動するが、立憲政体においては、天皇親裁する大権は、その一部に過ぎない。天皇は大権の行使を国務大臣に委任することができるが、憲法上委任されている行政と混同してはならない。国務大臣の大権補弼は憲法上の権限ではないから、副署を拒否することはできない。「若國務大臣ハ君主ノ命令ヲ拒否シ副署ヲ拒ムノ權アリト爲ストキハ法令ヲ裁可シ大權ヲ行フハ一ニ國務大臣ノ權ニ屬スト論結セサルヘカラス、如此《このごとき》ハ我カ憲法ノ精神ニ非サルナリ」（七六・七頁）。この叙述は、まず天皇が政策を決定し、それを大臣に命ずるという決定過程を前提しているような印象を与える。なお、政党内閣違憲論がこの段階で説かれていないことは、二年後の言動と対比して、注目すべきである。

憲法上立法という場合の「法」は、憲法が命令と区別して「法律」事項と明示しているものの制定である。大権事項を法律によって侵すことは許されないが、憲法が法律事項とも命令事項とも明示していない事項は、法律によっても命令によっても規制することができる。「歐洲ノ立憲制ヲ論スル者或ハ凡テ人身ノ自由權利ニ關スル法則ハ必法律トシテ制定スヘク隨ヒテ總テ法規ハ悉ク國會ノ議定ヲ要スト説クアリ、是レ我カ憲法ノ主義ニ非サルナリ」（七九頁）。議会が議決した法律案に対し天皇は不裁可権を有しないという説は、「主権ノ所在ヲ顚倒スルモノニシテ我カ國體ト全ク相反スル」（八二頁）。法律によっても命令によっても規定し得る領域について、両者が牴触する時は、命令が法律に譲る。これは第九条但書の定めるところである。しかし――、

國家ハ本ナリ憲法ハ末ナリ、憲法ノ爲メニ國家存在スルニ非ス。國法ハ國家ノ生存ヲ圓滿ニ保全スルノ用ヲ爲スノ具ニシテ、之ニ拘ハリテ其ノ生存ヲ危フスルハ、啻ニ政策ノ過失ナルノミナラス實ニ法理ノ大本ニ反ス、法ハ人生ノ目的ニ非ス、其ノ要具タルガ故ニ、法理ハ人生ノ目的ニ合フニ於テ正理タリ、國家事變ノ場合ニ於テハ統治權ハ其ノ生存ヲ全ウスルカ爲ニ國法ノ條章ニ拘ハラス緊要ノ行動ヲ爲スニ於テ妨ケアルコトナシ、統治權ハ憲法ニ因リテ生存セス、臣民ノ服從ハ絶對ニシテ無限ナリ、國家ノ變事ニ際シ其ノ生命ヲ全ウスルカ爲ニハ法令ノ分界ニ拘ラス急ニ應スルノ國權ノ行動アルコトハ之ヲ憲法ノ明文ニ掲クルト否トニ論ナク主權者ノ行務ニシテ法理ノ望ム所タリ

（憲法第三十一條）（一二〇・一頁）

カール・シュミットならば、この点こそ天皇権力の絶対性という「國體」の窮極的根拠だと言うであろうが、そこまでは言わないところが、八束の十九世紀人であるゆえんであろうか。

条約についても一言している。天皇は、国家を代表してではなく、「固有ノ權ヲ以テ自己ノ目的ノ爲ニ」条約を締結すると、機関説を避けるためか、不思議なことを言っている（一二三頁）。また「條約ハ其ノ本質ニ於テ國際ノ關係タリ、直接ニ、當然ニ臣民ヲ羈束スヘキ者ニ非ス」、必要ならば対応する国内的立法措置をとるべきであると、二元論を説いている。

(3)『行政法大意』

明治二十二年度まで国法学を担当したカール・ラートゲンが帰国し、金子堅太郎講師の日本行政法も終って、二十三年に（多少の移動はあるが）憲法は八束、行政法は末岡精一が講義を担当する公法講義体制が発足した。ところが末岡が病いに倒れ、二十七年一月死亡。急遽二十六年二月にドイツ留学より帰国した内務官僚の一木喜徳郎を兼任の形で後任とした。こうして、（明治二十六年勅令九十三号によって導入された講座制に基づき）憲法国法学第一講座及び行政法講座を一木が、第二講座及び行政法講座を八束が占める状態が、（一木が三十九年教授を辞して講師となり、四十一年その講師も辞して講壇を離れるまで）続くことになる。

もっとも八束は、東京法学院で早くより行政法を講じており、二十五年度講義録『行政法』（穂積八束述・柳澤和一郎編）、二十六〜二十八年度講義録『行政法』三冊などの存在が知られている（『日大百年史』二九五頁、柳澤は二十三年同学院卒）。他に法学博士穂積八束講述・卒業生窪田欽太郎編輯『行政法』（東京法学院）という講義録が早稲田大学図書館に存在する。窪田は同学院二十一年卒、講義録の編輯に従事していたらしく、土方寧『会社法』、岡野敬次郎『地役法』の編輯者でもある。

『行政法大意』は、その序文において、「歐洲先輩諸大家」の間でも、行政法の基本理論について合意がなく、「全體に通しての斷定の著書を爲す」段階に達していないが、敢えてこの書物を公刊する理由を次のように述べている。

> 専制の政體に於ては行政の法令は政府か其の行政機關に執務の規程を訓示するに止り人民は之に依りて其の權利を主張することを得す、所謂行政法は管理執務の手續法にして當局の吏の外は之を

學ふの必要を看さるなり。立憲法治の制に於ては行政法令の効力は人民の權能を認許し之に對する官府の權限を規律す。故に法治國の行政法は憲法と共に立憲國民の普通教化の基礎たるへく、特に中央立法に地方に、参政の公權と公務とを有する立憲國民は須く國法の大要を知るへきは論勿きなり。

全体は、第一編「行政」、第二編「行政組織」、第三編「行政各部」に分れる。第一編は行政法総論に当る部分で、まず行政を「大權及法律ノ範圍内ニ於テ國家ノ目的ヲ達スル者」と定義する。これは大権と行政の相違を強調する『憲法大意』の主張の帰結で、「國家ノ目的」云々は、司法においては法律の実現そのものが目的であるのに対し、行政においては法律は行動の限界ではあるが、法律の実施は目的ではないという主張（『憲法大意』一三四頁）と結びついている。

続いて行政行為の分類がなされ、行政の内部を規律する「監督」と「訓令」、外部に対して行政を実行する「規則」と「處分」が説明される。行政規則は法律勅令の委任がある場合にのみ生ずる。「凡ソ百般ノ行政行爲皆此簡單ナル形式ノ範圍ヲ出テス」と言う（本書一三〇頁）。これで行政法総論は終りで、拍子抜けの感を免れない。特に、行政法は権力関係の法である公法で、私法原理は排除されるという八束の持論が説かれていないのは不思議である。

『行政法大意』がghost writerの作品ではないかという疑問は、立証は困難であるが、拭い切れない。第一に、「序」の論旨が、国民には権利でなく義務を教えるべきだという井上毅と異なっている。更にどういう訳か、清水澄『日本行政法大意』（清水書店、大正元年）の「自序」（「昔専制ノ時代ニアリテハ行政法ハ單ニ官憲執務ノ手續ヲ定ムルニ過キサリケレハ其ノ當局者ノ外一般國民ハ之ヲ知ルノ必要ナカリキ。然ルニ今日ノ立憲法治國ニアリテハ行政法ハ一面ニ於テ官憲ノ権限ヲ定ムルト同時ニ他面ニ於テ國民ノ公權關係ヲ規程シ以テ之ヲ保護スルニ至レリ。玆ニ於テカ行政法ハ唯リ官憲實施ノ任ニアルモノニ止マラス廣ク國民全般ニ之カ大要ヲ辨識スルヲ肝要トス」と、語句に至るまでそっくりである

また、三分の二以上が「行政各部」の叙述であることも、話が具体化せず、教条的原則論を繰り返す『憲法提要』などの八束とは別人のような印象を与える。「人身ノ自由ハ憲法ノ之ヲ貴重シテ保護スル所タルト同時ニ安寧秩序ヲ保持スルハ亦政府ノ貴重ナル職司タリ。故ニ警察法ノ要旨ハ行政官府ニ對シテハ警察ノ目的ノ爲ニ警察ノ目的ノ爲ニ人身ノ自由ヲ制限シ得ヘキ限界ヲ畫シ、個人ニ對シテハ政府ノ權勢ヲ以テ侵犯セラレサル自由享有ノ範囲ヲ示スニ在リ」(一九六頁)などという言葉は、権力といえば自由でなく保護を強調し、民衆の自由の濫用にばかり神経質な八束らしくないように感じられる。「何ヲ傳染病ト爲カハ事実ノ問題ニ屬シ行政官ノ認定ニ屬ス。法律ハ虎列剌《コレラ》、腸窒扶私《チフス》、赤痢、實布垤利亜《ジフテリア》、發疹窒扶私、及痘瘡ノ六病ヲ掲ケ各其ノ病性ニ從ヒ豫防ノ方法ヲ示スト雖此レ其顕著ナル者ヲ例示スルモノニシテ法規ノ適用ヲ限定スルニ非サルナリ」(二〇一・二頁)などと細目を列挙するような文体も、八束らしくないような気がする。しかしハードな証拠がある訳ではないから、有能な助手の助力を得たらしいという程度にとどめておくべきであろうか。『行政法大意』がすべて八束が自分で調べて書いたものであるとすれば、行政法の講壇に立った八束には、憲法を論ずる時とは別の才能や性格が現れたもののようである。

窪田編『行政法』の方は、多少違った編成になっている。第一編「行政法理ノ汎論」において、まず行

政法学は私法学でもなければ政治論でもない公法学であることを強調する。また行政の範囲について、フランスの学者は、行政の任務を法律執行に限定し、ドイツの学者は法律に抵触せざる限度で国家、目的を追求するものとするが、自分はドイツ説を支持すると言う。全体としては、公法と私法を対比することにより、公法の権力性を正当化し、法適用を任務とする司法と、法に抵触しない限り行動の自由をもつ行政を対比することにより、行政の広大な裁量権を正当化する。しかし、これらの点は何れも当時のドイツ行政法学の標準的見解に近く、特に八束が権力的だという訳ではない。

穂積重威は、「獨逸行政法學の大家ゲオルグ・マイヤーの著書は先考が常に座右に備へて終生愛讀して居った」と言っている（『政治談話速記録7』二六一・二頁）が、国法学の誤りか、オット・マイヤーの間違いかの何れかであろう。筆者のcheckした限り、『論文集』の中に、オットへの言及は八回、ゲオルクへの言及はない。

行政法に関する八束の見解として有名なのは、民法公布からほどない明治三十年の論文「公用物及民法」であろう。同論文は、「民法ノ制定ハ欣フヘシ」と、本心か否か不明の譲歩をしつつ、続いて「民法ノ濫用ハ戒メサルヘカラス」「警察及財政ノ事項ハ純白ナル公權力ノ行動ニ屬シ、民法ノ條規ノ適用ヲ容ルルノ餘地ナシ」「余は公用物ノ上に『此ノ所民法入ルヘカラス』ト云フ標札ヲ掲ケ新民法ノ実施ヲ迎ヘントス」という（『論文集』四一二頁）。彼はゾームに従って、家族法も公法であるとし、民法財産編の原則を親族相続法に持ち込もうとする試みにも、同様の標札を掲げたのであった。

(4) 『國民教育愛國心』

『行政法大意』が、「大意」即ち入門書という点で『憲法大意』の姉妹編であるとすれば、『國民教育愛國心』は、「國民教育」という点で、『國民教育憲法大意』の姉妹編である。本書は巻頭に、帝国憲法の三序文（告文、勅語、上諭）及び「教育勅語」を掲げ、「予は恭て我か國體の大本たる憲法及我か國民道徳の典範たる教育勅語の旨趣を奉體し其の意義を敷衍して以て國民道徳の根軸たる忠孝愛國の義理を分疏し其の源由する所を國民に示さむことを欲する者なり」と執筆意図を述べる。法学者としてでなく、道徳の教師として語るのである。しかし本書には、八束の「法哲学」を窺わせる諸命題が登場する。

本書は「忠順」「愛國」「奉公」「遵法」の四編から成り、忠順も奉公も遵法も服従を教えるものである。「忠孝と愛國と語を異にして義を一にす」と言うから（四七頁）、愛國もまた愛より服従を教える。第一編「忠順」は、「祖先教」「家國」「忠孝」の三章よりなるが、全体のキー・コンセプトは「血統團體」である。

> 我か固有の國民道徳たる忠孝友和信愛の道は一に皆祖先崇拜の大義に淵源し血統團體を保維するの軌轍たり、（二頁）

そこで彼は、社会結合の形態を、この血統に基づくものと、「利害を以て集散し約束を以て協和を維持する」ものとに分類する。

> ［後者は］其團結固からす又久しからす、利害の異同は生活の状況に隨ひて時に變遷し人爲の約束は復た人爲を以て解除することを免れされはなり。血族相依るは自然の團結なり。兒孫か父母の保護の下に團欒するは社会の始にして民族か同始祖の威靈の下に國を成すは天賦の團結たり。血脉相

通するは天然の連鎖なり。人為を以て之を絶つことを得す、（二一・三頁）

この「威靈」という言葉の中に、八束の祖先崇拝論の権威主義的性格が表われている。

家に在りては家長は祖先の威靈を代表し家族に對し家長權を行ひ、國に在りては天皇は天祖の威靈を代表し國民に對し統治權を行ふ。家長權と統治權とは共に君父か其の祖先の慈愛する子孫を祖先の威靈に代はりて保護するの權力なり。（三一・四頁）

この「威靈」崇拝は、宗教である。

吾人の祖先は肉體の外に不死の靈魂あることを確信し、又子孫を慈愛する父母の威靈は顕界に於て其の肉體は亡ふも尚幽界に在りて其子孫を保護することを確信したり。是れ祖先崇拝の大義の淵源にして敬神の我か國教たる所由なり。（五・六頁）

この幽顕論は平田篤胤に由来する。八束は「家」と「親族」の相違を強調する。

親族とは出生婚姻養子等の事実に由り個人と個人の間に存する身分關係なり。家とは同一の家長權に依りて保護せらるる親族共和の團體なり。……同住は家にあらす、家族別居することもあるへく他人同居することもあるへし。家とは有形の家屋に合宿するの謂に非すして同一の家長權に統治せらるる無形の血統團體にして永遠の性質を有す。（一一・二頁）

「家は小なる國にして國は大なる家なり」（一六頁）。こうして権威主義的家制論は権威主義的国家論に連結する。両者を繋ぐ概念は「主力」である。

社會は個人相互平等の愛のみに由りて其の秩序を保持することを得す、社会團體は之を團結し其秩序と存立とを内外に向て保維するの主力あることを要するなり。此主力なきときは内に於ては強弱相闘ひ弱者は強者の食となり、外に對しては外敵の侵犯を禦き團體の生存を防護すること能はさるへし。故に此の主力なければ團體なし。（一七・八頁）

血族の中にも、「強弱相闘ひ弱者は強者の食」となる、あるいは父子兄弟が讐敵となる（一九頁）というホッブズ的自然状態が潜んでいるのならば、血族の結合もそれほど自然的で強固なものとは思われないが、この矛盾の中に、家族主義の羊頭を掲げて、権力主義の国家論を売る八束思想の秘密がある。ひょっとして、圧倒的に強力な兄から、父が弱き八束を庇ってくれた幼児体験が反映しているのではないか、という推測は先に述べた（二六二頁）。

「主力」は、この自然状態から子孫や国民を「保護」する。「保護は権力を意義す」。だが、ホッブズ的権力とこの「主力」の相違について、八束は言う。

血統集団に於ける主力は天賦なり。子は父に従ふの自然の人情に發生し又人爲を以て離合すへからさるの血脉の關係に根由する我か祖先教の鞏固なるは一時の利害に由る薄弱なる約束を以て國を成す者と比類すへからさるなり。分子の主力に服從するは敬愛の至情之に伴ふに於て固し。約束に由る服從は腕力を以て強制せらるるの外敬慕の誠情なし。祖先教に淵源する服從の看念は子孫か祖先を敬愛するの成果にして其の服從は敬愛の發表なり。忠孝は君父に従順にして之に敬愛するの謂なり。約束に由る權力集團に於ては服從あれとも敬愛なし。人類平等の關係に於ては博愛あれとも服從なし。服從は秩序の源由にして敬愛は親和の基礎たり。斯の二者を兼具するは血統團體の特性なり。我か家國の構成は強制服從の基礎にのみ由らす、人類博愛の公道にのみ倚頼せす、祖先教の地盤の上に忠孝の大義を以て建設せられたる者なり。（二〇～二一頁）

これに対し、西洋諸国においては、法と道徳が分離し、世俗的権力は「服従せらるれとも崇拝せられす」「或は宗教の名に於て國法を蔑如し或は國法の名に於て宗教を侵犯す。歐洲の史上邦國の大亂此の源由に出てたるより大なるはなし」（二二〜三頁）と言う。

第二編「愛國」おいては、個人と社会の関係に関する一種の社会哲学が説かれる。「社會は個人の有にあらさると同時に個人亦社会の有にあらさるなり」と、一応個人の重要性を承認するように見えるが（三五頁）、「社會滅すれは個人滅ふ、社会の存在を全うするの公同心は個人の生存を愛惜する倫理たる所以なり」（三四頁）と、社会本位主義に帰着する。このことの例証として、次のようなことを言う。

希臘の地山高く水清きこと今尚千古の如し。羅馬の府繁榮の津にして文化の中心たること古昔に譲らす。而も古の文化にして富強なる民族社會は今何の所にか在る。古の猶太國は大民族なり。一度其の社會組織の滅亡せしより其の子孫離散して世界に漂泊す。今の猶太人は智巧人に絶し財力他を壓す。歐洲人の畏れて忌む所たり。而かも歸するに故國なく他人の國に浮浪して其の苛酷なる鞭韃に甘んず。個人智にして且つ富むと雖合同して民族社會を成し、其の獨立を維持するにあらされは以て世界の生存競争に對峙する能はさること知るへきなり。（三九〜四〇頁）

この「生存競争」というところに、加藤弘之に由来する社会進化論の影響が表われている（学生時代の論説における「化醇哲学」への言及を想起せよ）。社会進化論は通常歴史発展段階説と結びつき、歴史の勝者である西洋を最も発展した段階で、後進国の進行方向を示すものとする。八束のような先祖帰り的歴史哲学は、社会進化論とは異質のように思われる。彼は言う、

人は吾に近き者を愛す。血統の同じきは愛の最純白にして厚濃なる源由なり。人類の社会を成す

は家族制を以て元始の形態と爲すこと社會進化の通則たる亦此に出す。我か日本民族は此の元始の純正なる社会の形態を保維し之を擴張して國を成したり。（四三頁）しかし、「社會進化の通則」からすれば、そのような形態は生存競争に敗れ、「身分から契約へ」「Gemeinschaft から Gesellschaft へ」と移行していくのではないか、とは、自然に起こる疑問である。第三編「奉公」にこの疑問への彼の回答が示されている。

生存競争の結果として適者は存し適せさる者は亡［ふ］……。是れ生物進化の理法にして亦人生の天則なり。個人獨立の力は合衆團結の力に敵する能はす。故に孤立する者は亡ひ社會を成す者は存す、社團結合の強固なる者は存し其の薄弱なる者は亡す。（五九頁）

更に、日清戦争の余韻を感じさせるような口調で言う。

生存の目的は平和なり。生存の手段は戰争なり。……我か天祖武を以て國を建つる誠に所由あるなり。而して國の戰闘力は兵に非す財にあらす義勇尚武なる國民奉公の精神に在り。（六一・二頁）

しかし、注目すべきは、彼の戦争への言及は、もっぱら防衛戦争に関してで、帝国主義的な領土獲得戦争については黙して語らないことである。

國土は國民の安宅なり、外權の侵犯を防衛し獨立自營以て世界に立つ。斯の神州瑞穂《みずほ》の國は祖先の経營開拓せる所祖先の墳墓の故域にして子孫永く其の生を安んすへきの樂土たり、斯の美麗なる山水は我ら數千年の歴史の紀念たり。新に不毛の地に放浪し殖民移住したる者も尚其の國を愛す、況んや致る處祖先千古の經營の跡を遺し山川草木悉皆故人の遺愛にあらさるはなきに於てをや、又況んや海陸産に富み風土温和にして民生を厚うするに足るに於てをや。我か風土は山川草木の美を以て畫かれたる祖先遺跡の日本歴史其の物にして之を愛惜するは我か既往の存在を愛惜するなり。我か豐饒なる國土は數千年の久しきに亘り外域の互易を待たずして能く斯の大民族を養ふに足る。之を愛惜するは獨立自營の經濟を愛惜するなり。異種の人をして此の祖先の遺跡を蹂躪せしめす此の民族自營の根據を占奪せしめさるは祖先及子孫に對する吾人の責務なり。（六七～九頁）

怒り以外で八束がこのように情緒的になるのは珍しい。台湾を領有し、遼東半島への野心で「臥薪嘗胆」している時期に、彼はなお「異種の人をして此の祖先の遺跡［「考古学的意味ではなく、ただ「遺した跡」を意味する」を蹂躪せしめす」と、防衛的・鎖国的心情を謳い上げているのである。

なお彼は、コスモポリタニズムを次のように攻撃している。

古今東西と問はす人類統一の理想は時としては家國の藩墻《はんしょう》を破壊し其の上に人類を精神的に包合せんとするの大宗教と爲り、時としては天下を併呑し四海を統一し武力以て世界主權を建設せんとするの大戰争と爲り、人類統一の運命を試みたることあれとも一も未た成功したる者なし。蓋人生の進化の期運未た此の終極に達せさるなり。是れ現今の人類進化の程度に於ては家國の體制か生存競争の要件に適合することを證明する者なり。故に今の世界は國家時代の世界なりと謂ふ所由なり。今の時今の世界に在りて架空の假想に迷ひ家國の制を蔑視し家國の分子たる境涯を超脱し人類の一員世界の公民を以て自ら處し愛國の心を狹隘なりと嘲る者あらは其の人其の國は生存競争の理法の制裁を受け終に亡ひんのみ。今の社會的道徳は國民的ならさるへからさる所由は玆に存す。（六六・七頁）

第四編「遵法」は、「國權」「國法」「遵由」の三章から成り、以上のような道徳論・社会哲学を、権力主義的思想と結びつける。前提となる命題は「保護は之を保護するの權力の強大なるに依りて愈厚し」というもので、保護を受ける以外の（独立心・自尊心等の）価値は何も存在しないことを自明の前提として、「萬能の主權ありて以て國家及個人の生存の完成を期すへき」で、「國權は臣民に對する絶對無限の權力」である、という結論を導き出す（七三・四頁）。

その上で、日本の特殊性を次のように描き出す。

我か萬世一系の皇位に存する主權は國民の精神的不抜の信向に依りて防護せられ腕力の強大に倚頼せす。故に中世秩序亂れ兵權武門に歸し豪族權力を恣にし奪略制すへからさる時世に於て朝廷は一兵なしと雖國の主權を失墜せさるは古今萬國の史上に比類あることなく世界外間［國？］の之を羨《せん》慕《ぼ》して之に倣ふことを得さる所にして一に皆我か國體の精華たる祖先崇拜の信向に歸す。外國の主權は強大なるか故に服從せられ、我か國の主權は神聖なるか故に敬愛せらる。彼の主權は社會最高の腕力たる事實を失へは則ち亡ふ。我の主權は其の神聖なる原由を失へは則ち亡ひん。（七九頁）

最後の一言は、君主のカリスマが失われた後世から見ると、危険な発言といえよう。

法の概念に関しては、「國權の命する所國法なり」（八一頁）、「法は王言なり」（八八頁）と、オースティン流の法概念論を説く。悪法の可能性という問題に立ち入ることは避けられている。

九　台　湾

憲法は新領土の獲得ということを念頭に置いていなかったが、日清戦争の結果、日本は清国に台湾を割譲させ、帝国主義日本が発足した。これは八束の憲法論にとって、二つの問題を提起した。一つは委任否認論、もう一つは家族国家論との関係である。

明治二十八年の論文「『法ノ委任』ノ説ヲ難ス」において、次のように言う、

憲法ハ嚴正ニ解釋セサル可カラス。又特ニ法律ト命令トノ分界ヲ明カニスルニ於テ最愼重ヲ加ヘタリ。今憲法カ或事項ハ法律ヲ以テ規定スヘシト明言シタルハ命令ヲ以テ之ヲ規定スルコトヲ許ササルノ意タル字句ニ於テ又精神ニ於テ一點ノ疑義ヲ存ス可キ餘地ナシ。(『論文集』三一六頁)

後の主著『憲法提要』(一九一〇年)においても、彼は言う。

立法權ハ之ヲ委任スルコトヲ得ス、立法權ハ議會ノ協賛ヲ以テ天皇之ヲ行フ、憲法ノ明文動カスヘカラス、若、法律ヲ以テ君主政府ニ委任スルヲ妨ケストセハ、是レ政體ノ根柢ヲ顚覆スルコトヲ許ス者ナリ。裁可ト協賛トハ憲法上ノ立法ノ要件タリ、若、法律ヲ以テ此ノ要件ヲ不用ナラシムルヲ得ハ、是レ法律ヲ以テ憲法ヲ變更スルコトヲ得ル者ナリ。所謂立法權ノ委任ノ自由ハ立法權ノ自殺ノ自由ナリ、憲法豈之ヲ許ス者ナランヤ。(四四九頁)

然レトモ予カ切切二十年ノ論、終ニ人ノ耳目ニ入ラス、反對ノ學説ハ立法成例ノ後援ヲ得ルニ由リテ愈々勢ヲ爲シ今ハ動カスヘカラサルカ如シ、予ハ自ラ過ヲ知ルノ明ナキヲ悲ム者ナリ。(四五一頁)

ところが『憲法義解』(第三十七条)は、議会の立法事項の範囲は「各國政治發達ノ程度ニ従フ」もので、「概括シ難シ」としている。「憲法ノ明文ニ依リ特ニ法律ヲ要スル者ハ之ヲ第一ノ限界」であると言うが、この限界は命令事項の限界であって、法律事項の限界ではない。更に八束は言う、

立法權委任ノ事ハ初メ明治二十三年罰則ノ制定ヲ命令ニ委任スルノ件ニ關シ之ヲ論爭シタリ、後ニ臺灣總督ニ立法權ヲ委任スルノ問題ニ對シ、極力之ヲ爭ヒタレトモ、主義既ニ先例ニ據リテ定マレリ、……明治二十三年法律第八十四號ニ關スル意見書ハ公務ニ關スル故ニ公ニスルヲ得ス。後ノ臺灣總督ノ律令權ノ事ニ關シテハ、諸雜誌ニ、新聞紙ニ公ニシタルコト多シ……。（四五一頁）

その代表的なものが、「源三位論文」と仇名される小論「臺灣總督ノ命令權ニ付キテ」（三十八年）で、憲法の定める議会の権限を、授権によって移動することはできないという委任立法否認論を繰り返した後、「臺灣ニ怪物アリ法律ニ非ス又命令ニ非ス律令ト自稱シテ白晝公行ス明治ノ昭代一ノ源三位ナキカ嗚呼源三位ナキカ」と叫んで終る（本書一六六頁）。源三位はもとより、頭は猿、胴は狸、手足は虎、尾は蛇、『ヌエー』と鳴いたとかいう怪物鵺を退治した源三位頼政のことである。

この委任否認論は、「法理」と「政理」を峻別し、いかに不便でも「利害得失」の考慮によって「法理」を曲げるべきでないという、穂積憲法学の別の側面を示しており、この点こそ法の目的論的解釈を強調する美濃部達吉が批判してやまなかった点である。各国で「行政権の優位」が委任立法の形で進行する今世紀初頭において、このような説が受け容れられなかったことは当然で、彼が「孤城落日ノ感」をかこった（本書八一頁）のもやむを得ない。しかし昭和期その美濃部学説が失脚した後、反天皇機関説の正統学説として、八束の教科書・論文集が復刻されたが、その中に国家総動員法等の授権立法を違憲とするこの主張が見出だされ、衆議院の反対討論の中で引用されることにもなった。

台湾併合が穂積憲法学に与えたもう一つの衝撃は、家族国家論に対してであった。

明治三十三年八束が雑誌『明義』に連載した論説「憲法ノ精神」に対し、帝国大学の同僚戸水寛人は、

『法学協会雑誌』十八巻五号に、「穂積八束君とロバート・フィルマー」と題する小論を寄稿した。八束の祖先崇拝をもって國體を基礎づける議論は、アダムの父権をもって現代の王権を基礎づけるフィルマーの父権論と酷似していると指摘し、フィルマーはこれで王権を擁護したつもりでいたが、逆にシドニーやロックの議論に圧倒され、革命の引き金になり、フィルマーの尊王心は逆効果となった、八束の尊皇論も「老耄スル神官」のような説で、「人之ヲ一笑ニ付センノミ」であろう、と述べている。

戸水は台湾との関係を指摘していないが、『東西両京の大学』は、次のように帝国主義国日本と鎖国的穂積憲法学の矛盾を指摘している。

政教一致の思想は鎖国の思想なり。攘夷の思想なり。ユダヤはこれがために亡び、インドはこれがために亡び、支那また実にこれがために今日の悲境を致せり。嗚呼国家の大事を過るものは彼等頑迷不霊の徒なり。彼等いたずらに愛国心を振り廻して却て国害を来さんとす。乞う少しく反省して可なり。

彼が我が建国の基礎をもって血族団体となすや善し。しかれどもこれをもって我が国是を定めんとす、けだし愚策中の最も愚策なりとす。もし我が国民を挙げて大和民族の小範囲に限らんと欲せば、かの野蛮人を併呑して文明の域に導かんとする国民的理想を世界に実現せしめんとする帝国主義の実行は、これをいかにすべきや。善しこの血族団体主義を極端に実現せんと欲せば、今の台湾人の幾多の帰化人とは、日本国民にあらずとして猥《みだ》りにこれを疎外すべきか。（八八頁）

北一輝も「日清戦争に於て支那人を包含せる如きは已に君臣一家論と忠孝一致論を破壊したる」ものと言う（『國體論及純正社會主義』（一九〇六年）みすず書房、一九五九年、二六四頁）。

美濃部は、八束の血族国家論などは歯牙にもかけないが、「殖民地の盛なる國は即ち國勢の盛なる国」で（『憲法講話』有斐閣書房、一九一二年、一八〇頁）、「日本も亦叡聖文武なる　天皇陛下の御稜威《みいつ》に因って、最近には追々領土を擴張し殖民地を取得することを得たのでありますが、其の充分なる發達は尚國民の将來の努力に待たねばならぬ」（二八一頁）、「土着人が既に完全に日本に同化して在來の帝國臣民と區別することの出來ない時分に至る迄は、参政権を與へ、兵役の義務を課することは出來ないであらう」（六〇三頁）と言っている。血統は異なっても、文化的に同化できれば、国民であるという趣旨であろう。

　戸水といい、北といい、美濃部といい、八束を嘲笑した人々がたいてい帝国主義者であるのは、面白い現象である。美濃部は東大に植民地法講座を設置することの推進者であった。梅も伊藤の極東政策の協力者となり、京城（ソウル）で客死した。山田三良は植民地政策に深く関与し、京城帝国大学の学長を勤めた。有賀長雄は、袁世凱の顧問を勤めたが、二十一箇条要求に反対し、帝国主義者たちから脅迫されたから、「帝国主義者」とよぶのは酷かも知れない。『東西両京の大学』で八束と対比して絶讃されている織田萬は、後藤新平に、「支那ノ開發ハ其物質上ニ於ケルト精神上ニ於ケルトニ論ナク繋リテ日本人ノ雙肩ニ在リ」、台湾の旧慣調査は「支那ノ開發カ日本人ノ天職タル所以ヲ中外ニ表明スル一端ト爲サントスルノナリ」と説得されて、「感喜シテ」それを引き受けた（『清國行政法・序』一九一四年）。

一〇　権威の座

(1)　法科大学長

明治三十年代の八束は数え歳三十八から四十八歳、働き盛りである。履歴を見ても、三十年十一月帝国大学法科大学長、三十二年七月貴族院議員、同十一月帝室制度調査局御用掛と、権威の座を兼任した。まず法科大学長について。第三次伊藤内閣法制局長官に就任した梅謙次郎に代っての就任である。もちろん官選で、第二次松方内閣、蜂須賀・濱尾文相の交替期の人事であるが、八束が選ばれた事情は不明。彼はこの地位に四十四年八月まで、十四年近く留まった。富井政章(二十八年十月〜三十年六月)、梅謙次郎(〜同年十一月)に比べて異常に長い。明治三十年代の法科大学は、穂積学長時代である。

もっとも三十九年八月十日都築馨六宛書簡に「實ハ貴臺ニハ未タ申上置サリシカ小生義モ本年一月以來濱尾氏ニ迫リ法科大學長ノ辭職ヲ申出候へ共何ダカグズグズ決セザルニ付去ル七月末日ニ判然濱尾ノ決意ヲ促シ置候、若シ梅氏ニテモ代リ呉レハ免スルト云フ條件付ノ約束トナリ居リ候、大學中ニモ種々ノ事情アリテ表面ハ何ノ不平トスベキ事ナキモ裏面ニハ面倒之《これ》アルニ付右様ニ決心致置候也」とある。結局その後四年、健康上不可能になるまでこの地位に留まった。浜尾の支持も重要要素であったらしい。

この間の八束の大学管理者としての業績は存外平凡で、格別「國體論」に基づく大改革を志向した訳でもなく、文部省権力をかさに着て同僚と対立した訳でもない。『部局史』に登場する八束は、学長就任以前も、病死した同僚末岡精一の遺稿の出版を教授会に提案したり（二十七年一月）、「土木行政法」講義の設置に反対したり（二十八年一月）、学科改革に関して案を出したり（二十九年七月）した程度で、特筆すべきものはない。就任後も、比較的平穏に推移して、「七博士事件」を迎える。

「鎖国派」の八束は、戸水寛人などの対露強硬論分子とは、心理的に異質であるから、学長でなければ、この事件と無関係で過ごしたであろう。学長としての彼は、山縣閥への接近の時期でもあり、桂内閣と学内世論との板挟みになって、困難な立場にあった。政府の対露軟弱姿勢を攻撃する言論の自由が、学問の自由であるか否かはもちろん問題であるが、南北朝正閏論に関連して喜田貞吉の罷免に加担し、後には美濃部憲法学を権力によって葬ろうとした八束の辞書に「学問の自由」という語があったかどうかも問題である。

ともあれ彼は、三十八年十二月二日、山川健次郎総長辞任が明らかになると、翌三日まず山川邸を訪れ、事情を確認した上で、兄陳重宅を訪れて、「前々よりの行掛り上」二人は辞表を提出することになる（『歌子日記』九二六頁）。四日午前に新総長松井直吉に辞表提出。午後には山上会議所に教授たちが集り、松井新総長辞任を認めさせ、更に久保田文相に辞任を勧告、それが容れられなければ、教授全員が辞職することを決議した。桂首相は穂積兄弟を招き、教授たちの慰留を依頼、以後色々経緯はあるが、結局は大学側の勝利に終り、文相は辞任し、八束も辞表を撤回する。

この事件の意義については色々論じられているが、八束伝に関する限り、八束が桂と直接接触し、彼の山縣閥への接近に一時期を画したことが最も重要であろう。もっとも、山縣と桂の関係が、内面的には対立を深めていたことは、『原敬日記』四十年五月二十六日の次のような記事からも窺われる。

桂は、……山縣は伊藤等と異りて表面に反對せずして仲々執念深く反對する性質なり、夫れには屢々困難せりとて其實例を物語[り]、……山縣の如き元老はおがみ倒すの外なし、到底彼も長きことはなし、或は却て惡くなるかも知れざれども、もはや彼も老耄せりと云へり、

こういう桂の感情を山縣が見逃すはずはなく、やがて苛酷極まる復讐をした。第三次桂内閣が「惨めな最後を遂げたとき、山県は桂は雪隠で首をくくったようなものだと冷評した」(岡義武『山県有朋』岩波新書、一九五八年、一二八頁)。桂はほどなく失意のうちに死し、山縣はそれから十年近くも生き延びる(長尾「二人の長州軍人」『法学に遊ぶ』一九九二年参照)。

八束は、やがて政党を組織して新世紀の政界を支配する野心をもった桂ではなく、老いて幕末の尊皇論と明治初期以降の反政党感情という若き日の情念に回帰し、いよいよ頑迷となった山縣に親近性をもち、晩年の山縣が試みたイデオロギー的巻き返しの企図に、弟子の上杉慎吉をも巻き込んで参加していくことになる。

(2) 貴族院勅選議員

八束の貴族院勅選議員任命は、第二次山縣内閣時代で、選任事情は不詳。彼の反政党内閣的言論が山縣系に評価された結果という推測は可能であろう。当時の東大関係者で勅選議員は、加藤弘之、濱尾新、外山正一、菊池大麓、菊池武夫、富井政章、その後では一木喜徳郎(三十三年)、山川健次郎(三十七年)、岡野敬次郎(四十一年)、奥田義人(四十五年)である。生年順に並べると、加藤(一八三六年)、外山(一八四八年)、濱尾(一八四九年)、菊池武夫(一八五四年)、山川(一八五四年)、菊池大麓(一八五五年)、富井

（一八五八年）、八束（一八六〇年）、奥田（一八六〇年）、岡野（一八六五年）、一木（一八六七年）で、数え歳四十歳前の早い就任である。学生時代、最初の公的発言が二院制擁護論、具体的には貴族院擁護論であったから、その貴族院に入って大いに張り切ったことは疑いない（八束が留学から帰国して間もない頃から、貴族層と関係をもったことは、二十二年暮れに「華族有志の法律研究会」に招かれて講演していることからも知られる（『政治談話速記録7』二六八頁）。また二十三年より学習院で憲法を講じた。『近衛篤麿日記』には、八束関連の、同院の会議や人事に関する記事が多く見られる）。

三十二年七月十八日任命、十一月二十二日第二次山縣内閣の下で第十四回通常議会開会、早速「第九部資格審査委員」「府県監獄費及府県監獄建設改修費ノ国庫支弁ニ関スル特別委員」「宗教法案特別委員」となる。資格審査委員会では、茨城県選出多額納税議員に対する異議の審査に、富井政章委員長の下の副委員長として参加した。

十二月十四日、本会議最初の発言。それは、宗教家に対する徴兵免除を定める徴兵令改正の政府案に対する関連質問で、戦争において人を殺すことを禁ずる教義を有するメノナイト派のような宗教は、信教の自由を定める憲法二十八条のいう「臣民タルノ義務」に反し、保護すべきではないのではないか、という趣旨であった。政府委員斯波淳六郎（十六年法学部卒の同級生）は、これに対し、これは徴兵令の問題でなく、これから提出する法案である宗教法の問題である、と答弁を避けている。

三十三年二月、宗教法案はまず貴族院に提出され、その本会議第一読会において、八束は賛成演説をしている。その趣旨は、憲法第二章の人権条項の各々には既にそれを具体化する法律があるのに、二十八条だけは未だそれがないこと、また日英条約等に、国内法に従って信仰の自由を保障するという条項があるので、対外信義上も対応する立法が必要なこと、民法施行法二十八条に「民法中法人ニ關スル規程ハ當分ノ内神社、寺院、祠宇及ヒ佛堂ニハ之ヲ適用セス」と定め、その代替規程が必要であること、また同条は神道と佛教にのみ適用があり、キリスト教に適用がないのは不公平であることなどであった。山縣内閣の政策の線に沿ったものといえよう。同法案には、佛教を国教としないとして、佛教界が猛反対した。貴族院でも難航し、委員会は辛うじて通過するが、本会議で否決。

続いては二月二十三日、「外国より輸入する鹹魚燻製魚及魚粕に関する法律案」について、同案が関税率を勅令に委任していることを問題とし、憲法六十二条の租税法律主義に反するのではないか、という趣旨の質問をした。八束持論の委任立法違憲論であるが、殆ど相手にされなかった。

同年十二月二十五日、成立して間もない第四次伊藤内閣（十月十九日）の下で第十五回通常議会が開会。伊藤が自由党の後身憲政会と合意し、政友会を結成してその総裁となり（九月十五日）、それに憤った超然主義者山縣が内閣を投げ出して（九月二十六日）、伊藤に後を押しつけたものである。貴族院はこの伊藤に対し激しく反撥し、北清事変（義和団事件）派兵費用のための増税案をめぐって、政府と激突した。この頃より、両院の対立が、伊藤対山縣の対立と重なり合う。八束は北海道地方費法案について一言した以外は発言していないが、刑法改正案特別委員会委員となっている。

三十四年五月伊藤内閣総辞職。六月二日桂内閣成立、十二月十日第十六通常議会が開会された。この議会において八束は、災害地域の免税を定める法案につき、「一府縣又ハ數府縣」より狭い地域の災害はなぜ免税しないのかと質問した。また、刑法改正案について、執行猶予制度に反対する大演説をした。「刑は犯人をして十分之を恐れしむる」べきであるのに、刑法案は寛刑に過ぎる。特に執行猶予制度は西洋諸国でも賛否両論あり、実験的段階にあって、これを本格的に導入するのは尚早である。必要ならば天皇の恩赦権を利用すればよく、裁判官がそれに先だって刑を免除するのは、「大権の自由なる發動を妨げ」「恐多い」という。これに対し清浦奎吾法相は、刑務所に入れない方がよい結果をもたらす犯罪者も多く、執行猶予制度は欧米でも導入して好結果を博している、と答弁した。八束はまた、「帝国ニ滞在スル外国ノ君主又ハ大統領」への加害の罪に関連して、その配偶者に対する罪も同様に罰すべきであるという突飛な提案をした。それに対し石渡敏一政府委員（十七年東大法卒）は、外国の立法にそのような例はない、と突っぱねた。

どういう訳か、それからしばらく議事録中に八束の本会議発言は見当たらない。三十七年十一月三十日に開会された第二十一通常議会において、貴族院令改正案特別委員となり、貴族院議員を公爵何人、伯爵何人と定めている現行制度に代えて、爵位ごとに比率を定めるべきか否かが問題となったが、現状維持の演説をした。これは、平民出身の男爵が増加するのに人数が固定されていて、その比率が低下する事態に関わっている。これは、自分がなろうと見込む男爵の利害を敢えて無視する「公平無私の態度」といえようか？　否、男爵より上流華族と自己を同一化する意識の表われか？

三十八年十二月二十八日開会された第二十二通常議会において、戸水事件が議題となり、谷干城議員の激しい大学糾弾演説があったが、八束は何も発言していない。三年間の時限立法であった明治二十九年法律第六十三号、即ち「台湾総督ハ其ノ管轄区域内ニ法律ノ効力ヲ有スル命令ヲ発スルコトヲ得」以下の授権立法の二度目の更新期の審議にも、発言していない。

第二次桂内閣の下、四十一年十二月二十五日開会された第二十五通常議会において、八束は「東京都制」

案の提案者代表として賛成演説した。この案は、東京市を東京都と改め、東京府知事の管轄下から分離し、直接内務大臣の監督下に置くとともに、首長を政府任命とし、市会の権限を縮減して限定列挙とすることを骨子とするものであった(当時知事は官選、市長は市議会が三人の候補を選挙し、政府がその中から任命することとなっていた(市制七三条))。これは山縣系勢力が、政党政治家星亨に東京市政を壟断されたことへの対抗手段として提案したという意味もある。一木喜徳郎は次のように回顧している。

貴族院の各團體は、市政匡救の策を講ずる爲、余の意見を聴かれたので、「畢竟制度の罪である。斯くの如き大都市を普通市と同様に取扱[ふのは]誤ってゐる……」と答へ……、貴族院では政府に對する一種のデモンストレーションの意味で、都制案を提出することになり、余は甚だ忽率の際であったが、兎も角も法律案を作成して提案することとなった。此の案の骨子は要するに中間の監督官廳たる府を排除して、國が直接監督する、丁度府と市とを兼ねた様なものと爲し、都長官は府知事と同様官選として任免權を政府に握らしめ、一方區の自治權の範圍を擴張すると云ふ趣旨であった。貴族院は通過したが、衆議院では都長官選が喜ばれず、遂に握潰された。其の後數年、數會期に亘って繰返し貴族院から提案され……(『一木先生回顧録』三〇・一頁)。

八束がこの案は「當院の宿論」で、「今私どもが此案を我物顔に出すも憚る位」だと前置きしたのも、一木が出てきて、八束に代って答弁しているのも、その故である。なぜ八束がここで登場したのか不思議であるが、山縣＝桂閥の別働隊としての行動である。

八束の長男重威は昭和十三年十二月十四日のインタヴューにおいて、「先考が特に深き信任を受けて密接な關係の有った元老は山縣有朋公であります。先考は山縣公の憲法問題の顧問役のやうな關係にありまして、憲法上の問題は勿論、政治問題、國民教育問題等に關しても、諮問を受けて意見を述べ、或は進んで進言したることが尠くなかったやうであります。公は毎年誕生日を期して少數の特に親近なる者を招いて内輪の賀宴を催さるるを例とせられましたが、先考も常にその招待を受けた一人でありました。又、桂太郎公にも屢々招かれて意見を開陳した様で、山縣公に次ぐ深い關係であった様でございます」と言っている（『政治談話速記録7』二六五頁）。山縣とのこのような関係がいつ頃から始まったのかは、これからでは分らない。

美濃部は、「恩師たち」が推薦しているこの法案に対し、「余ハ多士濟々ノ貴族院」が「再ビナラズ三タビ迄モ東京市ノ自治制度ヲ根底ヨリ破壞シ去ラントセルヲ見テ、竊《ひそか》ニ貴族院ノ爲ニ惜ムト共ニ我ガ自治制度ノ爲ニ悲ムノ念ヲ禁ズル能ハズ」と批判した。その中で、府県は広く共同体性を欠いているから、官選もやむをえないが、市は「堅實ナル統一的ノ團結ヲ爲」しているとして、羽仁五郎を思わせる次のようなことを言っている。

歐州中古ノ歴史ニ付テ見ルモ一般地方ハ封建領主ノ專制政治ノ下ニ支配セラレタルノ時代ニ於テ獨リ市府ハ頗ル廣キ範圍ニ於テ自治權ヲ有シ、啻ニ自ラ其ノ機關ヲ選任スルノ權ヲ有シタルノミナラズ、又自己ノ法律ヲ備ヘ自己ノ裁判所ヲ有シ、甚シキハ自己ノ軍隊ヲスラモ維持シタリ。第十九世紀ノ初普露西ニ於テ「スタイン」及「ハルデンベルヒ」ノ下ニ地方制度ノ改革ヲ行ヒ、新ニ地方自治制度ヲ施カントセルニ當リテモ、第一ニ先ヅ市制ヲ發布シテ、凡テノ他ノ地方ニ先チテ市ヲ以テ自治制ノ最初ノ施行地ト爲シタルモ亦專ラ市カ自治制ノ最モ適當ナル自然ノ情勢ヲ有セルガ故ニ外ナラズ。（「貴族院ノ都制法案ニ付テ」『国家学会雑誌』二十三巻三号）

ところで、八束がこの演説の中で、選挙とは「官で選ぶも民で選ぶも」「適任者を選ぶといふことの外は何も意味はない」と発言したことが、三十九年五月、西園寺内閣によって勅選議員に任命された鎌田榮吉という、やがて八束の天敵となる人物の批判を浴びることとなる。鎌田は、穂積を名指しでこの発言に言及しつつ、「自治」の重要性という点から官選知事論に反対の演説をした。鎌田は慶応義塾卒、地方で教師をしたり、内務省に勤めたりしたが、二十七年より自由党選出衆議院議員。洋行の後三十二年より慶応義塾長。貴族院内の開明派で、政友会シンパである。

鎌田は、四十年三月の『慶應義塾学報』一一五号に「家族制度は國體に非ず」という論説を発表し、ローマの家父長制は、家族を家長の所有物視したもので、人類史はそこから「自由社会」に発展したものであるとして、八束の家族国家論を正面から批判しているという（三井須美子「家族国家観による『国民道徳』の形成過程(1)」『都留文科大学研究紀要』一九九〇年、一二頁）。そして、最晩年の八束は、普通選挙法案と小選挙区法案に反対する大演説をする。

(3) 帝室制度審議会御用掛

帝室制度調査会は、憲法・皇室典範の制定後「國事匆忙」の故に放置されていた皇室関係諸制度を本格的に整備するために組織された、伊藤を総裁とする格の高い審議機関である。副総裁は前宮内大臣土方久元、委員には細川潤次郎、高崎正風、伊東巳代治、梅謙次郎、穂積八束、花房直三郎等。伊東は病気で一時辞任、三十六年七月に、土方の後任として、副総裁に就任し、直ちに奥田義人と有賀長雄を委員に加えた。

伊東副総裁時代には、多忙な伊藤は殆ど出席せず、副総裁が実質上の責任者で、会議は「毎週日を定めて開かれたりしも、臨時に主査委員會又は總會を開催したること尠なしとせず。又その會議は概ね夕刻より始まり、中途晩食を攝りて續行し、夜半に達して散會するを例としたり」という（『伯爵伊東巳代治・下』一九三八年、二二頁）。

こうして四十年二月十一日に任務を終えて廃止されるまでに、皇室典範増補を初めとして、「皇室會議令以下の皇室令案三十五件、皇族ヨリ臣籍ニ入リタル者及婚嫁ニ因リ臣籍ヨリ出テ皇族トナリタル者ノ戸籍ニ關スル件、戸主ニ非サルモノ爵ヲ授ケラレタル場合ニ關スル件、及華族世襲財産法等の法律案三件、請願令位階令國葬令等の勅令案三件、施行規則等の宮内省令案十件、宮内省達又は宮内省告示を以て発表せらるべき規程案四件の起案審議」を完了したというから、大変な精励ぶりである。

八束がこの中でどういう活躍をしたのかは分らないが、梅謙次郎は「諸法令の起草に特に御盡力になった」のは「有賀博士、多田好問君、終りには主として奥田博士、岡野博士等」と言っている（「伊藤公と立法事業」『国家学会雑誌』二四巻七号、九六九頁）。何れにせよ、これに参加したことの成果は、それから三年後に刊行された『憲法提要』に見られる。八束は、天皇の部分に臣民の倍以上のページ数を費やし、二代前の天皇の后は太皇太后とよぶが、三代前の后を何とよぶかとか、結婚によって臣籍に入った皇族の女が離婚しても皇族には戻らないとか、皇族相互の民事訴訟の手続とか、柄になく細部の議論をしている。他方臣民の権利に関しては、短く概説するのみで、逐条解説は省略している。

彼はこの審議会の委員になったことから、皇室との縁が深まった。『東西両京の大学』は言う、

彼の常に議会の権限を縮小して、政府の権限を拡張せんと欲する御用憲法論が、実際において、

少しも政府および民間において採用せられざるがごとく、彼の偏狭なる高天原主義は、決して今日の政治界において採用せらるべき理由あるなし。これをもって人常に彼の政治界における野心を看破するものなしといえども、彼や決して碌々として永く書斎に蟄居するを喜ぶものにあらず。必らずある方面に向かいその勢力を伸べんことを望むや必せり。ある方面とは何ぞ、曰く宮内省これなり（一〇二・三頁）。

「宮内省」とあるが、実は天皇自身の八束に対する評価が高かったといわれる。彼は三十四年から三十五年にかけて、三十二回に亘って皇族講話会で憲法の逐条講義をしたが、高橋作衛は「仄ニ拝聞スル所ニヨレハ皇族講話會ナルモノハ先帝ノ叡旨ニ基キ開催セラレタルモノナリト云フ」（本書二四六頁）と記している。

それはありそうなことである。十九年十月二十九日に帝国大学を視察した天皇は、十一月五日侍講元田永孚に次のように述べ、それを元田が記録したという。

設クル所ノ學科ヲ巡視スルニ理科化(學)科植物科醫科法科等ハ益々其進歩ヲ見ル可シト雖モ主本トスル所ノ修身ノ學科ニ於テハ曾テ見ル所無シ。和漢ノ學科ハ修身ヲ専ラトシ古典講習科アリト聞クト雖トモ如何ナル所ニ設ケアルヤ過日觀ルコト無シ。抑大學ハ日本教育高等ノ學校ニシテ高等ノ人材ヲ成就スヘキ所ナリ。然ルニ今ノ學科ニシテ政治治要ノ道ヲ講習シ得ヘキ人材ヲ求メント欲スルモ決シテ得ヘカラス。（『帝大史』一〇六五頁）。

この記事の信憑性には疑問の余地があるよしであるが、元田を信任した天皇にこのような思想があったことは想像でき、「民法出テ、忠孝亡フ」と説く人物の登場を歓迎したことは考えられる。

四十一年から四十五年まで五年間、新年講書始に天皇に進講した。主題は「世界最古のハムムラビ法典の概要」「羅馬皇帝ジュステニアン大法典發布の詔書」「タシトゥスのゲルマニアに依る古ゲルマン民族の建國」「希臘及羅馬の古典に顯はれたる祖先崇拜の事蹟」「アリストテレスの政治書」と、すべてが西洋（ないし近東）古代に関するもので、「学問的薫り豊かな」印象を与えるものである。八束にとってこの進講の重要な意味は、法科大学長といい、貴族院勅選議員といい、常に兄陳重に先を越されていた彼が、遂に兄を追い抜いたことにあるかも知れない（陳重が進講したのは、大正天皇に対してである）。そして兄より弟が優先されたことにも、天皇自身の意志が介在しているかも知れない。

一一　美濃部と上杉

穂積憲法学は、時に「正統派」と性格づけられることがあるが、それはあくまで学界外の権威や権力の世界の一部においてで、学界においてはせいぜい周辺的存在であった。自由民権系・政党系の知識人の間で「曲学阿世」として侮蔑されていたことはもとより、ドイツ留学帰りの公法学者の間でも、八束の憲法理論は攻撃されるか無視されるかの何れかであった。有賀長雄が帰国早々の八束の講演を「帝國憲法の法理を誤る」ものとして攻撃したことは、先に見た通りで、著作においては穂積批判の言葉が見られない末岡精一や一木喜徳郎について、後に美濃部達吉は、彼等が穂積説に「反対せられた」と明言している（大石眞『憲法史と憲法解釈』信山社、二〇〇〇年、九〇頁）。だが彼らは「君子」であったから、八束の背後にある諸勢力を配慮して、論争を避けた。

『東西両京の大学』は、彼の学説が「政府」や「政治界」においても採用されないと言っているが（一〇二頁）、これは委任立法違憲論のような非実際的形式論によるばかりでない。八束は、憲法第一章に列挙された大権事項を、議会の介入を許さない領域として死守しようとするが、坂野潤治氏は、港湾政策・鉄道政策など殖産興業政策の方は、憲法が「守ってくれない」、予算議決権をもつ議会と妥協しなければ、原敬の率いる政友会などに対抗し得ない、それ故桂太郎の率いる経済官僚群からも見放されたと指摘している（大石眞他編『憲法史の面白さ』信山社、一九九八年、一一九頁）。

穂積憲法学の墓掘人たるべく登場する美濃部達吉は、二十七年に法科大学入学、三十年卒、筧克彦、加藤正治、立作太郎と同年である。入学早々聴講したのが、末岡の没後俄かに招聘された若き一木喜徳郎の「国法学」初講義であった。美濃部は「其の該博な引照と精緻な論理とは、われわれ學生の心を魅するに十分」で、「感激を覺ゆることが深」く、「私の聞いた多くの講義の中で最も大きな影響を私に與へた」と回顧した。他方八束の講義については、次のように回想している。

憲法の講義は、やはり一年生の時に、故穗積八束先生から受けた。穗積先生は當時既に憲法學者として名聲天下に聞て居り、其の講義は音吐朗々、口をついて出る語が、おのずから玲瓏たる文章を爲して居り、其の莊重な態度と共に、一世の名講義を以て知られてゐたが、殆ど總ての點においては、一木先生とは、恰も對蹠的であって、論理などには一向拘らず、力強い獨斷的の斷定を以て終始せらるるのであった。一例を謂ふと、國家の本質を説明しては、國家は主權を保有する團體であると曰はれながら、一方では、主權は天皇に屬す、天皇即ち國家なりと曰ひ、國家機關といふやうな概念を以て、天皇の御地位を説明するのは、以ての外の曲事であると喝破せられる。國家が團體であることを認めながら、天皇即ち國家であるとするならば、其の論理的な必然の結果は、天皇は團體なりと謂はねばならぬことになりさうであるが、そんな論理は、先生の頓着せられる所ではなかった。是はホンの一例であるが、先生の講義の中には、斯ういふ非論理的な獨斷が尠くなかったので、まだ幼稚な一年生でありながら、先生の講義には、不幸にして遂に心服することが出來ないで終った（「退官雜筆」『議會政治の検討』日本評論社、一九三四年、五八七・八頁）。

三十年七月卒業し、一木の勤務先の内務省に就職。学生時代から「一生學究生活を送りたいと希望」していた彼が、官僚となった理由として、「學者としての天分の乏しいことを自覺した」ことと、経済事情を挙げているが（同、五八一頁）、実際には八束の支配する公法研究室に入ることを躊躇したことが大きいであろう。しかし結局官僚生活になじめず、一木に相談すると、比較法制史の担当者に推薦してくれた。日本法制史と比較法制史を兼担していた宮崎道三郎が、前者に専心したいと希望し、それが容れられたことから、後者が空席となったのである（同、五八二頁）。

三十一年大学院入学、三十二年より欧洲留学、留守中三十三年に助教授発令。帰国直前の三十五年十月教授昇進、十一月三日帰国（「退官雜筆」には十月とある（五八四頁））。四十一年九月、一木に代り行政法講座を兼担、四十四年九月「天稟《てんぴん》の歴史家」中田薫が留学から帰国して、比較法制史の講座を譲り、行政法の専任となる。彼が（新設された）憲法第二講座の担当者となったのは、大正九年のことである。

この間の公法講座には、多少出入はあるが、筧克彦三十三年助教授採用、三十六年教授（行政法講座（八束の講座兼担を継承）、四十一～大正六年法理学兼担）、野村淳治三十四年助教授採用、四十一年教授昇進（国法学講座））、上杉慎吉三十六年助教授採用、大正元年教授昇進（憲法講座））。他の公法

学者では、有賀長雄(十五年文卒)、織田萬(二十五年佛法卒)、井上密(二十五年独法卒)、清水澄(二十七年佛法卒)、副島義一（二十七年独法卒)、市村光恵（三十五年独法卒）等。

三十五年秋、帰国して「數日の餘裕も置かず」、比較法制史の講義を開講したが、美濃部自身が、自分は「歴史の研究は最も不得意とする所」で「如何に不完全な講義であったかと慚愧に堪へない」と告白している。実際、実証史家としての史料研究と無縁に、論文集『憲法及憲法史研究』(四十一年)に収録されている「歐州ニ於ケル成文憲法ノ發達」「第十九世紀ニ於ケル英國國會ノ發達」「佛國憲法ノ百年間ノ變遷」などという論文題目が示すような概説的講義をしていたようである。

東大では比較法制史を担当した美濃部も、明大・中大などでは憲法や行政法の講義を担当しており、また公法に関する論文を続々と発表し始めた。そしてそれらは穂積憲法学に対する挑発的ともいえる根本的批判を主題とするものであった。

美濃部が帰国して間もない三十六年一月『法学新報』十三巻一号に、八束は新刑法案の執行猶予制度が天皇の赦免大権を侵すものではないか、という(貴族院演説を敷延した)論説を発表した。「裁判言渡ヲ受ケタル者ニ對シ刑ノ執行ヲ免除スルハ憲法第十六條(特赦)ニ依リ大權專屬ノ事項ニ屬ス新刑法案ハ其第四章ニ於テ刑ノ執行ノ猶豫及免除ノ事ヲ規定ス憲法上ノ赦免大權ハ法律ヲ以テ之ヲ司法裁判所ニ行ハシムルコトヲ得ルカ」、否、不可能だ、というのがその論旨である。その最後に、「予之ヲ第十六議會ノ貴族院ニ於テ辨明シタレトモ當局大臣ハ無雜作ニ答辨シテ……論シ去レリ。雄辨滔々予等末輩ハ到底其敵ニ非ス。予ノ提議ハ全ク議場ニ敗レタリ。此ノ制度ノ實質ノ利害ハ別議トシ、憲法上ノ法理分析ノ論ハ所謂政治家輩ト之ヲ議院ニ談スルハ愚ノ至ナルヲ覺ユ。寧ロ之ヲ學校問題トシテ法律ヲ專攻スル學生諸氏ノ討論ノ資材ニ供シ、其學問的判斷ニ訴フルノ愉快ナルニ若カサルナリ」と捨て台詞《ぜりふ》を残した。

これが美濃部を挑発した。美濃部は直ちに、同誌第二号に「君主ノ大權ヲ論シテ穂積博士ニ請フ」という論文を寄せ、次のように述べた。即ち、ドイツ諸邦憲法も同様に大権事項を列挙しているが、その事項を法律で規定し得ることは「學者ノ普ネク一致スル所」である。議会が議決し、天皇が裁可する立法権も大権の一部であり、大権事項は議会の関与を許さないなどという根拠はない。議院法が議会の停会に日限を十五日以内に限っているのは、天皇の停会を命ずる権限を制限しているが、誰も憲法問題だとは思っていない。多くの法律が官庁の権限を定めており、穂積流解釈では、これは天皇の官制大権を制限しているが、誰も違憲とは言わないではないか、と主張した後、次のように述べる。

抑《そもそも》憲法ハ我國歴史ノ産物ニ非ス、憲法以前ニ於ケル我國ノ歴史ハ嘗テ國民ノ參政權ヲ認メタルコトナシ。我國ノ憲法ハ專ラ模範ヲ歐洲近世ノ憲法ニ取リタルナリ、既ニ模範ヲ歐洲ニ取ル、明白ナル反對ノ根據アラサル限リハ、歐洲近代ノ立憲制ニ共通ナル思想ハ亦我憲法ノ取リタル所ナリト認メサル可カラス。苟クモ既ニ代議制ヲ採用セル以上ハ是レ其必然ノ結果タリ。憲法ノ下ニ働ク國家ノ作用中立法權ヲ以テ、其最モ上ナルモノトシ、法律ハ如何ナル事項ト雖モ規定シ得サルモノナシトスルハ、歐洲ノ立憲制ニ共通ナル思想ナリ。

「國體」を公理とする八束の憲法理論に対する完全なパラダイム転換である。八束はこれに、同誌三月号で、比較的鄭重な応答をした。外国憲法は「有益ナル參考ノ材料」であるが、「我憲法ヲ解釋スルノ終結ノ判定ト爲スコトヲ得」ない。議院法等の例は「當時ノ政府ト議會トカ此ノ解釋ヲ執リシコトヲ證明スル」以上のものではない、と。

美濃部は更に「再ヒ大權事項ト立法權ノ關係ヲ論ス」と題する論文を草し、八束のいわゆる大権事項は「君主ハ議會ノ協賛ヲ經スシテ單獨ニ之ヲ爲スコトヲ得ト雖モ、其協賛ヲ經テ之ヲ爲スモ必スシモ憲法ノ禁スル所ニ非ラス」と自らの立場を再定式化し、逆に「憲法上立法權ニ留保セラレタル事項ト雖モ法律ヲ以テ之ヲ命令ニ委任スルヲ妨」げないと、八束の委任立法否認論をも否定した。その理由は、憲法上「天皇ハ何々ノ事項ヲ爲ス」と規定されている場合、天皇はそれを議会の協賛を経て法律の形式でなそうと、命令の形式をとろうと憲法に違反しないからで、これは諸国の立法例からも明らかだという。更に八束が取り上げた具体的問題について、刑の執行猶予は特赦権とは無関係で、仮に特赦権の行使であるにしても、他の機関に委任することに問題はない、と述べた。

続いて三十七年一月、八束が『法学協会雑誌』に寄稿した論文「公法ノ特質」に対し、美濃部が「穂積先生の『公法の特質』を読む」なる小文（『法政新誌』八巻二号（三十七年二月））において批判した。これに対して、八束はかなり感情的な反論を『法協』三月号で展開している。内容は一見錯綜しているが、公法についての八束の「権力関係説」と美濃部の「主体説」（「公法關係ハ統治權團體相互ノ間又ハ統治權團體相互ト之ニ服從スル人格者トノ間ニ存スル法律關係ナリ」『日本行政法』上、有斐閣書房、明治四十二年、二二三頁）との対立である。前者によれば、国際法は私法、親権は公法上の権利となり、後者によればその逆となる。

論議は、八束が「公法ハ權力關係ノ法則ナリ私法ハ平等關係ノ法則ナリ」と述べたのに対し、美濃部がその後半を「私法は権利關係の規定なり」と言い直して批判の対象とし、それに八束が抗議したところから、美濃部の八束理解の正当性が問題にされた。これは権力と権利の関係についてのスコラスティックな議論に関わるが、美濃部は八束の國體論における主権者が超法的存在で、八束の公法概念もその超法性を承継していると解釈して、それを批判の対象としている。美濃部によれば、公法も権力の限界を画する法であり、その限界の反面に国民の「公権」がある。

他方八束の「公法ノ特質」という論文は、彼の政体論に関わっており、公法は「優劣ナル意志ノ交錯（権力關係）ニ付其限界ヲ明劃スル」法で（『論文集』六六〇頁）、公法上の権力も法的存在であり、「天然力」「腕力」ではないと言う（六五八頁）。即ちこの点に関しては、当時のドイツ公法学の主流と大して違ったことを言っている訳ではない。これは、八束の政体論が存外穏健だという問題と関わっている。

美濃部は、「全く公権の存在を否認するボルンハック一輩の僻説は先生の首肯せらるる所でないことは高著『行政法大意』の一篇既に之を證明して餘あるものである」（『法政新誌』二四頁）と言っている。美濃部が、八束学説をボルンハック説と見ていることは、その後の言及からも明らかで（『日本行政法』二二四頁、『日本国法学』明治四十年、有斐閣書房、二二頁）、『行政法大意』が八束的でない、ひょっとして八束の手に出づるものでないことへの皮肉のようにも読める。

続いて両者が衝突したのは、条約の国内的効力に関してである。これは国際法と国内法の関係に関する理論的問題と関わり、国民の権利義務に関わる条約について、憲法上議会の協賛を必要とするか否かという問題がある。美濃部は『国家学会雑誌』十九巻七号（三十八年七月）において、天皇が条約を批准すれば、（法律事項であっても）その内容は国内法上独自の法源たる「条約法」となり、国民を拘束する、という理論を主張した。

八束は早くよりこの問題について論じており（「條約ハ立法ヲ檢束ス」（二十五年）、「條約及條約法」（三十一年〕、天皇が締結した条約で、国民の権利義務に関わる法律事項に関するものについては、議会がそれに協賛する義務があるという説を唱えていた。美濃部はこれに対し、協賛は本質上自由なもののはずであり、「協賛義務」などというのは形容矛盾であるとして、これを批判している。

美濃部の主張に対し八束は、「是レ純然タル専制時代ノ論ナリ。立憲ノ下ニ此ノ類ノ大膽ナル議論ヲ聞クハ壮快ハ即チ壮快ナリ。唯國法ノ之ヲ許ササルヲ如何セン」、これは議会の立法事項への侵害である、と権力派と議会派の立場が逆転したような論議をする。

また美濃部は、『法学新報』十六巻一号（三十九年一月）において、「緊急勅令ヲ以テ議會承諾前ノ緊急勅令ヲ廢止スルハ違憲ナリ」と題する論文を発表した。憲法八条は、議会閉会中に「緊急ノ必要」が起った場合、天皇は「法律ニ代ルヘキ命令」を発することができるが（一項）、それを次の議会に提出して「承諾」が得られない場合には、将来に向って失効する（二項）と定めている。

美濃部は、この緊急勅令の性質について、議会承認前は単なる勅令であり、その廃止は単なる勅令によってなすべく、議会承認後は法律と同一の効力をもつ独自の法形式、法律の効力をもった勅令となるとして、一木の説を批判している。更に緊急勅令は国民の自由を制限することが緊急に必要となった場合に発せられるが、緊急性が失われて自由の制限を撤廃することには緊急性はないから、緊急勅令発令の要件を欠いている。従って議会承認前の緊急勅令の廃止を緊急勅令で行なうことは憲法違反であり、単なる勅令によってすべきであるとして、清水澄等を批判している。

ところが実は、この、議会承認前の緊急勅令の廃止は緊急勅令によるべきだという清水等の説は、八束が毎年講義で述べているところであった。八束は直ちに同誌十六巻三号においてこれに反論した。八束によれば、憲法八条の定める緊急勅令と九条の定める一般勅令とは要件も効果も異なり、緊急勅令は独自の法形式である。承認前は一般の勅令、承認後は法律と同一のものとして、その中間的地位を否定する美濃部に対する批判である。美濃部は緊急勅令の廃止には、それを発した時の緊急性がなくなれば足りるとしているのに対し、八束は廃止することの緊急性が必要であるとする点にも相違がある。両者の対立の根底に、立法事項と大権事項を峻別する八束の立場と、それを否定する美濃部の立場の対立がある。八束によれば、八条は立法事項、九条は大権事項を内容とするものであるから、九条の勅令をもって八条の勅令を廃止することなどありえないのである。

美濃部は、『国家学会雑誌』二十巻四号（三十九年四月）において、直ちにこれに反論した。議論は、形式的効力と実質的効力の区別をめぐるスコラスティックなものであるが、法令の効力の強弱について、政府のみの意思によるか、「政府ト議會トノ二重意思ノ合一」によるか、前者なら命令の効力、後者なら法律の効力で、中間のものは認められないという、議会の関与の有無のみを、法令の効力の強弱に関連づける主張をした。また、緊急勅令廃止の条件について、緊急性の消滅では足りず、廃止の緊急性を必要とすれば、「一時臣民ノ自由ヲ束縛シテ後、其ノ必要全ク止ミタル場合ニ於テモ……無用ノ束縛ヲ維持スル」ことになると批判している。

これらの論議に一区切りをつける形で総括したのが、四十年『法学協会雑誌』に連載された美濃部論文「立法權ト命令權ノ限界ヲ論ス」で、その中で美濃部はプロイセン憲法と並んでベルギー憲法を日本憲法が「直接ノ模範トナシタ」とし、この「模範憲法」の解釈を重要な論拠として、議会の立法協賛権は、原理上八束のいう「大権事項」のすべてに及ぶという説を主張した。プロイセン憲法とベルギー憲法の本質的相違を主張してきた八束の主張を、挑発的に無視している。

三十年代後半のこれらの論争は、八束が主著『憲法提要』を著し、美濃部憲法学が体系として登場した四十年代において、美濃部＝上杉論争という形での激突に発展するのである。

上杉慎吉（一八七八〜一九二九）は、明治三十一年金沢の第四高校卒、法科大学に入学するが、腸チフスにかかって危篤となり帰郷・休学。三十二年上京して勉学を開始した。八束との出会いは、三十三年六月に受験した試験の答案で、八束は夏休みの明けた九月に答案の主を呼び寄せ、直ちに家の隣にある浅野泰治郎らの住む寮に住まわせた。三十六年七月十一日卒、その時には既に助教授任命が決定していた（七月七日教授会決定）。順番を待ちきれず、三十九年より私費留学。四十二年帰国。大正元年教授昇進。

この間の生活ぶりについて、上杉自身の回想するところを引用してみよう。

八束と遭遇前（〜三十三年秋）：「予ハ大學ニ入ルノ前ヨリ穂積八束ナル人ハ便佞卑屈高官ニ阿附シテ其ノ説ヲ二三ニシテ富家ノ鮒馬［駙馬の誤。天子の娘婿が副車の馬を司る職に就いたところから、権力者の女婿をいう］トナリテ榮達ヲ圖ルトノ評判ヲ耳ニシ一圖ニ是ヲ唾棄スヘシト爲セリ」（上杉慎吉「小引」上杉編『穂積八束先生遺稿憲政大意』一九一七年、七頁）

穂積家寮生活時代（三十三年秋〜三十六年）：「此ノ三年間ハ實ニ亂暴狼籍ナル三年間ニシテ此ノ間予ハ無頼學生ノ生活ヲ爲セルナリ。……酒ヲ被リテ放縦度ナク簿書ヲ机下ニ突キ込ミテ晝寢ネ夜行ク……先生ト相對シテ十數本ノ麥酒ヲ鯨飲……玆ニ書キ記ルスコト能ハサル如キ惡言ヲ以テ先生ヲ面罵シタルコトアリ」（同、三〜四頁）

卒業と就職（三十六年夏）：「予ノ大學ノ業ヲ卒ユルヤ、予ノ放蕩無頼ハ正ニ極點ニ達セリ。就職糊口ノ事ノ如キ固ヨリ胸中ニ在ラス。家貧ニシテ老親窮途ニ泣ケリト雖モ亦甚タ意ニ介セサリシナリ。一日先生予ヲ招キテ曰ク將來立身ノ目途如何ト。予呵々大笑シテ曰ク、予ハ生活立身ノ事ヲ然カク重大視セスト。先生唯々トシテ其モ亦一案ナリト云フ……越エテ數日一木喜德郎先生、予ニ大學助教授タランコトヲ慫慂セラル」（四〜五頁）

留学まで（三十六〜九年）：「任官以來三十九年春洋行ニ至ルマテ、予ハ主トシテ先生ノ學説ノ缺點ヲ指摘スルニ努力セリ」（五〜六頁）

留学中（三十九年〜四十二年）：「明治四十二年夏歸朝シタル予ハ別人トシテ先生ニ見《ま》ミヘ《ママ》タリ。西遊研學ノ間予ハ深ク我國體ノ萬國無比ナルヲ感シ、建國ノ基礎世界ニ倫ナク國史ノ發展又全ク異ナルノ日本ニ在リテハ、國家ノ基本法タル憲法ノ本質自ラ彼ト異ルモノナカルヘカラスト爲シ、帝國國體ノ明確ナル認識ト鞏固ナル尊皇ノ信念ハ日本憲法研究ノ根本骨子タルヘシトスルノ動カスヘカラサル確信ヲ懷抱スルニ至レリ」（八頁）

このような上杉と美濃部が対決するのは、ことの必然であり、これが八束最晩年に生じた（上杉について、詳細は本書の姉妹編『上杉愼吉集』解説に譲る）。

一二　大逆事件

明治四十年代に入って八束に起ったこととしては、山縣有朋との接近、大逆事件及び南北朝正閏問題への関与がある。

森鷗外は、若き日『舞姫』のモデルとなった事件の事後処理で世話になってより、山縣に頭の上がらない関係にあった。そして、井上通泰の回想――、

明治三十九年六月十日の夜、小出粲、大口鯛二、佐々木信綱の三氏と余とを濱町一丁目なる酒樓常盤に招き、明治の時代に相當なる歌調を研究する爲めに、一會を起さん事を勸められた。……即座に森、賀古の二氏が幹事となり、……一會を興すことに決した。其後、賀古氏から、之を山縣公に話した處が、公も非常に悦ばれて力を添へらるゝことを約せられた。（徳富猪一郎『公爵山縣有朋傳・下』一九三三年、一一六二・三頁）

賀古鶴所は鷗外の親友で、その事件の事後処理に当り、それ以後もずっと親交を続けていた。これが常盤会の発端で、鷗外の日記の中では、山縣が参加する時は、椿山荘などで、そうでない時は賀古宅などで開かれたことが知られる。そこには八束の名は出てこないが、松本清張『小説東京帝国大学』（新潮社、一九六九年）に、「八束は趣味として和歌を作っていたから、山縣の常盤会歌会につらなって、その目白の椿山荘や小田原の古稀庵に出入りしていた」とある（二九一頁）。出典の調べは今のところつかないが、若き日留学の船を共にした鷗外と、こうして再会したのである。当時山縣も八束も、「時流」に対する苛立ちを深めており、大逆事件や南北朝正閏論議などイデオロギー性の強い事件の刺激もあって、三十年代半ばにはある程度抑制されていた八束の精神を、「反動」へと駆り立てた。

大逆事件問題の一契機は、四十年十一月三日の天長節に、「日本皇帝睦仁君ニ與フ」と題し、「睦仁君足下、哀レナル睦仁君足下、足下ノ命ヤ旦夕ニ迫レリ」に始まるパンフレットがサンフランシスコ領事館などに送られた事件にある。これは渡米していた幸徳秋水の影響下にある社会革命党員の行為で、彼らの言

動は山縣の探知するところとなった。それは領事館が傭ったスパイを通じて彼らの状況を探知した渡米中の法科大学国際法教授高橋作衛が、穂積陳重に通報し、陳重がなぜか直接でなく、八束を通じて山縣に通報していたからである（陳重の山縣宛書簡（四三年一一月一九日、国会図書館憲政資料室）に、「先年桑港より高橋作衛氏無政府黨員に關し通信有之候節は八束を經て御手元に差出し候」とある）。山縣は小松原英太郎宛書簡で、「米國バークレー」における「無政府黨」「暗殺主義者」「革命主義者」の発表した「演説筆記等」を「熟々《つらつら》」読んだと記し、「取締ヲ等閑ニ附し候ては由々敷一大事」と、取り締りを促している（四一年二月二一日、同）。高橋の調査費も、山縣から八束を通じて送られたという（松本、二八八頁）。

大原慧氏は、陳重と山縣との関係が「親密であったことは周知の事実に属する」と言っている（『幸徳秋水の思想と大逆事件』青木書店、一九七七年、二五八頁）。『歌子日記』に現われる限りでは、山縣と接触したのは、貴族院議員時代に法典延期論などに関してと（二十三年十二月十六日、二十四年二月二日）、第二次山縣内閣当時の儀礼的接触（三十二年三月十日、二十五日、十四日）、及び訪欧前の表敬訪問（同七月五日）、訪米前の表敬訪問（三十七年八月十二日）くらいである。四十三年の書簡では無沙汰を詫びている。

四十一年六月二十二日に起った「赤旗事件」の後の『原敬日記』（六月二十三日）に、徳大寺実則侍従長が原敬に「山縣が陛下に社會黨取締の不完全なる事を奏上せしにより、陛下に於せられても御心配あり、何とか特別に嚴重なる取締もありたきものなりとの思召もありたり」と語り、原は「山縣の陰險なる事今更驚くに足らざれども、畢竟現内閣を動かさんと欲して成功せざるに煩悶し此奸手段に出たるならん」と論評している。結局山縣が天皇の耳に西園寺内閣は社会主義者に手ぬるいとの認識を吹き込み、天皇がその旨を諸方面に洩らすなどして、七月七日西園寺内閣は総辞職に追い込まれた。

その後を継いだ第二次桂内閣によって、大逆事件の大検挙と暗黒裁判が行なわれたのであるが、四十三年六月二十一日、八束は社会主義者の危険性に関する書簡を山縣より受け取り、翌日それへの返書を送っている(憲政資料室)。それによれば、彼が従来公然と社会主義攻撃をしなかったのは、「彼の輩をして論敵を得て却て自己を廣告するの手段に逆に利用せしむるを恐れ」たからである。しかし今やそんな手ぬるいことでは彼らを増長させるので、「用捨なく鉄槌を下」さねばならない。「社会主義の家國を毒する民権自由の過激の論の類に非ず、今全力を盡して其の萌芽を剪《き》るべき時」で、私が「筆を以て爲し得べき相應の御用」があれば、遠慮なくお申しつけ下さるよう、というものである。この第二次桂内閣の下、第二十七通常議会は大逆事件の秘密裁判係属中の四十三年十二月二十三日に開会され、年が明けると程なく判決・死刑執行が行なわれた。

一三　教科書問題

(1)　修身教科書

三十五~七年頃の新聞を見ると、教科書疑獄のコラムがあって、毎日一面に、「今日はどこの誰が逮捕された」というような「速報」が出ている。国定教科書論はそれ以前から存在したが、ここに小学校令が改正され(三十六年四月)、教科書は文部省が著作権を有するものに限るとする国定教科書制度が発足した。三十七年四月一日より修身・歴史・地理などで国定教科書を使用することになり、大急ぎで編纂されたが、拙速でもあり、様々な見地からの批判の余地のあるものであった。特に、修身、及び歴史教科書に対する批判から、一連の教科書問題が生じた。

八束が教育問題に関与したのは、井上毅文相の下での明治二十五年のことであるが、彼の「国民教育」に対する関心は、その後も継続した。二十七年八月、『法学新報』に寄稿した「國法及普通教育」は、元来井上に依嘱されて執筆した『憲法大意』の序文として書かれたもので、普通教育において国法学・法学の教育をすることが「國家自覺心」養成のために必要である旨を強調しており、『國民教育憲法大意』（二十九年）や『國民教育愛國心』（三十年）においても、その趣旨が繰り返されている。

八束は、三十年元旦の『東京日々新聞』に「國民教育」なる論説を寄稿し、兵役拒否などが生ずるのは、普遍主義的道徳を国民道徳に優先させる教育が行なわれているからで、その一つの源泉は、「道徳教育」を「國民教育」に優先して掲げている小学校令（小学校教育の「本旨」を「身体ノ發達」「道德教育」「國民教育」「生活ニ必須ナル普通ノ知識技能」の順に掲げている）にあると指摘している（三井「国定第一期教科書改定運動と穂積八束」『都留文科大学研究紀要』第三九集（以下「国定」として引用）、一九九三年、四頁）。これは「普通の法理」に対し自国の法理を優先させることを説いた彼の法思想の教育版とも言い得る。

国定教科書使用開始の年三十七年の十月後半頃に、枢密顧問官東久世通禧・田中不二麿・野村靖連名の修身教科書に関する「意見書」が、久保田譲文部大臣に提出された。「意見書」は小学修身書は「国民道徳の経典」であるべきなのに、発行された国定教科書は「日常の行儀作法の心得書」に過ぎない。我が「國體の精華」である忠孝の大義の叙述が感動を与えず、個人的事業成功のための教訓が多く、祖先崇拝と愛国とを関連づけていない、と主張する（「家族国家観における『国民道徳』の形成過程(2)」『都留文科大学研究紀要』第二三集（以下「三井(2)として引用、他号もこれに準ずる）一九九〇年、四頁）。三井氏は、これが八束の起草によるものであることを考証している（三井「国定」）。

山縣系の桂内閣はこの批判をむしろ歓迎し、四十一年七月十四日、第二次内閣が発足すると、夏休み明けの九月に教科用図書調査委員会官制を制定、加藤弘之会長、菊池大麓副会長以下調査委員（修身部会に八束、一木喜徳郎、森鷗外らがいる）を任命した。美濃部の批判などあって、学界で孤立感を深めつつあった八束は、新たな活躍の場を与えられて、張り切りに張り切ったことは想像に難くない。

修身教科書の中でも、高等小学校第三学年用が全体の基調を定めるものとして重要で、二年後の四十三年三月刊行を見たが、その成立過程について、小松原英太郎文相は、「穂積博士の意見と他の委員の意見との間には其徳目の選択按配分量等に関して大に径庭ありて、論議討論容易に決せざるもの」があったが、「予は」「遂に」「穂積博士の意見を採用した」と回顧しているという（三井(2)七頁）。彼の主張によって、原案の(1)一身、(2)家、(3)国家の順序は逆転され（三井(2)八頁）、第一課「皇位」以下、君民同祖・家族国家・天皇主権・絶対服従などが説かれている（三井(2)一二頁）。

(2)　歴史教科書（南北朝正閏問題）

この修身教科書が刊行を見る直前に四十三年二月、八束は病いに倒れ、憲法講義を上杉に譲るとともに、鎌倉の別荘に籠り、講義案を整理して『憲法提要』をまとめたりして日を送った。しかし文部省は修身科の権威的解説者としての彼を必要とし、同年十二月五日から行なわれた文部省主催全国師範学校修身科教員講習会に講師と招かれている。これで教科書問題における活躍も一段落ついたと思われたこの講習会が、彼に思いがけない新たな登場の場を作り出すことになった。

この講習会の直前に行なわれた中学校長への国史講演会において、国史の教科書編纂官喜田貞吉が、南北朝を併記する方針の説明を行なった。これに対して峯間信吉らが執拗に疑問を提起する質問をして、長い質疑となった。この時は小松原文相も、喜田を支持していたという。喜田は、「臣民の分」としては、このような問題に判断を下せない、具体的には三十七年に設置された宮内省の帝国年表草案調査会（重野安繹、井上哲次郎等）が結論を出していない、と述べたのに対し、質問者は「天に二日」があるのかと問うた。

これが引き金になって、諸団体が動きだし、新国史教科書への批判、文部省・桂内閣への批判となって、藤沢元造衆議院議員の辞職騒ぎに発展した経緯は、松本清張『小説東京帝国大学』などに詳しい。この議会に、貴族院議員有志により、現在「國民道徳の大本たる忠孝の観念に動揺」があり、「我國體ノ精華を發揚するの要」があるとして、教育の引き締めを政府に要望する「國民道徳教育の振興に關する建議案」が提出され、八束も発起人に名を連ねている。

一旦発行された教科書の廃棄という「大どんでん返し」（三井(4)二三頁）をもたらしたのは、元老山縣有朋であった。いつ頃から山縣がこの問題に関心を拂い始めたのか分らないが、吉野俊彦は、鷗外日記（四十三年十月二十九日）に、椿山荘で平田内相、小松原文相、八束、井上通泰、賀古鶴所、鷗外が集まり、夕食をご馳走になったとの記事（『鷗外全集』三十一巻、二一九頁）について、南北朝問題に関わる可能性を指摘している（『あきらめの哲学　森鷗外』ＰＨＰ研究所、一九七八年、一八二頁）。

井上通泰の回想に、「一日、賀古鶴所、市村徳次郎を伴ふて、山縣公を古稀庵に訪問し、忌憚なく南北正閏問題に關する内情の經過を詳述した。すると公爵は非常に驚かれた模様で、『桂は何して居る』と云はれたが、最後に全身に痙攣を起された」（徳富、七七五頁）とある。『小説東京帝国大学』に引用されている牧野謙次郎『先朝遺聞』という書物によると、山縣は桂や寺内正毅に次のような趣旨の書簡を送った。

余は若いころ国事に身を投じて以来、ただ大義名分のあるところのみを知ってきた。藩の先輩に従って維新の偉業を助け、以て今日に至った者である。昔、わが旧藩主毛利敬親、幕末に義憤のあまり足利尊氏像の首を梟首にかけ、幕府に捕えられて処刑されんとしたとき、書を以てかれらを救われた。当時、自分はその毛利の臣下で、命を奉じて京都に赴いたものだが、今日から見ると、全く隔世の感がある。図らずも公等身をわが長藩より起し、聖明を輔弼し、而して、いま俄かにこの正邪顚倒の妄挙に直面する。有朋老いたりといえども、尚よく鞍上によって叱咤し得る。願わくば先公に代って聖明のために弊事を除かん。南北正閏を弁ぜず、恐れ多くも万一にも不軌の徒あらば、その禍いは如何ばかりならん。老夫思いをここにいたして睡ること能わず、食に味無し、公等、少しくこれを思うべし。（三二四頁）

二月二十七日、喜田は休職処分を受けた。三月一日、山縣枢密院議長は枢密院を召集し、天皇の「御沙汰」があったとして、南朝正統を「即決」した（三井⑷二四頁、⑸五四頁）。

八束は当初、加藤弘之などとともに「南北對立論を唱へてゐた」というが（徳富、七六五頁）、山縣の剣幕を見て転向したのであろう。『朝日新聞』（四十四年二月十六日）に八束とのインタヴュー記事が出ており、彼は、皇位は一にして二なく、その継承は神器によることなどを「不文の国憲」である、しかしこの主張は「遂に容れられなかった」と語った（三井⑷二三頁）。その後強硬な北朝抹殺派として活動したことについては、三井氏の詳細な考証がある。

三月六日、歴史部会は「南朝正統の主義」によることを決定し、政府は八日、修身部会の八束を歴史部会の兼任とした。しかし問題はまだ決着しなかった。対立は南正北閏派と北朝抹殺派の間で再燃し、六月まで幾度も開かれた歴史部会で合意が成立せず、問題は六月三十日より始まった総会に持ち込まれた。しかし抹殺派は八束と陸軍少将大島健一の二人の少数派で、加藤弘之に代表される南正北閏派と間で激しく論争が続き、七月二十一日、多数決で北朝の天皇号も存置することに決定された。ところが、この委員会の決定は、八月に開かれた閣議で北朝抹殺論に逆転する。

八月二十五日、桂内閣総辞職。九月四日、小松原が八束に（もはや残っていない）書簡を送り、八束はそれに次のように返信した（松本はこれを山縣宛としている（三五一頁））。

歴史教科書に関しては、小生種々頑固に異議相唱へ、委員会を煩はし恐入候。幸に閣下の堅固なる御主義に依り、委員会の紛議に拘はらず、首尾一貫の解決を得、為邦家《ほうかのため》実に欣快に耐えず候。……閣下御存職中の教育主義の改善は、小生衷心より感謝致居候也。（三井(4)二九頁）

(3)　朝鮮教育

四十三年八月二十二日日韓併合条約が調印されると、新附領土朝鮮の教育政策が問題となる。今や教育界の重要人物となった八束も、これに関与することになる。鎖国派の八束の辞書に元来植民地などという概念は存在しないが、持ち込まれた仕事で、取って付けたように活動する。

これについては、三井氏が発掘された①四十三年十二月の全国師範学校修身科教員講習会における質疑を記録した『教育時論』九二八号（四十四年一月二十五日）と②大野源一『朝鮮教育問題管見』（朝鮮教育会、一九三六年）に収録された四十四年四月二十九日付関屋貞三郎朝鮮総督府学務局長宛書簡が、彼の思想を如実に語っている。

①「新領土の人民をして、本國領土内の國民の確信を抱かしむる方法如何」と云ふ問題……に付ては、小生何等人に語るの意見なし。永遠を期して謂へば……新附の民をして我々民族と同化せしむる方策を取るの外なし、永遠の後には遂に混同して、一民族の観念を有せしむるに至るべし。……歐州人の其新領土に於ける異種民族に對する、（例せば英人蘭人の印度に於ける）の政策は同化を主義とせず、故意に同化せしめず、舊制を破壊せざるの特別保護の美名の下に、近世的の思想の浸潤することを防止し、風俗の末事をも改むることを許さざるなり。是れ之を劣等民族の地位に置き、本國優等民族の抑壓の下に甘ぜしむるを以て、其教化の主義となす。此の如き歐州風の殖民地教育政策は、永遠を期するの常道にあらずと思考す、故に今、我の彼に對する教育政策は、同化主義を採るべし、之を故意に別種人種とする観念を養ひ、劣等なるものと看做すの抑壓政策を採る可きにあらずと信ず。（三〇頁）

八束の血族国家論は、永遠という極限においてのみ、異民族支配国家と収斂するのである。しかもその永遠の未来においても、「一民族」でなく、「一民族の観念」が生ずるに過ぎない。民族ごとに法理や倫理があるはずの八束の理論にも拘らず、ここでは優等民族と劣等民族の序列があって、「風俗の末事」を初めとして万事を改めさせることが「常道」だという。こうして「永遠」以前には、優等民族による文化抹殺が続くのである。

②　御内示ノ朝鮮學制ハ拜見セリ。……此ノ學制ノ特ニ意ヲ修身及實用ノ諸科ヘ留メ散漫ニ失スルノ流弊ヲ防キ穩健實着ナル風ヲ養ナハントスルニ專ラナルカ如キハ小生ノ最稱賛スル所ナリ。蓋方今朝鮮ニ於ケル教育ハ先ツ我ガ皇室ヲ崇敬スルノ精神ヲ扶植シ特ニ秩序ヲ重ンジ規律ニ服スルノ觀念ヲ養ヒ而シテ日常生活ニ必須ナル智識技藝ヲ授ケ以テ一身一家ヲ治ムルコトヲ得シムレバ即チ足レリ。從前内地ニ於ケル教育行政ノ失策ハ之ヲ再ビスベカラザルナリ。從來朝野ノ爲政家多ク教育ト學問トノ別ヲ知ラス教育トハ學問ヲ授クルコトト誤解セシヨリ父兄モ兒童モ學問研究ノ初歩ノ意味ニテ先ツ小學ニ入ルモノト心得ルノ風ヲ爲シタリ。故ニ……身分モ境遇モ目的モ頓着ナク天下ノ子弟潮ノ如ク大學ニ向フテ押寄スル有樣トナルニ至レリ。……教育ノ主眼タル修身ノ科ノ如キ教育トシテハ一意專心勅語ノ趣旨を實踐セシムルヲ目的トスルノ外ナカルベキニ往々之ヲ倫理ノ學トシテ授クルガ故ニ教師モ兒童モ何カ故ニ人間ハ忠孝ナラザルベカラザルカト謂フガ如キ高尚ナル原理ノ探究ニ其ノ腦ヲ疲ラシ終ニ解決ヲ得スシテ懷疑ノ念ヲ以テ學校ヲ去ル。其ノ弊害ハ始ヨリ之ヲ教ヘサルヨリモ大ナリ。今新ニ學制ヲ彼地ニ施カルルニ付テハ其ノ精神ヲ一新スルノ好機會ナリ。教育ニ從事スル者ヲシテ先ツ教育ト學問トヲ混同スルノ弊ヲ避ケシムルコト必要ナリト信ス。……

國語教育ノ重キヲ爲スハ固ヨリ論ナシ。民族ノ同化ハ國語ノ同化ニ成ルコト古今史跡顕著ナリトス。……

從來内地ニ於ケル教育行政ノ缺點ノ一ハ確ニ中學校ノ教科ノ内容ニ對スル政府監督ノ粗漫ニ流レタルコトニ在リキ。……寛容ハ可ナレドモ主義方針事實等ノ異ナレドモ穩當ナラザルノ教科書ヲモ大概ハ支障ナシトシテ検定ヲ付與許可スルカ故ニ中等教育ハ或ル點ニ於テ小學教育ニ於テ教ヘ込タル事ヲ覆スカ如キコト少ナシトセス。……要ハ官府ノ監督權ノ適當ナル作用ニ待ツノミ。教育ト學問トヲ混シタル時代ニハ學問ノ自由ヲ尊重セント欲シテ教育ノ干渉ヲ非難シタルコトモアリキ。（福澤氏ノ畢生ノ論議モ遂ニ此ノ點ニ於テ過テリ）。……教育ハ國家統治權ノ行動ニ屬ス他ノ行政ト異ナル所ナシ國家ノ仕事ナリ。若ハ國家ガ私人ニ命ジテ行ハシムル仕事ナリ。私立ノ學校ト雖其經營コソ私人ノ仕事ナルベケレ、其ノ教育ノ本質ハ私人ノ自由ニ一任スベキモノニ非ス。外國宣教師ノ設立スル宗教學校ノ類ノ事風説ノ傳フル所ニ依レバ頗ル警戒スヘキモノアルガ如シ。……忌憚ナク云ヘバ所謂耶蘇教ノ本義ハ元来我カ國體及道徳ノ根本ト相合一スル者ニ非サルコトヲ告白セサルヲ得ス。……忠孝ノ大義ヲ根軸トスル道徳ト博愛人道ヲ大本トスルノ道徳トハ其ノ根底ニ差異アリ……。（四四〜九頁）

これは全く日本教育に対する不満を、朝鮮に仮託して述べたものである。穂積重威のインタヴューによると、「寺内正毅伯も亦先考を信頼すること頗る深く、伯が朝鮮総督時代に、朝鮮の施政に關し意見を徴せられた」というから（『政治談話速記録7』二六五・六頁）、この書簡もその一つであろう。教育と学問の相違を、学問の側からでなく、教育の側から主張しているのは、八束がオースティンやラーバントの影響にも拘らず、価値判断の人であって、認識の人でなかったことを示している。

八束が「蒲柳の質」であることは、高橋作衛の「先生傳」にも触れられており、日本法律学校の『法政新誌』（十号、三十一年三月）の中でも、「蒲柳の質を以て遠く来りて学生を薫陶せらるるは、尤も我校及学生の多とする所」と書かれている（『日大百年史』四三一頁）。『歌子日記』の始まる二十三年正月からして入院中で、二十八年九月二日に大磯で急病となったという記事もある（三七七頁）。『東西両京の大学』にも「長顔粗髯、眼陥り、頬瘠せ、……これ一個の病人なり」（八六頁）、「蒼顔瘠軀沈鬱なること病者のごときもの」（二〇五頁）という形容がある。

四十三年二月、彼は遂に「大病」に倒れた（上杉「小引」一一頁）。病名に触れた文献は見当らない。講義を休み、上杉が代講。それから一年半後の四十四年八月法科大学長辞任、更に一年後の大正元年八月に教授を辞任した。

しかしその時期にも、色々活動している。第一に、これまでの講義案をまとめて、彼の著作としては最大の大著である『憲法提要』を公刊した。

第二は、貴族院議員として活動を続けた。第二十七議会の衆議院で、松本君平らが提出した普通選挙法案が可決され貴族院に附議された。充分病いが癒えたとも思われない八束は、三月十五日の本会議で、これに激越で感情的に反撥した演説をした（本書一八七頁）。ここでも鎌田が登場して、「適当な人物」さえ選べれば、選挙制度などどうでもいいという趣旨の八束の見解を批判した。背後に山縣のいる八束と、政友会を背景とする鎌田の対立ともいえよう。

桂内閣は四十四年八月に倒れ、十二月二十七日第二次西園寺内閣の下で第二十八通常議会が開会した。政府はこの議会に、小選挙区制を定める衆議院選挙法改正案を提出、三月五日衆議院を通過して、貴族院の議に附された。鎌田の賛成演説の後、八束が立って反対演説をし、日本では天皇以外の勢力は分裂しているべきであり、多数党に有利な小選挙区制は「多数の壓制」を招き、「憲法本旨に反する」と主張した。

この中で八束は、英国は政権の中心が下院にあり、安定政権を作るためには多数党と少数党の議席差を誇張しなければならないが、日本とは政体が違うという趣旨のことを述べたのに対して、鎌田が実際には英国ほど野党の強い国はないではないか、と反論した。結局小選挙区法案は、貴族院では二八対二一一の大差で否決された。

第三には、教科書に関連して、南北朝正閏問題や朝鮮教育問題で活動した。

第四には、四十三年十二月全国師範学校修身科教員講習会、四十四年五月二十四日東京府小学校長修身科講習会で講演するなど、修身科教育の権威として講演した。更に、四十四年七月三十一日、文部省主催師範学校・中学校・高等女学校等の教員講習会において、『國民道徳ノ要旨』という講演をした。最後の講演においては、病後で疲労しており、腰かけて話をする、声も小さいから静粛にしてくれ、という断りから話を始めている。内容は、『國民教育愛國心』などで説いたものを修身教師向けにアレンジしたものである（ところが、こともあろうに、この同じ講習会で、穂積憲法学を徹底的に攻撃する美濃部達吉の連続講義が行なわれたのであった）。

他に、天皇にとっても彼にとっても最後のものとなる四十五年新春の講書始進講などもあるが、何といっても彼を最も興奮させたのは、美濃部・上杉論争である。美濃部の穂積・上杉師弟に対する批判的感情が、爆発的義憤に近づいていることは、四十三年秋、上杉に博士号を授与することに反対した(結局撤回したが)ことからも窺われ(本書三四〇―一頁)、また行政法講義における闘争的態度なども学生の話題となっていた。

四十四年夏、八束が講演『國民道徳ノ要旨』を行なった同じ教員講習会において、美濃部は、七月末より八月初頭にかけて、憲法の連続講義を行なった。他方上杉慎吉も、同じ頃某県の教員を対象とする六回連続の憲法講義を行ない、両者がその筆記を本の形で出版した。上杉のものは『國民教育帝國憲法講義』と題し、三八〇頁を超える著書として四十四年末、有斐閣書房より刊行された。他方美濃部の書物は『憲法講話』と題し、六〇〇頁を超える大著として四十五年三月一日、同じ有斐閣書房より刊行された。

美濃部の有名な序文は次のようなものである。

惟ふに我が國に憲政を施行せられてより既に二十餘年を經たりと雖も、憲政の智識の未だ一般に普及せざること殆ど意想の外に在り。専門の學者にして憲法の事を論ずる者の間にすらも、尚言を國體に藉りてひたすらに専制的の思想を鼓吹し、國民の權利を抑へて其の絶對の服從を要求し、立憲政治の假想の下に其の實は専制政治を行なはんとするの主張を聞くこと稀ならず。余は憲法の研究に從へる一人として、多年此の有様を慨嘆し、若し機會あらば國民教育の爲に平易に憲法の要領を講ぜる一書を著はさんことを希望し居たり……[その機會を得たので]……憲法の根本的精神を明にし、一部の人の間に流布する變裝的専制政治の主張を排することは、余の最も勉めたる所なりき。

八束に対する正面攻撃である。

本文において言う。国家は「最高權力を有する團體」であるが（九頁）、「絶對無制限の權力」を有するものではなく、国際法と国内法の制限を受ける（一五頁）。法律上から見ると、国家は法人で（一六頁）、統治權は君主のものでなく、国家の権利である。君主が主権者であるといわれることがあるが、それは君主が最高機関であることを意味するに過ぎない（二二頁）。国家機関には「上は君主より下は交番の巡査に至る迄」色々あるが、最高機関の所在によって、政体が区別される（二四頁）。政体は君主政体と共和政体に区別されるが、実際には現代において、「互に相接近して、其の間の區別は必ずしも明瞭ならざるに至」っている（二七頁）。

君主政体には専制君主政体と制限君主政体があり（三二頁）、後者は現代において立憲君主政体の形をとる。即ち国民代表機関としての国会が立法権に参与する「君民同治」の統治形式である（三六・七頁）。君主制国家がこの形式に移行するのが「國民の自覺心から生ずる當然の要求」で、「世界に於ける動かすべからざる大勢」である（四〇頁）。

主権の主体によって國體を分類し、その行使の方法によって政体を分類するという説があり、中等教育の法制教科書などは多くこれに依っているが、それは「斷じて誤」りである（四五頁）。統治権の主体は国家であり、統治機関によって君主政体と共和政体が分けられるに過ぎない。國體という言葉は従来「國家の成り立ちといふほどの廣い意味」に用いられており、教育勅語の「國體の精華」という言葉も、権力の所在を意味するものではない（四七頁）。民主國體で専制政体があるというのも「頗る變な話」で、「國民の全體が全權を握って居る場合に専制政體といふものが有り得べき筈はない」（四八頁）。

日本の政体は君主政体であるが、その歴史上の基礎が極めて強固なところが「萬國無比」なるゆえんで、

「萬世に亘って永く動かすべからざる所」である（四九頁）。藤原氏や武家が権力を有した時代はあったが、「主權者としての地位が天皇に在ることは嘗て寸毫の動きも無かった」（五二頁）。慶応三年徳川慶喜が「從來御委任になって居った政權を復び朝廷に奉還」し、「官僚的君主政體」となり（五三頁）、憲法制定、議会開会により立憲君主制となった（五五頁）。

天皇は日本帝国の「最高機關」であるが、君主と官吏は法的地位を異にしており、天皇は「最高の官吏」という訳ではない（六五頁）。天皇を機関とよぶと、「我々の尊王心を傷つけられるやうな感じ」を起すかも知れないが、実は「君主が統治權の主體であるとする」方が「我が國體に反し吾々の團體的自覺に反する結果となる」。なぜなら権利は権利者の利益のためのものであり、天皇が統治権者であるとは、統治権が天皇の一身的利益のためのものであることを意味する。これは「國民の幸福を以て自己の幸福となし給ふた」歴代の天皇の在り方に反する（六六・六七頁）。

天皇は「此ノ憲法ノ條規ニ依」って統治権を行なう（四条）、即ち統治権は憲法によって制約されている（七四頁）。まず立法権であるが、帝国議会の協賛を経なければ立法を行ない得ない（五条）のはその制限である。この立「法」権という場合の「法」とは「臣民の權利義務に關する法則」という実質的意味である（七八頁）。「私共の先輩」である穂積博士は、憲法が第五条以下に列挙している事項を「大權事項」とよんで、それこれは法律をもって定めることができず、また委任することもできないと「熱心に」唱えているが、それは「理由のない」説である（九〇～二頁）。

天皇の神聖不可侵を定めた第三条は、国務大臣が国政の責任を負い、天皇は無責任だという意味である。君主の無責任といふことゝ國務大臣の責任といふことゝは相關聯した原則であって、總て國務に付て、君主は國務大臣の輔弼に依らなければ大權を行はせらるゝことが無い爲めに君主は無責任であるのであります。若し之に反して君主が御一人の御隨意に凡ての政治を行はせらるゝといふことであれば、君主の無責任といふことは實際に望むべからざる所であって皇室の尊厳を傷くるの結果は避け難い所であります。我が皇室が世界無比の尊嚴を保たれ、國民の尊王忠君心は政治上の如何なる變動にも拘らず寸毫の動きもなかったといふことは、實に我が古來の政體に於て天皇が親ら國政の衝に當られなかったことが其の原因の一を爲して居ることゝ思はれるのであります。我が古來の政體に於て、藤原氏の時代、武家政治の時代等は勿論、天皇御親政の時代に於きましても、其の御親政と言ふのは敢て天皇御自身に凡ての政治を御專行あらせらるゝといふのではなく、常に輔弼の大臣が有って、其の輔弼に依って政治を行はせられたのである。是が實に我が國體の存する所で、之に依て國體の尊嚴が維持せらるゝのであります。（九六・七頁）

内閣が政党の外に超然としていることは、立憲政治の下では維持できず、政党内閣・議院内閣に近づくことは自然の趨勢である。現在の西園寺内閣は、政友会総裁の西園寺が組織しており、桂内閣とて「常に政黨と提携しその後援を得て内閣を維持」していた（一五五頁）。「日本の憲法の下に於ては政黨内閣、議院内閣は許すべからざるもの」などという説は、「固陋なる無稽の言に過ぎぬ」（一五六頁）。

このようにして美濃部は、八束説の根幹部分を、殆ど罵倒に近い仕方で攻撃したのであった。美濃部が穂積説に批判的であることは、既に公知の事実であったが、ここまで戦闘的に、激語を連ねて攻撃したことは、八束らには衝撃的であった。

論争は、美濃部の上杉の新著に対する書評「國民教育帝國憲法講義を評す」（『国家学会雑誌』二十六巻五号（四十五年五月刊行））によって火蓋が切られた。美濃部は「著者の意見は多くの點に於て評者の意見とは正反對で、評者の見地よりしては、國民教育の爲に此の書を推奬することの出來ぬのを遺憾とする」と全体的な否定的評価を下し（星島二郎編『上杉博士對美濃部博士最近憲法論』実業之日本社、一九一三年、二頁）、具体的に次のような諸点を指摘している。

①　統治権の主体は国家であるとする説は、「今日の進歩したる學者の間には殆ど定説」であり、それは君主制・民主制の如何に関わらないのに、上杉はこの説を民主主義の説と決めつけている（四頁）。

②　君主機関説は「學者の間の定説」であり、君主を機関とすることは、君主を人民の使用人扱いするものでないことは言うまでもないのに、上杉はそれを君主を人民の使用人扱いするものだとしている（四頁）。

③　八束が主張し、美濃部が否定している國體・政体二元論を、当然のこととして承継している。

④　「君主即ち國家なり」という説を唱えるかと思えば、君主を国家の「代表者」とも言っており、矛盾である。

その他諸点に亘る矛盾や、その君権主義、官僚政治主義、不用意・不謹慎な用語、「健全な立憲思想」に反する絶対服従の主張などを批判している。

続いて、六月一日発行の知識人向けの評論誌『太陽』に、上杉の論説「國體に關する異説」が掲載された。それは、美濃部が「天皇が日本の主権者でない」という説を有しているという噂は耳にしていたが、まさかそんなことはないと思っていたのに、何とその通りだったのだ、そんな「國體に關する異説」を、こともあろうに文部省の講習会で教師に権威ありげに話すとは何ということだ、と述べている。美濃部は天皇でなく、国家が統治権の主体であると言い、別の頁では、国家とは「多數人結合の團體」であるとしている。これ即ち国民主権論で、日本を民主国とする主張ではないか。また美濃部は機関を「團體の爲めに働く所の人」と定義しているが、それは使用人ということであり、まさしく天皇を使用人扱いしているではないか。美濃部が西洋学者の間の「定説」を援用するが、西洋の国家法人説は「民主の思想を法學の篩《ふるい》にかけて壓搾したるもの」で、日本と國體を異にする西洋の思想に過ぎない。結論として、この美濃部の國體論は「全然誤謬にして絶對的に排斥すべき」ものである（星島、三三二頁）という。

これを読んだ八束は狂喜した。以後繰り返し上杉に送った長文の激励文が上杉家に保存されており、穂積・上杉両家の御好意で、本書に収録することができた。八束が六月一日当日の日付ある書簡において、美濃部の議論は論理が一貫していないと言っている（本書二一一頁）のは、上杉が指摘したような国家法人説の民主的性格と、天皇制の伝統へのリップサーヴィスの非両立を指すものか。また自分は曲学阿世といわれてきたが、美濃部らの方が世に阿《おもね》っているではないか、と述べているが、確かに八束らは「阿世」というより「阿権」（権力への迎合）という方が適切かも知れない。最後に「樞密院貴族院等同志ノ人々」に上杉論文を紹介することを約束している。

八束は、樞密院や貴族院において美濃部の講話の不都合なる旨を説いて歩いたが、反応が必ずしもはかばかしくないことを、六月二十日付の書簡が述べている。また「国民教育」は彼の重要モティーフであるから、文部省の講習会でこのようなことを許したのがけしからんと、「有力ノ數人」に話し、文部省にも働きかけた。しかし西園寺内閣の文部大臣長谷場純孝は政友会の役員で、言を左右にして取り合わない。八束を面罵せんばかりに攻撃した「序文」は、特に癪の種で、これを取り消せとか、当り散らした様子が窺われる。

二十三日に大いに憤慨した上杉の返書があり、二十八日に八束も返書を送った。「頗ル強硬ニ或ル手段ヲ取」っている、秘密だから、読み終えたら火に投じてくれ、二十七日文相に会った等、権力を通じて圧力をかけようとしていることを窺わせる。何しろ南北朝正閏問題のほとぼりも冷めない時期で、喜田同様美濃部の休職処分なども視野に入っているであろう。山縣に訴えたかどうかは分らない。もっとも、美濃部個人を槍玉に挙げることは避け、学説を沈黙させることを狙っている口ぶりで、「法学部の仲間かばい」という主題にも連なる。

七月一日になると、美濃部と京大教授市村光恵の論説が掲載された『太陽』七月号が出た。美濃部は、自分の天皇に対する忠誠心を疑われたことは心外だとし、また国家が団体であるとする説は『憲法義解』も八束も説いているところだと指摘しているが、多少弁護的・防衛的になった印象がある。市村は、上杉の態度が「或物を提《ひっさ》げて學者の議論を威迫せんとする氣味」がある（星島、九九頁）と批判している。「或物」とは日本刀で、國體というシンボルを暗殺者の凶器として用いていると指摘しているのである。

七月二日、八束は早速上杉に書簡を送った。彼は美濃部が畏縮したと小気味よげに述べ、国家団体説の典拠として穂積説を引用しているのは老獪だと非難している。そして論点を学問的議論に拡散させず、攻撃を「天皇ハ統治権ノ主體ニ非ス」という一点に集中すべきことを助言する。そして「新聞雑誌ニ書クヨリモ、数倍利キ目ノアル方策」をとりつつあり、ただし美濃部個人を失脚させることは猶予するという態度を繰り返している。また貴族院関係者などで、論争に注目し、上杉を支持する者がいることを伝えている。「大嶋少将」とは教科書調査委員会でただ一人八束の北朝抹殺論を支持した大島健一である。

美濃部の応答が、「余は……帝國を以て民主國なりとしたことはなく、又天皇國を統治するの大義を無視するの言を爲したことは無い」（星島、四一・二頁）というものであったのに対し、帝国憲法下の日本を民主国だと明言した人物が、少なくとも二人はいる。一人は二十三歳の独学青年北一輝である。その説の概要：

① 歴史は君主国・貴族国・民主国という順に発展してきたとする彼は（「國體論及純正社会主義」『北一輝著作集(1)』みすず書房、一九五九年（原著一九〇六年）一七五頁）、発展段階を過ぎた昔々の体制を國體として現代に押しつけようとする八束に、「進化的に見よ。假に社會の原始が家族制度の發達にして公法の淵源が家長の權力に在りしと定むるも、社會の進化し法律の進化したる今日及び今後を律するに家長權と家長國を以てするは抑々《そもそも》何ぞや」と批判する（二五五頁）。

② 日本人の起源については「馬來人種と蝦夷人種と漢人種との雑種なり」という説など諸説あるが、「日本民族は一家の膨脹せるものなり」という「國體論の根本思想」は「確實に虚妄」である（二六五頁）。「神武紀元を二千五百年より遙かに後世なるべしと論ずる者」もあり、「紀元後千四百年に文字なき時代の傳説を集めたる古事記日本書紀など」信憑性はない（二七三頁）。

③ 「維新革命の根本義」は「民主々義」である（三五二頁）。「維新革命は無數なる百姓一揆と下級武士の順逆論によりて貴族階級のみに獨占せられたる政權を否認し」『萬機公論に由る』と云ふ民主々義」に到達したものである（二四五頁）。

④ 美濃部は天皇を最高機関としているが、最高機関とは「最高の權限を有する機關」、即ち「憲法改正の權限を有する機關」であって、憲法七十三条［憲法改正規定］によれば、この「最高の立法」

を「平等の多數と一人の特權者〔天皇〕」が合同してなす、即ち日本は両者を以て統治者とする「民主的政體」である（二三二・三頁）。

八束などは「取るに足らざる者」であるが、こういう「迷信者」が「法科大學長帝國大學教授法学博士の肩書を有する」から、悪影響を除去するために、相手にするのだ、と言っている（二五一頁）。

もう一人は、家出同然に外国に出て、米英を遍歴して帰国した植原悦次郎で、ちょうど上杉と美濃部の書物が刊行された明治四十五年二月に、『通俗立憲代議政體論』（博文館）という書物を出版した。

同書や、その頃発表した諸論説において、彼は、「獨逸學派」の国家学者たちは、「人間の存在を捨てて」「嚴格《しかつめ》らしく」国家を云々するが、その土台は人間であり、「如何なる國家と雖も國家は人民のものである」、この人民の「総合意志」が主権であり、憲法の定める天皇の統治権も、主権の派生物に過ぎない、と主張している（長尾「大正デモクラシーと英国」『史学雑誌』九七巻一号）。

七月九日、美濃部批判のキャンペインを続行中の『国民新聞』は、美濃部は、『憲法講話』六十六頁の九行目で、君主が統治権び主体でないと明言したのに、あとで言を左右にしているのは卑怯だという趣旨の、上杉の論説を掲載した。

続いて同紙は翌十日に、「社友某氏」の名による「統治権主體問答」なる記事を掲載した。内容は、問答体で美濃部を攻撃したもので、天皇が統治権の主体であることは、憲法上諭、第一条・第四条によって明白である、権利は私益のためのもので、君主統治権者説は統治権を君主の利益のためのものとするものだという美濃部の権利論は根拠がなく、天皇が統治機関でなく統治主体であることは、憲法の明文によって明らかである、天皇は大臣の輔弼のままに行動せよとする主張は「臣子ノ口ニスベキ」ものでない暴言であるとしている。

十二日の上杉宛書簡で、これが八束自身の執筆であることを告白しているが、多少元気がなく、権力を通じて美濃部学説を葬ろうとした工作が成功しなかったことが言外に漂っている。保存されている書簡はこれが最後である。

七月三十日明治天皇が他界、八月十二日教授辞任、八月二十日に(恐らく休暇中に集まれる聴衆を集めて)「憲法制定ノ由来」と題する告別講演を行なった。十月一日号の『太陽』に、「國體ノ異説ト人心ノ動向」と題する八束の絶筆が掲載された。統治権が天皇にないなどという議論が、文部省の講習会で「直接ニ、露骨ニ、忌憚ナク」、「白晝公然」唱えられ、教師たちも平然これを聴き、上杉等がこれを攻撃すると、マスコミはむしろ攻撃者を罵倒した。文部省も何の措置もとっていない。「古ハ君辱メラルトキハ臣死スト聞ク」のに、現在は「之レモ亦一説」として「平然之ヲ聴キ流シ」ている。問題はこの「人心ノ動向」にある。「憂國ノ士ハ逆流ニ立チテ双手ヲ擧ケテ狂瀾ヲ回ヘスノ氣慨ガナクテハナラヌ」。これが八束の、活字になった最後の発言である(「君辱臣死」は、呉に対する復讐を遂げた范蠡が越王勾践に暇を告げた際の言葉で(『国語』「越語」)、范蠡は忠君の象徴として、尊攘の志士たちのアイドルであった)。

「愁雲低く迷ひて悲風松ケ枝に咽《むせ》ぶ」という薄ら寒い九月十三日、八束は天皇の大葬に参列、風邪を引き、十月五日死す。乃木ほど壮絶ではないが、「準殉死」ということもできよう。

一五　穂積憲法学の遺産

穂積の國體論の法哲学的根拠が「歴史的正統性」にあるというのは、皮相な観方で、國體は幕末の尊攘派が作り上げた「政治神話」にある。政治神話の三要素は、「権力の正統性」とその「敵」と「ヒロイズム」である（シュミットは「敵味方」というが、「味方」は不安定で、政治の本質的要素ではない）。尊攘派の政治神話の国内向け版においては、正統性は天皇支配、敵は「朝敵」（その代表者は足利尊氏）、そしてヒロイズムの担い手の代表は楠正成で、対外的には、敵は「異類」「醜類」などとよばれた西洋人すべてであろう。

政治神話に操作者と被操作者とがあることを鋭く見抜いたのは、森鷗外であった。尊攘神話の操作者たちは、攘夷など不可能なことを知りつつ、倒幕のために攘夷を叫び続け、また天皇に実権を与えるつもりのないままに、下級武士政権に正統性を賦与するために、天皇親政の復古を宣言した。鷗外は、攘夷の神話を信じて、開明派の横井小楠を暗殺した者の子が、後に父が被操作者であったことを悟る過程を描いた短編『津下四郎左衛門』を書き、また古代史における神話と科学の相剋に悩む歴史学者の苦悩を描いた『かのやうに』を書いた。この点からすれば、八束は単純な被操作者であって、それ以上の者ではない。

政治体制にとって、政治神話とヒロイズムは必要であり、特に危機においては不可欠なものである。従って國體論は大正デモクラシーを生き延び、昭和の危機に巨大な威力を発揮した。憲法学上この國體論を戦後に伝達したのが、宮澤俊義である。

対米戦争開戦後の感激期に刊行された彼の教科書『憲法略説』（岩波書店、一九四二年）において、彼は敬虔の情を込めつつ、次のように述べた。

大日本帝國は萬世一系の天皇永遠にこれを統治し給ふ。これわが肇國《ちようこく》以來の統治體制の根本原理であり、これをわが國家における固有かつ不變な統治體制原理とする。それは、いふまでもなく、宏遠なるわが肇國の傳統のうちにおいて發生したものであり、諸諸の古典に傳へられる皇孫降臨の神勅以來、天照大神の神孫この國に君臨し給ひ、長《とこし》へにわが國土および人民を統治し給ふべきことの原理が確立し、それがわが統治體制の不動の根柢を形成してゐる。

わが國家におけるこの固有にして不變な統治體制原理を國體といふ。……すべて國體に關する規定は、かやうに帝國憲法によって創設せられたものではないから、それは形式的には帝國憲法の一部をなしてゐても、實質的にはそれ以前のものと考へられなくてはならぬ。その當然の結果として、憲法の定める憲法改正に關する規定はもとよりそれに對しては適用がない。(七三・五頁)

別の箇所では、「政體に關する諸規定」は改正可能だという言葉があり(二四五頁)、政治神話に帰依し、紛れもなく八束流國體・政体二元論に追随したものである。それはまた、この二元論を拒否した美濃部からの離反を意味する。

戦後占領軍が東久邇内閣に憲法改正を要求し、その要求が幣原内閣に承継された時、宮澤は、憲法の立憲主義は国民の政治参加(民主主義)と人権保障(自由主義)をその精神としており、また条文が少なく簡潔で、弾力的運用が可能であり、戦時中の濫用こそ憲法の精神に反するものであったと説いて、改正不要論を主張した(『毎日新聞』一九四五年一〇月一九日)。

その後「憲法問題調査委員会」(松本委員会)が十月二十七日に発足、宮澤もその委員となる。委員会は、従来皇室典範に規定されていた皇位継承、改元、摂政などの規定を憲法に移すべきか、天皇の法律裁可権に米国大統領のような拒否権を加えるべきか、貴族院に解散を認むべきか等々「議論百出」であったが、十一月二日に宮澤委員が、これまでの議論から問題点を要約したものという資料を配布した。その中に「憲法中特定の事項（例第一条）の改正を禁ずる旨を規定すべきや」という項目があり、それ以前の資料にそのような趣旨の主張が見られないから、宮澤自身の提案ではないか、という気もする。

翌年占領軍が起草した憲法原案が示された時、宮澤は有名な「八月革命説」を説き始めるが、その論拠は、國體は憲法改正権の外にあるのに、八月十一日連合国回答や憲法原案は、その國體を変更しているから、国民主権主義は、合法的改正ではなく革命だというところにある。「八月革命説」は、旧憲法末期に宮澤が帰依した八束流國體不可変論の上に組み立てられているのである。こうして旧憲法時代から宮澤を通じて戦後に輸入された國體不可変論は、戦後の政治神話の中で、日本国憲法の「根本規範」（國體）に関する「憲法改正権限界論」として再生する。

明治期に既にアナクロニズムとして排斥された穂積憲法学の國體論は、戦後に一層誇張された形で再生し、通説化した。中学や高校の教科書における旧憲法の叙述は、「第二章の自由権の制限は法律事項であり、大権による侵害が不可能だ」という穂積憲法学の政体論を消去し去り、議会は「絶対主義のいちじくの葉」で、権利保障は皆無という叙述となって、現代に至っている。前体制を暗黒に描くことによって、新体制の光を増すことが、政治神話の機能であるとすれば、これは戦後の政治神話である。

もう一つ穂積憲法学の戦後への遺産は、中国で見られる。『憲法詞典』（吉林人民出版社、一九八八年）の「国体」の項目を見ると、国体は「国家の階級本質」で、「奴隷主階級専制」「地主階級専制」「資産階級専制」「無産階級専制」の四種がある（二四八・九頁）。「政体」の項目を見ると、政体とは「国家政権の組織形態」で、資本主義国家においても「君主立憲制」とか「民主共和制」などの政体があり、後者は更に「総統［大統領制］」と「議会内閣制」に分れる。「無産階級独裁制」にも、パリ・コンミューン、ソヴィエト制、人民代表大会制などがあるという（三一七頁）。

国体・政体二元論は、明治末期に日本に留学した梁啓超等によって中国に導入され、袁世凱政権の性格論議などの際に用いられた。毛沢東は、『新民主主義論』（一九四〇年）の中で、清末以来「国体」は様々に論じられてきたが、論議に決着がつかなかった、それは、「国民」という概念が階級性を隠蔽しているからである、実は、「国体」とは「社会各階級の国家内での地位」をいい、「政体」とは「政権構成の形式問題」であるとして、人民代表大会等を例に出している（『毛沢東選集・第二巻』人民出版社、一九五二年、六六九〜六七〇頁）。こうして、八束の案出した基本カテゴリーが、中国共産党の語彙の中に入った。

「プロレタリアの名による独裁政治は、改革開放政策のような政体変更によっては微動だにしない」というような形でこの二元論が生きているとすれば、「議会制の導入にも拘らず天皇支配は微動だにしない」という八束の議論と瓜二つである。そして国体の政体に対する優位を象徴するのが、天安門事件ということになろう。

あとがき

『憲法史叢書』は、佐々木惣一の論集が上梓を見、美濃部も進行中で、穂積八束・上杉慎吉などもやらないといけないかな、と思い、収録文章を選び、印刷に入れ終ったのが二〇〇〇年七月で、あと簡単な「解説」を書いて終り、という目算であった。八束については既に何度も書いているし、こんな不評な人物など、研究している人も他にいないし、と気軽であった。

ところが、調べ始めると段々面白くなってきて、長々とした伝記を書くことになってしまったのは、次のような刺激を受けたからである。

(1) 瀧井一博氏のローレンツ・フォン・シュタイン論、特にシュタインの示唆で、伊藤博文が、東大法学部を高級官僚養成の国家学部に変貌させた経緯の叙述に刺激を受け、寺崎昌男先生の大学史の御業績に触れたこと。

(2) これまで（必要があった教養学部関係と図書館関係以外読んでいなかった）『東京大学百年史』を多少まともに読んだこと。ついでに諸大学史や関連資料を読んだこと。

(3) 更には坪内逍遥『當世書生気質』に描かれている明治十年代の東大学生群に関心をもち、彼らの回想録類にあれこれ眼を通したこと。

(4) 『日本大学百年史』の記述から、森鷗外と八束が、若き日に同じ船で洋行し、ドイツで接触したばかりか、後年山縣有朋の側近として接触があったことを知ったこと。

(5)　穂積重行先生の詳しい註が附された『穂積歌子日記』の八束関係の記事を拾っていくうち、八束の私生活、また明治エリート世界の一面を瞥見できたこと。
(6)　『法学新報』『法学志林』など、明治期の法律雑誌を通観し、明治法学界の諸相を概観したこと。
(7)　貴族院・枢密院の議事録を見て、八束の「政治家」としての活動を瞥見するとともに、明治中期から後期の権力中枢の一面を瞥見したこと。
(6)　京都の憲法史研究会で伊藤之雄氏の示唆を受け、国会図書館憲政資料室所収の書簡類を拾い読みする機会を得たこと。

しかし何といっても、大きな impact は、internet で発見した三井須美子氏の一連の研究である。それによって八束晩年の教科書関係の活動ぶりを具体的に知り、狭くは明治史における八束の存外な重要性、広くは明治国家における山縣閥の巨大な意味に眼を開かれ、図式そのものも動揺した。もし今文書収録を始めるならば、だいぶ違ったものになるのではないか、と思っている。

原典は、片仮名で書かれたものと平仮名で書かれたものがあるが、片仮名に統一した。パラグラフの最初の行は、原文がそうなっていない場合も一字下げた。明確な間違いは訂正したが、必ずしも徹底していない。「同フス」「全フス」などは、恐らく編集者が訂正したものと思われる場合を除いて一貫して誤っているが、すべて「同ウス」「全ウス」とした。一文章中の不統一（「勅語」と「敕語」、「唱道」と「唱導」、「待つ」と「俟つ」など）も少なくなく、対応は必ずしも一貫できなかった。複数の原典があるもの（雑誌掲載後『論文集』等に収録したものもあり、また『憲法提要』『論文集』は明治・大正期に出版され、昭和期に復刻された）の間の喰い違いについては、個々的に判断した。原典の旧漢字・旧仮名遣いは尊重したが、解説の中では、戦後編集された文献（『井上毅傳』『民法典論争資料集』等）は新漢字を使っており（例えば「舊」とせずに「旧」とする）、それはそのまま引用した。

本書の成立に当っては、貴重な書簡の利用を許された故上杉正一郎先生、文献の収録に快く同意して下さった穂積忠夫弁護士、書簡の判読を指導して下さった村井益男、伊藤隆、新井勉の諸先生には、心からお礼を申し上げたい。また明治憲法史のゼミにつき合って下さっている東洋大学大学院の小島伸之氏、高澤弘明氏には、校正等色々な点でお世話になった。

更に東京大学、東洋大学、日本大学、明治大学、早稲田大学の図書館所蔵の豊富な蔵書を利用できたことが、多様な文献の引照を可能とした。関係者の方々に感謝したい。

そして何よりも、ひょこひょこ計画が変る私の気紛れに忍耐強くつき合って下さった信山社の村岡侖衛氏に何よりも感謝しなければならない。

二〇〇一年三月十五日

長尾龍一

校正中に気付いた資料として、八東学生中のこと、演説会で平沼淑郎がヘーゲルを云々したところ、彼が「ヘーゲル全集全二十一巻の中にそんなことは書いてない」と指摘して、聴衆を感嘆させたという記事（朝比奈知泉『老記者の思ひ出』二六七頁）があるが、恐らくはったりであろう。後に「ヘーゲル派ノ所謂一般普通ノ意思ナル者ハ餘リニ微妙ニシテ之ヲ感覺スヘク之ヲ捕捉スヘカラス」などと言い

(『論文集』八二一頁)、「奥妙隠秘」(『憲法提要』一一四頁)の説として敬遠している。

妻松子やその母サクの写真は、浅野泰治郎・浅野良三『浅野総一郎』(愛信社、一九二三年)に多く収録されているが、庶民的な風貌である。新田純子『その男、はかりしれず』(サンマーク出版、二〇〇〇年)は、浅野夫妻の生涯を魅力的に描いている。

「オット・マイヤーかゲオルク・マイヤーか」(三五六頁)という点に関しては、領土権の概念の適否をめぐってオットは肯定説、ゲオルクは否定説に立つとして、両者を対比し、八束自身は前説に左袒している箇所を再発見した(『憲法提要』三三五頁)。私は彼の座右の書はオットの方であると感じている(なお前者はMayer、後者はMeyerで綴りも違う)。

なお、この期《ご》に及んで、穂積重行『明治一法学者の出発』(岩波書店、一九八八年)が、穂積家、明治期の東大、そして八束自身についても重要資料を満載していることに思い当たったのは、大失敗であった(全ページに傍線が引かれた同書が、書棚の穂積コーナーに並んでいたのだが、何となく陳重に関する記事しか記憶がなかった)。高澤弘明氏が、本書三一二頁の記述に関連して、同書一五四頁に陳重が五尺四寸であったという記事を発見し、同書を棚から引き出してみて、その重要性に気付いた次第である。読者の参照を待ちたい。

二〇〇一年七月十七日

長尾龍一

人名索引

A～Z

Albert (Prince) (1819～61) …147
Amos, Sheldon(1835～86) ……278
Aristoteles(384～322 B.C.) ……26, 246,348
Austin, John(1790～1859) ……281, 300,363
Bagehot, Walter(1826～77) ……9, 283
Batbie, Anselme Polycarpe (1828～87) ……………………………81
Bentham, Jeremy(1748～1832) ……………………9,278,283,286
Bismarck, Otto von(1815～98) …31,32,182,279,287,288,296,297
Bluntschli, Johann Caspar (1808～81) ……4,7,9,87,280,282
Boissonade, Gustave Émile (1825～1910) ………………316,317
Bornhak, Konrad(1861～1944) ……………………………304,385
Broom, Herbert(1815～82) ……281
Bryce, James(1838～1921) …28,227
Burke, Edmund(1729～97) …278, 286
Byron, George Gordon (1788～1824) ……………………316
Caesar, Julius(100～44 B.C.) ………………………………25,111
Carneri, Bartholomaeus (1821～1909) ………………277,278
Charles I(1600～49) ………………5
Cobden, Richard(1804～65) …286
Comtes, Auguste(1798～1857) ………………………………280
Constant, Benjamin(1767～1830) ………………………………286
Cooper, Charles J. ……………270
Creasy, Edward Shepherd (1812～78) …………………10,283
Cromwell, Oliver(1599～1658) …5
Curtius, Ernst(1814～96) ………111
Danton, Georges Jacques (1759～94) ……………………286
Darwin, Charles(1809～82) ……277
Dicey, Albert Venn(1835～1922) ………………………………178
Disraeli, Benjamin(1894～81) …………………………170,286
Exner, Adolf(1841～94) ………347
Fenollosa, Ernest Francisco (1853～1908) …………270,318,321
Filmer, Robert(1604～47) ……366
Flach, Jacques(1846～1919) …113
Fox, Charles James(1749～1806) ………………………………286
Freud, Sigmund(1856～1939) …261
Friedrich(1712～86) …………74,147
Fustel de Coulanges, Numa Denis(1830～86) …112,296,331, 338

Gagern, Heinrich von (1799～1880) ……286
Galileo Galilei (1564～1642) ……277
Genserich (406～77) ……292
Gerber, Karl Friedrich Wilhelm von (1823～91) ……87, 230
Gladstone, William (1809～98) ……170, 206, 207
Gneist, Rudolf von (1816～95) ……147, 293, 294
Green, John Richard (1837～83) ……281
Grigsby, William Ebenzer (1847～99) ……317
Guizot, Fran ois Pierre Guillaume (1787～1874) ……286
Hamilton, Alexander (1757～1804) ……286
Hammurabi (21～20C.B.C. ?) ……246
Hardenberg, Karl August von (1750～1822) ……375
Hatschek, Julius (1872～1926) ……174
Hayek, Friedrich August von (1899～1992) ……289
Hearn, Lafcadio (1850～1904) …338
Hegel, Georg Wilhelm Friedrich (1770～1831) ……37, 280
Henne am Rhyn, Otto (1828～1914) ……277
Hobbes, Thomas (1588～1679) ……359
Houghton, William Addison (1852～1917) ……270
Jellinek, Georg (1851～1911) ……174, 230
Jhering, Rudolf von (1818～92) ……14, 111, 277
Justinianus (483 ? ～565) ……246
Kant, Immanuel (1724～1804) …280
Kent, James (1763～1847) …10, 283
Laband, Paul (1838～1919) ……87, 244, 293, 294, 295, 299, 304, 305
Lamartine, Alfonse de (1790～1869) ……8
Lansdowne, Henry (1845～1927) ……184
Lehmann, Rudolpf (1842～1914) ……270
Lewis, George Cornewall (1806～63) ……278
Lieber, Francis (1800～72) …8, 10, 283, 284
Locke, John (1632～1704) …26, 366
Louis XIV (1638～1715) ……74, 147, 300
Louvois, Fran ois Michel (1641～91) ……74, 278
Macaulay, Thomas Babington (1800～59) ……285
Maine, Henry James Sumner (1822～88) ……147, 227
May, Thomas Erskine (1815～86) ……10
Mayer, Otto (1846～1924) …295, 356
Mill, John Stuart (1806～73) ……11, 280
Mirabeau, Honor Gabriel Riquetti (1749～91) ……4, 286

Mohl, Robert von(1799～1875) ……286
Molière, Jean Baptiste Poquelin (1622～73) ……316
Mommsen, Theodor(1817～1903) ……111
Montesqieu, Charles Louis (1689～1755) ……25,26,95
Mosse, Albert(1846～1925) ……293
Newton, Isaac(1642～1727) …277
O'Connell, Daniel(1775～1847) ……286
Pitt, William(1708～78) ……286
Pitt, William(1759～1806) ……286
Rathgen, Karl(1855～1921) …270, 353
Robespierre, Maximilian Marie Isidor de(1758～94) ……286
Roesler, Hermann(1834～94) …279
Rotteck, Carl von(1755～1840) ……286
Rousseau, Jean-Jacques (1712～78) ……25,37,152
Schmidt ……7
Schmitt, Carl(1888～1985) …282, 352,413
Schulze-Delitzsch, Hermann (1808～83) ……291
Schulze-Gävernitz, Hermann von (1824～88) ……244,280, 291,292,294
Schwegler, Albert(1819～57) …270
Senn, Otto ……270
Seuffert, Lothar von(1843～1920) ……325
Shakespeare, William (1564～1616) ……316
Sidney, Algernon(1622～83) …366
Sieyès, Emmanuel Joseph (1748～1836) ……29,286
Simon, Heinrich(1805～60) ……286
Sinzheimer, Hugo(1875～1945) ……294
Sohm, Rudolf(1841～1917) …244, 296,356
Spencer, Herbert(1820～1903) ……280
Stein, Heinrich Friedrich Karl vom und zum(1757～1831) …375
Stein, Lorenz von(1815～90) ……294,302
Stoerk, Felix(1851～1908) ……347
Story, Joseph(1879～1845) ……6, 10,283
Stüve, Johann Karl Bertram (1798～1872) ……286
Tacitus(55？～120？) …25,111,246
Taine, Hippolyte(1828～93) …153
Tarring, Charles James (1845～1923) ……270,317
Taswell-Langmead, Thomas Pitt(1840～82) ……281
Terry, Henry Taylor(1847～1936) ……270,271,293,294,317
Treitschke, Heinrich von (1834～96) ……148,172
van Krieken, Albert Th. ……87,294
Veeder, Peter Vrooman (1825～96) ……317

Verne, Maurice ……………………35
Victoria (Queen) (1819〜1901) ……………………147
von Holst, Hermann (1841〜1904) ……………………28
Webster, Daniel (1782〜1852) …286
Waitz, Georg (1813〜86) ………111
Welcker, Karl Theodor (1790〜1869) ……………………286
Wilhelm (1859〜1041) ………31,297
Wilson, Horace E. ……………317
Woolsey, Theodore Dwight (1801〜89) ……………………278
Zola, Émile (1840〜1902) ………316

あ　行

合川正道(1859〜94) ……………322
青木周蔵(1844〜1914) ………278,279
浅野サク(1857〜1927) ……………308
浅野総一郎(1848〜1930) ………231,307,308
浅野泰治郎 ……………………388
朝比奈知泉(1862〜1939) …………304
足利尊氏(1305〜58) ………345,396
蘆谷重常(1886〜1946) ……………262
阿部四郎五郎 ……………………263
天野為之(1859〜1938) …269,277,321
荒川邦蔵(1852〜1903) ……………292
有賀長雄(1860〜1921) ……268,269,274,277,302,303,304,320,367,376,377,379,382
有栖川宮熾仁(1835〜95) …100,101
飯田武郷(1827〜1900) ……………270
伊香色雄命 ……………………238
伊沢修二 ………………………340
石川有幸 ………………………270
石川千代松(1861〜1935) ……267,269
石渡敏一(1859〜1937) ……269,277,324,325,373
井関盛艮(1835〜90) ……………276
磯辺　醇(1859〜) ………………322
磯部四郎(1851〜1923) ………328,329
板垣退助(1837〜1919) ………95,96,97,197,345
市川正寧(1843〜85) ……………270
一木喜徳郎(1867〜1944) …320,339,340,353,370,374,379,380,381,389,394
市島謙吉(1860〜1944) ……267,275,277,321
市村徳次郎(1864〜1947) …………395
市村光恵(1875〜1928) …215,382,409
伊藤博文(1841〜1909) …96,97,100,105,106,232,244,247,278,290,291,293,294,341,342,343,344,345,346,367,370,372
伊東巳代治(1857〜1934) ………298,376,377
稲田正次(1902〜84) ………279,280
井上　馨(1835〜1915) ………96,100,278,279
井上　毅(1843〜95) …106,244,279,280,281,290,291,294,298,304,305,316,341,343,354,393
井上哲次郎(1855〜1944) …………395
井上　密(1867〜1916) ……………382
井上通泰(1866〜1941) ……………395
岩倉具視(1825〜83) ………96,100,101,102,103,106,232,263,278,279,293

植木枝盛(1857～92)　………281,282
上杉慎吉(1878～1928)　……309,340,349,381,388,389,401,402,406,407
植原悦二郎(1877～1962)…………411
梅　謙次郎(1860～1910)　…335,336,339,340,367,368,376,377
江木　衷(1858～1925)　……267,269,274,275,322,325,327,328,329,330,331
江藤新平(1834～74)　…………95,96
袁世凱(1859～1916)…………367,416
大石内蔵助(1659～1703)…………242
大石　眞(1951～)　…………379,380
大石正己(1855～1935)……………322
大木遠吉(1871～1926)……………187
大木喬任(1831～99)　……………102
大口鯛二(1864～1920)……………390
大久保利謙(1900～95)　…………279
大久保利通(1830～78)　………96,97,100,106,276
大隈重信(1838～1922)　……101,103,232,278,279,323,330,345
大倉喜八郎(1837～1928)…………308
大島健一(1858～1947)…217,397,409
大津清臣　…………………………270
大野源一　…………………………398
大原　慧　…………………………391
大水口宿禰　………………………238
大谷木備一郎(1857～)　…………321
大和田建樹(1857～1911)……243,264
岡　義武(1902～90)　……………370
岡野敬次郎(1865～1925)　…327,353,370,377
岡村輝彦(1855～1916)……………322
岡山兼吉(1854～94)　………268,269,277,321
奥田義人(1860～1917)　……269,274,320,322,325,327,370,376,377
尾崎三郎　…………………………316
織田　萬(1868～1945)………367,382
落合直亮(1827～94)　……………263
小野　梓(1852～86)　………277,320
小野塚喜平次(1870～1944)………340

か　行

筧　克彦(1872～1961)…341,380,381
賀古鶴所(1855～1931)………390,395
加太邦憲　…………………………318
片倉小十郎(1557～1615)…………239
片山清太郎　………………………284
勝野豊作(1808～58)　…263,265,346
桂　太郎(1845～1913)　……369,370,374,375,380,392,394,396,402,406
加藤弘之(1836～1916)　……274,276,277,278,360,370,394,396,397
加藤正治(1871～1952)………344,380
加藤正義(1854～1923)……………344
金井　延(1865～1933)……………268
金子堅太郎(1853～1942)……324,353
鎌田栄吉(1857～1934)　……189,190,191,197,206,376,401,402
上条慎藏　…………………………324
亀井六郎重清　……………………238
河上　肇(1879～1946)……………349
河津　暹(1875～1943)……………340
河鰭公篤(1857～1922)……………247
韓退之(768～824)　………………271
菊池大麓(1855～1917)…268,370,394

菊池武夫(1854～1912)………322,370
岸本辰雄(1852～1912)……………342
北　一輝(1883～1937)…366,367,410
喜田貞吉(1871～1939)…369,395,396
木戸孝允(1833～77)……96,97,100,
276
木下周一(1851～1907)……………292
木村正辞(1827～1913)……………270
京口元吉(1897～1967)……………277
清浦奎吾(1850～1942)……………373
楠　正成(1294～1336)……………92
楠　正行(1326～1348)……………242
工藤武重……………………………336
久邇宮邦彦(1873～1929)…………247
窪田欽太郎…………………353,355
久保田　譲(1847～1936)…………393
栗塚省吾(1858～1920)……………270
黒川真頼(1829～1906)……………270
黒田清隆(1840～1900)……………100
伍子胥(?～484B.C.)……………337
肥塚　龍(1848～1920)……………281
小出　粲(1833～1908)……………390
勾　践(5C.B.C.)…………………412
幸徳秋水(1871～1911)……………390
河野敏鎌(1844～95)………………341
古賀護太郎…………………………270
児島惟謙(1838～1908)……………311
後藤象次郎(1838～97)………95,96
後藤新平(1857～1929)……………367
小中村清矩(1821～94)……………270
近衛篤麿(1863～1904)…340,346,371
小早川秀雄(1870～1920)…………264
駒井重格(1853～1901)……………321
小松原英太郎(1852～1919)……391,
394,395,397
五来欣造(1875～1944)………309,344

さ　行

西園寺威太郎………………………305
西園寺公成(1835～1904)…267,276,
305
西園寺公望(1849～1940)…376,392,
406
西郷隆盛(1827～77)……96,276,321
斎藤修一郎(1855～1910)…………322
佐伯惟馨……………………………270
阪谷琴子(1876～)…………………306
阪谷芳郎(1863～1941)……267,268,
269,270,274,306,311
佐々豊水……………………………264
佐々木信綱(1872～1963)…………390
佐野　鼎……………………………266
猿渡常安……………………………309
三条実美(1837～91)………101,103
斬馬剣禅　→五来欣造
重野安繹(1827～1910)……………395
宍戸大滝……………………………243
幣原喜重郎(1872～1951)…………414
信夫恕軒(1835～1910)………270,271
斯波淳六郎(1861～1931)…269,324,
371
司馬遼太郎(1923～96)……………265
渋沢栄一(1840～1931)……270,305,
308,309,340
渋沢篤二(1872～1932)……………310
渋谷慥爾(～1895)…………………322
島田重禮(1838～98)………………270
清水　澄(1868～1947)…354,382,386
清水　伸(1906～87)………………294
神武天皇……………………………237

末岡精一(1855～94) ………324,353,
369,379,380
末廣鐵腸(1849～96) ……………264
末松謙澄(1855～1920)……………293
崇神天皇 …………………………238
鈴木源兵衛(1557～1616) …238,239,
260
鈴木三郎重家 ……………………238
鈴木三郎重邦 ……………………238
鈴木重麿 →穂積重麿
砂川雄峻(1860～1933)…269,277,321
関 直彦(1857～1934) ……269,270,
273,275,281,284,324
関屋貞三郎(1875～1950)…………398
銭屋五兵衛(1773～1852)…………307
千石 貢(1857～1931)……………273
相馬永胤(1850～1924)……………321
副島義一(1867～1947)……………382
副島種臣(1828～1905)…………95,96
添田寿一(1864～1929)…267,269,324

た 行

高崎正風(1836～1912)……………376
高澤弘明(1973～) ………………265
高田早苗(1860～1938)………267,269
273,277,319,321
高橋一勝(1853～86) ……………322
高橋健三(1855～98) ……………322
高橋是清(1854～1936)……………267
高橋作衛(1867～1920) ……251,260,
391,400
高橋捨六(1862～1918)……………276
田口卯吉(1855～1905)……………340
竹田宮恒久(1882～1919)…………247
武山出雲 …………………………239
田尻稲次郎(1850～1923)……270,321
多田好問(1845～1918)……………377
立 作太郎(1874～1943)…………380
伊達秀宗(1591～1658)…239,240,260
伊達政宗(1567～1636) ……238,239,
240,260
伊達宗城(1818～92) …243,275,305
田中不二麿(1845～1909)…………393
田中義能(1872～1946)……………265
田中館愛橘(1856～1952) ………267,
269,277
田部 芳(1860～1936)……………322
谷 干城(1837～1911)……………373
樽井藤吉(1850～1922)……………287
千頭清臣(1856～1916)……………322
津田眞道(1829～1903)…………95,96
都築馨六(1861～1924)………276,368
坪内逍遥(1859～1935) ……268,269,
271,273,277,319,320,321
寺内正毅(1852～1919)………396,400
寺尾 亨(1858～1925)………339,340
徳川家康(1542～1616)……………239
徳川慶喜(1837～1913)……………405
徳大寺実則(1839～1919)…………391
徳富蘇峰(1863～1957)………390,396
杜 甫(712～770) ………………275
富井政章(1858～1935) ……336,368,
370,371
戸水寛人(1861～1935) ……346,365,
366,367,369,373
富田鉄之助(1835～1916)…………340
富谷鉎太郎(1856～1936)…………322
外山正一(1848～1900) ……268,270,
277,345,370
鳥居鍗次郎(1867～1919)……329,330

な　行

長髄彦 ……………………………237
中田　薫(1877～1967)……………381
長与稱吉(1866～1910)……………291
梨本宮守正(1874～1951)…………247
夏目漱石(1867～1916)……………306
仁井田益太郎(1868～1945)…330,331
饒速日命 ………………237,238,260
西　周(1829～94)　……………95,96
西川鉄次郎 ………………………322
西村茂樹(1828～1902)　………96,206
根本　正(1851～1933)……………336
野口満雄(1854～76)　……………265
野田藤吉郎(1860～1920)…………324
野村淳治(1876～1950)……………381
野村　靖(1842～1909)………345,393

は　行

長谷場純孝(1854～1914)……213,408
蜂須賀茂韶(1846～1918)…………368
服部中庸(1757～1824)……………241
鳩山和夫(1857～1911)　……268,281,
321,339
花井卓蔵(1868～1931)………328,331
花房直三郎(1857～1921)…………376
羽仁五郎(1901～83)　……………375
馬場愿治(1860～1940)……………322
馬場辰猪(1850～88)　……………322
濱尾　新(1849～1925)　……274,275,
368,370
早坂四郎 …………………………281
原　敬(1856～1921)…………369,380
范　蠡(5C.B.C.)　………………412
坂野潤治(1937～)　………………380
東久世通禧(1833～1912)…………393
東久邇稔彦(1887～1990)…………414
東伏見宮依仁(1867～1922)………247
土方　寧(1859～1939)　……267,269,
322,353
土方久元(1833～1918)……………376
樋山資之(1859～)　……269,291,324
平井直代 …………………………263
平島及平 …………………………324
平田篤胤(1876～1843)…241,261,358
平田鐵胤(1801～82)　………263,265
平田東助(1849～1925)……………395
平沼淑郎(1964～1938)………268,269
福沢諭吉(1834～1901)　…95,102,400
福地源一郎(1841～1909)…………281
福富孝季(1857～91)　……………322
伏見宮貞愛(1858～1923)…………247
藤沢元造(1874～1924)……………395
藤田隆三郎(？～1939)　…………322
藤原秀衡(？～1187)　……………238
古沢　滋(1847～1911)……………342
北条時房(1175～1240)……………238
星　亨(1850～1901)………………374
星島二郎(1887～1980)………407,409
星野　通(1900～76)　…326,330,332
細川潤次郎(1834～1923)…………376
穂積歌子(1863～1932)　……260,262,
268,276,305,306,307,308,
310,312
穂積郷子(1864～81)　………276,305
穂積重頴(1847～1911)　……243,260,
311,312
穂積重樹(1812～81)　………237,243,
262,267
穂積重威(1893～1959)　……237,356,

374,400
穂積重遠(1883〜1951)………262,306
穂積重麿(1774〜1837) ……240,242,
243,260,261
穂積重行(1921〜) ……260,275,313
穂積綱子(1826〜83) …237,243,261
穂積陳重(1856〜1926) ……260,261,
262,268,270,276,290,304,305,
306,307,308,314,315,322,323,
336,337,339,340,341,346,
379,391
穂積松子(1875〜1946) ……237,262,
276,307,309,310,311,312,313,
314,334,345
本多康直(1856〜1900)……………324
本多正信(1538〜1616)……………239

ま 行

牧野謙次郎(1862〜1937)…………396
牧野伸顕(1861〜1949)……………305
増島六一郎(1857〜1948)……322,326
松井直吉(1857〜1911)……………369
松平頼寿(1875〜1944)……………187
松宮次郎兵衛 ………………239,240
松本君平(1870〜1944)……………401
松本烝治(1877〜1954)……………414
松本清張(1909〜92) ………390,395
三崎龜之助(1848〜1906) …268,269,
277,284,320,322
三島　毅(1830〜1919)……………270
三井須美子 …345,348,393,396,397
源　為朝(1139〜70) ……………337
源　為義(1096〜1156)……………238
源　藤太広澄 ……………………238
源　義経(1159〜89) ………238,260
源　義朝(1123〜60) ……………337
源　頼朝(1147〜99) ……………238
源　頼政(1104〜80) ………166,365
美濃部達吉(1873〜1848) …210,211,
212,214,215,216,217,340,341,
349,365,367,375,379,380,
383-385,386,387,388,389,394,
402,403,406,407,410,414
峯間信吉 …………………………395
三宅雪嶺(1860〜1945)…269,281,322
宮崎道三郎(1855〜1928) …270,291,
324,381
宮沢俊義(1899〜1976)………413,415
村田　保(1842〜1925)……………336
目賀田種太郎(1853〜1926)………321
孟嘗君 ……………………………271
毛澤東(1893〜1976)………………416
毛利敬親(1819〜71) ……………396
本居大平(1756〜1833)……………261
本居宣長(1730〜1801)……………261
元田永孚(1818〜91) ……………378
元田　肇(1858〜1938)………322,338
森　鷗外(1862〜1922) ……291,390,
394,395,413

や 行

安岡良亮(1825〜76) ……………263
安田善次郎(1838〜1921)…………307
矢田部良吉(1851〜99) …………268
柳沢和一郎 ………………………353
柳田　泉(1894〜1969)……………273
矢作栄蔵(1870〜1933)……………340
山内老墓(？〜1874) …243,261,262,
263,265
山縣有朋(1838〜1922) ……100,106,

289,291,330,344,345,346,369,370,372,374,375,389,390,391,394,395,396,401
山川健次郎(1854〜1931) …268,369,370
山崎覚次郎(1868〜1945)…………340
山田顕義(1844〜92) ………100,102,323,330
山田一郎(1860〜1905) ……261,269,273,274,277,321
山田喜之助(1859〜1913) …268,269,274,277,320,321,322
山田三良(1869〜1965)………91,119,120,337,338,339,367
山室信一(1951〜) ………………279
横井小楠(1809〜69) ……………413
吉野俊彦(1915〜) ………………395
吉水千秋(1818〜1904)……………264

ら 行

梁啓超(1873〜1928)………………416

わ 行

和気清麻呂(733〜99) ……………92
渡邊安積(1857〜87) ………81,268,281,284
渡邊国武(1846〜1919)……………343
渡邊千冬(1876〜1940)……………343
和田守菊次郎 ……………………332

著者紹介

穂積 八束　（ほずみ　やつか）

本書年譜欄参照

編者紹介

長尾 龍一　（ながお　りゅういち）

1938年　中国東北部斉々哈爾市生れ
1961年　東京大学法学部卒業。東京大学助教授を経て，1980年より東京大学教養学部教授，1998年より日本大学法学部教授（専攻・法哲学・政治思想史・憲法思想史）。
主要著書
『ケルゼンの周辺』（木鐸社・1980年），『日本法思想史研究』（創文社・1981年），『法哲学入門』（日本評論社・1982年），『神と国家と人間と』（弘文堂・1991年），『法学に遊ぶ』（日本評論社・1992年），『リヴァイアサン』（講談社・1994年），『日本憲法思想史』（講談社・1997年），『憲法問題入門』（筑摩書房・1997年），『思想としての日本憲法史』（信山社・1997年），『西洋思想家のアジア』（信山社・1998年），『文学の中の法』（日本評論社・1998年），『争う神々』（信山社・1998年），『純粋雑学』（信山社・1998年），『されど，アメリカ』（信山社・1999年），『法哲学批判』（信山社・1999年），『ケルゼン研究Ｉ』（信山社・1999年），『古代中国思想ノート』（信山社・1999年），『歴史重箱隅つつき』（信山社・2000年），『オーウェン・ラティモア伝』（信山社・2000年）ほか。

日本憲法史叢書

穂積八束集

2001年９月20日　初版第１刷発行

編　者　長尾龍一

装幀者　石川九楊

発行者　今井貴＝村岡侖衛

発行所　信山社出版株式会社

113-0033　東京都文京区本郷6-2-9-102

TEL 03-3818-1019　FAX 03-3818-0344

印刷 勝美印刷　製本 渋谷文泉閣　発売 大学図書

PRINTED IN JAPAN　

ISBN 4-7972-5048-8 C 3332